Horizonte

9 Geschichte Gymnasium

Rheinland-Pfalz

Herausgegeben von
Prof. Dr. Ulrich Baumgärtner
Dr. Wolfgang Woelk

Erarbeitet von
Prof. Dr. Ulrich Baumgärtner
Dr. Michael Brabänder
Verena Espach
Dr. Gabriele Kersting
Hannes Liebrandt
Dr. Simone Martini
Dr. Andreas Urban
Giuseppe Vazzana
Dr. Wolfgang Woelk

Mit Beiträgen von
Prof. Dr. Hans-Jürgen Döscher
Gregor Meilchen
Dr. Herbert Rogger
Eduard Schön
Dr. Frank Skorsetz
Stefan Stadler
Dr. Christine Stangl
Dr. Wolf Weigand

westermann

Druck A^4 / Jahr 2021
Alle Drucke der Serie A sind im Unterricht parallel verwendbar.

Redaktion: Christoph Meyer
Druck und Bindung: Westermann Druck GmbH, Braunschweig

ISBN 978-3-14-112045-5

01

DIE WELTWEITE AUSEIN-ANDERSETZUNG UM POLITISCHE ORDNUNGEN

Demokratie – Sozialismus – National-sozialismus

M 1 „The World's Plunderers", US-Amerikanische Karikatur, 1885

M 2 **Deutsche Soldaten an der Westfront,** Foto, 1916

M 3 **Rüstungsproduktion in Berlin,** Foto, 1916

M 4 **Novemberrevolution,** Foto, 9. November 1918

M 5 **„Ich suche Arbeit jeder Art!",** Foto, um 1931

M 6 **Adolf Hitler auf dem Reichsparteitag,** Foto, 1938

M 7 **„Lenin auf der Tribüne",** Gemälde von A. M. Gerassimow, 1930

M 8 **Zuschauer beim Judenmord,** vermutlich Ukraine, Foto, 1941

M 9 **Häftlinge beim Zählappell im Konzentrationslager Dachau,** Foto, 1936

M 10 **Denkmal für die ermordeten Juden Europas,** Foto, 2010

Die weltweite Auseinandersetzung um politische Ordnungen 1871 – 1945: Demokratie – Sozialismus – Nationalsozialismus

Das Zeitalter der Ideologien

Größere Zeitabschnitte mit Schlagworten zu beschreiben, die die vielfältigen historischen Entwicklungen, Ereignisse und Zusammenhänge nachvollziehbar charakterisieren, ist schwierig. Für den Zeitraum von der Gründung des zweiten Deutschen Kaiserreichs in Versailles 1871 bis zur Kapitulation des nationalsozialistischen Deutschen Reiches im Mai 1945 erweist sich der Begriff der Ideologie jedoch als aufschlussreich. Ein Lexikon erläutert „Ideologie" folgendermaßen:

„Ideologie ist (im neutralen Sinne) die Lehre von den Ideen, d. h. der wissenschaftliche Versuch, die unterschiedlichen Vorstellungen über Sinn und Zweck des Lebens, die Bedingungen und Ziele des Zusammenlebens etc. zu ordnen. Aus diesen Bemühungen entstanden historisch unterschiedliche Denkschulen. Im politischen Sinne dienen Ideologien zur Begründung und Rechtfertigung politischen Handelns. Ideologien sind daher immer eine Kombination von a) bestimmten Weltanschauungen (Kommunismus, Konservatismus, Liberalismus, Sozialismus), die jeweils eine spezifische Art des Denkens und des Wertsetzens bedingen, und b) eine Kombination von bestimmten Interessen und Absichten, die i. d. R. eigenen (selten: uneigennützigen) Zielen dienen, d. h. neben der Idee und Weltanschauung auch den Wunsch (und die Kraft) zur konkreten politischen und sozialen Umsetzung ausdrücken. Ideologien sind wesentlicher Teil politischer Orientierung; sie sind sowohl Notwendigkeit als auch Begrenzung politischen Handelns."

Klaus Schubert und Martina Klein, Das Politiklexikon, Bonn 2011.

Ideologien und Herrschaftsformen in der Geschichte

Obwohl Ideologien schon so lange existieren, wie die Menschen über ihr Zusammenleben nachdenken und ihre Gemeinschaft bewusst gestalten, hat wohl kaum eine Zeitspanne politische Ideologien intensiver zur Umsetzung gebracht als die Jahre zwischen 1871 und 1945.

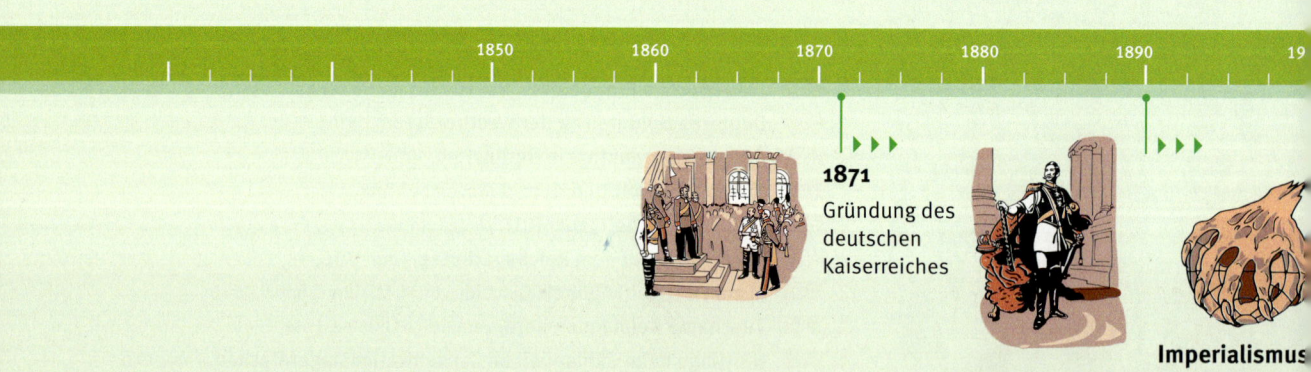

1850   1860   1870   1880   1890   19

1871
Gründung des deutschen Kaiserreiches

1890
Wilhelm II. und der neue Kurs

Imperialismus

Im ersten Band der HORIZONTE wurde die von den Griechen erstmals gelebte Herrschaftsform der Demokratie thematisiert, ebenso die Herrschaftsformen Aristokratie und die Tyrannis. Die Königsherrschaft war vor allem für das Mittelalter und die Frühe Neuzeit kennzeichnend; sie wurde im Allgemeinen mit einem göttlichen Herrschaftsauftrag (Gottesgnadentum) legitimiert. Im Zeitalter der Aufklärung wurden unter den Gebildeten in vielen Ländern Europas demokratische und liberale Ideen diskutiert, die auf eine stärkere Mitsprache des Volkes abzielten. Als Gegenbewegung dazu entstanden konservative Vorstellungen, die an den althergebrachten Strukturen festhalten wollten. Der Widerspruch zwischen einer Bewahrung bzw. Wiederherstellung (Restauration) des Alten und der Forderung nach Neuem (Liberalismus, Demokratie, Parlamentarismus) stand im Vormärz und während der Revolution von 1848/49 im Mittelpunkt. Zuvor war mit den Befreiungskriegen ab 1813 zugleich ein deutscher Nationalismus entstanden, der bis 1871 noch mit den politischen Forderungen nach Liberalismus, Demokratie und Parlamentarismus verbunden war. Nach 1871 wandelte sich dieser progressive Nationalismus jedoch zu einem Reichsnationalismus, der sich immer deutlicher von „nichtdeutschen" Gruppen und Nationen abgrenzte.

M 1 **Barrikadenkampf in Berlin am 19. März 1848**
Lithografie, 1848

Die Gegensätze und Widersprüche zwischen den politischen Vorstellungen und Zielen erhielten zur Mitte des 19. Jahrhunderts durch Karl Marx und Friedrich Engels eine deutliche Akzentuierung. Die politische Ökonomie von Marx und Engels und die Ideen des **Sozialismus** bzw. **Kommunismus** entwickelten in der Folgezeit eine enorme Kraft. In einer sich dramatisch verändernden Industriegesellschaft füllten politische Ideologien aber auch diejenigen Lücken aus, die durch den Rückzug der Religion aus dem Leben vieler Menschen entstanden waren.

Von zentraler Bedeutung ist die Frage, auf welche Weise Ideologien in politische Systeme umgesetzt wurden und werden: Was sind die Konsequenzen für die Menschen? Wie geht eine herrschende Ideologie mit abweichenden politischen Meinungen um, werden gar ganze Menschengruppen z. B. aufgrund ethnischer oder religiöser Kriterien aus der Gemeinschaft ausgeschlossen und zu Feinden erklärt? Wie sieht es mit der Achtung der universalen Menschenrechte aus und wie erfolgt die gesellschaftliche Gewichtung zwischen Freiheit und Gerechtigkeit bzw. Gleichheit? In all diesen Fragen gibt es große Unterschiede zwischen der liberalen Demokratie, den Lösungsvorschlägen des Sozialismus und den Formen des im 20. Jahrhundert in Europa zeitweilig regierenden Faschismus, welcher in die Katastrophe des Zweiten Weltkrieges führte.

| 1910 | 1920 | 1930 | 1940 | 1950 | 1960 |

1914–1918
Erster Weltkrieg

ab 1929
Weltwirtschaftskrise

30. Januar 1933
„Machtergreifung" der Nationalsozialisten

1939–1945
Zweiter Weltkrieg

Die politisch-territoriale Entwicklung in Deutschland von 1871 bis 1945

M 2   **Die Proklamierung des Deutschen Kaiserreiches (18. Januar 1871)**
Historiengemälde von Anton von Werner, 1885

Das Deutsche Kaiserreich

Das Deutsche Kaiserreich, welches nach dem Deutsch-Französischen Krieg im Januar 1871 in Versailles proklamiert wurde, durchlief in der Außenpolitik einen deutlichen Wandel von der „Ära Bismarck" (1871 bis 1890) bis hin zum „persönlichen Regiment" des Kaisers Wilhelm II. Reichskanzler Bismarck hatte nach der Reichsgründung ein kompliziertes und stark mit seiner Person verbundenes Bündnissystem errichtet, das Deutschland bei Konflikten absichern sollte, indem es das Land mit den europäischen Großmächten vernetzte. Nach 1890 isolierte Kaiser Wilhelm II., der das Bismarck'sche Bündnissystem schrittweise wieder auflöste, Deutschland international immer mehr. Vor dem Ausbruch des Ersten Weltkrieges 1914 blieb dem Kaiserreich nur noch ein Verbündeter, die bereits in ihren Grundfesten erschütterte Monarchie Österreich-Ungarn. Das Ende des Ersten Weltkrieges 1918 und die damit verbundene deutsche Kriegsniederlage bedeuteten zugleich auch das Ende der beiden verbündeten Monarchien in ihrer bisherigen Form: Die k.-und-k.-Monarchie Österreich-Ungarn zerfiel in zahlreiche Einzelstaaten, der deutsche Kaiser Wilhelm II. ging ins niederländische Exil und Deutschland wurde zur Republik.

Weimar – die erste deutsche Demokratie

Die Weimarer Republik (1919–1933) kämpfte über viele Jahre mit den Folgen des Ersten Weltkrieges. Die Umstellung der Kriegswirtschaft auf die Friedenszeit, das Auffangen der Kriegsfolgen und die Umwandlung des Obrigkeitsstaates, der nach wie vor zahlreiche Anhänger besaß, in eine parlamentarische Demokratie waren gewaltige Herausforderungen.

Die Demokratie versuchte, die Menschen auch über einen Sozialstaat für sich zu gewinnen, der in viele Richtungen ausgebaut wurde und im damaligen Europa vorbildlich war. Zur Mitte der 1920er-Jahre wurde das Potenzial einer freiheitlich-demokratischen Grundordnung deutlich, indem zum ersten Mal in der deutschen Geschichte auch Frauen das aktive und passive Wahlrecht erhielten und Ansätze einer Frauenemanzipation festzustellen waren.

Dennoch stand die Weimarer Republik vor dem Problem, dass sich im Laufe der Zeit immer weniger Wähler zu ihr bekannten. Die Gründe dafür waren vielschichtig. Welche Chancen diese Demokratie tatsächlich hatte, ist bis heute ein wesentlicher Untersuchungsgegenstand der Geschichtswissenschaft. Der Sozialstaat kam jedenfalls durch die Weltwirtschaftskrise 1929 an seine Grenzen. Am Ende der Weimarer Republik prallten die verschiedenen Ideologien deutlich aufeinander: Das liberal-demokratische Regierungssystem wurde von den dem Sozialismus anhängenden Gruppen ebenso angegriffen wie von dem aufkommenden Nationalsozialismus, der eine radikal antidemokratische Ideologie vertrat.

M 3   **„Die Verfassung des Deutschen Reichs"**
Titelblatt der Ausgabe zur Verteilung an Schulen, 1919

Der Nationalsozialismus – Zerstörung der Republik und Zerstörung Europas

Einen eindeutigen Bruch zur vorangegangenen Weimarer Republik stellte der nationalsozialistische Staat dar, der von 1933 bis 1945 existierte. Nach den politi-

M 4 **Adolf Hitler auf dem Reichsparteitag**
Propagandafoto, 1938

schen Krisen der Jahre 1932/33 war Adolf Hitler am 30. Januar 1933 vom Reichspräsidenten Hindenburg zum Reichskanzler ernannt worden. Diese legale Machtübertragung bedeutete den Beginn eines nur knapp eineinhalb Jahre andauernden Prozesses, in dem die Demokratie abgeschafft und eine Diktatur errichtet wurde.

Der NS-Staat setzte auf die radikale Ausgrenzung derjenigen, die nicht zur „Volksgemeinschaft" gehörten und versuchte gleichzeitig, nur noch die „arischen" und „erbgesunden" „Volksgenossen" zu fördern. Die Menschen wurden fortan nicht mehr nach ihren Fähigkeiten und Fertigkeiten eingestuft, sondern nach ihrem Beitrag für die propagierte nationalsozialistische Gesellschaft. An deren Spitze stand der „Führer" Adolf Hitler, um den ein umfassender „Führerkult" aufgebaut wurde. Gegen die nicht zu dieser „Volksgemeinschaft" definierten Menschen wurde mithilfe eines Terrorapparats und der Zuarbeit aus dem Volk systematisch vorgegangen. Das gesamte Gemeinwesen wurde nach nationalsozialistischen Aspekten umgestaltet.

Die NS-Diktatur führte zum Völkermord an den europäischen Juden (Shoa) und zum Zweiten Weltkrieg mit Millionen von Toten und Zerstörungen bisher ungekannten Ausmaßes.

Die Diktatur wurden 1945 nicht von den Deutschen selbst beendet. Es bedurfte der Anti-Hitler-Koalition der drei Großmächte Sowjetunion, USA und Großbritannien, um das verbrecherische Naziregime zu zerschlagen, dem die große Mehrheit der Deutschen bis zum Schluss die Treue gehalten hatte. Der Weltkriegs, der in ganz Deutschland Anfang Mai 1945 beendet war, dauerte im Pazifik noch einige Monate und wurde erst mit den Atombombenabwürfen der US-Armee auf die japanischen Städte Hiroshima und Nagasaki zum Abschluss gebracht.

Sich wandelnde Beziehungen der Staaten zueinander: Weltkriege und Friedensschlüsse

Der Erste Weltkrieg

Für das aufstrebende und wirtschaftlich zur Weltmacht gewordene Deutsche Reich war die Niederlage im Ersten Weltkrieg verheerend. Von 1914 bis 1918 hatten sich die Staaten auf zuvor noch nicht gekannte Art und Weise bekämpft, sodass dieser Krieg von Historikern gelegentlich auch als „Urkatastrophe des 20. Jahrhunderts" bezeichnet wird. Bis heute diskutieren Historiker darüber, ob Deutschland tatsächlich die Hauptschuld am Ausbruch dieses Krieges trage: War es der deutsche „Griff nach der Weltmacht" (Fritz Fischer), oder wandelten die europäischen Staaten vielleicht alle wie „Schlafwandler" (Christopher Clark) in diesen Krieg hinein? Die Fülle an Aufsätzen und Büchern zu dieser Frage zeigt, dass der Erste Weltkrieg auch nach über 100 Jahren noch immer ein bedeutendes Thema der öffentlichen Diskussion ist.

Der Erste Weltkrieg stellte aufgrund seiner Opfer, seiner Millionenheere, seiner Ausdehnung, seiner neuartigen Waffen (Giftgas, Panzer, Flugzeuge) und seiner gesellschaftlichen Folgen (Kriegswirtschaft) eine völlig neue Art des Krieges dar. Die Materialschlachten und das Grauen des Stellungskrieges haben sich tief ins Gedächtnis der Menschen eingegraben. Die französische Stadt Verdun wurde zum Symbol dieses Krieges: Auf wenigen Quadratkilometern bekämpften sich hier monatelang deutsche und alliierte Truppen. In der „Hölle von Verdun" wurden Hunderttausende getötet, Dörfer wurden pulverisiert, Millionen von Granateinschlägen verwandelten das umkämpfte Gebiet in eine Mondlandschaft.

Auch die Zivilbevölkerung aller beteiligten Länder war in großem Umfang durch Kampfhandlungen und Versorgungsschwierigkeiten betroffen. Der „Steckrübenwinter" 1916/17 gilt als Höhepunkt der Hungersnot im Deutschen Reich. Wie geschwächt die europäischen Gesellschaften am Ende des Ersten Weltkrieges waren, zeigt der Verlauf der Spanischen Grippe, einer weltweiten Grippewelle, die nach heutigen Untersuchungen zwischen 25 und 50 Millionen Menschen das Leben kostete.

M 5 **Schlachtfeld bei Ypern,** Foto, 1917

Der Zweite Weltkrieg

Die Folgen des Ersten Weltkrieges für die weitere Entwicklung in Europa haben die Historiker dazu veranlasst, den Zeitraum von 1914 bis 1945 im Zusammenhang als „Zweiten 30-jährigen Krieg" zu betrachten. Der Zweite Weltkrieg begann am 1. September 1939 mit dem deutschen Angriff auf Polen; es folgten weitere Eroberungsfeldzüge gegen zahlreiche Länder Europas. 1941 überfiel Deutschland die Sowjetunion, um in einem „ideologischen Weltanschauungs- und rassenbiologischen Vernichtungskrieg" den zum Hauptfeind erklärten „jüdischen Bolschewismus" zu zerstören. Der Kommissarbefehl und die Blockade der Stadt Leningrad (heute Sankt Petersburg) durch deutsche Truppen zwischen September 1941 und Januar 1944 zeigten die verbrecherische deutsche Kriegsführung gegen die Sowjetunion in aller Deutlichkeit. Die deutsche Blockade zielte darauf ab, die Bevölkerung durch Bombenterror zu zermürben und verhungern zu lassen. Allein in Leningrad kamen über eine Million Zivilisten um, insgesamt starben 27 Millionen Sowjetbürger als Opfer des deutschen Angriffskrieges.

Der Rassenantisemitismus der Nationalsozialisten kulminierte in der Entscheidung zur Ermordung der europäischen Juden. Nach den vorangegangenen Erschießungen Hunderttausender Juden wurden im Januar 1942 auf der Wannseekonferenz die organisatorischen Planungen für einen Genozid getroffen, dem sechs Millionen Menschen zum Opfer fielen.

Schließlich besiegte die militärische Allianz zwischen der Sowjetunion, der USA und Großbritannien das nationalsozialistische Deutschland, welches am 8./9. Mai 1945 bedingungslos kapitulierte.

Beiden Weltkriegen folgten große Friedensregelungen nach, 1919 der Versailler Vertrag und 1945 das Potsdamer Abkommen. Diese Regelungen hatten bedeutende Auswirkungen auf die europäische Staatenwelt, auf die Herrschaftsweisen, die Wirtschaft, die Gesellschaft und die Weltdeutungen der Menschen.

M 6 **Vernichtungskrieg**
Murmansk nach einem deutschen Luftangriff, Foto, 1942

M 7 **Mai 1945**
Zeichnung von Fritz Behrendt, Frankfurter Allgemeine Zeitung, 1985

© westermann 21433E_1

Norwegen
Estland
Livland
Kurland
Schweden
Großbritannien
Glasgow
und Irland
Liverpool
Manchester
Birmingham
London
Dänemark
Hamburg
Berlin
Warschau
Polen
Russisches Reich
Nieder-lande
Belgien
Köln
Deutsches
Leipzig
Dresden
Prag
Böhmen
Galizien
Lux.
Paris
Reich
München
Wien
Österreich-Ungarn
Sieben-bürgen
Frankreich
Schweiz
Tirol
Krain
Kroatien
Bukarest
Rumänien
Lyon
Mailand
Bosnien
Serbien
Bulgarien
Monaco
Marseille
San Marino
Monte-negro
Konstantinopel
Andorra
Barcelona
Albanien
Portugal
Madrid
Italien
Rom
Griechen-land
Osmanisches Reich
Lissabon
Spanien

1914 Jahr der Erwerbung
——— Staatsgrenze
---- Teilreichgrenze
Städte
■ über 1 Mio. Einw.
◉ 500 000 – 1 Mio. Einw.
• unter 500 000 Einw.
0 ————— 500 km

Tanger 1911 Internat.
Gibraltar 1704 (G.-B.)
Er-Rif 1909/12 (Span.)
Algerien 1830 (Fr.)
Tunesien 1881 (Fr.)
Malta 1800 (G.-B.)
Dodekanes 1911/12 (Ital.)
Zypern 1914 (G.-B.)

M 8   Europa vor dem Ersten Weltkrieg (1914)

Siegermächte
besiegte Mächte
neue Staaten
● Orte wichtiger Verträge
☆ Revision der Nach-kriegsordnung angestrebt
— Grenze des Deutschen Reichs 1914
0 250 500 km

Oslo
Norwegen
Schweden
Stockholm
Helsinki
Finnland
Leningrad
Tallinn
Estland
Moskau
Irland (1922 Freistaat)
Dublin
Großbritannien und Nordirland
Dänemark
Kopenhagen
Nordsee
Ostsee
Riga
Lettland
Litauen
Kaunas
Minsk
Union der Sozialistischen Sowjet-Republiken (UdSSR) gegründet 1922
London
Nieder-lande
Berlin
Danzig
Posen
Warschau
Kiew
Belgien
Brüssel
Deutsches Reich
Oder
Weichsel
Polen
Dnjepr
Versailles
Paris
Lux.
Straß-burg
Prag
Tschechoslowakei
Loire
München
Wien
Budapest
Frankreich
Schweiz
Locarno
Österreich
Ungarn
Rumänien
Bukarest
Schwarzes Meer
Rapallo
Belgrad
Donau
Marseille
Jugoslawien
Serbien
Bulgarien
Sofia
Istanbul
Ankara
Portugal
Madrid
Barcelona
Korsika
Italien
Adria
Rom
Neapel
Alba-nien
Türkei (1923 Republik)
Lissabon
Ebro
Spanien (1931 Republik)
Gibraltar (brit.)
Tanger (neutral)
Er-Rif (span.)
Sardinien
Mittelmeer
Sizilien
Griechen-land
Athen
Dodekanes (ital.)
Cypern (brit.)
Atlantik
Algier
Tunis
Malta (brit.)
Kreta
Marokko (franz. Protekt.)
Algerien (franz.)
Tunesien (franz. Protekt.)

483G_5

M 9   Europa nach dem Ersten Weltkrieg

Helgoland (G.B., 1952 Rückgabe)

Schleswig-Holstein

Mecklenburg

Bremen (1947 zur amerik. Zone)

Hamburg

Niederlande

Niedersachsen

Bad Oeynhausen

Hannover

Berlin

Karlshorst

Brandenburg

Luftbrücke 1948/1949

Elbe

Pommern

Stettin

unter polnischer Verwaltung

Oder

Neiße

unter sowjetischer Verwaltung

Königsberg

Danzig

Ostpreußen

unter polnischer Verwaltung

P o l e n

Weichsel

Warschau

Belg.

Nordrhein-Westfalen

Hessen

Frankfurt

Rheinld.-Pfalz

Lux.

Saarbrücken

Saarland

(1945-1959 franz.- saarländische Wirtschafts- u. Währungs- union)

Sachsen-Anhalt

Thüringen

Sachsen

Breslau

Schlesien

Prag

Elbe

Tschechoslowakei

Württ.-Baden

Bayern

Donau

B.-Baden

Württ.-Hohenzollern

Baden

Salzburg

Wien

Frankreich

Schweiz

Österreich

418G_10

Rhein

Besatzungszonen
- amerikanisch
- französisch
- britisch
- sowjetisch
- Sektorenstadt
- alliierter Kontrollrat
- Hauptquartier
- Demarkations- linie
- Ländergrenze 1946

0   100   200 km

M 10 **Besatzungszonen (1945 – 1949)**

---

1. Das Zeitalter der Ideologien

a) Erkläre – ausgehend von der Definition im Schul-
buchtext auf Seite 8 – mit eigenen Worten den
Begriff „Ideologie".

b) Lest die Definitionen der Grundbegriffe Demokratie,
Sozialismus und Nationalsozialismus im Anhang.
Recherchiert zu den Begriffen und erweitert die
kurzen Definitionen.

↱ Text, Lexikon der Grundbegriffe im Anhang

2. Überblick über die politisch-territoriale Entwick-lung in Deutschland von 1871 bis 1945

a) Stellt Fragen zu den von euch noch nicht geklärten
Aussageabsichten der drei Karten.

b) Listet mithilfe der Karten die Veränderungen in
Europa und Deutschland nach dem Ersten Weltkrieg
sowie nach dem Zweiten Weltkrieg in einem Tafel-
anschrieb auf.

↱ Text, M8 – M10

Die politische Ordnung des Kaiserreiches

Die Reichsverfassung

Das 1871 im Spiegelsaal des Versailler Schlosses gegründete deutsche Kaiserreich war der erste deutsche Nationalstaat mit einer Verfassung, denn der Entwurf der Revolution von 1848/49 trat nie in Kraft. Die Basis bildete die Verfassung des 1866 errichteten Norddeutschen Bundes. Der neue Staat galt als Bündnis der Fürsten der Einzelstaaten und nicht – wie 1848/49 – als Ausdruck des Volkswillens. Die Bundesstaaten des neuen Reichs besaßen eine große Selbstständigkeit. Preußen, das rund zwei Drittel der Bevölkerung und des Gebiets des neuen Reiches stellte, hatte dabei eine Sonderstellung inne: Der preußische König war zugleich deutscher Kaiser, der preußische Ministerpräsident meist auch gleichzeitig Reichskanzler, und im Bundesrat, der Vertretung der Einzelstaaten, konnte Preußen wichtige Entscheidungen blockieren.

Der Reichstag

Der Reichstag bildete innerhalb der Reichsverfassung die Vertretung des Volkes. Seine Abgeordneten wurden in freier, gleicher und geheimer Wahl von allen Männern ab 25 Jahren gewählt. Dies war im europäischen Vergleich sehr fortschrittlich. Gewählt wurde nach dem Mehrheitswahlrecht. Das bedeutet, dass derjenige gewählt war, der die Mehrheit der Stimmen in einem Wahlkreis auf sich

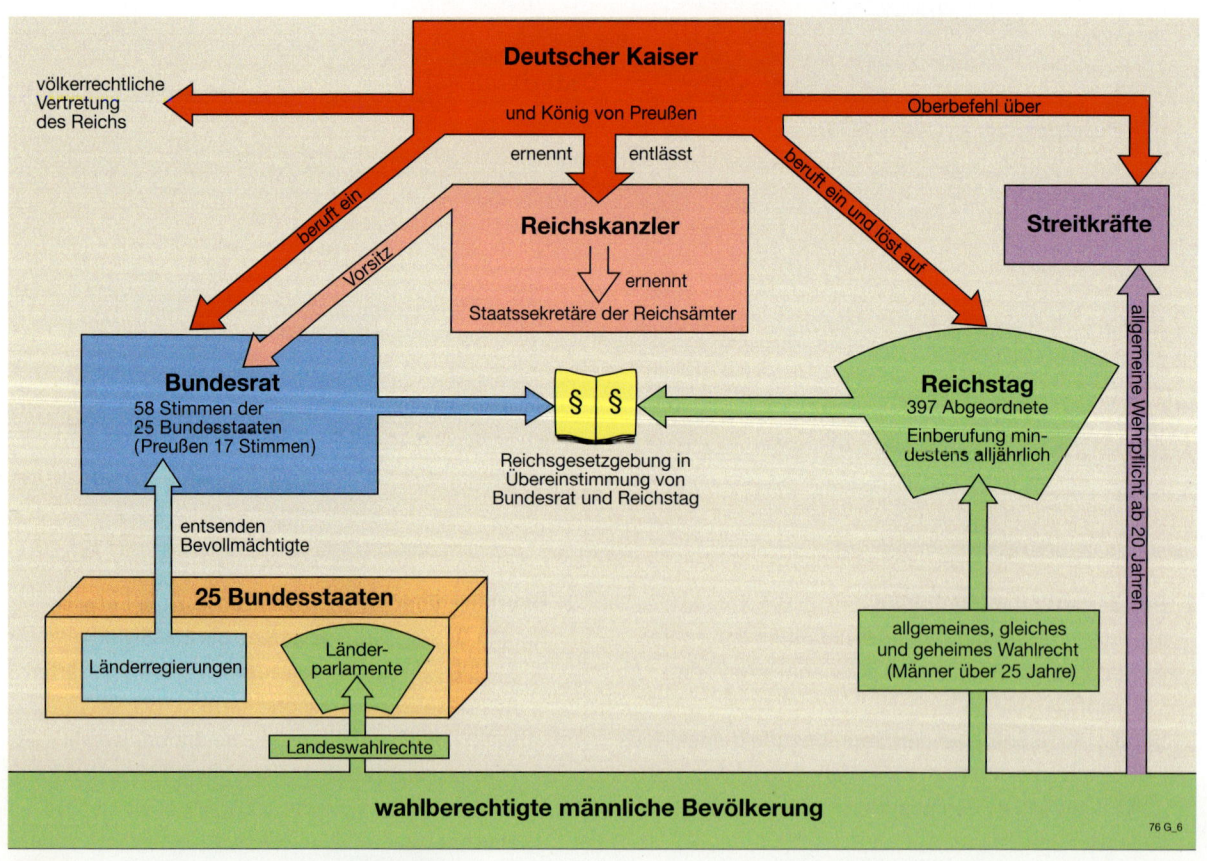

M 1   **Die Verfassung des Deutschen Reiches**

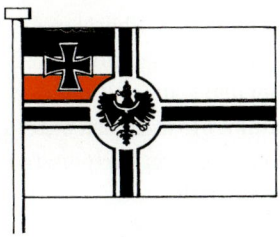

vereinte. Die Stimmen der unterlegenen Kandidaten spielten für die Zusammensetzung des Reichstags keine Rolle mehr.

Nach der Reichsgründung war das Reichsgebiet in annähernd gleich große Wahlkreise eingeteilt worden. Bis 1912 blieben sie allerdings, trotz erheblicher Bevölkerungsverschiebungen, unverändert. Die Folge war, dass die städtischen Ballungsräume mit überwiegend sozialdemokratischer Wählerschaft, die im Zuge der Industrialisierung entstanden, im Parlament unterrepräsentiert waren. In diesen Gegenden verloren die einzelnen Stimmen von Wahl zu Wahl also immer mehr an Gewicht.

Auf die Regierungsbildung hatte der Reichstag keinen Einfluss, da der Reichskanzler allein vom Kaiser berufen oder entlassen wurde und nur ihm verantwortlich war. Außerdem konnte der Kaiser den Reichstag jederzeit auflösen und Neuwahlen anberaumen.

Der Reichstag besaß jedoch das Recht der Gesetzesinitiative und musste jedem Reichsgesetz, besonders dem für die Regierung wichtigen Haushalt, zustimmen. Als beschlossen galt ein Gesetz aber nur, wenn der Bundesrat – die Vertretung der Einzelstaaten – ebenfalls zugestimmt hatte. Um Gesetze verabschieden zu können, war der Reichskanzler auf die Mehrheit des Reichstags angewiesen, die er sich immer wieder neu suchen musste.

Zudem wurden die öffentlichen Debatten im Reichstag für die politische Meinungsbildung in Deutschland immer wichtiger.

Die politischen Parteien

In den Parlamenten der Bundesstaaten schlossen sich Abgeordnete gleicher politischer Meinung zu Gruppen zusammen. Es handelte sich dabei um lockere Verbindungen einflussreicher und in der Bevölkerung angesehener Persönlichkeiten – sogenannter „Honoratioren". Diese Honoratiorenparteien besaßen jedoch keine Parteiorganisation. Erst nach und nach kam es zu einer intensiveren Zusammenarbeit über die Grenzen der Einzelstaaten hinweg, da die Notwendigkeit bestand, reichsweit aufzutreten, um bei Reichstagswahlen Erfolg zu haben.

So entwickelten sich allmählich im gesamten Deutschen Reich einheitliche Parteien. Bemerkenswert ist, dass die Parteien stärker als heute Interessen bestimmter Bevölkerungsgruppen vertraten. Die Bereitschaft zur Zusammenarbeit zwischen den Parteien war deshalb nicht besonders hoch. Vier politische Richtungen waren für das Kaiserreich prägend:

- Die Liberalen forderten den Schutz der Bürgerrechte, politische Mitsprache der Bevölkerung in einem deutschen Nationalstaat sowie möglichst große Freiheit im wirtschaftlichen Bereich. Unter dem Eindruck von Bismarcks Reichseinigung spaltete sich die liberale Bewegung aber in zwei Richtungen.

Während den Linksliberalen die demokratischen Rechte des Volkes besonders am Herzen lagen und sie Bismarck eher ablehnend gegenüberstanden, rückte bei den Nationalliberalen die Forderung nach nationaler Größe in den Mittelpunkt. Sie waren zu einer Zusammenarbeit mit dem Reichskanzler bereit. Die liberalen Parteien fanden vor allem im Bildungs- und Besitzbürgertum Anhänger.

- Die Konservativen organisierten sich nur notgedrungen als Partei, da sie der Demokratie skeptisch gegenüberstanden und demokratisch legitimierte Parlamente als Entscheidungsorgane ablehnten. Sie setzten auf die alleinige Regierungsgewalt des Monarchen. Ihre Wähler waren Adlige, aber auch andere traditionell königstreu eingestellte Bevölkerungsschichten.
- Das Zentrum war die Partei der Katholiken. Es verdankte seine Gründung den konfessionellen Verhältnissen im Kaiserreich, denn nach dem Ausschluss Österreichs stellten die Katholiken nur etwa ein Drittel der Bevölkerung. Außerdem war Preußen als führender Einzelstaat protestantisch geprägt. In dieser Situation schlossen sich Katholiken aus allen Schichten im Zentrum zusammen, um für ihre Rechte und Überzeugungen und gegen den anscheinend übermächtigen Protestantismus einzutreten.
- Die Sozialdemokraten vertraten die im Zuge der Industrialisierung immer größer werdende Arbeiterschicht. Ihre Partei hieß seit 1891 „Sozialdemokratische Partei Deutschlands" (SPD). Ihr Ziel war es, die soziale Situation der Arbeiterschaft zu verbessern und dem Volk eine größere demokratische Mitsprache zu sichern. In Anknüpfung an die Theorien von Karl Marx lehnten die Sozialdemokraten die Gesellschaftsordnung des Kaiserreichs grundsätzlich ab und setzten zeitweise auf eine revolutionäre Veränderung der Gesellschafts- und Wirtschaftsordnung.

Politische Verbände und Vereine

Neben den Parteien entwickelten sich im Kaiserreich bald auch Vereine, die die politischen Interessen ihrer Mitglieder vertraten. So organisierten sich etwa die Arbeiter in Gewerkschaften, um gemeinsam ihre Interessen gegen die Unternehmer durchzusetzen. Um 1900 gehörte die deutsche Gewerkschaftsbewegung bereits zu den größten der Welt.

Auch die Unternehmer hatten eigene Verbände. Darüber hinaus bildeten sich viele weitere Interessengruppen, seien es nun die Landwirte, die Angestellten, die Frauen oder die Lehrer.

Sowohl die Entwicklung der Parteien als auch der politischen Vereine zeigt, dass sich im Kaiserreich mit der Zeit immer mehr Menschen für politische Zusammenhänge interessierten und versuchten, ihre eigenen Interessen durchzusetzen.

Der „Obrigkeitsstaat"

Ein zentraler Unterschied zwischen dem Kaiserreich und dem heutigen Deutschland bestand in der Einstellung der Bevölkerung zum Staat. Das Kaiserreich war ein **Obrigkeitsstaat**: Die „Obrigkeit" – d.h. die Repräsentanten des Staates – galt für viele als Autorität, deren Entscheidungen man hinzunehmen hatte. Hohe Wertschätzung besaß auch das Militär, das in der preußischen Geschichte und bei der deutschen Einigung eine wichtige Rolle gespielt hatte. Disziplin, Ordnung und Gehorsam galten daher als wichtige Werte. Kritiklose Unterordnung unter die staatliche Autorität bestimmte das politische Klima.

M 4   **Obrigkeitsstaat**

Ein ostelbischer Junker zu seinen Dorfbewohnern nach der Wahl: „Es ist eine liberale Stimme abgegeben worden. Der Schulmeister kriegt von heute ab keine Kartoffeln mehr." Undatierte Zeichnung von Eduard Thöny (1866 – 1950).

Das preußische Dreiklassenwahlrecht – Mit Schaubild und Textquelle arbeiten

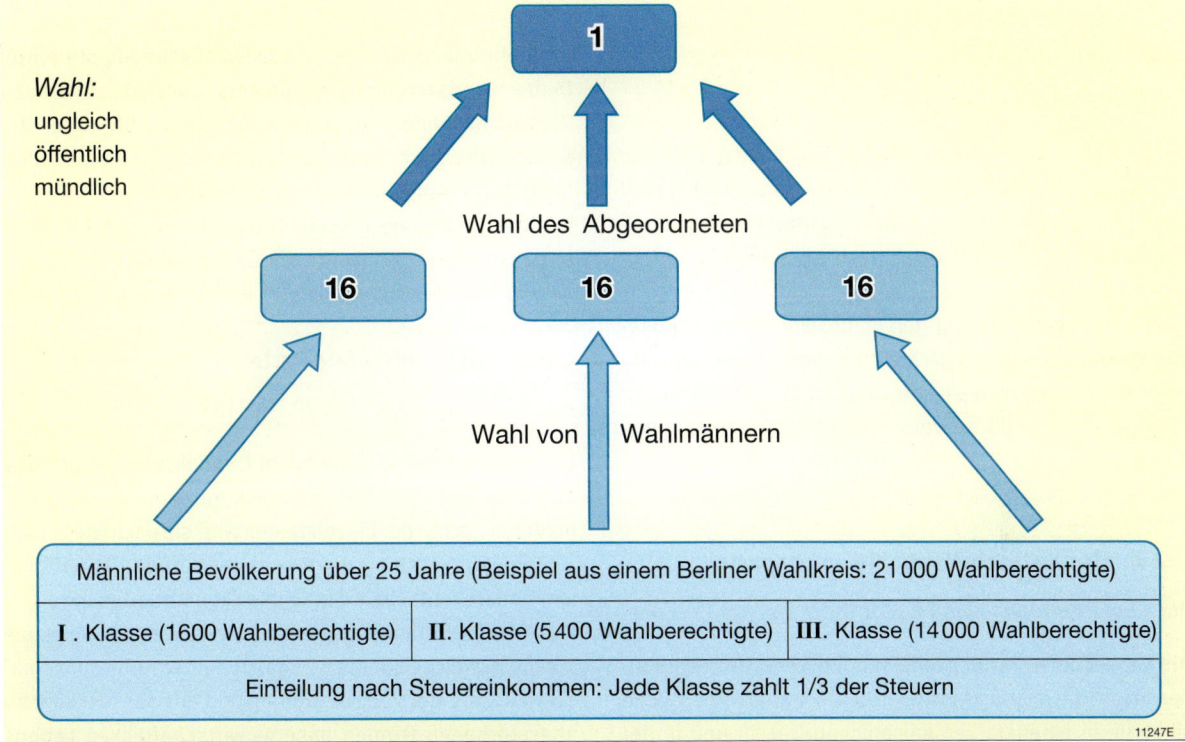

11247E

M 5 Schaubild zum Dreiklassenwahlrecht in Preußen

M 6 Dreiklassenwahlrecht in Preußen

Der Abgeordnete Leinert (SPD) erklärte am 20. Mai 1912 im preußischen Landtag:

Wenn man aber danach fragt, wo die Mehrheit der Wähler steht, ob auf Seiten derjenigen, die den Antrag der freisinnigen Volkspartei unterstützen oder ob auf Seiten derjenigen, die sich gegen jede Änderung des Dreiklassen-
5 wahlrechts aussprechen, so ist festzustellen, dass die Sozialdemokraten rund – ich nenne nur runde Zahlen – 600 000 Stimmen, das Zentrum eine halbe Million, die Fortschrittler 120 000, Polen und Dänen 225 000 Stimmen, bei der letzten Wahl zum preußischen Abgeornetenhause
10 insgesamt rund 1 450 000 Stimmen erhalten haben. Dagegen stehen gegen dieses Reichstagswahlrecht die Konservativen mit 355 000, die Freikonservativen mit 63 000, die Nationalliberalen mit 318 000 und der Bund der Landwirte und Antisemiten mit 24 000 Stimmen gegen
15 dieses allgemeine, gleiche, geheime und direkte Wahlrecht; sie haben zusammen 760 000 Stimmen. Also zwei Drittel der Wähler hat sich für das allgemeine, gleiche, geheime und direkte Wahlrecht erklärt, ein Drittel ist dagegen. Aber dieses eine Drittel der Wähler sendet 279

Abgeordnete hierher [in den preußischen Landtag], und 20 die zwei Drittel Wähler für das allgemeine Wahlrecht senden nur 164 Abgeordnete hierher; darunter sind die 104 Abgeordneten des Zentrums mit eingerechnet. Das ist doch eine Fälschung des Volkswillens, wie sie in keinem anderen Parlamente der Welt wieder anzutreffen ist. [...] 25 Ach, Herr v. d. Osten, gehen Sie mal mit uns in die Versammlungen, gehen Sie mal hinunter ins Volk, dahin, wo man das Dreiklassenwahlrecht fühlt, und verteidigen Sie einmal dort Ihre Grundsätze. Sie werden sehen, wie weit Sie damit kommen. [...] Was wollen Sie denn tun gegenüber 30 diesem ständigen Wachsen der Erbitterung und Empörung draußen im Volke? Worauf können Sie sich berufen, dass Sie hier sitzen, um schließlich der Empörung des Volkes „entgegenzuarbeiten" durch Lässigkeit in der Wahlrechtsfrage? 35 Sie können sich doch nur darauf berufen, dass Sie hier in einem Parlament sitzen, das durch einen Staatsstreich gegen des Willen des Volkes zur Verminderung der Rechte des Volkes eingeführt worden ist.

Zit. nach: Fenske, Hans (Hg.), Unter Wilhelm II. 1890–1918, Darmstadt 40 1982, S. 318 f.

Parteien im Kaiserreich – Parteiprogramme analysieren

M 7 Zentrum

Aus dem Programm vom 30. Juni 1870:

1. Unversehrte Aufrechterhaltung der durch die preußische Verfassungsurkunde gewährleisteten Selbstständigkeit der Kirche in Ordnung und Verwaltung ihrer Angelegenheiten, insbesondere auch hinsichtlich der Bildung und Ent-
5 wicklung kirchlicher Gesellschaften.
2. Abwehrung aller gegen den konfessionellen Charakter des Volksunterrichtes gerichteten Bestrebungen und Angriffe zur Sicherung des heiligsten Rechts der christlichen Familie, sowie endliche Verwirklichung der verfassungs-
10 mäßig verheißenen Unterrichtsfreiheit.

Wolfgang Treue, Deutsche Parteiprogramme, Göttingen 1968, S. 70.

M 8 Monarchisch-Nationale Reichspartei

Aus dem Programm vom 14. Mai 1872:

Die Konservative Partei ist ihrem politischen Grundgedanken nach die monarchisch-nationale Partei. Als solche sieht sie in einer starken kaiserlichen Gewalt und in der weiteren staatlichen Ausbildung und Ausstattung des das
5 deutsche Fürstentum sowie den Staatsgedanken des Deutschen Reiches repräsentierenden Bundesrates die Bürgschaft für die Einheit des Reiches und die gedeihliche Fortentwicklung und Selbstständigkeit seiner Glieder. Demgemäß wird sie den Bestrebungen entgegentreten,
10 welche einerseits auf die Herrschaft parlamentarischer Majoritäten hinzielen und welche andererseits […] das Reich zum Einheitsstaat zu verkümmern trachten.

Wolfgang Treue, Deutsche Parteiprogramme, Göttingen 1968, S. 73.

M 9 Sozialdemokratische Arbeiterpartei

Aus dem Gothaer Programm von Mai 1875:

II. Von diesen Grundsätzen ausgehend, erstrebt die sozialistische Arbeiterpartei Deutschlands mit allen gesetzlichen Mitteln den freien Staat und die sozialistische Gesellschaft, die Zerbrechung des ehernen Lohngesetzes durch
5 Abschaffung des Systems der Lohnarbeit, die Aufhebung der Ausbeutung in jeder Gestalt, die Beseitigung aller sozialen und politischen Ungleichheit. Die sozialistische Arbeiterpartei Deutschlands […] ist sich des internationalen Charakters der Arbeiterbewegung bewusst und ent-
10 schlossen, alle Pflichten, welche derselbe den Arbeitern auferlegt, zu erfüllen, um die Verbrüderung aller Menschen zur Wahrheit zu machen. Die sozialistische Arbeiterpartei Deutschlands fordert […] die Errichtung von sozialistischen Produktionsgenossenschaften mit Staatshilfe unter der demokratischen Kontrolle des arbeitenden Volkes. Die Pro-
15 duktivgenossenschaften sind für Industrie und Ackerbau in solchem Umfange ins Leben zu rufen, dass aus ihnen die sozialistische Organisation der Gesamtarbeit entsteht.

Wolfgang Treue, Deutsche Parteiprogramme, Göttingen 1968, S. 76.

M 10 Nationalliberale Partei

Aus dem Programm vom 29. Mai 1881:

Die Nationalliberale Partei steht in unverbrüchlicher Treue zu Kaiser und Reich. Bei voller Wahrung der verfassungsmäßigen Rechte der Einzelstaaten wird sie nach wie vor der weiteren Entwicklung der Reichsinstitutionen in nationalem und freiheitlichem Sinne ihre Dienste widmen.
5
[…] Alle Bestrebungen, gleichviel von welcher Seite sie kommen, welche auf die Schmälerung der verfassungsmäßigen Rechte der Volksvertretung und auf die Rückkehr zu abgestorbenen Formen unseres wirtschaftlichen Lebens gerichtet sind, wird die Partei mit Entschiedenheit be-
10 kämpfen.

Wolfgang Treue, Deutsche Parteiprogramme, Göttingen 1968, S. 781.

M 11 Deutsche Freisinnige Partei

Aus dem Programm vom 5. März 1884:

I. Entwicklung eines wahrhaft konstitutionellen Verfassungslebens in gesichertem Zusammenwirken zwischen Regierung und Volksvertretung und durch gesetzliche Organisation eines verantwortlichen Reichsministeriums. Abwehr aller Angriffe auf die Rechte der Volksvertretung,
5 insbesondere Aufrechterhaltung der einjährigen Finanzperiode, der jährlichen Einnahmebewilligung, der Redefreiheit.
II. Wahrung der Rechte des Volkes: Erhaltung des geheimen, allgemeinen, gleichen und direkten Wahlrechts; Sicherung der Wahlfreiheit, insbesondere auch durch Bewil-
10 ligung von Diäten: Press-, Versammlungs-, Vereinsfreiheit; Gleichheit vor dem Gesetz ohne Ansehen der Person und der Partei; volle Gewissens- und Religionsfreiheit.

Wolfgang Treue, Deutsche Parteiprogramme, Göttingen 1968, S. 85.

Ergebnisse der Reichstagswahlen – Arbeit mit einer Statistik

M 12 Wahlen zum Reichstag 1871 bis 1912

Wahl	Wahlbe-teiligung (in %)	Konservative		Liberale		Zentrum		Sozialdemokraten	
		Stimmen-anteil (in %)	Anzahl der Sitze	Stimmen-anteil (in %)	Anzahl der Sitze	Stimmen-anteil (in %)	Anzahl der Sitze	Stimmen-anteil (in %)	Anzahl der Sitze
1871	50,78	23,0	94	46,6	202	18,6	63	3,2	2
1874	60,89	14,1	55	39,7	208	27,9	91	6,8	9
1877	60,39	17,6	78	38,2	180	24,8	93	9,1	12
1878	63,14	26,6	116	33,6	138	23,1	94	7,6	9
1881	56,08	23,7	78	37,8	162	23,2	100	6,1	12
1884	60,35	22,1	106	36,9	125	22,6	99	9,7	24
1887	77,19	25,0	121	36,4	131	20,1	98	10,1	11
1890	71,25	19,1	93	34,3	118	18,8	106	19,8	35
1893	72,20	19,2	100	27,8	101	19,1	96	23,3	44
1898	67,76	15,5	79	23,6	95	18,8	102	27,2	56
1903	75,78	13,5	75	23,2	87	19,8	100	31,7	81
1907	84,35	13,6	84	25,4	103	19,4	105	28,9	43
1912	84,53	12,2	57	26,1	87	16,4	91	34,8	110

Quelle: Gerhard A. Ritter (Hg.), Das Deutsche Kaiserreich 1871–1914, Göttingen 1977, S. 78.

Aufgaben

1. Das deutsche Kaiserreich – Mit einem Verfassungsschaubild arbeiten
a) Nenne die Befugnisse von Kaiser, Reichskanzler, Reichstag und Bundesrat.
b) Erläutere die demokratischen Elemente der Verfassung.
c) Erstelle einen Informationstext, der das Wahlrecht erklärt.
↷ Text, M1

2. Das preußische Dreiklassenwahlrecht
a) Erläutere die Unterschiede zwischen dem Reichstagswahlrecht und dem preußischen Dreiklassenwahlrecht.
b) Nenne die Argumente gegen das Dreiklassenwahlrecht.
c) Nimm Stellung zu folgendem Satz: „Wer mehr Steuern zahlt, sollte auch mehr politischen Einfluss haben."
↷ Text, M1, M5, M6

3. Parteiprogramme analysieren
a) Vergleiche die Parteiprogramme in Bezug auf die jeweiligen Ziele. Fertige dafür eine Tabelle an.

b) Erörtere die politische Schwerpunktsetzung der einzelnen Parteien und ziehe daraus Rückschlüsse auf ihre Position gegenüber dem Deutschen Kaiserreich.
↷ M7 – M11

4. Ergebnisse der Reichstagswahlen – Arbeit mit einer Statistik
a) Erläutere die Bedeutung des Begriffs „Wahlbeteiligung".
b) Untersuche die sich verändernde Wahlbeteiligung. Gib Ursachen dafür an.
c) Erstelle ein Diagramm, in das du die Wahlergebnisse der einzelnen politischen Richtungen einträgst. Trage auf der x-Achse die Jahreszahlen ein und auf der y-Achse den Prozentanteil der Stimmen.
d) Erstelle ein weiteres Diagramm, in das du auf der y-Achse die Anzahl der Sitze einträgst.
e) Verfasse einen kurzen Sachtext zu den wesentlichen Ergebnissen deiner erstellten Diagramme.
↷ M12

M 1   **Bismarck als Steuermann**
Karikatur, 1879

Die Innenpolitik im Zeitalter Bismarcks

Die Rolle Bismarcks

Nach der Reichsgründung spielte Bismarck bis zum Jahr 1890 als Reichskanzler und preußischer Ministerpräsident eine entscheidende politische Rolle. Von Kaiser Wilhelm I. eingesetzt und nur diesem verantwortlich, besaß er einen großen Entscheidungsspielraum. Allerdings brauchte er nach der Verfassung eine Mehrheit im Reichstag, um Gesetze und den wichtigen Haushalt beschließen zu können. In der täglichen Politik musste er sich also im Reichstag die notwendigen Stimmen beschaffen.

Bismarcks Strategie bestand darin, die Parteien einerseits mit lockenden Angeboten zur Zusammenarbeit zu bewegen, ihnen aber andererseits auch mit Nachteilen zu drohen, wenn sie sich seiner Politik verweigerten. Diese Politik von „Zuckerbrot und Peitsche" erwies sich als sehr wirkungsvoll. Die Parteien, die sich einer Zusammenarbeit verweigerten, erklärte er zu „Reichsfeinden". Besonders das Zentrum und die Sozialdemokratie betrachtete er als gefährlich für den Bestand des Kaiserreichs.

Der Kampf gegen die Katholiken

Erste Opfer von Bismarcks Strategie wurden gleich nach der Reichsgründung die katholische Kirche und die Zentrumspartei, die politische Vertretung des deutschen Katholizismus. Bismarck unterstellte ihnen, im Zweifelsfall nicht loyal zum neuen Kaiserreich zu stehen, sondern sich an der Autorität des Papstes zu orientieren, also dem neuen Staat ablehnend gegenüberzustehen.

Angesichts der nationalen Begeisterung, die zur Zeit der Reichsgründung aufflammte, war dies ein ungeheurer Vorwurf. Zu beachten ist, dass die Kirche damals großen Einfluss auf die Gläubigen ausübte und das Wort des Pfarrers gerade in ländlichen Gebieten auch im politischen Bereich viel galt. Die liberalen Abgeordneten im Reichstag unterstützen diese Politik, da sie für eine strikte Trennung von Kirche und Staat eintraten.

Eine Reihe von Maßnahmen sollte den Einfluss der katholischen Kirche einschränken. Es kam zum „Kulturkampf". So wurde in Preußen den Kirchen die Aufsicht über die Schulen entzogen und dem Staat übertragen. Ab 1874 hatte im ganzen Reich nur die auf dem Standesamt geschlossene Ehe Gültigkeit; die kirchliche Ehe wurde damit zur Privatangelegenheit. Der sogenannte „Kanzelparagraf" verbot den Pfarrern, in Predigten staatliche Angelegenheiten „in einer den öffentlichen Frieden gefährdenden Weise" zu erörtern.

Gerade Preußen legte diese Vorschrift sehr streng aus und zeitweise waren alle katholischen Bischöfe Preußens entweder in Haft oder ins Ausland geflohen. Das „Klostergesetz" verbot die Niederlassung aller geistlichen Orden mit Ausnahme reiner Krankenpflegeorden. Der als besonders gefährlich angesehene Jesuitenorden wurde ganz verboten, seine Mitglieder aus dem Reich ausgewiesen.

Dennoch oder gerade deshalb wurde die Zentrumspartei bei den Reichstagswahlen immer stärker, während die Stimmen der Liberalen, die den antikatholischen Kurs Bismarcks unterstützten, abnahmen.

M 2   **Bismarck im Reichstag**
Gemälde, 1888

Die politische Trendwende 1878

Der nur begrenzte Erfolg des „Kulturkampfes" und wirtschaftspolitische Fragen führten 1878 zu einem politischen Kurswechsel. Zum Schutz der Landwirtschaft und der Industrie vor ausländischer Konkurrenz wurden Schutzzölle eingeführt. Dadurch verteuerten sich die ausländischen Waren derart, dass deutsche Produkte konkurrenzfähig blieben. Schutzzölle hatten vor allem die Konservativen gefordert, während die Liberalen für den freien Handel eintraten. Zwei Attentate auf Kaiser Wilhelm I., für die Bismarck die Sozialdemokraten verantwortlich machte, boten dem Reichskanzler die Gelegenheit, den Reichstag aufzulösen und Neuwahlen anzusetzen. Diese brachten ihm die gewünschte Mehrheit für seine neue Politik.

Aufgrund dieser neuen politischen Situation beendete Bismarck den Kulturkampf durch Zugeständnisse an die katholische Kirche. Die Zivilehe, der „Kanzelparagraf" und die staatliche Schulaufsicht blieben zwar erhalten, doch verzichtete Bismarck auf eine weitere Verfolgung der katholischen Kirche.

Der Kampf gegen die Sozialdemokraten

Als neue „Reichsfeinde" galten nun die Sozialdemokraten. Zwar war deren Stimmanteil bei den Reichstagswahlen um 1870 noch gering, doch galten Funktionäre und Wähler dieser Partei als revolutionäre Staatsfeinde. Die Attentate auf Kaiser Wilhelm I. im Frühjahr 1878 boten einen Anlass für das „Gesetz wider die gemeingefährlichen Bestrebungen der Sozialdemokratie", das Sozialistengesetz, das weitreichende Maßnahmen der Überwachung und Kontrolle vorsah. So wurden politische Versammlungen überwacht und oft verboten. Auch kam es zur Zensur sozialdemokratischer Zeitungen und Zeitschriften. Trotz dieses faktischen Parteiverbots konnten Sozialdemokraten weiter in den Reichstag gewählt werden, da die Kandidaten als Einzelpersonen zu den Wahlen antraten.

Neben der „Peitsche" der Sozialistengesetze bot der Reichskanzler den Arbeitern auch ein „Zuckerbrot". Um die soziale Lage der Arbeiter zu verbessern, führte Bismarck eine neue Sozialgesetzgebung ein: 1883 die Krankenversicherung der Arbeiter, 1884 die Unfallversicherung und 1889 die Alters- und Invaliditätsversicherung. Sowohl Arbeitgeber als auch Arbeitnehmer zahlten in die Sozialversicherungen ein. Obwohl die Leistungen dieser Versicherungen noch gering blieben, war eine derartige Absicherung der Arbeiter durch den Staat neu und beispielhaft. Bismarcks Ziel indes, die Arbeiter der Sozialdemokratischen Partei zu entfremden, misslang. Seit 1880 nahm der Stimmanteil der Sozialdemokraten ständig zu. 1890 wurde das Sozialistengesetz schließlich nicht mehr verlängert.

Der Rücktritt Bismarcks

Als Wilhelm I. 1888 starb, trat sein Sohn Friedrich die Nachfolge an. Nach dessen Tod noch im selben Jahr folgte Wilhelm II. Dieses Drei-Kaiser-Jahr läutete das Ende der Ära Bismarck ein. Der junge Kaiser hatte nicht nur andere politische Vorstellungen als der alte Reichskanzler, sondern wollte die Politik stärker bestimmen als seine Vorgänger. Der Konflikt zwischen Wilhelm und Bismarck endete 1890 mit dem Rücktritt des Reichskanzlers.

M 3   **„Dropping the Pilot"**
Karikatur aus der englischen Zeitschrift „Punch", 1890

Das Sozialistengesetz – Auswirkungen analysieren

Reichs-Gesetzblatt.

№ 34.

Inhalt: Gesetz gegen die gemeingefährlichen Bestrebungen der Sozialdemokratie. S. 351.

(Nr. 1271.) Gesetz gegen die gemeingefährlichen Bestrebungen der Sozialdemokratie. Vom 21. Oktober 1878.

Wir Wilhelm, von Gottes Gnaden Deutscher Kaiser, König von Preußen ꝛc.

verordnen im Namen des Reichs, nach erfolgter Zustimmung des Bundesraths und des Reichstags, was folgt:

§. 1.

Vereine, welche durch sozialdemokratische, sozialistische oder kommunistische Bestrebungen den Umsturz der bestehenden Staats- oder Gesellschaftsordnung bezwecken, sind zu verbieten

Dasselbe gilt von Vereinen, in welchen sozialdemokratische, sozialistische oder kommunistische auf den Umsturz der bestehenden Staats- oder Gesellschaftsordnung gerichtete Bestrebungen in einer den öffentlichen Frieden, insbesondere die Eintracht der Bevölkerung... ssen gefährdenden Weise zu Tage treten.

Den Vereinen stehen gleich Verbindungen jeder Art.

§. 2.

Auf eingetragene Genossenschaften findet im Falle des §. 1 Abs. 2 der §. 35 des Gesetzes vom 4. Juli 1868, betreffend die privatrechtliche Stellung der Erwerbs- und Wirthschaftsgenossenschaften, (Bundes-Gesetzbl. S. 415 ff.) Anwendung

Auf eingeschriebene Hülfskassen findet im gleichen Falle der §. 29 des Gesetzes über die eingeschriebenen Hülfskassen vom 7. April 1876 (Reichs-Gesetzbl. S. 125 ff.) Anwendung.

§. 3.

Selbständige Kassenvereine (nicht eingeschriebene), welche nach ihren Statuten die gegenseitige Unterstützung ihrer Mitglieder bezwecken, sind im Falle des

Reichs-Gesetzbl. 1878.   67

Ausgegeben zu Berlin den 22. Oktober 1878.

M 4   Reichsgesetzblatt

Faksimile, 1878

M 5   Das Sozialistengesetz

August Bebel berichtet in seinen Memoiren über die Auswirkungen des Sozialistengesetzes:

Sobald das Gesetz verkündet und in Kraft getreten war, fielen die Schläge hageldicht. Binnen wenigen Tagen war die gesamte Parteipresse mit Ausnahme des Offenbacher Tageblatts und der Fränkischen Tagespost in Nürnberg un-
5 terdrückt. [...] Auch war der Verband der Buchdrucker, abgesehen von den Hirsch-Dunckerschen Vereinen, die einzige Gewerkschaftsorganisation, die von der Auflösung verschont blieb. Alle übrigen fielen dem Gesetz zum Opfer. Ebenso verfielen der Auflösung die zahlreichen lokalen
10 sozialdemokratischen Arbeitervereine, nicht minder die Bildungs-, Gesang- und Turnvereine, an deren Spitze Sozialdemokraten standen [...].

Das Trümmerfeld des Zerstörten wurde erweitert durch die Verbote der nicht periodisch erscheinenden Literatur. [...]
15 Während wir so in voller Tätigkeit waren, aus den Trüm-

mern, die das Sozialistengesetz uns bis dahin geschaffen hatte, zu retten, was zu retten möglich war, wurden wir am 29. November mit der Nachricht überrascht, dass am Abend zuvor der „Reichsanzeiger" eine Proklamation des Ministeriums veröffentlichte, wonach der kleine Belage- 20 rungszustand über Berlin verhängt wurde. Dieser Hiobsbotschaft folgte am nächsten Tage die Mitteilung, dass 67 unserer bekanntesten Parteigenossen, [...] bis auf einen sämtliche Familienväter, ausgewiesen worden seien. Einige mussten binnen 24 Stunden die Stadt verlassen [...]. 25
Damals gingen die Gerichte noch nicht so weit, Sammlungen für die Ausgewiesenen zu bestrafen, später aber, als die Behörden solche Sammlungen ausdrücklich auf Grund des Sozialistengesetzes verboten, wurde die Rechtsprechung eine andere. Wir mussten jetzt die Sammlungen 30 ausschließlich für die Familien der Ausgewiesenen vornehmen [...]. Die fortgesetzten Ausweisungen und die Schikanierung der Ausgewiesenen durch die Polizei hatten aber einen Erfolg, den unsere Staatsretter nicht vorausgesehen. Durch die Verfolgungen aufs Äußerste erbittert, zogen sie 35 von Stadt zu Stadt, suchten überall die Parteigenossen auf, die sie mit offenen Armen aufnahmen, und übertrugen jetzt ihren Zorn und ihre Erbitterung auf ihre Gastgeber, die sie zum Zusammenschluss und zum Handeln anfeuerten. Dadurch wurde eine Menge örtlicher geheimer Verbindun- 40 gen geschaffen, die ohne die Agitation der Ausgewiesenen kaum entstanden wären.

August Bebel, Aus meinem Leben, 3. Teil, Berlin 1930, S. 20 ff., zit. nach: Manfred Görtemaker, Deutschland im 19. Jahrhundert, Bonn 1994, S. 289 ff.

M 6   „Sozialistengesetz"

Karikatur im „Kladderadatsch", 23.11.1884.

„Nun mein Kind, drückt Dich denn Dein Korb nicht sehr?"

Socialdemokratie: „O nein – wie Sie sehen, bin ich groß und stark dabei geworden."

Die Sozialversicherung – Mit einem Plakat arbeiten

Die deutsche Sozialversicherung
steht in der ganzen Welt vorbildlich und unerreicht da.

Die Krankenversicherung

ist seit ihrer Einführung im Jahre 1885 rund 18 Millionen Menschen zugute gekommen. Seit der Reichsversicherungsordnung von 1913 erstreckt sie sich sogar auf etwa die doppelte Anzahl.

1885   1900   1913

Für ärztliche Hilfe und Medikamente wurden 1885 18 Mio. Mark aufgewendet, dagegen im Jahre 1913 171 Mio. Mark

Altersversicherung

Seit der Errichtung dieses Zweiges der Sozialversicherung hat das Alter auch für den besitzlosen Arbeiter seine Schrecken verloren.

480 1/2 Millionen Mark kamen in der Zeit von 1891 bis 1913 528 000 Altersrentnern zugute. Versichert sind 16 Millionen.

Von 1885   bis 1913

Kranken-versicherung **5,6 Milliarden M.**

Unfall-versicherung **2,5 Milliarden M.**

Für Invaliden und Hinterbliebene **2,7 Milliarden M.**

Tägliche Leistung 1913 mehr als **2¼ Millionen M.**

Invaliden-Fürsorge

16 Millionen Invaliden der Arbeit wurde in den Jahren von 1893 bis 1913 eine Summe von 1805 Millionen Mark ausbezahlt.

Neben der Unterstützung im Invaliditätsfall hat Deutschland durch den Gewerbeschutz auch vorbeugend Grosses geleistet.

Hinterbliebenen-Fürsorge

ist ein neuer Zweig der Arbeiter- und Angestellten-Fürsorge Millionen Mark ausgezahlt.

Alle diese Massnahmen haben zu vermehrter Arbeitsfreudigkeit und Leistungsfähigkeit der deutschen Arbeiterschaft geführt.

11 Milliarden Mark
wurden in der deutschen Arbeiterversicherung-Sozial-fürsorge - in der Zeit von 1885 bis 1913 aufgewendet.

	Deutschland	England	Frankreich
Krankenversicherung 1912 in Beiträge in Millionen Mark	464	besitzt	41
Leistungen in Millionen Mark	426	ähnliche	24
Verhältnis von Leistung zu Beitrag	92%	Einrichtungen erst seit	59%
Leistung pro Fall in Mark	65	1912	40

L & P / 1013

M 7   **Die deutsche Sozialversicherung**
Plakat von 1913

Aufgaben

1. Bismarcks Innenpolitik

a) Fasse mit eigenen Worten das Verhältnis Bismarcks zu den Parteien zusammen.

b) Analysiere den Kulturkampf und bewerte, ob diese Auseinandersetzung eine innenpolitische Niederlage Bismarcks war.

c) Erläutere die Ursachen für den Rücktritt Bismarcks.
    ⤳ Text

2. Das Sozialistengesetz

a) Erkläre den Titel „Gesetz gegen die gemeingefährlichen Bestrebungen der Sozialdemokratie".

b) Fasse den §1 des Sozialistengesetzes zusammen.

c) Analysiere die Wirkung des Sozialistengesetzes.

d) Bestimme die politische Position August Bebels.

e) Gib die Ursache dafür an, dass trotz Verbots der Sozialdemokratie Sozialdemokraten im Reichstag saßen.
    ⤳ Text, M4 – M6

3. Die Sozialversicherung

a) Liste die Einzelversicherungen, die die Sozialversicherung umfasste, tabellarisch auf.

b) Sammelt Argumente für eine Diskussion hinsichtlich der Stärken und Schwächen der Sozialversicherung. Stichpunkte können hier sein: Zielgruppen, Leistungen der Versicherung, Reichweite der Absicherungen.

c) Erstelle eine Tabelle über die Veränderungen in der deutschen Sozialversicherung seit ihrer Einführung.
    ⤳ M7, Lexikon, Internet, z. B. http://www.deutsche-sozialversicherung.de/de/krankenversicherung/geschichte.htm

Das Deutsche Reich unter Wilhelm II.

Wilhelm II. und der „Wilhelminismus"

Die zweite Hälfte des Kaiserreichs seit etwa 1890 wird oft als Zeit des „Wilhelmi-nismus" bezeichnet. Dieser Begriff leitet sich her vom letz-ten deutschen Kaiser Wilhelm II. (1859–1941), Sohn des Kronprinzen Friedrich und Enkel Kaiser Wilhelms I. Im Drei-Kaiser-Jahr 1888, als sein Großvater und sein Vater kurz nachei-nander starben, wurde er mit 29 Jahren deutscher Kaiser und König von Preußen.

Bis zum Ende des Kaiserreichs 1918, also 30 Jahre lang, versuchte Wilhelm die Politik zu bestimmen. Im Unterschied zu seinem Großvater, der Bismarck weitge-hend freie Hand gelassen hatte, beanspruchte der neue Kaiser die Entscheidungs-gewalt. Er wollte, wie es damals hieß, ein „persönliches Regiment" führen. Dies führte zum Konflikt mit Bismarck, der 1890 wegen politischer Meinungsverschie-denheiten um seine Entlassung bat.

Der Verantwortung dieses „persönlichen Regiments" war der Kaiser aber nur bedingt gewachsen. Er bevorzugte persönliche Berater aus seiner Jugendzeit und aus der militärischen Führung, die eine Art Nebenregierung des Reichs bildeten. Allerdings gelang es Wilhelm nicht, sich gegen die regulären Verfassungsorgane wie den Reichstag oder den Reichskanzler durchzusetzen. Viele innenpolitische Vorhaben des Kaisers schlugen daher fehl.

Das prunkvolle und herrische Auftreten des Kaisers blieb nicht ohne Wir-kung. Seine Begeisterung für alles Militärische stieß in weiten Teilen der Bevöl-kerung auf Widerhall. Insofern gilt er als Repräsentant der damaligen Verhältnis-se und seine Regierungszeit als „wilhelminische Epoche".

Die innenpolitische Entwicklung

Während der Herrschaft Wilhelms II. erreichte ein Prozess seinen Höhepunkt, der bereits unter Bismarck begonnen hatte: Immer mehr Menschen interessierten sich für politische Fragen. Die Debatten und Abstimmungen im Reichstag rückten

in den Mittelpunkt des Interesses, und es bildeten sich verschiedene Organisationen, die die poli-tische Meinung der Bevölkerung zu beeinflussen suchten. Bei den Wahlen verschoben sich die politischen Gewichte zugunsten der SPD, die kontinuierlich wuchs und schließlich die meisten Abgeordneten im Reichstag stellte. Der Kaiser und seine Regierung betrachteten das als Gefahr für den Staat und versuchten die Sozialdemokraten – ähnlich wie mit dem Sozialistengesetz – zu unterdrücken. Dies scheiterte allerdings am Widerstand des Reichstags. Zwischen der Mehrheit des Parlaments und der Regierung des Kaisers war eine Zusammenarbeit immer weniger möglich.

Notwendige Reformen wie eine Demokratisierung der Reichsverfassung konnten wegen dieser Gegensätze nicht durchgeführt werden. Während Deutschland zu einer modernen Industriegesellschaft heranwuchs, blieb die staatliche Ordnung unangetastet und wurde den neuen Verhältnissen nicht angepasst.

Manche Neuerungen gelangen dennoch. So wurde im Jahr 1900 das bis heute gültige Bürgerliche Gesetzbuch (BGB) verabschiedet, das für Deutschland eine einheitliche Rechtsgrundlage schuf.

Militarismus und Nationalismus

In der Öffentlichkeit spielte das Militär eine immer größere Rolle, es kam zu einer **Militarisierung** der Gesellschaft. Die Ableistung des Wehrdienstes und der Rang eines Reserveoffiziers waren für das berufliche und gesellschaftliche Fortkommen außerordentlich wichtig.

Große Bedeutung hatten auch entsprechende Interessenverbände. Im Alldeutschen Verband setzten sich Lehrer, Professoren und Journalisten dafür ein, die nationale Gesinnung der Bevölkerung zu heben. Mehr als eine Million Mitglieder zählte der Flottenverein. Er unterstützte das kaiserliche Ziel, eine große deutsche Kriegsflotte zu bauen, die es mit der britischen Flotte aufnehmen konnte. Noch größer war der Kyffhäuser-Bund: ein Zusammenschluss von 32 000 Kriegervereinen mit 2,8 Millionen Mitgliedern. Militarismus und Nationalismus waren im Reich also weit verbreitet.

M 3 Wilhelm mit seinen Söhnen

Vor dem Berliner Schloss auf dem Weg zur Neujahrsparade, Fotografie, 1914

Wilhelm II. – Mit Biografien arbeiten

M 4   Kaiser Wilhelm II.

a) Der Schriftsteller Emil Ludwig veröffentlichte 1925 eine Biografie über Wilhelm II. Zur „harten Jugend" Wilhelms schreibt Ludwig:

Erst am dritten Tage [nach der schweren Geburt] bemerkte man, der linke Arm war gelähmt, das Schulterkugelgelenk zerrissen, die umgebende Muskelpartie so schwer beschädigt, dass im Stande damaliger Chirurgie kein Arzt sich an
5 die Heilung des Gliedes wagen durfte [...].
Wer wollte dem Knaben sein Mitgefühl wehren, wie er nun unter eigener Zucht und in der Strenge seiner Lehrer mit allen Kräften zu ersetzten suchte, was ihm die Natur versagte! Unter heftigen Schmerzen wurde ihm der verkrüp-
10 pelte Arm elektrisiert, bis man es aufgab, das gelähmte Glied zu stärken, und nun den Jungen zwang, den Schein des Gebrauches zu erwecken. Geschickt lernte er, die Linke in den Gürtel, in die Tasche zu stützen.
[...] Die ehrgeizige [Mutter] Victoria, Tochter der mächtigen
15 Königin von England und ihres klugen Gatten, verzieh nicht einem Kind, das unvollkommen war [...], statt Mitleid trug sie heimliche Vorwürfe gegen den entstellten Sohn im Herzen, gerade weil er der Erstgeborene war, und zog ihre anderen, schöner erwachsenden Kinder in unverhüllter Par-
20 teinahme vor. [...]
Und doch rühmt ihn sein Lehrer laut. Denn was den Prinzen, besonders als Offizier, auszeichnete, das war der Kampf gegen sein Gebrechen. Hier lag sein ganzer Ehrgeiz und Erfolg [...]. In Wahrheit ist der moralische Sieg über die

Physis sein Verderben geworden. Wenn dies der größte Tag 25
des jungen Prinzen war, in glänzender Uniform auf galoppierendem Pferde im Morgensonnenscheine an der Spitze seines Regimentes den Vätern zu imponieren, so war dies nur das Vorspiel zahlloser Auftritte und Einzüge, klirrender Reden und drohender Fäuste, mit denen er sich jahrzehn- 30
telang vor seinem Selbstgefühl zu legitimieren suchte.

Emil Ludwig, Wilhelm der Zweite, München 1925, S. 11 ff.

b) Im Vorwort der Biografie beschreibt Ludwig seine Intention:

Hier ist der Versuch gemacht, aus den Charakterzügen eines Monarchen unmittelbar die weltpolitischen Folgen, aus seinem Wesen das Schicksal seines Volkes zu entwickeln.

Emil Ludwig, Wilhelm der Zweite, München 1925, S. 7.

c) Der Historiker Imanuel Geiss kommentiert um 1970 die Biografie von Emil Ludwig:

Emil Ludwigs Biografie des letzten deutschen Kaisers stellt [...] eine psychologisch glänzende Analyse dar [...]. Von einem gewissen Punkt an verwandelt sich allerdings Ludwigs Stärke – seine psychologische Einfühlungsgabe – zu einer Schwäche. Die heute nicht mehr allein befriedigende indi- 5
viduell-psychologisierende Methode gibt nämlich kaum einen Begriff von Wilhelms Stellung in der deutschen Geschichte, von seiner historischen Funktion.

Imanuel Geiss, Nachwort zur Lizenzausgabe von Emil Ludwig, Wilhelm der Zweite, für den Bertelsmann Lesering, München o. J. (um 1970), S. 332 f.

M 5   Wilhelm II.
in der Uniform der Gardekürassiere, Gemälde (Ausschnitt), 1895

d) Der englische Historiker John C. G. Röhl bilanziert im ersten Band seiner umfangreichen Biografie über Wilhelm II. 1993:

Jeder aber, der aufgrund des Familiennachlasses diese [ärztliche] Behandlung näher untersucht, die, wenngleich in der besten Absicht verordnet, einer grauenhaften Kindesmisshandlung gleichkam, wird zur Erkenntnis gezwungen, dass hierin – mehr noch, als Ludwig [...] ahnen konnte 5
– eine der wichtigsten Ursachen für die gestörte Charakterbildung des letzten deutschen Kaisers zu sehen ist.

John C. G. Röhl, Wilhelm II. Die Jugend des Kaisers 1859–1888, München 1993, S. 38.

Militarismus – Arbeit mit Karikaturen

„… und dann müsst ihr bedenken, als Zivilisten seid ihr hergekommen und als Menschen geht ihr fort."
Karikatur von Olaf Gulbransson, in „Simplicissimus", 1910

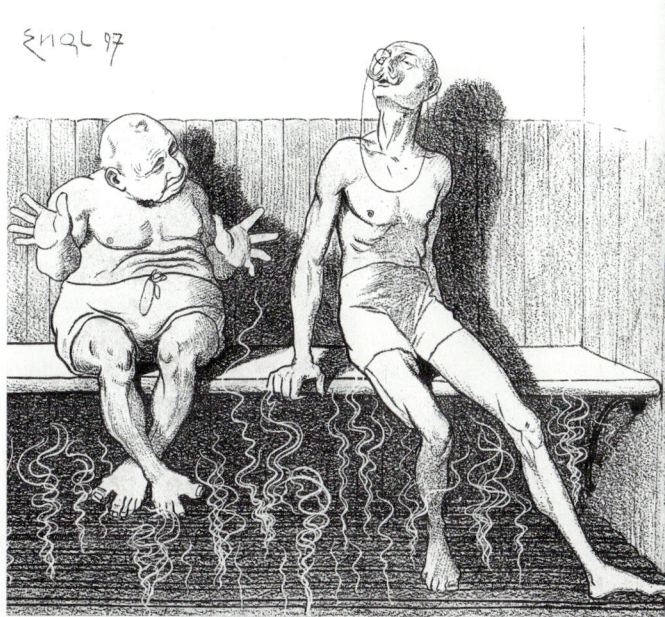

„Im Bad"
„Herr Lieutenant tragen das Monocle im Bad?"
„Äh, befürchte, sonst für Civilisten gehalten zu werden."
Karikatur aus dem Simplicissimus, 1897

Aufgaben

1. Kaiser Wilhelm II.
  a) Erläutere den Begriff „Wilhelminismus".
  b) Beschreibe das Selbstverständnis Wilhelms II.
     ↷ Text, M1, M3

2. Wilhelm II. – Eine Biografie
  a) Fasse mit eigenen Worten die Ausführungen Emil Ludwigs über die „harte Jugend" Wilhelms II. zusammen.
  b) Erläutere anhand von Textbeispielen die Intention, die der Biografie über Wilhelm II. zugrunde liegt.
  c) Erkläre die Einwände des Historikers Imanuel Geiss gegenüber dem Vorgehen Emil Ludwigs.
  d) Nimm Stellung zu folgender Auffassung: „Einzelne Menschen können den Verlauf der Geschichte erheblich beeinflussen".
     ↷ Text, M4

3. Militarismus – Arbeit mit Karikaturen
  a) Erkläre den Begriff „Militarismus".
  b) Erläutere die Grundaussagen der beiden Karikaturen.
  c) Analysiere eine der beiden Karikaturen ausführlich.
  d) Erörtere mit Blick auf die beiden Karikaturen, inwiefern der berühmte Ausspruch, den der Graf von Mirabeau ein Jahrhundert zuvor über Preußen prägte, auch für das deutsche Kaiserreich zutrifft: „Die preußische Monarchie ist nicht ein Land, das eine Armee hat, sondern eine Armee, die ein Land hat, in welchem sie gleichsam nur einquartiert steht".
     ↷ M6, M7

Die Außenpolitik des Deutschen Reiches 1871 – 1890

Bismarcks „Alptraum der Koalitionen"

Wie lässt sich nach drei Kriegen und einer erheblichen Veränderung der europäischen Kräfteverhältnisse eine dauerhafte Friedensordnung schaffen? Das war die Frage, die sich nach der Gründung des deutschen Kaiserreichs stellte.

Unter preußischer Führung war ein neuer großer Staat in Mitteleuropa entstanden. Frankreich fühlte sich gedemütigt, weil es nicht nur Elsass und Lothringen an das Deutsche Reich abtreten und hohe Kriegsentschädigungen zahlen musste, sondern auch seine bisher beanspruchte Führungsrolle auf dem europäischen Kontinent eingebüßt hatte. Auch die übrigen Nationen betrachteten die Machtverschiebung zugunsten des neuen deutschen Nationalstaats mehr oder weniger argwöhnisch. Im Gegensatz zur politischen Situation nach dem Zusammenbruch der napoleonischen Herrschaft kam es zu keinem Friedenskongress, sondern es musste ein Interessenausgleich der einzelnen europäischen Staaten erfolgen.

Reichskanzler Bismarck, der auch das Auswärtige Amt leitete, war bemüht, die Existenz des neuen Deutschen Reichs dauerhaft zu sichern. Er folgte dabei mehreren Prinzipien:

- Das Deutsche Reich ist „saturiert", das heißt es erhebt keine weiteren territorialen Ansprüche und erwirbt keine Kolonien in Übersee.
- Das Deutsche Reich muss verhindern, dass sich andere Staaten gegen Deutschland verbünden. Eine solche Situation betrachtete Bismarck als „Alptraum der Koalitionen". Insbesondere Frankreich muss politisch isoliert werden.
- Das Deutsche Reich muss darauf bedacht sein, dass sich Spannungen zwischen Staaten nicht im Zentrum Europas entladen, sondern in seinen Randgebieten – der „Peripherie" – oder in Übersee.

M 1 **Das europäische Bündnis- und Vertragssystem unter Bismarck**

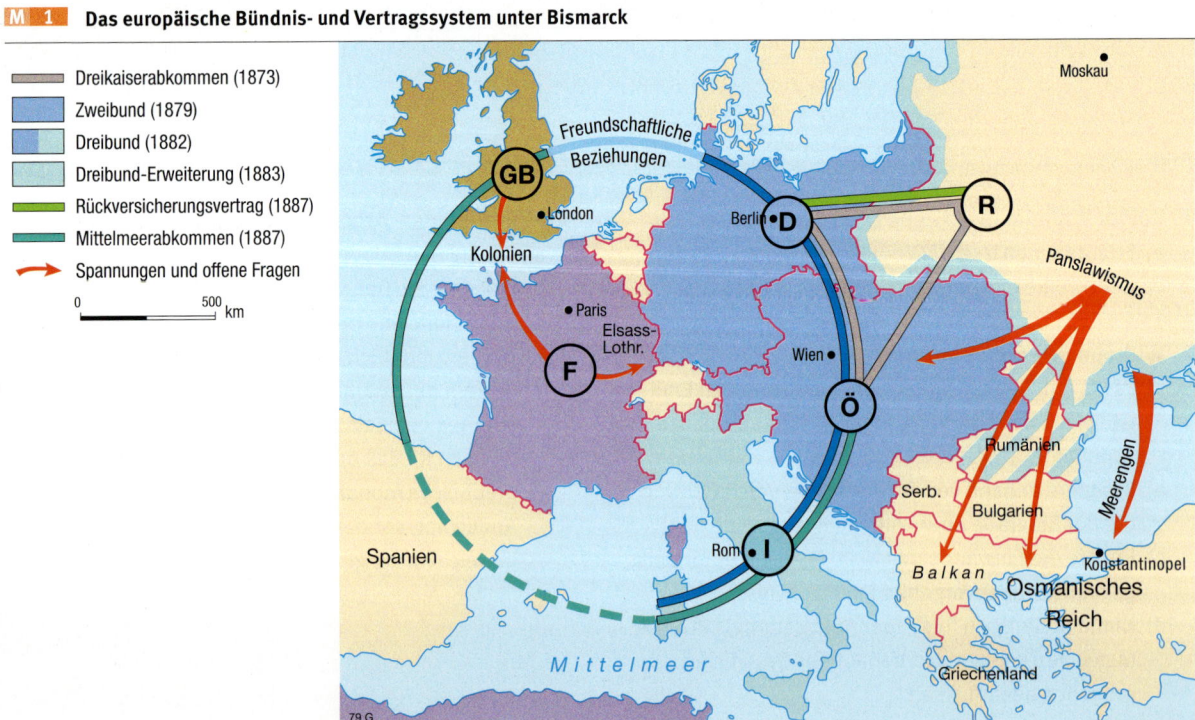

Dreikaiserabkommen (1873)
Zweibund (1879)
Dreibund (1882)
Dreibund-Erweiterung (1883)
Rückversicherungsvertrag (1887)
Mittelmeerabkommen (1887)
Spannungen und offene Fragen
0   500 km

Moskau
Freundschaftliche Beziehungen
GB
London
Kolonien
Berlin · D
R
Panslawismus
Paris
Elsass-Lothr.
F
Wien ·
Ö
Rumänien
Serb.
Bulgarien
Meerengen
Spanien
Rom · I
Balkan
Konstantinopel
Osmanisches Reich
Mittelmeer
Griechenland

79 G

Das Bündnissystem des deutschen Kaiserreiches

Bismarck bemühte sich in den folgenden Jahren, diese Leitlinien umzusetzen, indem er eine Reihe von Bündnissen und Abkommen schloss. Dies gestaltete sich außerordentlich schwierig. Zunächst suchte er den Ausgleich mit Russland, um ein russisches Zusammengehen mit Frankreich zu verhindern. Um außerdem die Beziehungen zwischen Österreich-Ungarn und Russland zu festigen, deren Machtinteressen in Südosteuropa aufeinanderstießen, vermittelte Bismarck das Dreikaiserabkommen von 1873. Damit betonten die drei konservativen Herrscher Russlands, Österreichs und Deutschlands zwar ihre gemeinsamen Interessen, doch kam ein förmliches Bündnis nicht zustande. England hielt sich traditionell von Bündnissen fern und war nur an einem „Gleichgewicht der Mächte" auf dem europäischen Kontinent interessiert.

Konflikte auf dem Balkan

Der Streit der Großmächte um Einfluss auf dem Balkan und im östlichen Mittelmeer war damals ein brennendes politisches Problem. Als es 1877 zum Krieg zwischen dem Osmanischen Reich und Russland kam, konnte Bismarck 1878 auf dem Berliner Kongress einen Ausgleich herbeiführen, da das Deutsche Reich keine eigenen Interessen auf dem Balkan verfolgte. Zwar fand Bismarcks Rolle als „ehrlicher Makler" Anerkennung, trübte aber die Beziehungen zu Russland, weil die zaristische Regierung mehr Zugeständnisse erwartet hatte.

Der Ausbau des Vertragssystems

Da sich das Verhältnis zu Russland nach dem Berliner Kongress abkühlte, vereinbarte Bismarck 1879 ein Verteidigungsbündnis mit Österreich-Ungarn, den sogenannten Zweibund, aus dem nach Italiens Beitritt im Jahr 1882 der Dreibund entstand.

Um jedoch weiterhin ein russisch-französisches Bündnis zu verhindern, schloss Bismarck 1887 den geheimen Rückversicherungsvertrag mit Russland. Die Regierungen in Berlin und St. Petersburg verpflichteten sich darin zur Neutralität, falls einer der Vertragspartner Krieg gegen eine dritte Großmacht führen sollte. Die Verpflichtung zur Neutralität entfiel jedoch, falls Deutschland Frankreich oder Russland Österreich-Ungarn angreifen sollte. Durch diese Vertragsklausel war der Rückversicherungsvertrag zumindest formell mit dem Zweibund vereinbar, der das Deutsche Reich für den Fall eines russischen Angriffs zur Unterstützung Österreichs verpflichtete.

M 2 **Bismarck auf dem Berliner Kongress**

mit dem österreichischen Bevollmächtigten Graf Gyula Andrassy (links) und dem russischen Delegierten Graf Peter A. Schuwalow, Ausschnitt aus einem Gemälde von Anton von Werner, 1881

Beurteilung der Außenpolitik

Mit diesem Netz von Verträgen gelang es Bismarck, Russland, Österreich-Ungarn und Italien trotz aller politischen Gegensätze in ein **Bündnissystem** einzubinden. Vor allem aber verhinderte er ein Bündnis zwischen Russland und Frankreich, das Deutschland von zwei Seiten bedroht hätte, und sicherte damit die Existenz des neuen deutschen Kaiserreichs.

Allerdings wurde das nach und nach entstandene Bündnissystem immer komplizierter und war auch nicht frei von Widersprüchen. Insofern blieb es ständig gefährdet, zumal wenn sich die Spannungen zwischen den europäischen Mächten verschärften.

Bismarcks Außenpolitik im Spiegel zeitgenössischer Karikaturen

M 3 Bismarck als „Weichensteller"

Englische Karikatur aus der Zeitschrift Punch zur Rolle Bismarcks auf dem Berliner Kongress 1878; auf den Lokomotiven sind der britische Union Jack und der russische Doppeladler abgebildet.

M 4 „Friede"

Zwischen einem russischen und einem französischen Soldaten balanciert der Reichskanzler die Friedenspalme, Karikatur aus der Zeitschrift Kladderadatsch von 1888.

M 5 Strippenzieher Bismarck

Englische Karikatur aus der Zeitschrift Punch von 1884 zum Dreikaiserabkommen

Das Kissinger Diktat – Mit einer Textquelle arbeiten

M 6 Das Kissinger Diktat

Zur Zeit der Balkankriege (1875 – 1878) entwarf Bismarck während eines Aufenthalts 1877 in Bad Kissingen eine Idealvorstellung zur außenpolitischen Stellung Deutschlands:

Ein französisches Blatt sagte neulich von mir, ich hätte „le cauchemar des coalitions" [den Alptraum der Bündnisse]; diese Art Alp wird für einen deutschen Minister noch lange, und vielleicht immer, ein sehr berechtigter bleiben. Koali-
5 tionen gegen uns können auf westmächtlicher Basis mit Zutritt Österreichs sich bilden, gefährlicher vielleicht noch auf russisch-österreichisch-französischer; eine große Intimität zwischen zweien der drei letztgenannten Mächte würde der dritten unter ihnen jederzeit das Mittel zu einem
10 sehr empfindlichen Drucke auf uns bieten. In der Sorge vor diesen Eventualitäten, nicht sofort, aber im Lauf der Jahre, würde ich als wünschenswerte Ergebnisse der orientalischen Krisis für uns ansehen:
1. Gravitierung [Schwerpunktverlagerung] der russischen
15 und der österreichischen Interessen und gegenseitigen Rivalitäten nach Osten hin,

2. der Anlass für Russland, eine starke Defensivstellung im Orient und an seinen Küsten zu nehmen und unseres Bündnisses zu bedürfen,
3. für England und Russland ein befriedigender Status quo, 20 der ihnen dasselbe Interesse an Erhaltung des Bestehenden gibt, welches wir haben,
4. Loslösung Englands von dem uns feindlich bleibenden Frankreich wegen Ägyptens und des Mittelmeers,
5. Beziehungen zwischen Russland und Österreich, welche 25 es beiden schwierig machen, die antideutsche Konspiration gegen uns gemeinsam herzustellen, zu welcher zentralistische oder klerikale Elemente in Österreich etwa geneigt sein möchten.
Wenn ich arbeitsfähig wäre, könnte ich das Bild vervoll- 30 ständigen und feiner ausarbeiten, welches mir vorschwebt: nicht das irgendeines Ländererwerbes, sondern das einer politischen Gesamtsituation, in welcher alle Mächte außer Frankreich unser bedürfen und von Koalitionen gegen uns durch ihre Beziehungen zueinander nach Möglichkeit ab- 35 gehalten werden.

Günter Schönbrunn (Bearb.), Das bürgerliche Zeitalter 1815 – 1914, München 1980, S. 454 f.

---

1. Bismarcks Außenpolitik
a) Fasse die außenpolitischen Zielsetzungen Bismarcks mit eigenen Worten zusammen.
b) Erläutere Bismarcks „Alptraum der Bündnisse".
c) Untersuche die Widersprüchlichkeit in Bismarcks Bündnissystem in Bezug auf die Verträge mit Österreich-Ungarn und Russland.
d) Nenne Gründe für die Geheimhaltung des Rückversicherungsvertrags zwischen Russland und dem Deutschen Reich.
e) Erläutere die Interessengegensätze zwischen Russland und Österreich-Ungarn auf dem Balkan. Informiere dich über den Begriff „Panslawismus" und begründe den Einfluss auf die Gestaltung der Bündnisbeziehungen.
  Text, M1, Internet, z. B. www.wissen-digital.de/ Panslawismus

2. Bismarcks Außenpolitik im Spiegel zeitgenössischer Karikaturen
a) Informiere dich über die historischen Ereignisse bzw. historischen Zusammenhänge, auf die die Karikaturen Bezug nehmen.
b) Ermittle die Grundaussagen jeder Karikatur und vergleiche sie miteinander.
c) Verfasse für eine Ausstellung einen Begleittext zu den Karikaturen zur Bismarck'schen Außenpolitik.
  M3, M4, M5

3. Das Kissinger Diktat
a) Gib Bismarcks Idealvorstellung der außenpolitischen Stellung Deutschlands wieder.
b) Vergleiche diese Idealvorstellung mit der tatsächlichen Situation Deutschlands.
c) Erörtere die Ursachen für die Unterschiede.
  M6

Die Außenpolitik des Deutschen Reiches 1890 – 1914

Der Wechsel in der Außenpolitik

Der Erste Weltkrieg 1914 – 1918 führte zum Untergang des deutschen Kaiserreichs. Deshalb haben viele Historiker die deutsche Außenpolitik daraufhin untersucht, welchen Anteil sie am Ausbruch des Krieges hatte. Mit Sicherheit lässt sich sagen, dass der Regierungsantritt Wilhelms II. 1888 und Bismarcks Rücktritt 1890 eine neue Phase der Außenpolitik einleiteten. Nicht nur die großen Leitlinien, sondern auch die konkrete Politik änderte sich.

Im Unterschied zur Zeit Bismarcks verfolgte Deutschland nun eine „Politik der freien Hand". Die allzu kompliziert erscheinenden Bündnisverflechtungen sollten vereinfacht werden, um das eigene politische Handeln nicht zu sehr einzuschränken. Ferner wollte sich Deutschland künftig am Erwerb von Kolonien beteiligen und damit einen „Platz an der Sonne" sichern.

Während Bismarck sein Augenmerk auf den Ausgleich der Machtverhältnisse in Europa gerichtet hatte, wollte Wilhelm II. den deutschen Einfluss mithilfe seiner Kriegsflotte auch in Übersee geltend machen. Die Flotte galt ihm als Symbol einer Weltmacht. Diese veränderten Prinzipien hatten Einfluss auf die konkrete Politik.

Die Veränderung des Bündnissystems

Die erste außenpolitische Entscheidung unter Kaiser Wilhelm II. betraf den Rückversicherungsvertrag mit Russland. Entgegen den russischen Wünschen wurde er 1890 nicht verlängert. Auf der Suche nach neuen Bündnispartnern wandte sich Russland daraufhin Frankreich zu, mit dem es 1894 ein Defensivbündnis schloss.

M 1   **Das europäische Bündnissystem vor dem Ersten Weltkrieg**

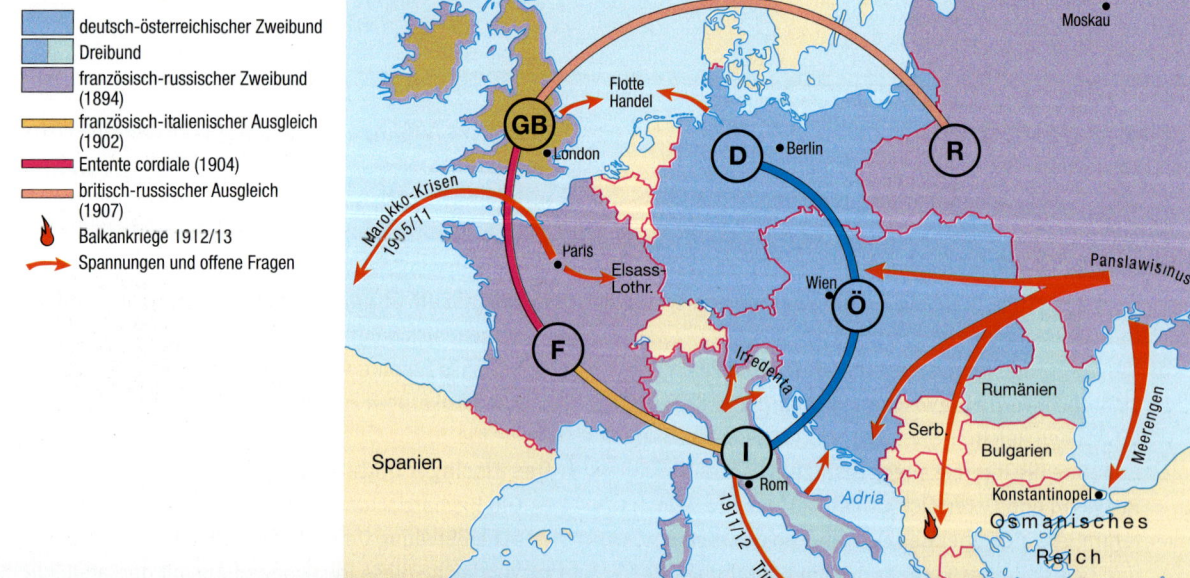

M 2 **Kaiser Wilhelm II. beim Flottenmanöver**
Illustration von Willy Stöver, 1912

Damit war die außenpolitische Isolation Frankreichs durchbrochen und die von Bismarck befürchtete „Zweifrontenbedrohung" Deutschlands eingetreten.

Der Ausbau der Flotte

Gemäß den politischen Zielen wurde die Kriegsflotte seit 1897 durch Großadmiral Alfred von Tirpitz ständig vergrößert. Die neuen Großkampfschiffe sollten England zu einem Bündnis mit dem Deutschen Reich oder wenigstens zur Neutralität veranlassen. Die deutsch-britischen Gespräche scheiterten jedoch, da schnell deutlich wurde, dass Wilhelm II. und sein Flottenchef vom Ausbau der deutschen Kriegsflotte nicht abgehen würden.

Vor diesem Hintergrund kam es zu einer Annäherung zwischen England und Frankreich. Beide Länder einigten sich über eine Abgrenzung ihrer Interessengebiete in Nordafrika und schlossen die sogenannte „Entente cordiale" („herzliche Übereinkunft"). Diese Vereinbarung machte deutlich, dass eine Verständigung zwischen den rivalisierenden Kolonialmächten trotz aller Gegensätze möglich war.

	Großbri-tannien	Deutsch-land
1904/05	2	–
1905/06	2	–
1906/07	3	2
1907/08	3	3
1908/09	2	4
1909/10	10	4
1910/11	5	4
1911/12	5	4
1912/13	5	2
1913/14	5	3
	42	26

M 3 **Bau von Großkampf-schiffen**

Die Formierung von zwei Machtblöcken

Als schließlich England und Russland 1907 ihre Besitzansprüche in Asien abgrenzten und die Entente cordiale zur Triple-Entente erweiterten, wurde Bismarcks Alptraum Wirklichkeit: Deutschlands mögliche Gegner in Ost und West hatten sich angenähert und verbündet.

Auf der anderen Seite waren Deutschland und Österreich-Ungarn Bündnispartner, sodass sich in Europa zwei zunehmend feindlich gesinnte Mächtegruppen gegenüberstanden. Während die Entente-Mächte eine deutsche Vorherrschaft in Europa fürchteten, fühlte sich das Deutsche Reich durch die Allianz Englands, Frankreichs und Russlands eingekreist und bedroht. Die gegenseitigen Ängste führten zu einer immer stärkeren Aufrüstung der Großmächte.

Seit etwa 1890 hatte sich die internationale politische Lage grundlegend gewandelt. Sie war geprägt von verschärften Spannungen zwischen den Staaten Europas. Wegen seiner aggressiven Politik stellte das kaiserliche Deutschland einen für die anderen Mächte schwer einschätzbaren Unruhefaktor dar. Dieser bildete ein wichtiges Element auf dem Weg zum Ersten Weltkrieg, auch wenn an seinem endgültigen Ausbruch im Sommer 1914 noch andere Ursachen beteiligt waren.

M 4 **„Wie sollen wir uns da die Hand geben?"**
Karikatur des „Simplicissimus" zu den Verhandlungen zwischen Deutschland und Großbritannien, 1912

Die deutsche Außenpolitik nach 1890 – Erschließung einer Karikatur

Der kleine Spielverderber

(Zeichnung von Th. Th. Heine)

„Bitte, bitte, laßt mich wieder mitspielen!
Ich will gewiß nicht mehr unartig sein."

M 5 „Der kleine Spielverderber"
„Bitte, bitte, laßt mich wieder mitspielen. Ich will gewiß nicht mehr unartig sein." Karikatur von Thomas Theodor Heine aus dem „Simplicissimus", 1907

Aufgaben

1. Die deutsche Außenpolitik nach 1890

a) Vergleiche Bismarcks außenpolitische Ziele mit denen Wilhelms II.

b) Erläutere die Grundprinzipien der deutschen Außenpolitik ab 1890.

c) Erkläre mithilfe der Karte die Veränderung der Bündnisse in Europa.

d) Erläutere Gründe für die starke Konzentration auf die Flottenpolitik.

Text, M1 – M4

Umgang mit Karikaturen

Thomas Theodor Heine (1867 – 1948) stammte aus einer wohlhabenden jüdischen Familie. Der Maler und Zeichner veröffentlichte seine Karikaturen vor allem in der Wochenzeitschrift „Simplicissimus". Eine Karikatur will eine bestimmte Sichtweise vermitteln, indem sie eine Person oder einen Sachverhalt übertrieben und verzerrt darstellt. Die Zeitschrift wurde nach dem Helden des Romans „Der abenteuerliche Simplicisssimus" von Johann Jakob Christoffel von Grimmelshausen (1688) benannt: Die naive Hauptfigur betrachtet die Ereignisse des Dreißigjährigen Krieges vollkommen unbefangen, sodass die Ereignisse sehr wunderlich und fremdartig wirken. Die vorliegende Karikatur, die am 16. September 1907 erschien, trägt den Titel „Der kleine Spielverderber"; die Unterschrift lautet: „Bitte, bitte, laßt mich wieder mitspielen. Ich will gewiß nicht mehr unartig sein."

Umgang mit Bildquellen

Bildquellen gibt es in verschiedenster Form, z. B. als Gemälde, als Karikaturen, als Fotografien. Jede dieser Gattungen hat besondere Merkmale, die bei der Erschließung berücksichtigt werden müssen. Gleichwohl gibt es grundsätzliche Fragen, die an jedes Bild gestellt werden können.

1. Urheber (Wer hat die Bildquelle geschaffen?): Stelle die wichtigsten Informationen über den Maler Thomas Theodor Heine zusammen. Ziehe dazu unter Umständen ein Lexikon bzw. das Internet heran.

2. Adressat (Wer konnte das Bild sehen?): Erschließe, an wen die Zeichnung gerichtet war.

3. Beschaffenheit (Wie ist das Bild im Original?): Erläutere, wie das Bild verbreitet wurde. Erörtere, ob der Abdruck in der Zeitschrift als Original gelten kann.

4. Gattung (Welche Art von Bild liegt vor?): Informiere dich über den Begriff „Karikatur" und die Geschichte dieser Bildgattung.

5. Bildelemente (Was ist dargestellt?):

a) Beschreibe möglichst genau die Situation, die auf der Karikatur dargestellt ist.

b) Insgesamt sind neun Personen erkennbar. Nenne jeweils die markanten Merkmale.

c) Fasse deine Beobachtungen knapp zusammen, z. B. mit der folgenden Formulierung: „Auf der Karikatur wird dargestellt ..."

6. Bedeutung der Bildelemente (Welche Bedeutung haben die dargestellten Elemente?):

a) Die einzelnen Figuren stehen für Nationalstaaten (von vorne im Uhrzeigersinn): Großbritannien, Frankreich, Vereinigte Staaten von Amerika, Russland, Osmanisches Reich, Italien, Spanien, Japan. Das Deutsche Reich steht außerhalb. Erläutere, woran die einzelnen Staaten erkennbar sind.

b) Erläutere, in welcher Beziehung die einzelnen Staaten zueinander stehen.

c) Erschließe, welches Spiel der Zeichner in der Karikatur darstellt und welches Spiel er eigentlich meint.

d) Fasse die Ergebnisse knapp zusammen, z. B. mit der Formulierung: „Die dargestellt Situation bezieht sich auf folgenden Sachverhalt ..."

7. Darstellungsabsicht (Was wollte der Urheber zum Ausdruck bringen?):

a) Erarbeite aus der Schulbuchdarstellung, in welcher Situation sich Deutschland im Jahr 1907 international befand.

b) Informiere dich im Schulbuch über den Imperialismus und welche Rolle die auf der Karikatur dargestellten Länder dabei spielten.

c) Formuliere eine zusammenfassende Deutung der Karikatur, z. B. mit der Formulierung: „Der Zeichner Thomas Theodor Heine will in seiner Karikatur zum Ausdruck bringen ..."

Nach der Klärung der grundlegenden Fragen kann das Bild genauer im Hinblick auf die Kategorien Herrschaft, Wirtschaft, Gesellschaft und Weltdeutung untersucht werden.

8. Kategorie Herrschaft: Erläutere, welche Aspekte von Herrschaft in der Karikatur dargestellt werden.

9. Kategorie Wirtschaft: Erörtere, ob in der Karikatur auch wirtschaftliche Zusammenhänge thematisiert werden.

10. Kategorie Gesellschaft: Erörtere, ob der Zeichner auch soziale Zusammenhänge darstellt.

11. Kategorie Weltdeutung:

a) Erörtere, ob der Zeichner ein Anhänger oder Gegner des Imperialismus war.

Abschließend kann das Bild aus heutiger Sicht beurteilt werden:

12. Nimm Stellung zu der Karikatur: Ist die Sichtweise des Zeichners treffend?

Industrialisierung im Kaiserreich

Phase der Hochindustrialisierung

Während des Kaiserreichs (1871–1918) entwickelte sich Deutschland zu einem modernen Industriestaat. Industrie und Gewerbe, Handel und Verkehr wurden zu Triebkräften des wirtschaftlichen Wachstums und des gesellschaftlichen Wandels, die bislang dominierende Landwirtschaft verlor demgegenüber an Gewicht. Die Jahrzehnte um 1900 werden als Zeit der Hochindustrialisierung bezeichnet. Sie standen ab 1895 im Zeichen eines ersten deutschen „Wirtschaftswunders" und waren schon seit den 1880er-Jahren geprägt von bis dahin beispiellosen technischen und wissenschaftlichen Neuerungen, die als „Zweite Industrielle Revolution" gelten. Deutschland entwickelte sich innerhalb weniger Jahrzehnte von einem Spätzünder zum Vorreiter der Industrialisierung in Europa. Die Deutschen erlebten in kürzester Zeit die rasante Entfaltung der modernen Industrie- und Massengesellschaft, wobei sich Alltag und Lebenswelt der Menschen tief greifend veränderten.

Deutschland wandelte sich während des Kaiserreichs „vom Agrarstaat mit starker Industrie zum Industriestaat mit starker agrarischer Basis", wie der Historiker Klaus J. Bade treffend formulierte. Wichtige Träger dieses Umbruchs waren immer noch die Branchen der „Ersten Industriellen Revolution", also Kohle-, Eisen- und Stahlindustrie. Sie waren nun jedoch zu „alten Industrien" geworden, im Unterschied zu den „neuen Industrien", die sich seit den 1880er-Jahren im Zuge einer „Zweiten Industriellen Revolution" etablierten. Zu den „neuen Industrien" gehörten insbesondere die Chemie- und die Elektroindustrie sowie der Maschinen- und Fahrzeugbau. Ihre Grundlage waren die neuen Energiequellen Elektrizität und Öl. Auch wenn diesen „neuen Industrien" die Zukunft gehörte, darf nicht übersehen werden, dass sich während der Hochindustrialisierung auch im Bereich der „alten Industrien" eine gewaltige Dynamik entfaltete.

Diese Entwicklung verlief aber keineswegs ungebrochen: Nach dem wirtschaftlichen Aufschwung der Reichsgründungszeit, den unter anderem die französischen Kriegskontributionen befeuert hatten, folgte bereits 1873 die sogenannte „Gründerkrise" oder „Große Depression", eine schwere Weltwirtschaftskrise, die mit einigen Pausen bis 1895 anhielt. Die Wachstumsraten der Wirtschaft gingen in dieser Zeit zurück, was die Zeitgenossen sehr beunruhigte. Insgesamt gesehen aber wuchs die deutsche Wirtschaft selbst in dieser Zeit weiter. Mitte der 1890er-Jahre setzte wieder eine lang anhaltende Aufschwungphase ein, die im Wesentlichen bis 1913 trug.

M 1   **Lokomotiv- und Wagen-
räderbau in der Gussstahlfabrik
von Friedrich Krupp in Essen**
Fotografie, um 1900

M 2 Eisen – der wichtigste Werkstoff des industriellen Zeitalters

Die Industrialisierung ist oft auch als das „eiserne" oder „stählerne Zeitalter" bezeichnet worden. Als Werkstoff spielte Eisen eine Schlüsselrolle, weil es als Erz häufig vorkommt und weil es sich nach dem Gewinnungsprozess vielfältig formen lässt: Maschinen, Eisenbahnschienen, Schiffe, Brücken u.v.m. wurden aus Eisen bzw. Stahl hergestellt.

Roheisenproduktion europäischer Länder (1781 – 1913)[1] (in 1000 t)									
	Österreich	Ungarn	Frankreich[2]	Deutschland	Italien	Russland	Schweden	Verein. Königreich	Belgien
1781 – 90	–	–	141	–	–	–	–	69	–
1791 – 1800	–	–	–	–	–	–	–	127	–
1800 – 14	–	–	200	–	–	200	–	284	–
1815 – 19	–	–	150	–	–	–	–	330	–
1820 – 24	73	–	–	75	–	–	–	418	–
1825 – 29	–	–	212	90	–	164	–	699	–
1830 – 34	–	–	244	111	–	167	–	700	95
1835 – 39	103	–	327	146	–	177	113	1142	126
1840 – 44	118	27	395	160	–	184	118	1465	97
1845 – 49	146	36	184	–	200	134	176	1784	–
1850 – 54	173	48	561	245	–	231	155	2716	201
1855 – 59	226	80	900	422	–	254	171	3583	312
1860 – 64	216	93	1065	613	25	297	205	4219	366
1865 – 69	227	98	1262	1012	20	310	268	4984	469
1870 – 74	305	146	1211	1579	24	375	322	6480	594
1875 – 79	283	135	1462	1770	19	424	346	6484	484
1880 – 84	440	151	1918	2893	23	477	418	8295	699
1885 – 89	540	217	1616	3541	13	616	452	7784	766
1890 – 94	664	313	1998	4335	11	1096	470	7402	758
1895 – 99	888	420	2386	5974	11	1981	505	8777	966
1900 – 04	996	429	2665	7925	47	2773	526	8778	1070
1905 – 09	1359	467	3391	10666	142	2799	554	9855	1388
1910 – 13	1655	549	4664	14836	366	3870	667	9792	2171

Mitchell, Brian Redman: Statistischer Anhang 1700 – 1914, in: Borchardt, Knut (Hg.), Die Entwicklung der industriellen Gesellschaften (Europäische Wirtschaftsgeschichte 4), Stuttgart – New York 1977, S. 504 – 505, Tab. 15.

1 Durchweg Grenzen von 1914.
2 Nach 1870 ohne Elsass-Lothringen. Die Werte beziehen sich z.T. auf kleinere Zeiträume als die angegebenen.

Aufgaben

1. Industrielle Revolution
a) Beschreibe die Tabelle und übertrage die Angaben für die Länder Deutschland, Großbritannien, Frankreich und Russland für den Zeitraum von 1860 bis 1913 in ein Liniendiagramm.

b) Erläutere die Entwicklung in Deutschland und vergleiche sie mit derjenigen in den anderen Ländern.
c) Charakterisiere die Phase der Hochindustrialisierung im Kaiserreich.
⌐ Text, M1, M2

Jahr	Einwohner in Mill.	Menschen je km²
1780	21,0	38
1800	23,0	43
1820	26,1	47
1835	30,8	56
1850	35,3	64
1875	42,5	77
1900	56,0	102
1914	67,7	123

Nach: Friedrich Wilhelm Henning, Handbuch der Wirtschafts- und Sozialgeschichte Deutschlands, Bd. 2, Paderborn 1996, S. 772.

M 1 **Bevölkerungszahl und Bevölkerungsdichte in Deutschland von 1780 bis 1914**

M 2 **Bürgerliche Familie in der „Guten Stube"**

Zeitgenössische Fotografie

Gesellschaftlicher Wandel im Kaiserreich

Die Industriegesellschaft entsteht

Die Industrialisierung führte zu einem grundlegenden gesellschaftlichen Wandel: Deutschland entwickelte sich zu einer modernen Industriegesellschaft. Diese Entwicklung war mit einem starken Bevölkerungsanstieg verbunden. Von 1866 bis 1914 wuchs die Bevölkerung von rund 40 auf 68 Millionen Menschen. Aber auch die einzelnen Schichten der Gesellschaft und ihre Stellung zueinander veränderten sich.

Der Adel behauptete zunächst seine Vorherrschaft und besetzte auch weiterhin die führenden Stellen in Politik und Militär. Gesellschaftlicher Mittelpunkt waren der Kaiser und sein Hof.

Das Bürgertum untergliederte sich in zahlreiche Gruppen, die sich in Lebensweise und Einkommen stark voneinander unterschieden. Das sogenannte Bildungsbürgertum umfasste z. B. Ärzte, Juristen, Lehrer oder Professoren. Von größerer politischer und gesellschaftlicher Bedeutung war jedoch das sogenannte Besitzbürgertum, das durch die Industrialisierung reich geworden war: Fabrikanten, Bankiers und Großkaufleute. Im Unterschied zu den Arbeiterfamilien mussten die Frauen und Kinder des Bürgertums in der Regel kein Geld verdienen; die Frauen standen vielmehr dem oft aus zahlreichen Kindern und Dienstboten bestehenden Hauswesen vor. Auch wenn die Frauen das gesellschaftliche Leben der Familie organisierten, verblieb die letzte Entscheidungsgewalt bei den Männern. Weiterhin ist das Kleinbürgertum zu nennen, zu dem z. B. Handwerker, kleine Kaufleute, Beamte und Angestellte zählten. Diese orientierten sich an Idealen wie Pflichttreue, Pünktlichkeit, Unbestechlichkeit und Leistungsbereitschaft.

Die Industrialisierung führte zur Entstehung einer neuen Bevölkerungsgruppe: der Arbeiterschaft. Zu ihnen gehörten vor allem die Industriearbeiter. Sie suchten Arbeit in den ständig neu aus dem Boden schießenden Fabriken und lebten in den Arbeitersiedlungen der wachsenden Industriestädte. So entstand bei ihnen allmählich das Bewusstsein, zu einer durch gemeinsame Arbeits- und Lebensbedingungen geprägten Klasse zu gehören.

Dass eine wachsende Zahl von Menschen in der Verwaltung tätig war führte zur Herausbildung der Berufsgruppe der Angestellten. Deren typische Tätigkeitsfelder waren die Unternehmensverwaltung sowie der Dienstleistungssektor von Handel, Banken und Versicherungen. Während es 1882 in Deutschland etwa 610 000 Angestellte gab, waren es 1907 schon fast zwei Millionen.

Das Leben in der Großstadt und Migration

Die Entstehung von Großstädten und deren enormes Wachstum hatten beträchtliche Auswirkungen auf die soziale Struktur der Bevölkerung. Der Prozess der Verstädterung wird als Urbanisierung bezeichnet, abgeleitet von urbs (lat.) = Stadt. Berlin war 1871 mit 827 000 Einwohnern bereits die drittgrößte Stadt Europas, 1905 wurde die Einwohnerzahl von zwei Millionen überschritten. Der soziale Zusammenhalt, wie ihn das Land und die Kleinstadt kannten, wich in den neuen Ballungszentren der Anonymität.

Die Ansiedlung in der Stadt war nur ein Teil einer umfassenden Bewegung: der Migration von Menschen, die dauerhaft ihren Lebensmittelpunkt verlagern. So verließen Menschen ihre Heimat und suchten in der Fremde nach Arbeit. Dabei zogen sie in weit entfernte Gebiete oder wanderten überhaupt aus. Besonders attraktiv waren aber auch die neu entstandenen Industriegebiete in Deutschland wie z. B. das Ruhrgebiet.

Eine neue Familienform breitet sich aus

Die heute typische Familienform aus Eltern und Kindern, also aus zwei Generationen, hat sich als solche erst im Kaiserreich durchgesetzt. Die Angehörigen des Bürgertums lebten in den Städten zumeist in einer Drei-Generationen-Familie, welche sich erst im Laufe der Zeit immer mehr zur Klein- oder „Kernfamilie" entwickelte. Vor der Industrialisierung war auf dem Land die bäuerliche Großfamilie die Regel gewesen, zu der mehrere Generationen sowie die unverheirateten Geschwister des Hoferben gehörten. Durch die einsetzende Abwanderung vieler Menschen vom Land in die Städte lösten sich diese Großfamilien auf. In den unterbürgerlichen Schichten der Städte waren uneheliche Kinder und Lebensgemeinschaften weit verbreitet.

Den rechtlichen Status der Frau definierte das Kaiserreich als „Frau und Mutter". Auch die 1900 erfolgte Neufassung des Bürgerlichen Gesetzbuches kannte keine Gleichberechtigung der Frau, die weiterhin der Vormundschaft des Vaters bzw. des Ehemannes unterstand. Da die Notwendigkeit einer standesgemäßen Beschäftigung stieg, machten sich junge Frauen bzw. deren Väter zunehmend Gedanken um eine gute Schulbildung. Ab 1900 durften Mädchen Gymnasien und schließlich auch Hochschulen besuchen. Das Selbstbewusstsein der Frauen stieg und es entstanden verschiedene Frauenvereine, die sich 1894 im „Bund Deutscher Frauenvereine" zusammenschlossen. Dieser forderte eine bessere Ausbildung für Mädchen, volle politische und bürgerliche Rechte – besonders auch das Wahlrecht – sowie Zugang zu allen Berufen. Ab 1908 durften Frauen politischen Vereinen und Parteien beitreten, das Wahlrecht erhielten sie jedoch erst 1918.

Auch im Alltag zeigten sich Veränderungen. So war es für Frauen zunächst undenkbar, eine Badeanstalt oder ein Strandbad zu besuchen. Später gab es Badeabteilungen nur für Frauen. Schließlich wurde das gemeinsame Baden von Männern und Frauen akzeptiert.

Die Stellung der Juden

Im Verlauf des 19. Jahrhunderts erhielten Juden nach und nach staatsbürgerliche Rechte. Allerdings wurden sie im Staatsdienst, an den Universitäten und in der Armee weiterhin stark benachteiligt. Sie waren vor allem in freien Berufen, zum Beispiel als Ärzte oder Rechtsanwälte, im Handel- und Dienstleistungssektor oder im künstlerischen Bereich tätig. Viele Juden organisierten sich ab 1893 im „Centralverein deutscher Staatsbürger jüdischen Glaubens". Dieser Verein forderte in seinem Programm nicht nur die Gleichberechtigung, sondern bekannte sich auch zum Ziel der Integration. Trotz rechtlicher Gleichstellung und gesellschaftlicher Anpassung blieben Vorurteile gegenüber jüdischen Bürgern bestehen. Neu am Antisemitismus, also der Judenfeindschaft, im Kaiserreich war, dass Juden nicht mehr wie früher wegen ihrer Religion, sondern nun zusehends wegen angeblicher rassischer Unterschiede angegriffen wurden: Man behauptete, Juden seien „von Natur aus" betrügerisch, raffgierig und ohne Moral. Derartige Vorurteile waren weit verbreitet – bis in die höchsten Kreise. Der Antisemitismus der Nationalsozialisten lässt sich teilweise bis ins Kaiserreich zurückverfolgen.

M 3   **Frauenzeitschrift**

Ab 1903 gab die Lehrerin Helene Lange (1848 – 1930) die Monatszeitschrift „Die Frau" heraus, die sich für die Gleichberechtigung der Frauen einsetzte, Oktober 1893.

M 4   **„Die fünf Frankfurter!"**

Antisemitische Postkarte, um 1900

Urbanisierung – Fotos vergleichen

M 5 **Nürnberg um 1865**

Blick vom „Plärrer" in Nürnberg nach Süden auf den Vorort Gostendorf, Fotografie, um 1865

M 6 **Nürnberg um 1905**

Fotografie, um 1905

Urbanisierung – Mit einer Statistik arbeiten

Stadt	1800	1850	1875	1890	1910	Wachstumsraten 1850–1910 (in %)
Berlin	172 000	419 000	966 859	1 587 794	2 071 257	394,3
Bremen	40 000	55 000	102 532	125 684	217 437	295,3
Breslau	60 000	114 000	239 050	335 186	512 105	349,2
Charlottenburg	–	–	25 847	76 859	305 978	1 083,82
Chemnitz	14 000	32 000	78 209	138 954	287 807	799,4
Dortmund	–	–	57 742	89 663	214 226	271,02
Dresden	60 000	97 000	197 295	276 522	548 308	465,3
Düsseldorf	10 000	27 000	80 695	144 642	358 728	1 228,6
Duisburg	–	–	37 380	59 285	229 438	513,82
Essen	4 000	9 000	54 790	78 706	294 653	3 173,9
Frankfurt a. M.	48 000	65 000	103 136	179 985	414 576	537,8
Hamburg	130 000	132 000	264 675	323 923	931 035	605,3
Hannover	18 000	29 000	106 677	163 593	302 375	942,7
Kiel	7 000	15 000	37 246	69 172	211 627	1 310,9
Köln	50 000	97 000	135 371	281 681	516 527	432,5
Königsberg	60 000	76 000	122 636	161 666	245 994	223,7
Leipzig	30 000	63 000	127 387	295 025	589 850	836,3
Magdeburg	36 000	72 000	87 925	202 234	279 629	288,4
München	40 000	110 000	193 024	349 024	596 467	442,2
Nürnberg	30 000	54 000	91 018	142 590	333 142	516,9
Stettin	24 000	49 000	80 972	116 228	236 113	381,9
Stuttgart	18 000	48 000	107 273	139 817	286 218	496,3
22 Städte	851 000	1 563 000	3 297 739	5 338 233	9 983 490	490,8

Nach: Hubert Kiesewetter, Industrielle Revolution in Deutschland, Stuttgart 2004, S. 135.

 M 7   **Wachstum der deutschen Großstädte 1800 – 1910**

Aufgaben

1. Gesellschaftlicher Wandel in Deutschland

  a) Stelle die wichtigsten gesellschaftlichen Gruppen im Kaiserreich zusammen und beschreibe ihre soziale Stellung.

  b) Erläutere die wichtigsten gesellschaftlichen Veränderungen im Kaiserreich um 1900.

  c) Erkläre die Ursachen für die Migration.
    ⌢ Text

2. Juden im Kaiserreich

  a) Erläutere die neue Form der Judenfeindschaft im Kaiserreich.

  b) Der Hamburger Reeder Albert Ballin ist ein Beispiel für eine jüdische Erfolgsgeschichte. Recherchiere sein Leben und erarbeite eine Präsentation.
    ⌢ Text, M4, Lexikon, Internet

3. Die Urbanisierung

  a) Vergleiche die beiden Fotos aus Nürnberg.

  b) Nenne die fünf Städte mit den höchsten Wachstumsraten.

  c) Berechne die Wachstumsrate der deutschen Gesamtbevölkerung zwischen 1850 und 1914 (M1).

  d) Vergleiche dieses Wachstum mit der Entwicklung der deutschen Großstädte zwischen 1850 und 1910.

  e) Erläutere die Veränderung der Lebensbedingungen infolge der Urbanisierung und erstelle dazu ein Schaubild.
    ⌢ M1, M5, M6, M7

M 1 Völkerschlachtdenkmal in Leipzig
Postkarte (Ausschnitt) von 1913

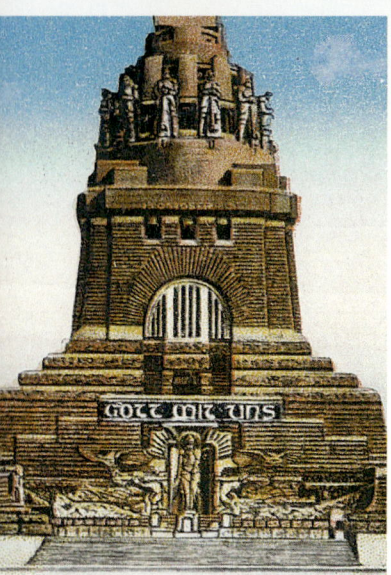

Kunst, Wissenschaft und Medien im Kaiserreich

Das Zeitalter der Großmonumente

Mit dem deutschen Sieg über Frankreich 1871 und der Kaiserproklamation Wilhelms I. in Versailles war ein neues deutsches Selbstverständnis geboren, welches nahezu alle Lebens- und Kulturbereiche des Kaiserreichs erfasste. Den sichtbarsten Ausdruck fand die neue staatliche Selbstdarstellung in nationalen Großmonumenten, die die Reichshauptstadt Berlin zunehmend prägten. Auf die Einweihung der Siegessäule 1873 folgte der Ausbau des Zeughauses zu einer Ruhmeshalle für die preußische Armee. Den fragwürdigen Höhepunkt dieser Monumentalarchitektur bildete die Einweihung der Siegesallee mit 32 Standbildern brandenburgisch-preußischer Herrscher im Jahr 1901, bei der Kaiser Wilhelm II. sein kunstpolitisches Credo formulierte: „Eine Kunst, die sich über die von Mir bezeichneten Gesetze und Schranken hinwegsetzt, ist keine Kunst mehr." Die Hohenzollernmonarchie instrumentalisierte, ja degradierte Kunst und Architektur zu Dienern des Staates. Hauptanliegen der architektonischen Umgestaltung war die symbolische Machtrepräsentation, die sich historisierender Stilelemente des Neo-Barock, der Neo-Renaissance und der Neo-Romantik bediente. Aus heutiger Sicht kann dies als Ausdruck einer Realitätsflucht und als Reaktion auf Bedrohungsgefühle verstanden werden, welche die Krisensituation der Vorkriegsära hervorgebracht hatte.

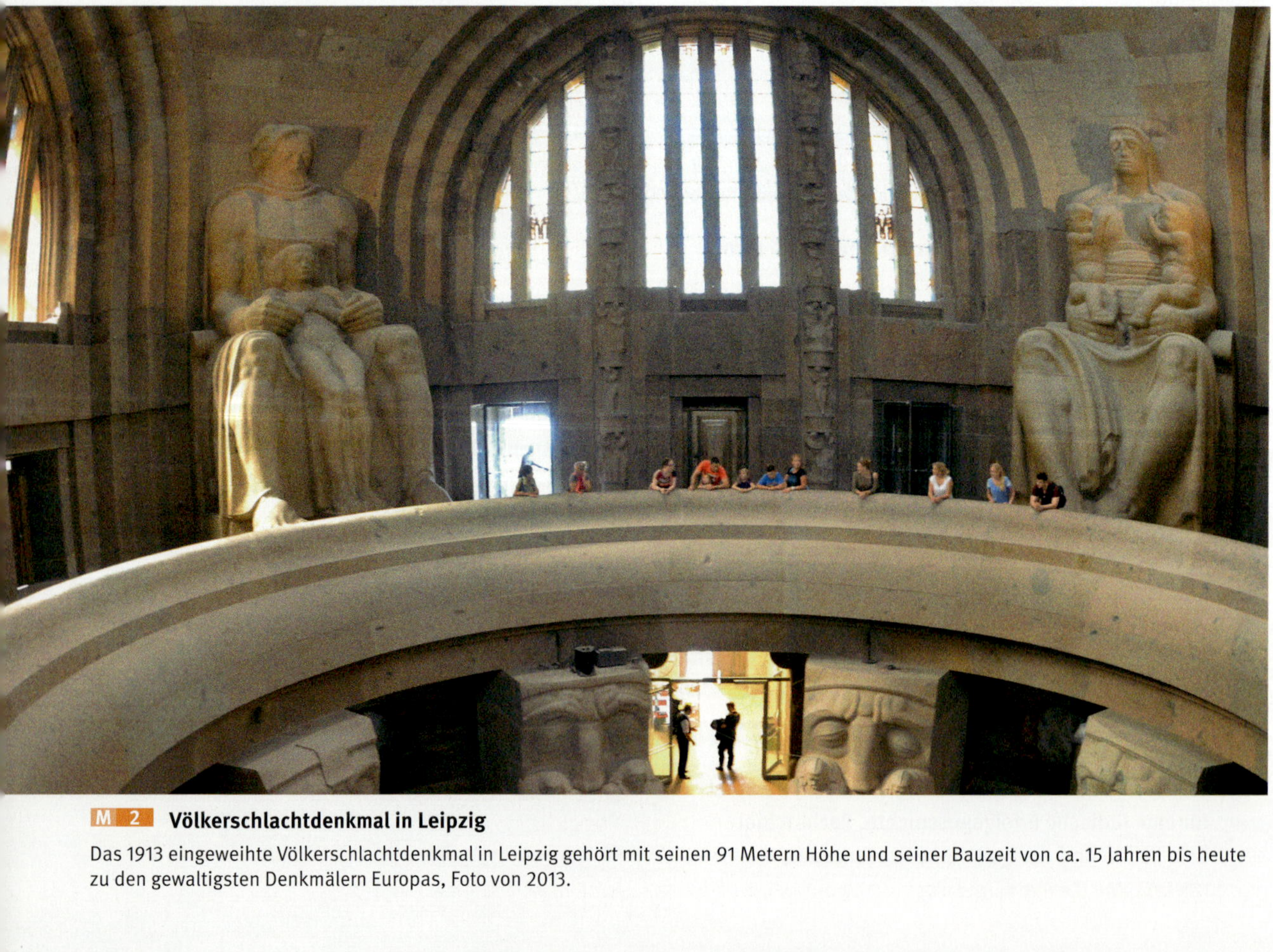

M 2 Völkerschlachtdenkmal in Leipzig
Das 1913 eingeweihte Völkerschlachtdenkmal in Leipzig gehört mit seinen 91 Metern Höhe und seiner Bauzeit von ca. 15 Jahren bis heute zu den gewaltigsten Denkmälern Europas, Foto von 2013.

Richard Wagner und der neue Kulturpessimismus

Die bürgerliche Musikkultur des Kaiserreichs war anfänglich eine Mischung aus Geselligkeit und Ästhetik, ihr Repertoire reichte von der Musik des Barock über die Klassik und Romantik bis hin zur Unterhaltungsmusik. Im ausgehenden 19. Jahrhundert tat sich jedoch ein tiefer Riss innerhalb der Musikkultur auf, der aus dem Gegensatz zwischen der sogenannten „Neudeutschen Schule" (vor allem Richard Wagner und Franz Liszt) und den Vertretern einer konservativen Musiktradition resultierte. Richard Wagner avancierte zur prägenden kulturellen Gestalt der gesamten Epoche; seine Werke waren Frontalangriffe auf den bürgerlichen Kulturbegriff seiner Zeit. Wagners Untergangs- und Götterdämmerungstöne standen konträr zum Pathos der Gründerzeit, seine pessimistisch gestimmte Weltsicht vertrug sich nur schwer mit dem liberalen Fortschrittsbegriff, den auch Kaiser Wilhelm II. politisch förderte. In der musikalischen Beschwörung historischer Archetypen des deutschen Nationalcharakters, die er den Epen des Mittelalters entlehnte, hoffte Wagner, das deutsche Nationaldenken neu zu entfachen.

M 3 **Richard Wagner (1813 – 1883)**
Komponist, Dichter, Schriftsteller und Theaterregisseur, undatiertes Gemälde, von Wilhelm Beckmann nach einer Fotografie von 1871

Vom Realismus zum Expressionismus – Epoche voller Widersprüche

In literarischer Hinsicht gilt das Zeitalter des Kaiserreichs als Schmelztiegel vielfältiger Strömungen, künstlerischer Experimente und expliziter Gesellschaftskritik. Besonders der Naturalismus, der die Schattenseiten der industriekapitalistischen Produktionsweise beleuchtete, wurde als Angriff auf den Staat gewertet. Kunst und Literatur wurden zu Medien einer indirekten Obrigkeitskritik und von den Machthabern als Bedrohung wahrgenommen. Für Wilhelm II., der auf dem Gebiet von Wissenschaft und Technik modernen Entwicklungen gegenüber aufgeschlossen war, in Fragen der Kunst jedoch überaus konventionelle und rückwärtsgewandte Anschauungen vertrat, gehörten naturalistische Werke zur sogenannten „Rinnsteinliteratur". Im Frühjahr 1892 kam es zur ersten großen Auseinandersetzung zwischen dem Staat und den Künsten, als die Aufführung des Dramas „Die Weber" von Gerhart Hauptmann am Deutschen Theater gerichtlich untersagt wurde. Verbote konnten die Entwicklung der Künste jedoch nicht aufhalten: Der nach der Jahrhundertwende in allen Kunstgattungen aufkommende Expressionismus sollte nicht nur das zeitgenössische Kunstverständnis hinterfragen, sondern auch radikal mit den bisherigen Funktionen der Kunst brechen. Das künstlerische Sendungsbewusstsein der Expressionisten verband sich mit einer Revolte gegen die saturierte bürgerliche Welt und gegen die Kunstpolitik Kaiser Wilhelms II. In der Literatur waren es vor allem die Lyriker Georg Heym, Georg Trakl, Ernst Stadler und Jakob van Hoddis, die ein neues Lebensgefühl zum Ausdruck brachten.

M 4 **„Die Weber"**
Plakat zur Aufführung von Emil Orlik, 1897

Sezession und Avantgarde in den Bildenden Künsten

Ähnlich wie Musik und Literatur wurden auch die Bildenden Künste zu einem Instrument unterschiedlicher Interessen und Absichten. Nach Ansicht des Kaisers sollte die Kunst einem „natürlichen Gesetz" gehorchen, das einen aus Antike und Renaissance hervorgegangenen, unveränderlichen Schönheitsbegriff festschrieb. Während der kaiserliche Hof die Historienmalerei im Allgemeinen und die Werke Anton von Werners im Besonderen förderte, opponierten immer neue Vereinigungen und Sezessionsbewegungen gegen die offizielle Kunstpolitik. Keimzelle der Avantgardekünstler war zunächst München, ab der Jahrhundertwende stieg dann Berlin zur Kunst- und Kulturmetropole auf. Bedeutende Namen der Berliner

Kunst waren Max Liebermann, Lovis Corinth, Max Slevogt und Walter Leistikow. Die „Berliner Secession" bezog ab 1905 eine Ausstellungshalle am Kurfürstendamm und zeigte u. a. Werke von Käthe Kollwitz, Paul Klee, Wassily Kandinsky und Pablo Picasso.

Modernität und Monarchie?

So sehr die Hohenzollernmonarchie in Fragen der Musik, Literatur und Kunst auch traditionellen bzw. konservativen Strömungen und Normen anhing, zeigte sie sich andererseits auf den Gebieten Wissenschaft und Bildung aufgeschlossen und modern. Die Analphabetenquote lag zur Jahrhundertwende in Deutschland bei 1 % (Großbritannien: 9,6 %, Frankreich: 10 %, USA: 12 %), das dreistufige Bildungssystem aus Volksschule, Realschule und Gymnasium war zeitgemäß und effizient. Die Universitäten des Kaiserreichs gehörten zu den modernsten wissenschaftlichen Einrichtungen der Welt – zwischen 1901 und 1918 gingen mehr als 30 % aller Nobelpreise für wissenschaftliche Studien an deutsche Wissenschaftler. Der Enthusiasmus des Kaisers in wissenschaftlichen Belangen war weithin bekannt und zeigte sich nicht zuletzt auch in der Flottenrüstung. Den sichtbarsten Ausdruck fand das Engagement Wilhelms II. für Wissenschaft und Technik jedoch in der Gründung der „Kaiser-Wilhelm-Gesellschaft zur Förderung der Wissenschaften (KWG)". Diese Gesellschaft war Trägerin eines völlig neuen Typus von Forschungseinrichtungen, die außeruniversitär, ohne Lehrverpflichtungen und meist zugeschnitten auf eine wissenschaftliche Koryphäe arbeiteten. Nachfolger der KWG ist heute die Max-Planck-Gesellschaft.

Kino – Der Siegeszug der bewegten Bilder

Bilder lenken und absorbieren menschliche Aufmerksamkeit. Dies trifft insbesondere auf bewegte Bilder zu, deren Siegeszug zur Zeit des Kaiserreichs begann und bis heute anhält. Berlin etablierte sich frühzeitig als bedeutende Filmmetropole. Das Studio Babelsberg, welches 1912 in Potsdam-Babelsberg gegründet wurde, gilt als ältestes Großatelier-Filmstudio der Welt. Der Übergang von stehenden zu bewegten Bildern bedeutete eine entscheidende Zäsur, nicht nur für die Unterhaltungsindustrie, sondern auch für das politische Leben im Kaiserreich. Filmaufnahmen konnten leicht inszeniert und dadurch instrumentalisiert werden. Wilhelm II. erkannte sehr schnell das Potenzial des neuen Mediums und zeigte keine Scheu, sich bei jeder passenden Gelegenheit medial in Szene zu setzen. Das Medium Film übermittelte aber nicht nur das kaiserliche Selbstverständnis, es wurde zugleich auch einer rigorosen Zensur unterworfen, die eine einseitige Berichterstattung im offiziell gewünschten Sinne zur Folge hatte.

M 5 **Förderung der Wissenschaft**

Der Gründungsdirektor der Kaiser-Wilhelm-Gesellschaft (heute Max-Planck-Gesellschaft) Adolf von Harnack (rechts mit Zylinder) mit Kaiser Wilhelm II. (links) bei der Einweihung des Kaiser-Wilhelm-Instituts für experimentelle Therapie in Berlin, Foto von 1913

M 6 **Ladenkino von Karl Knübbel in Berlin**

Foto, Friedrichshain, 1903

Das Kunstverständnis Wilhelms II. – Historische Reden als Quelle

M 7 „Die wahre Kunst"

Aus einer Rede Kaiser Wilhelms II. (1901)

Wie ist es mit der Kunst überhaupt in der Welt? Sie nimmt ihre Vorbilder, schöpft aus den großen Quellen der Mutter Natur, und diese, die Natur, trotz ihrer großen, scheinbar ungebundenen, grenzenlosen Freiheit, bewegt sich doch
5 nach den ewigen Gesetzen, die der Schöpfer sich selbst gesetzt hat, und die nie ohne Gefahr für die Entwicklung der Welt überschritten oder durchbrochen werden können. Ebenso ist's in der Kunst; und beim Anblick der herrlichen Überreste aus der alten klassischen Zeit überkommt einen
10 auch wieder dasselbe Gefühl; hier herrscht auch ein ewiges, sich gleich bleibendes Gesetz; das Gesetz der Schönheit und Harmonie, der Ästhetik. Dieses Gesetz ist durch die Alten in einer so überraschenden und überwältigenden Weise, in einer so vollendeten Form zum Ausdruck ge-
15 bracht worden, dass wir in allen modernen Empfindungen und allem unserem Können stolz darauf sind, wenn gesagt wird bei einer besonders guten Leistung: „Das ist beinahe so gut, wie es vor 1900 Jahren gemacht worden ist."
Aber beinahe! Unter diesem Eindrucke möchte Ich Ihnen
20 dringend ans Herz legen: Noch ist die Bildhauerei zum größten Teile rein geblieben von den sogenannten modernen Richtungen und Strömungen, noch steht sie hoch und hehr da – erhalten Sie sie so, lassen Sie sich nicht durch Menschenurteil und allerlei Windlehre dazu verleiten, die-
25 se großen Grundsätze aufzugeben, worauf sie auferbaut ist! Eine Kunst, die sich über die von Mir bezeichneten Gesetze und Schranken hinwegsetzt, ist keine Kunst mehr, sie ist Fabrikarbeit, ist Gewerbe, und das darf die Kunst nie werden. Mit dem viel missbrauchten Worte „Freiheit" und
30 unter seiner Flagge verfällt man gar oft in Grenzenlosigkeit, Schrankenlosigkeit, Selbstüberhebung. Wer sich aber von

dem Gesetz der Schönheit und dem Gefühl für Ästhetik und Harmonie, die jedes Menschen Brust fühlt, ob er sie auch nicht ausdrücken kann, loslöst und in Gedanken in einer besonderen Richtung, einer bestimmten Lösung mehr 35 technischer Aufgaben die Hauptsache erblickt, der versündigt sich an den Urquellen der Kunst.
Aber noch mehr: Die Kunst soll mithelfen, erzieherisch auf das Volk einzuwirken, sie soll auch den unteren Ständen nach harter Mühe und Arbeit die Möglichkeit geben, sich 40 an den Idealen wieder aufzurichten. Uns, dem deutschen Volke, sind die großen Ideale zu dauernden Gütern geworden, während sie anderen Völkern mehr oder weniger verlorengegangen sind. Es bleibt nur das deutsche Volk übrig, das an erster Stelle berufen ist, diese großen Ideen zu hü- 45 ten, zu pflegen, fortzusetzen, und zu diesen Idealen gehört, dass wir den arbeitenden, sich abmühenden Klassen die Möglichkeit geben, sich an dem Schönen zu erheben und sich aus ihren sonstigen Gedankenkreisen heraus- und emporzuarbeiten. 50
Wenn nun die Kunst, wie es jetzt vielfach geschieht, weiter nichts tut, als das Elend noch scheußlicher hinzustellen, wie es schon ist, dann versündigt sie sich damit am deutschen Volke. Die Pflege der Ideale ist zugleich die größte Kulturarbeit, und wenn wir hierin den anderen Völkern ein 55 Muster sein und bleiben wollen, so muss das ganze Volk daran mitarbeiten, und soll die Kultur ihre Aufgabe voll erfüllen, dann muss sie bis in die untersten Schichten des Volkes hindurchgedrungen sein. Das kann sie nur, wenn die Kunst die Hand dazu bietet, wenn sie erhebt, statt dass 60 sie in den Rinnstein niedersteigt.

Wilhelm II, „Die wahre Kunst" (18. Dezember 1901), In: Johann, Ernst (Hg.), Reden des Kaisers: Ansprachen, Predigten und Trinksprüche Wilhelms II., München 1996, S. 99–103.

Aufgaben

1. **Das Zeitalter der Großmonumente**
   a) Beschreibe das Völkerschlachtdenkmal hinsichtlich Gestaltung und historischer Botschaft.
   b) Recherchiere in Eigenarbeit die historischen Hintergründe und Beweggründe für die Errichtung.
      ⌒ M1, M2
2. **Kunst im Kaiserreich**
   a) Arbeite das Kunstverständnis Kaiser Wilhelms II. heraus.

   b) Begründe, warum das Deutsche Kaiserreich in kulturpolitischer Hinsicht als traditionell und modern zugleich bezeichnet werden kann.
   c) Stelle Argumente zusammen, die das Kunstverständnis des Kaiserreichs charakterisieren. Diskutiert anschließend die Funktion, die die Kunst in diesem Kaiserreich einnahm.
      ⌒ Text, M6

Das Zeitalter des Imperialismus

Vorgeschichte

Seit Beginn der Neuzeit hatten europäische Seefahrer immer neue Regionen der Erde in Amerika, Afrika, Asien und Australien entdeckt. Ihnen folgten Eroberer, Missionare und Kaufleute, die in den gewonnenen Gebieten Handelsniederlassungen und Missionsstationen errichteten. Aus dem Zusammenschluss dieser verschiedenartigen Besitzungen in Übersee entstanden die Kolonialreiche Spaniens, Portugals, Großbritanniens und anderer europäischer Staaten. Häufig waren dabei private Handelsgesellschaften Träger der Kolonialpolitik, die die Regierung des Mutterlandes förderte, ohne aber direkt dafür verantwortlich zu sein. Fast alle Kolonialerwerbungen folgten dem Grundsatz „The flag follows the trade": Die Flagge folgt dem Handel.

Historische Einordnung

Die Entstehung rivalisierender Nationalstaaten und die fortschreitende Industrialisierung veränderten jedoch das Mächtesystem. Die großen Industrieländer verfolgten seit Ende des 19. Jahrhunderts eine aktive Kolonialpolitik, vorangetrieben durch einen übersteigerten Nationalismus und ein ausgeprägtes **Sendungsbewusstsein**. Statt einzelne „Schutzgebiete" zu erwerben, suchten sie künftig einen möglichst umfangreichen Herrschaftsraum (lat. imperium) außerhalb der nationalen Grenzen zu gewinnen. Der sprunghafte Fortschritt der Technik und die wachsende Industrieproduktion ermöglichten die Durchdringung großer Räume. Dieses Streben nach umfassender Beherrschung fremder Gebiete nennt man Imperialismus.

M 1 Die Welt in der Kralle

Diese französische Karikatur von 1899 zeigt die Welt in den Krallen Großbritanniens. Der Text „Honni soit qui mal y pense"(„Verachtet sei, wer Böses dabei denkt") ist das Motto des sogenannten Hosenbandordens, des höchsten englischen Ordens.

Der Imperialismus erreichte sein Ziel durch militärische Intervention, Kapitalexport und kulturelle Beeinflussung. So machte er ein Land und seine Bevölkerung abhängig und schuf die Voraussetzungen für dessen koloniale Ausbeutung. Bestimmende Faktoren des Imperialismus waren jedoch nicht nur Rohstoffinteressen und überseeische Absatzmärkte: Imperialistische Herrschaft rechtfertigte sich auch mit der angeblichen „Mission des weißen Mannes", die westliche Zivilisation in allen Teilen der Welt zu verbreiten. Das ging einher mit der festen Überzeugung einer Überlegenheit der „weißen Rasse". Diese Vorstellung wird auch als Sozialdarwinismus bezeichnet. Der Forscher Charles Darwin hatte herausgefunden, dass sich im Tierreich die am besten angepasste Art durchsetzt. Diese Vorstellung wurde auf das menschliche Zusammenleben übertragen und daraus die Vorherrschaft des Stärkeren abgeleitet.

Europäisierung und Aufteilung der Welt

Von den europäischen Staaten betrieb Großbritannien als früh entwickeltes Industrieland zuerst eine imperialistische Politik, Deutschland als spät entstandener Nationalstaat zuletzt. Daneben beteiligten sich vor allem Frankreich, Italien, Japan, Belgien sowie die USA und Russland am Wettlauf um die Aufteilung der Welt. Aber auch die Politik Österreich-Ungarns auf dem Balkan kann als imperialistisch charakterisiert werden.

M 2 **Kolonialreiche um 1914**

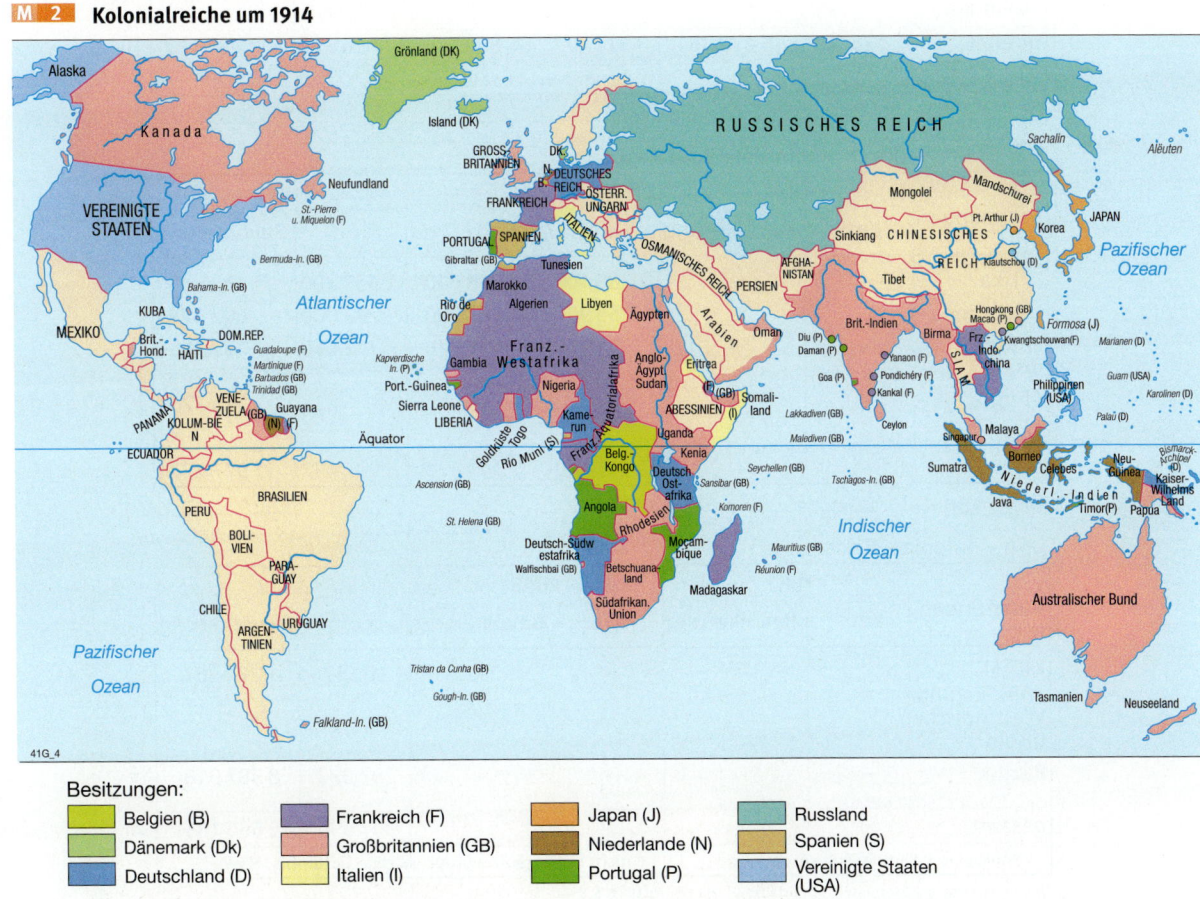

Besitzungen:

Belgien (B)	Frankreich (F)	Japan (J)
Dänemark (Dk)	Großbritannien (GB)	Niederlande (N)
Deutschland (D)	Italien (I)	Portugal (P)

Russland
Spanien (S)
Vereinigte Staaten (USA)

Koloniale Besitzungen – Arbeiten mit Statistiken

M 3

Großbritannien – koloniale Besitzungen
11252E

Besitzungen in	1881		1895		1912	
	km²	Bevölkerung	km²	Bevölkerung	km²	Bevölkerung
Europa	375	172 613	328	203 266	328	246 458
Amerika	9 267 707	5 278 366	9 491 401	6 790 070	10 335 558	9 534 141
Afrika	670 953	2 141 645	5 965 519	27 161 174	6 209 602	35 833 501
Asien	4 400 768	243 697 000	5 324 379	296 749 727	5 281 000	324 628 804
Australien/ Ozeanien	8 055 489	2 616 131	8 240 059	4 773 707	8 261 341	6 452 978
gesamt	22 395 292	253 905 755	29 021 686	335 677 944	30 087 829	376 695 882

Quelle: Wolfgang J. Mommsen, Imperialismus, Hamburg 1977, S. 37

M 4

Die Französische Republik – koloniale Besitzungen
11253E

Besitzungen in	1881		1895		1912	
	km²	Bevölkerung	km²	Bevölkerung	km²	Bevölkerung
Afrika	320 972[1]	3 288 756	2 381 476	14 894 783	6 480 200[2]	27 292 626
Asien	60 007	1 863 000	490 009	19 132 263	720 759	17 294 392
Amerika	124 504	257 548	81 993	377 341	82 000	452 005
Australien/ Ozeanien	21 103	61 000	623 599	3 845 728	623 770	3 458 107
gesamt	526 586	5 470 304	3 577 077	38 850 115	7 906 729	48497130

[1] ohne Senegambien und Gabun   [2] ohne Marokko (1911: 569 400; 3,6 Mill.)

Quelle: Wolfgang J. Mommsen, Imperialismus, Hamburg 1977, S. 37

M 5

Das Deutsche Reich – koloniale Besitzungen
11254E

Besitzungen in	1881		1895		1912	
	km²	Bevölkerung	km²	Bevölkerung	km²	Bevölkerung
Afrika	–	–	2 385 100	6 950 000	2 657 300	11 163 539
Neuguinea	–	–	255 900	387 000	242 000	602 478
Südsee-Inseln	–	–	400	12 824	2 600	37 985
China	–	–	–	–	552	173 225
gesamt	–	–	2 641 400	7 349 824	2 907 452	11 977 277

Quelle: Wolfgang J. Mommsen, Imperialismus, Hamburg 1977, S. 37

M 6

USA – koloniale Besitzungen
11255E

Besitzungen in	1881		1895		1912	
	km²	Bevölkerung	km²	Bevölkerung	km²	Bevölkerung
Mittelamerika und Westindische Inseln[1]	–	–	–	–	10 567	1 272 267
Pazifik[2]	–	–	–	–	297 027	8 387 918
gesamt	–	–	–	–	307 594	9 660 185

[1] Philippinen; Samoa; Sulu-Arch   [2] nicht mitgezählt wurden Alaska, Columbia, Hawaii

Quelle: Wolfgang J. Mommsen, Imperialismus, Hamburg 1977, S. 37

Imperialismus – Einen Begriff klären

Imperialismus

a) Der Begriff „Imperialismus" wurde zu verschiedenen Zeiten unterschiedlich gebraucht, wie die folgenden Ausschnitte aus einem Konversationslexikon zeigen. Aus dem Jahre 1905:

Imperialismus (neulat.), Bezeichnung für den politischen Zustand der Staaten, in denen, wie unter römischen Kaisern, nicht das Gesetz, sondern die auf Militärmacht sich stützende Willkür des Regenten herrscht.

Meyers Großes Konversations-Lexikon, 6. Auflage, 9. Band, Leipzig/Wien 1905, S. 778.

b) Aus dem Jahr 1927:

Imperialismus (neulat.), ein politisches, zu verschiedenen Zeiten verschieden verwendetes Schlagwort. [...]
Neuen Inhalt erhielt das Wort nach 1900 [...]: einerseits Zusammenschluss Großbritanniens mit seinen Kolonialreichen, Organisation des Weltreichs, dazu Ausdehnung, 5 planmäßiges Ausgreifen, um den Zusammenschluss zu ermöglichen, Wettbewerber auszuschalten [...]; außerhalb Großbritanniens jedes Herrschaftsstreben im Gegensatz zur grundsätzlichen Selbstbeschränkung und zur Betonung des Innerstaatlichen. Im engeren Sinn wird I. das 10 Streben nach dem „Großreich" genannt. In beiden Bedeutungen dient das Wort auch zur Kennzeichnung älterer entsprechender Geschichtsepochen.
H. Fredjung („Das Zeitalter des Imperialismus", 1919 – 22, 3 Bde.) hat zuerst die Zeit von 1880 bis zum Weltkrieg als 15 Zeitalter des I. bezeichnet.

Meyers Lexikon, 7. Aufl., 6. Band, Hornberg-Korrektur, Leipzig 1927, Sp. 377 f., hier 377.

c) Aus dem Jahr 1974:

Imperialismus [frz., zu lat. imperialis = die Staatsgewalt betreffend, kaiserlich],
polit.-ökonom. Herrschaftsverhältnis mit dem Ziel, die Bevölkerung eines fremden Landes mit polit., ökonom., kulturellen und ideolog. Mitteln zu beeinflussen, auszubeu- 5 ten, abhängig zu machen und direkt oder indirekt zu beherrschen. Historisch wurde die Bez. zuerst auf die Beherrschung von Absatz- und Kapitalmärkten angewandt, dann auch auf die polit.-ökonom. Expansionspolitik der europ. Großmächte, Japans und der USA vom letzten Drittel 10 des 19. Jhs. bis zum 1. Weltkrieg, deren Ziel die Imperialismusbildung oder die polit.-formale Kontrolle (auch Interessensphäre) unterentwickelt-vorindustrieller, meist überseeischer Gebiete war.

Meyers Enzyklopädisches Lexikon, Mannheim/Wien/Zürich 1974, Bd. 12, Hf – Iz, S. 485.

---

1. Die Entstehung von Kolonialreichen

a) Die Entstehung von Kolonialreichen wird als „Europäisierung der Welt" bezeichnet. Finde Gründe dafür.

b) Nenne den Zeitraum, in dem es zum Aufbau von Kolonialreichen kam.

c) Beschreibe die Entwicklung des Kolonialbesitzes der angegebenen Staaten zwischen 1881 und 1912 und vergleiche die Größe des Besitzes.

d) Erläutere die Ursachen für die unterschiedliche Größe des Kolonialbesitzes.

Text, M2, M3, M4, M5, M6

2. Imperialismus – Einen Begriff klären

a) Vergleiche die Lexikoneinträge aus den Jahren 1905, 1927 und 1974.

b) Suche eine aktuelle Definition und prüfe, ob sich die Bedeutung des Begriffes seit 1974 verändert hat.

c) Erkläre die Unterschiede zwischen direkter und indirekter Herrschaft.

M7, aktuelles Lexikon

Cecil Rhodes – Ein Vertreter des Imperialismus

M 8   **Die auserwählte englische Rasse**

Der britische Kolonialpolitiker Cecil Rhodes im Jahr 1877:

Ich behaupte, dass wir die erste Rasse in der Welt sind und dass es für die Menschheit umso besser ist, je größere Teile der Welt wir bewohnen. Ich behaupte, dass jedes Stück Land, das unserem Gebiet hinzugefügt wird, die Ge-
5 burt von mehr Angehörigen der englischen Rasse bedeutet, die sonst nicht ins Dasein gerufen worden wären. Darüber hinaus bedeutet es einfach das Ende aller Kriege, wenn der größere Teil der Welt in unserer Herrschaft aufgeht. [...]
10 Die Förderung des Britischen Empire, mit dem Ziel, die ganze zivilisierte Welt unter britische Herrschaft zu bringen,
die Wiedergewinnung der Vereinigten Staaten, um die angelsächsische Rasse zu einem einzigen Weltreich zu machen. Was für ein Traum! Aber dennoch ist er wahrscheinlich. Er ist realisierbar. [...]
15 Da [Gott] sich die englischsprechende Rasse offensichtlich zu seinem auserwählten Werkzeug geformt hat, durch welches er einen auf Gerechtigkeit, Freiheit und Frieden gegründeten Zustand der Gesellschaft hervorbringen will, muss es auch seinem Wunsch entsprechen, dass ich alles 20 in meiner Macht Stehende tue, um jener Rasse soviel Spielraum und Macht wie möglich zu verschaffen.

Wolfgang J. Mommsen, Imperialismus. Seine geistigen, politischen und wirtschaftlichen Grundlagen, Hamburg 1977, S. 48 f.

M 9   **„The Rhodes Colossus"**

„Striding from Cape Town to Cairo"
(to stride = ausschreiten, große Schritte machen), englische Karikatur, 1892

THE RHODES COLOSSUS
STRIDING FROM CAPE TOWN TO CAIRO.

Kritik am Imperialismus – Zeitgenössische Stimmen aus Afrika

M 10 **Dokumente des Protestes**

Aussagen afrikanischer Anführer gegen die Anfänge europäischer Kolonialpolitik (1890 – 1895):

a) 1890 sagt Sultan Machemba, Anführer der Yao in Ostafrika, den Deutschen:

Ich habe Ihren Worten zugehört, aber kann keinen Grund finden, warum ich Ihnen gehorchen sollte – ich würde eher sterben wollen [...]. Ich werfe mich Ihnen nicht zu Füßen, denn Sie sind wie ich eine Schöpfung Gottes. Ich bin Sultan
5 hier in meinem Land. Sie sind Sultan in Ihrem. Hören Sie: Ich sage auch nicht, dass Sie mir gehorchen sollen: Weil ich weiß, dass Sie ein freier Mensch sind. Das gilt auch für mich. Ich werde nicht zu Ihnen kommen.

b) 1891 teilt Prempeh I., König des Ashanti-Volkes in Ghana, den Engländern mit:

Der Vorschlag, dass die Ashanti, so wie wir heute leben, sich des Schutzes Ihrer Majestät der Königin erfreuen sollen, war Gegenstand sehr ernster Erwägungen, und ich bin froh, Ihnen sagen zu können, dass wir zu dem Schluss ge-
5 kommen sind, dass mein Königreich der Ashanti sich niemals einer solchen Politik unterwerfen wird. Wir Ashanti müssen bleiben, wie wir schon immer waren, um allen weißen Menschen gegenüber freundlich bleiben zu können.

c) 1895 lässt Makombe Hanga, Anführer der Barue in Mosambik, die Portugiesen wissen:

Ich sehe, wie weiße Männer mehr und mehr in Afrika eindringen, an allen Seiten meines Landes sind Geschäftsleute am Werk. Mein Land wird diese Reformen eines Tages übernehmen müssen, und ich bin darauf vorbereitet, mich ihnen zu öffnen. Ich möchte auch gern gute Straßen und 5 Eisenbahnen haben [...]. Aber ich werde jener Makombe bleiben, wie es meine Väter waren.

d) 1895 entgegnet Wobogo, König der westafrikanischen Mossi (im heutigen Burkina Faso), den Franzosen:

Ich weiß, dass die Weißen mich töten möchten, um mein Land zu bekommen. Und Ihr behauptet, dass Ihr nur helfen wollt, mein Land besser zu organisieren. Aber ich finde mein Land völlig in Ordnung, so wie es ist [...]. Ich weiß, was für uns gut ist und was ich möchte: Ich führe meinen eige- 5 nen Handel. Außerdem: Schätzt euch glücklich, dass ich keinen Befehl gebe, um eure Köpfe abzuschlagen. Geht endlich weg und – vor allem – kommt niemals zurück!

Zit. nach: Lutz van Dijk, Die Geschichte Afrikas, Frankfurt/M. 2004, S. 99 f.

Aufgaben

1. Imperialismus – Befürworter und Kritik

a) Erläutere die Argumente, mit denen Cecil Rhodes die britische Kolonialherrschaft in Indien rechtfertigt, und beurteile seine Position.

b) Beschreibe und analysiere die Karikatur „The Rhodes Colossus".

c) Untersuche die „Dokumente des Protestes" unter dem Gesichtspunkt „Kritik am Imperialismus", vergleiche die Positionen und nimm Stellung.
⌢ Text, M8 – M10

Deutschland als Kolonialmacht

Anfänge der Kolonialpolitik

In den Ländern Afrikas und Asiens, deren Geschichte eine Zeit europäischer Kolonialherrschaft beinhaltet, finden sich nur wenige deutsche Spuren. Das liegt daran, dass Deutschland – im Gegensatz zu Großbritannien und Frankreich – die imperialistische Arena erst spät betrat. Bismarck lehnte den Erwerb von **Kolonien** ab, weil ihm die Stabilisierung des 1871 gegründeten Deutschen Reiches im europäischen Mächtefeld wichtiger erschien als eine weitere Expansion in Übersee. Seine Außenpolitik folgte dem Grundsatz, Spannungen zwischen den europäischen Großmächten nach außen – also möglichst in die Kolonien – abzuleiten, um so Deutschlands schwierige geografische Lage in der Mitte Europas zu sichern.

Im Zeitalter des Imperialismus entschied aber die in Übersee betriebene Politik zunehmend über die Stellung der Großmächte zueinander. Daher wurde im Kaiserreich immer häufiger von nationalistischen Kräften gefordert, dass Deutschland beim Wettlauf um die Aufteilung der Welt nicht länger zusehen dürfe. Besonders Vertreter der Großindustrie sowie Hamburger und dänische Kaufleute, die schon seit dem 18. Jahrhundert vom Dreieckshandel (u. a. mit Sklaven und Baumwolle) profitiert hatten, verlangten den Erwerb von Kolonien. Sie versprachen sich davon vor allem billige Rohstoffe für die Industrialisierung.

Ein begehrtes Einfuhrprodukt war zum Beispiel Palmöl aus Westafrika. Dieses war vielseitig einsetzbar, z. B. zur Herstellung von Margarine, der „Butter der Armen", oder als Schmiermittel für Maschinen. Hamburger Reeder wie Adolph Woermann profitierten vor allem vom Branntweinexport, der für die Menschen in Afrika gravierende gesundheitliche und wirtschaftliche Auswirkungen hatte. Einfuhren von Elfenbein, Bananen, Kakao und Kaffee bereicherten das deutsche Warenangebot. Ende des 19. Jahrhunderts wurden in Hamburg zwei Drittel aller exotischen Waren für das Deutsche Reich umgeschlagen, und noch heute sind im Hamburger Stadtbild zahlreiche Spuren aus der Zeit der „Kolonialwaren" zu entdecken.

Anfänge der Kolonialpolitik: „Schutzgebiete"

Ab 1884 erwarb das Deutsche Reich nach dem Motto „Die Flagge folgt dem Handel" sogenannte „Schutzgebiete" in Afrika und in der Südsee. Zu diesen zählten u. a. Togo, Kamerun, „Deutsch-Ostafrika" und „Deutsch-Südwestafrika". Auch wenn diese Besitzungen im internationalen Vergleich bescheiden waren, spielten sie doch im öffentlichen Bewusstsein des jungen Kaiserreiches eine bedeutende Rolle. Unter anderem versprachen sich zahlreiche Frauen eine neue Lebensperspektive, wenn sie sich zum Beispiel nach „Deutsch-Südwest" einschifften, um sich nach der Landung an weiße Siedler zur Heirat vermitteln zu lassen.

Eintritt in den Kreis der imperialistischen Großmächte

Nach Bismarcks Rücktritt vom Amt des Reichskanzlers 1890 und dem Beginn des „persönlichen Regiments" Kaiser Wilhelms II. betrieb das Deutsche Reich eine offensive imperialistische Politik. Deutschland verlangte, wie der spätere Reichskanzler Bernhard von Bülow erklärte, nun ebenfalls einen „Platz an der Sonne". Interessengruppen wie der Alldeutsche Verband und der Flottenverein unterstützten diese Politik lautstark und auf aggressive Art und Weise in der Öffentlichkeit. Die älteren Kolonialmächte waren jedoch entschlossen, ihre Po-

M 1 Speicherstadt in Hamburg

In der Hafenstadt Hamburg wurde ab 1884 die sogenannte Speicherstadt als Freihafen errichtet, um hier insbesondere sogenannte Kolonialwaren wie Kaffee und Tee zollfrei zwischenzulagern, Fotografie von 2004.

M 2 Afrikahaus in Hamburg

Eingangsbereich zum Kontorhaus Woermanns mit der Bronzestatue eines afrikanischen Kriegers, Foto, 2004

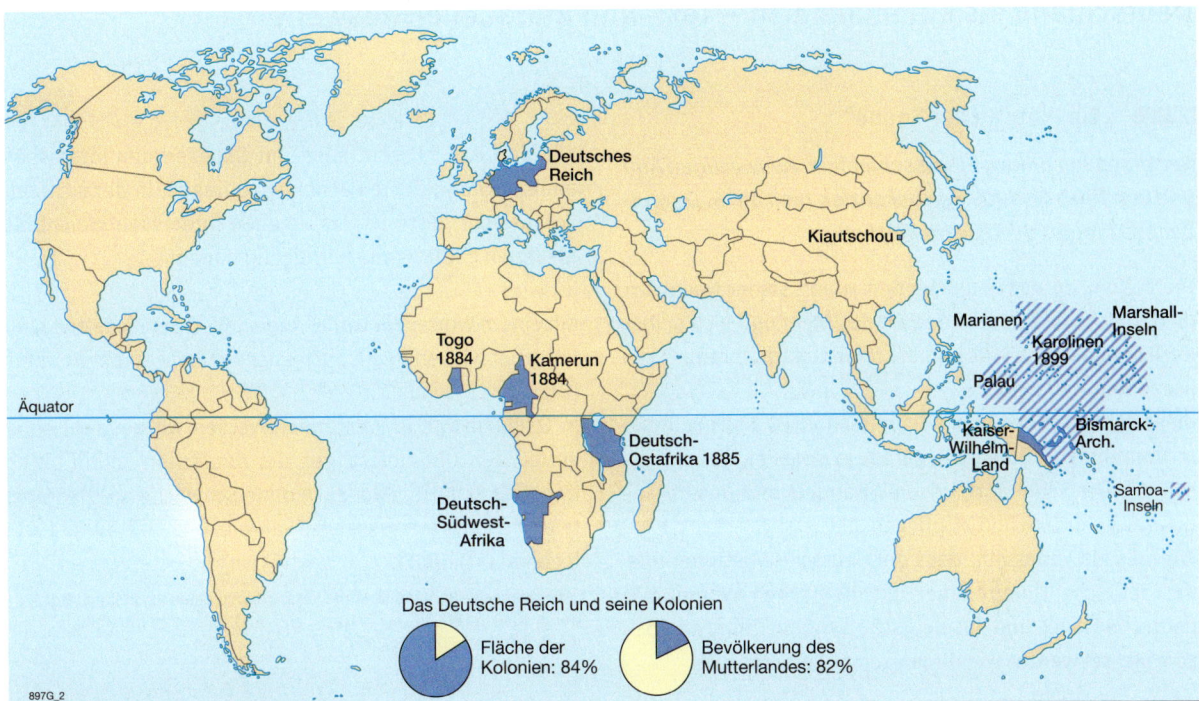

Das Deutsche Reich und seine Kolonien

Fläche der Kolonien: 84%

Bevölkerung des Mutterlandes: 82%

897G_2

M 3   Deutsche Kolonien vor 1914

sitionen gegen den lästigen Konkurrenten und Störenfried Deutschland zu behaupten.

Bis zum Beginn des Ersten Weltkrieges 1914 konnte Deutschland sein Kolonialreich nicht wesentlich erweitern. Wirtschaftlich hatten die Kolonien dem Staat ohnehin nur geringe Einnahmen beschert, zumal die blutige Niederschlagung der Aufstände in „Deutsch-Ostafrika" (Maji-Maji-Aufstand) und in „Deutsch-Südwest" (Aufstand der Herero und Nama) äußerst kostspielig war. Über die Vorgehensweise der Truppen unter General von Trotha bei der Niederschlagung des Aufstands der Herero 1904/05 in „Deutsch-Südwest" (heute Namibia) gab es schon damals im Reichstag eine kontroverse Debatte. Noch heute wird über die Frage heftig gestritten, ob die Vernichtung des Hererovolkes durch dessen Abdrängung in die wasserlose Omaheke-Wüste als Völkermord zu bewerten ist, und ob die Bundesrepublik dafür Entschädigungen zu leisten habe. Zu den damaligen Kriegsgewinnern gehörten weiße Siedlerfamilien sowie Hamburger Reeder, die an den Truppentransporten kräftig verdienten.

Übergang zur Weltpolitik

Der ab 1897 einsetzende Aufbau einer starken Kriegsflotte markiert den Übergang Deutschlands zur Weltpolitik. Admiral Alfred von Tirpitz, Staatssekretär des Reichsmarineamtes, verfolgte das Ziel, die vom Kaiserreich beanspruchte Weltmachtstellung insbesondere gegenüber Großbritannien durchzusetzen. „Unsere Zukunft liegt auf dem Wasser", behauptete Kaiser Wilhelm II. Das Flottenbauprogramm trübte die Beziehungen zu Großbritannien, das sich jetzt zu einem Rüstungswettlauf gezwungen sah, um seine Überlegenheit zur See aufrechtzuerhalten und sein Empire zu sichern.

Deutschland als Kolonialmacht – Text- und Bildquellen auswerten

M 4 „Ein Platz an der Sonne"

Bernhard von Bülow, Staatssekretär im Auswärtigen Amt und von 1900 bis 1909 Reichskanzler, hielt am 6. Dezember 1897 folgende Rede im Reichstag:

Die Zeiten, wo der Deutsche dem einen seiner Nachbarn die Erde überließ, dem anderen das Meer und sich selbst den Himmel reservierte, wo die reine Doktrin thront –
[Heiterkeit – Bravo]
5 diese Zeiten sind vorüber. Wir betrachten es als eine unserer vornehmsten Aufgaben, gerade in Ostasien die Interessen unserer Schifffahrt, unseres Handels und unserer Industrie zu fördern und zu pflegen. […]
Wir müssen verlangen, dass der deutsche Missionar und
10 der deutsche Unternehmer, die deutschen Waren, die deutsche Flagge und das deutsche Schiff in China geradeso geachtet werden wie diejenigen anderer Mächte.
[Lebhaftes Bravo.]

Wir sind endlich gern bereit, in Ostasien den Interessen anderer Großmächte Rechnung zu tragen, in der sicheren 15 Voraussicht, dass unsere eigenen Interessen gleichfalls die ihnen gebührende Würdigung finden.
[Bravo!]
Mit einem Worte: Wir wollen niemand in den Schatten stellen, aber wir verlangen auch unseren Platz an der Sonne. 20
[Bravo!]
In Ostasien wie in Westindien werden wir bestrebt sein, getreu den Überlieferungen der deutschen Politik, ohne unnötige Schärfe, aber auch ohne Schwäche unsere Rechte und unsere Interessen zu wahren. 25
[Lebhafter Beifall.]

Stenografische Berichte über die Verhandlungen des Reichstags, Bd. 1, Berlin 1898, S. 60, zit. nach: Geschichte in Quellen und Darstellung, Bd. 8, Stuttgart 2000, S. 269 f.

M 5 „En Chine – Le gâteau des Rois et des Empereurs"

Abgebildete Figuren: Königin Victoria, Kaiser Wilhelm, Zar Nikolaus II., Marianne (Nationalfigur Frankreichs) sowie ein japanischer Samurai, französische Karikatur aus „Petit Journal", 1898

Der Aufstand der Herero in Bild und Texten

M 6 **Ende des Hereroaufstandes**

Überlebende des 1904 ausgebrochenen Hereroaufstandes auf dem Marsch in die Zwangsarbeit. Dem Völkermord fielen etwa 80 % der Herero zum Opfer. Ihr Land wurde enteignet und an deutsche Siedler und Firmen verkauft, Fotografie, um 1907.

M 7 **Aufstand der Herero**

a) In der Darstellung des deutschen Generalstabes über den Aufstand der Herero hieß es 1904:

Keine Mühen, keine Entbehrungen wurden gescheut, um dem Feinde den letzten Rest seiner Widerstandskraft zu rauben; wie ein halb zu Tode gehetztes Wild war er von Wasserstelle zu Wasserstelle gescheucht, bis er schließ-
5 lich willenlos ein Opfer der Natur seines eigenen Landes wurde. Die wasserlose Omaheke sollte vollenden, was die deutschen Waffen begonnen hatten: die Vernichtung des Hererovolkes […].
Das Röcheln der Sterbenden und das Wutgeschrei des
10 Wahnsinnes, […] sie verhallten in der erhabenen Stille der Unendlichkeit! Das Strafgericht hatte sein Ende gefunden. Die Hereros hatten aufgehört, ein selbstständiger Volksstamm zu sein.

Die Kämpfe der deutschen Truppen in Südwestafrika, Berlin 1906, S. 211 – 218.

b) Stellungnahme des Auswärtigen Amtes aus dem Jahre 2006:

Die Auseinandersetzung zwischen der damaligen deutschen Kolonialverwaltung und den Herero im Jahre 1904 ist ein dunkles Kapitel unserer bilateralen Beziehungen. Die Bundesregierung bekennt sich zu der besonderen historischen und moralischen Verantwortung gegenüber Nami-
5 bia. Der Deutsche Bundestag hat dies in seinen Entschließungen vom April 1989 und Juni 2004 bestätigt. Die Bundesregierung kommt ihrer besonderen Veranwortung insbesondere durch eine verstärkte bilaterale Zusammenarbeit, auch auf dem Gebiet der Entwicklungszusammen-
10 arbeit, nach. Namibia erhält pro Kopf der Bevölkerung den größten Anteil an Entwicklungshilfe in Afrika.

Aus einem Brief vom Auswärtiges Amt, 2006.

Aufgaben

1. Deutschland als Kolonialmacht
 a) Erläutere die Gründe dafür, dass Deutschland erst relativ spät Kolonialpolitik betrieb.
 b) Fasse die Argumente zusammen, mit denen Bernhard von Bülow den Anspruch auf einen „Platz an der Sonne" begründet.
 c) Bewerte die Reaktion der Abgeordneten auf die Aussagen von Bülows.
 d) Analysiere die französische Karikatur.
  ⌒ Text, M4, M5

2. Der Aufstand der Herero in Bild und Texten
 a) Erstelle ein Plakat zum Herero-Aufstand. Gliedere nach Ursachen, Verlauf und Folgen des Aufstandes.
 b) Zeige – mithilfe von Textbeispielen – die Einstellungen gegenüber den Herero auf, die im Bericht des deutschen Generalstabes von 1904 deutlich werden.
 c) Arbeite die Beurteilung in der Stellungnahme des Auswärtigen Amtes von 2006 heraus.
  ⌒ Text, M6, M7, Internet oder Lexikon

Fragebogen zum Thema: Das deutsche Kaiserreich – eine monarchische Ordnung

Hinweis: Die folgende Tabelle dient der Selbsteinschätzung deiner erworbenen Kenntnisse und Fähigkeiten. Die Auflistung erhebt nicht den Anspruch, vollstän-

Ich kann ...	Ich bin sicher. ☺	Ich bin ziemlich sicher. 😐	Ich bin noch unsicher. 🙁	Ich habe große Lücken. ☹
... anhand eines Schaubildes die Reichsverfassung erläutern.				
... die Unterschiede zwischen dem Reichstagswahlrecht und dem preußischen Dreiklassenwahlrecht erläutern.				
... die vier großen politischen Richtungen und Parteien im Deutschen Reich und ihre wichtigsten politischen Programmpunkte aufzählen.				
... das Sozialistengesetz und dessen gesellschaftliche Auswirkungen erklären.				
... die Entstehung des Sozialversicherungssystems erläutern.				
... die Grundzüge der Bismarck'schen Außenpolitik erklären.				
... die Ursachen für die Militarisierung des öffentlichen Lebens in Deutschland erläutern.				
... die Veränderungen der deutschen Außenpolitik nach 1890 beschreiben.				
... die Formierung der beiden Mächteblöcke vor dem Ersten Weltkrieg erklären.				
... die Ursachen für das wachsende Misstrauen anderer Staaten gegenüber Deutschland vor dem Ersten Weltkrieg beschreiben.				
... gesellschaftliche Veränderungen im Kaiserreich und deren Ursachen erläutern.				
... den Prozess der Aufteilung der Welt am Ende des 19. Jahrhunderts erläutern.				
... an einem Beispiel den Widerstand gegen die Kolonialpolitik beschreiben				

Bitte beachte: Kopiere die Seiten, bevor du mit ihnen arbeitest.

dig zu sein. Es handelt sich um eine Auswahl, die ggf. erweitert werden kann. In der rechten Spalte findest du Hinweise, wie du eventuell vorhandene Lücken oder auch Unsicherheiten beseitigen kannst.

→ **Bitte kopiere die Seiten, bevor du mit ihnen arbeitest.**

Auf diesen Seiten kannst du in HORIZONTE nachlesen	Empfehlungen zur Übung, Wiederholung und Festigung
16 – 18	Stelle in einem Kurzvortrag die deutsche Reichsverfassung vor.
16 – 18	Stelle in einer Tabelle das Reichstagswahlrecht und das preußische Dreiklassenwahlrecht gegenüber.
16 – 18, 20	Stelle die Ziele der vier großen politischen Richtungen im Kaiserreich einander gegenüber.
22 – 24	Begründe folgende Auffassung: „Bismarck scheiterte mit seinem Sozialistengesetz."
22 – 23, 25	Halte einen Kurzvortrag zum Thema: „Das deutsche Sozialversicherungssystem – eine Antwort auf die soziale Frage des Kapitalismus."
30 – 33	Erstelle einen Zeitstrahl zur Bismarck'schen Bündnispolitik.
26 – 27, 29	Beurteile die Stellung des Militärs in der deutschen Öffentlichkeit.
34 – 36	Erörtere die Auffassung: „Die Außenpolitik nach 1890 bedeutete eine völlige Abkehr von den Bismarck'schen Prinzipien."
34 – 35	Erstelle einen Zeitstrahl zum Thema: „Die Entstehung der beiden Mächteblöcke vor dem Ersten Weltkrieg".
34 – 36	Verfasse eine Darstellung zum Thema: „Die deutsche Außenpolitik aus britischer Sicht".
40 – 43	Verfasse eine Darstellung zum Thema: „Deutsche Bürger jüdischen Glaubens im Kaiserreich."
48 – 51	Finde Argumente für folgende Behauptung: „Die Aufteilung der Welt geschah ungleichmäßig."
54 – 57	Informiere dich über den Herero-Aufstand in Deutsch-Südwestafrika und halte einen Kurzvortrag darüber vor deiner Klasse.

M 1   Das Attentat von Sarajewo

Bei der verhafteten Person handelt es sich um Ferdinand Behr, den die Polizei beschuldigte, die Verhaftung des Attentäters Gavrilo Princips gestört zu haben. Behr hatte mit dem Attentat nachweislich nichts zu tun, Foto vom 28.06.1914.

M 2   Russland schützt Serbien

In einer russischen Zeitung erschienene Abbildung, Juli 1914

Der Ausbruch des Ersten Weltkrieges

Der Erste Weltkrieg – Die „Urkatastrophe des 20. Jahrhunderts"

Der Erste **Weltkrieg** gilt als Ereignis von weltgeschichtlicher Bedeutung: Mit ihm endete das „alte Europa" und er bildete den Auftakt zu Kriegen und Konflikten, die das 20. Jahrhundert erschütterten. Deshalb hat der amerikanische Historiker und Diplomat George F. Kennan den Ersten Weltkrieg die „Urkatastrophe des 20. Jahrhunderts" genannt. Die Ursachen dafür waren sehr vielfältig, und bis zum heutigen Tag ist die Schuldfrage nicht eindeutig beantwortbar.

Ein Attentat als Auslöser

Am 28. Juni 1914 erschoss ein serbischer Attentäter den österreichischen Thronfolger Franz Ferdinand und seine Frau Sophie während ihrer Fahrt durch die bosnische Hauptstadt Sarajewo. Dieses Gebiet bildete seit 1908 einen Teil Österreich-Ungarns, was auf den Widerstand anderer Mächte und der serbischen Bevölkerung stieß. Der Plan Franz Ferdinands, den Slawen im Habsburgerreich mehr Selbstständigkeit zu gewähren, hatte unter den Nationalisten Serbiens Hass hervorgerufen: Sie träumten von einem eigenen Großreich und bekämpften den Vielvölkerstaat. Das Attentat von Sarajewo bot der österreichischen Regierung zwar einen Anlass gegen Serbien vorzugehen, doch schien sich zunächst nur eine der üblichen politischen Krisen anzubahnen. Im Juli 1914 verschärfte sich aber die politische Lage.

Die Julikrise

In Wien herrschte zunächst keine einheitliche Meinung über die weitere Vorgehensweise. Während die militärische Führung ein sofortiges gewaltsames Eingreifen befürwortete, befürchteten manche Politiker eine Einmischung Russlands, das eigene Interessen auf dem Balkan verfolgte. Es unterstützte panslawistische Bestrebungen mit dem Ziel, ein slawisches Großreich unter russischer Vorherrschaft zu errichten. Vieles hing davon ab, ob Österreich-Ungarn Rückendeckung von Deutschland erhalten würde.

Da das Deutsche Reich Russlands militärische Stärke fürchtete und ein Interesse an der Erhaltung der Habsburger Monarchie als einzigem Bündnispartner hatte, sagte Wilhelm II. dem österreichischen Kaiser Franz Joseph am 6. Juli unbedingte Bündnistreue zu. Dieser sogenannte „Blankoscheck" ermutigte die Regierung in Wien, Serbien am 23. Juli ein Ultimatum zu überreichen, das auf 48 Stunden befristet war. Es forderte unter anderem, dass Österreich an der Verfolgung, Verhaftung und Bestrafung der Attentäter beteiligt sein sollte. Dies hätte einen Eingriff in die inneren Angelegenheiten Serbiens und eine Verletzung seiner Souveränität bedeutet und war daher unannehmbar.

Großbritannien versuchte den Konflikt zu entschärfen, machte aber deutlich, dass es im Kriegsfall an der Seite Russlands und Frankreichs stehen würde. Trotz dieser Versuche bestanden die Spannungen fort und verschärften sich weiter. Schließlich erklärte Österreich-Ungarn am 28. Juli 1914 Serbien den Krieg. Die Versuche der deutschen Regierung, den Bündnispartner zu bremsen, kamen zu spät. Bereits am 29. Juli begann Russland mit der Mobilmachung. Letzte Versuche Kaiser Wilhelms, durch persönliche Telegramme an die mit ihm verwandten Herrscher Englands und Russlands eine Lokalisierung des Kriegs zu erreichen, blieben erfolglos. Der Mechanismus der Bündnisse setzte sich in Bewegung, die Militärmaschinerie rollte. Binnen weniger Tage, ja Stunden, befanden sich die europäischen Mächte im Krieg.

Die Schuldigen am Ausbruch des Ersten Weltkrieges

Die Frage, wer für den Ausbruch des Ersten Weltkriegs verantwortlich sei, war bereits 1914 umstritten und erregte in der Folgezeit immer wieder die Gemüter. Am Ende des Krieges wurde im Friedensvertrag die Alleinschuld Deutschlands und seiner Verbündeten festgeschrieben. In der Tat hatte das Deutsche Reich Österreich-Ungarn aktiv unterstützt und selbst aggressive Kriegsziele verfolgt. Auf der anderen Seite trugen die anderen Mächte allerdings auch nicht zur Entspannung der Situation bei. Die Antworten reichten von eindeutigen Schuldzuweisungen an einzelne Staaten bis hin zu der Aussage, alle Mächte seien mehr oder weniger unbeabsichtigt in den Krieg hineingeraten. Entscheidend für eine Beurteilung ist, wie man das Verhalten der einzelnen Staaten in der Julikrise bewertet.

M 3   Kriegsbeginn

Das Foto zeigt den Auszug von deutschen Truppen aus Berlin, Anfang August 1914.

Das „Augusterlebnis" – Schriftliche Quellen vergleichen

M 4 **Reaktionen bei Kriegsbeginn**

a) Die Ausrufung des Kriegszustands rief ganz unterschiedliche Reaktionen hervor. Die regierungsnahe Presse berichtet aus Berlin:

Was sich vom 30. Juli bis heute [6. August] in Berlin abspielte, ist eine Offenbarung des starken nationalen Empfindens, das in unserem Volke lebt. [...] Wer die Massen in den Straßen Berlins gesehen hat, wer fortgerissen mit ihnen marschierte, der wird Eindrücke bekommen haben, die sich ihm bis an das Lebensende nicht verwischen werden. [...] Welch ein großer Tag war das! Die Erregung stieg zu einer nicht beschreibbaren Höhe an. [...]
Man war brüderlich; der Arbeiter, der in der Bluse barhäuptig die Fahne trug, der Akademiker, der neben ihm schritt,

Kaufleute, Wandervogelscharen, Studenten mit dem Verbindungsband auf der Brust, Soldaten, die, zum Teil schon in der grauen Felduniform, sich singend in die Reihen der Marschierenden eingegliedert hatten. Oft ging man Arm in Arm, in Reihen zu 30 und 40 Menschen.

Norddeutsche Allgemeine Zeitung, 6. August 1914, S. 1.

b) Die sozialdemokratische „Volkszeitung" aus Düsseldorf kommentiert:

In ganz ungeheuerlicher, unglaublicher Weise ist in den letzten Tagen die Bevölkerung planmäßig in eine Aufregung hineingehetzt worden, die zur Besinnungslosigkeit führt, führen soll, um die Volksmassen den Plänen gewisser Kreise gefügig zu machen. Mit gewissenlosen Hetzartikeln und erlogenen Nachrichten wird versucht, dem Volke die Meinung beizubringen, als ob es jeden Tag von Russland und Frankreich mit Krieg überzogen werden könnte. Dadurch soll die Bevölkerung hier in Deutschland in eine Kriegsstimmung hineingehetzt werden.

Volkszeitung, 31. Juli 1914, S. 1.

c) Ein Pfarrer berichtet aus Südbayern:

Die Verhängung des Kriegszustandes am 31. Juli und der Mobilmachungsbefehl vom 1. August haben in Marienheim dieselbe Aufregung, ja Bestürzung hervorgerufen wie anderswo. War doch die Ernte noch nicht hereingebracht und waren doch im Ort selbst wie in der ganzen reformierten Pfarrgemeinde eine Anzahl von Militärdienstpflichtigen, die sich sofort zum Abschied von den Ihrigen rüsten mussten.

Aufzeichnung des Pfarramts Marienheim in Südbayern; zit. bei: Benjamin Ziemann: Front und Heimat. Ländliche Kriegserfahrungen im südlichen Bayern 1914–1923, Essen 1997, S. 43.

d) Tagebuchnotiz eines Bremer Sozialdemokraten (1. August 1914):

Der ganze Bahnhof voll von Menschen. Die katzenjämmerlichste Stimmung herrschte, die ich je erlebt habe. Mütter, Frauen und Bräute und die übrigen Angehörigen bringen die jungen Männer zum Zuge und weinen. Alle haben das Gefühl: es geht direkt zur Schlachtbank. [...]
Auf dem Bahnhof spielen sich unangenehme Abschiedsszenen ab. Die alte Mutter umarmt ihren Sohn, und beide verharren lange Zeit in dieser Stellung. Abfahrt.

Wilhelm Eildermann, Jugend im ersten Weltkrieg, Berlin 1972, S. 61f.

M 5 **Kriegsbegeisterte Jugendliche in Berlin**
Foto; 1. August 1914

Krieg in Europa – Mit einer thematischen Karte arbeiten

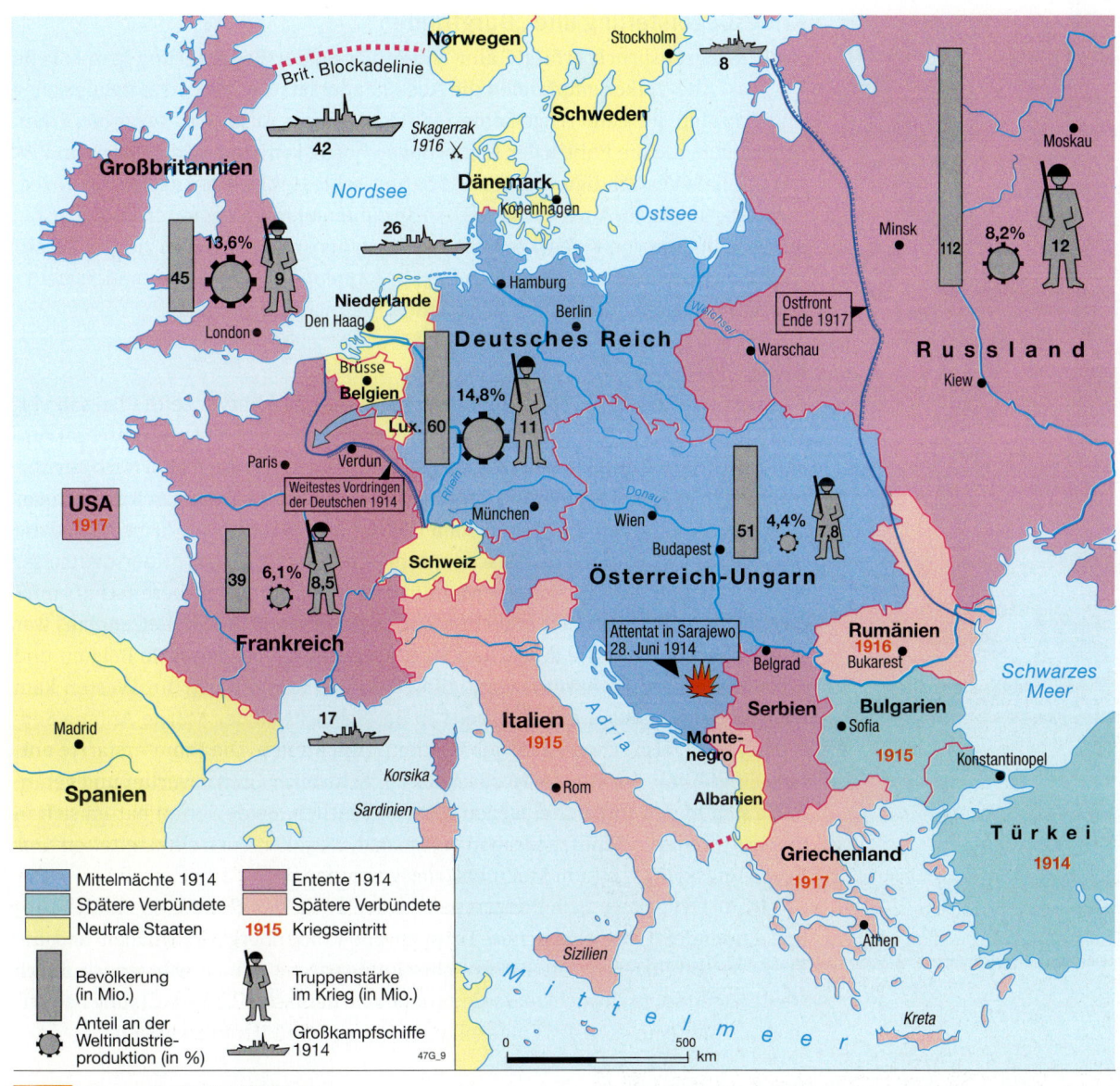

Norwegen

Stockholm

Brit. Blockadelinie

8

Schweden

42　Skagerrak 1916 ✕

Großbritannien

Nordsee

Dänemark

Kopenhagen

Ostsee

Minsk

Moskau

26

13,6%

45　9

London

Niederlande

Den Haag

Hamburg

Berlin

Deutsches Reich

Warschau

Ostfront Ende 1917

112　8,2%　12

Russland

Kiew

Brüsse

Belgien

14,8%

Lux. 60　11

Paris

Verdun

Weitestes Vordringen der Deutschen 1914

USA
1917

München

Wien

Donau

51　4,4%　7,8

Budapest

Österreich-Ungarn

39　6,1%　8,5

Schweiz

Frankreich

Attentat in Sarajewo 28. Juni 1914

Belgrad

Rumänien
1916

Bukarest

Schwarzes Meer

Madrid

17

Italien
1915

Adria

Monte-negro

Serbien

Bulgarien
Sofia

1915

Konstantinopel

Spanien

Korsika

Sardinien

Rom

Albanien

Griechenland
1917

Türkei
1914

	Mittelmächte 1914		Entente 1914
	Spätere Verbündete		Spätere Verbündete
	Neutrale Staaten	**1915**	Kriegseintritt

Bevölkerung (in Mio.)

Truppenstärke im Krieg (in Mio.)

Anteil an der Weltindustrie-produktion (in %)

Großkampfschiffe 1914

Sizilien

Athen

Mittelmeer

Kreta

0　500 km

47G_9

M 6　Europa im Ersten Weltkrieg

Aufgaben

1. Der Beginn des Ersten Weltkrieges

a) Erläutere die Ursachen des Ersten Weltkrieges. Unterscheide dabei zwischen politischen, wirtschaftlichen, militärischen und ideologischen Ursachen.

b) Erläutere den Zusammenhang zwischen dem Attentat vom 28. Juni 1914 in Sarajewo und dem Ausbruch des Ersten Weltkrieges.
⌒ Text

2. Das „Augusterlebnis" – Quellen vergleichen

a) Vergleiche die vier schriftlichen Quellen.

b) Setze dich mit folgender Auffassung auseinander: „Im August 1914 herrschte in Deutschland eine allgemeine Kriegsbegeisterung."
⌒ M4

3. Krieg in Europa – Mit einer Karte arbeiten

a) Erkläre die in der Legende aufgeführten Sachverhalte und suche die Inhalte auf der Karte.

b) Arbeite anhand der Karte das Kräfteverhältnis zwischen den Mittelmächten und der Entente heraus.
⌒ Text, M6

Krieg in Europa und in der Welt

Kriegsbegeisterung und „Burgfrieden"

Nach Kriegsausbruch erfasste eine Woge nationaler Begeisterung große Teile Europas. Alle Völker empfanden die Auseinandersetzung als Verteidigungskrieg und glaubten, ihr Land trüge keine Schuld an seinem Ausbruch. Sogar die Arbeiterparteien, die die Politik der Regierungen heftig kritisiert und Frieden und internationale Verständigung gefordert hatten, schlossen sich den nationalen Kriegsanstrengungen an. Auch die deutschen Sozialdemokraten stimmten im Reichstag der Bewilligung von Kriegskrediten zur Finanzierung des Krieges zu. Die Bereitschaft, angesichts der gefährlichen Lage auf innenpolitische Auseinandersetzungen zu verzichten, wurde als „Burgfrieden" bezeichnet.

Krieg in Europa

Der vom preußischen Generalfeldmarschall Schlieffen entwickelte Plan sah vor, Frankreich innerhalb weniger Wochen rasch zu besiegen, bevor englische Truppen zur Unterstützung der französischen Armee eintreffen konnten. Nach Niederwerfung der Gegner im Westen sollten die Truppen die schwachen Kräfte an der Ostgrenze verstärken und gemeinsam mit der österreichischen Armee Russland in die Knie zwingen. Der russischen Armee unterstellte man in der deutschen Armeeführung, dass sie von der Mobilmachung bis zur Kampfbereitschaft mindestens sechs Wochen Zeit bräuchte. Zur Durchführung des Schlieffenplans war es erforderlich, dass die deutschen Streitkräfte durch das neutrale Belgien und Luxemburg nach Frankreich vorstießen. Der deutsche Angriff im Westen kam nach Anfangserfolgen jedoch bereits in der Schlacht an der Marne Anfang September 1914, also schon nach vier Wochen, zum Stehen. Die Front erstarrte entlang einer Linie, die von der Nordsee bis zur Schweizer Grenze verlief und veränderte sich in den folgenden Jahren nicht wesentlich. Beide Seiten hatten sich in einem System von Schützengräben verschanzt, die jeden Vorstoß vereitelten. Der Bewegungskrieg war zum Stellungskrieg geworden.

Im Osten gelang es der deutschen Armee unter den Generälen Hindenburg und Ludendorff, die russischen Truppen bei Tannenberg zu schlagen und die Front zu stabilisieren. Die österreichisch-ungarische Armee war jedoch durch Niederlagen so geschwächt, dass sie zunehmend deutscher Unterstützung bedurfte. Auch hier kam es in der Folgezeit zu keinen großen Veränderungen.

Der Seekrieg

Die überlegene britische Flotte sperrte den Ausgang der Nordsee und den Ärmelkanal und schnitt die Mittelmächte von überseeischem Nachschub ab. Die deutsche Hochseeflotte, in die man große Hoffnungen gesetzt hatte, griff nur einmal, im Mai 1916, ins Kriegsgeschehen ein. In der Schlacht am Skagerrak vor der dänischen Küste fügte sie der englischen Flotte zwar erhebliche Verluste zu, konnte die englische Blockade jedoch nicht durchbrechen. Die Hoffnung der deutschen Generäle ruhte nun trotz der damit verbundenen politischen Risiken auf dem uneingeschränkten Einsatz von Unterseebooten.

Kriegserfahrung an der Front

Im August 1914 hatten sich viele junge Männer freiwillig zum „Dienst für das Vaterland" gemeldet; Bilder und Berichte dokumentieren diese allgemeine

M 1 **Soldatenabschied**
Fotografie, 1914

Kriegsbegeisterung. Als die Soldaten an die Front kamen, trugen hohe Verluste und das Grauen des Kriegs zur Ernüchterung bei. Die jeden Tag lauernde tödliche Bedrohung sowie Hunger und Erschöpfung bestimmten den Alltag des Frontsoldaten.

Versuche, Bewegung in den Stellungskrieg der Westfront zu bringen, blieben erfolglos. Sie scheiterten unter großen Verlusten in Minensperren und Drahtverhauen und unter dem Maschinengewehrfeuer aus tief gestaffelten Grabensystemen. Auch der Einsatz immer stärkerer Artillerie brachte keine Entscheidung in diesen Materialschlachten. In der Schlacht von Verdun Anfang 1916 versuchte die deutsche Heeresleitung, dem Krieg eine entscheidende Wende zu geben. Granaten aus Tausenden Geschützen verwandelten das Kampfgebiet in eine Mondlandschaft, etwa 700 000 Soldaten fanden den Tod. Doch führte die „Hölle von Verdun" zu keinem Ergebnis und wurde zum Symbol für die Sinnlosigkeit des Krieges.

Ein moderner Krieg

Technik und Wissenschaft fanden im Ersten Weltkrieg ein blutiges Experimentierfeld. Dies unterschied ihn von früheren Kriegen. Der Einsatz von Giftgas erhöhte die Zahl der Opfer, führte aber keine Entscheidung herbei. Als wirksamer erwiesen sich gegen Kriegsende gepanzerte Raupenfahrzeuge, sogenannte Tanks, die Schutz vor Infanteriefeuer boten und Frontdurchbrüche ermöglichten. Erstmals fand der Krieg auch in der Luft statt. Aufklärungsflugzeuge lieferten Bilder vom Kriegsgeschehen, Jagdmaschinen kämpften um die Lufthoheit, Bomber unterstützten den Angriff der Truppen. Gegen Kriegsende wuchs die Überlegenheit von Deutschlands Gegnern: Besonders Tanks und die alliierte Luftüberlegenheit setzten den Deutschen zu.

Ein globaler Krieg

Die Ursprünge des Weltkrieges lagen in Europa, und hier fanden auch die verlustreichsten Schlachten des Krieges statt. Da viele der beteiligten europäischen Staaten imperiale Mächte waren, wurde der Krieg jedoch auch im Nahen Osten, in Afrika und in Ostasien geführt.

M 2　**Im Schützengraben**

Soldaten im Schützengraben an der Westfront, um 1916

M 3　**Schlachtfeld bei Verdun**

Fotografie, Februar 1916

Eine Feldpostkarte analysieren

M 4   Feldpostkarte von 1916 – Vorderseite (oben) und Rückseite (rechts)

Folgender Text ist auf der Rückseite zu lesen:

Im Schützengraben den[n] 14/II 16.
Liebe Lina!
Sende dir zu deiner Kartensammlung eine Fotografie von unsern Schützengraben, nach einem Kampf mit Engländern, es fotografierte dies selbst einer von unserer Kompagnie nach dem Überfall. Zur zeit geht es hier schreklich zu und glaube das es dieses Frühjahr noch schlimmer wird, denn die entscheidung fällt mal hier in Frankreich. Unsere Artillerie schießt zur zeit so stark das der boden wankt, nathürlich bleiben Sie uns auch nichts schuldig.
Grüße dich sowie deine lben Eltern frdlch

Gruß an Emil wenn du Ihm schreibst
Hans G.

Krieg in Europa = Krieg für die Welt – Die globale Dimension des Ersten Weltkrieges

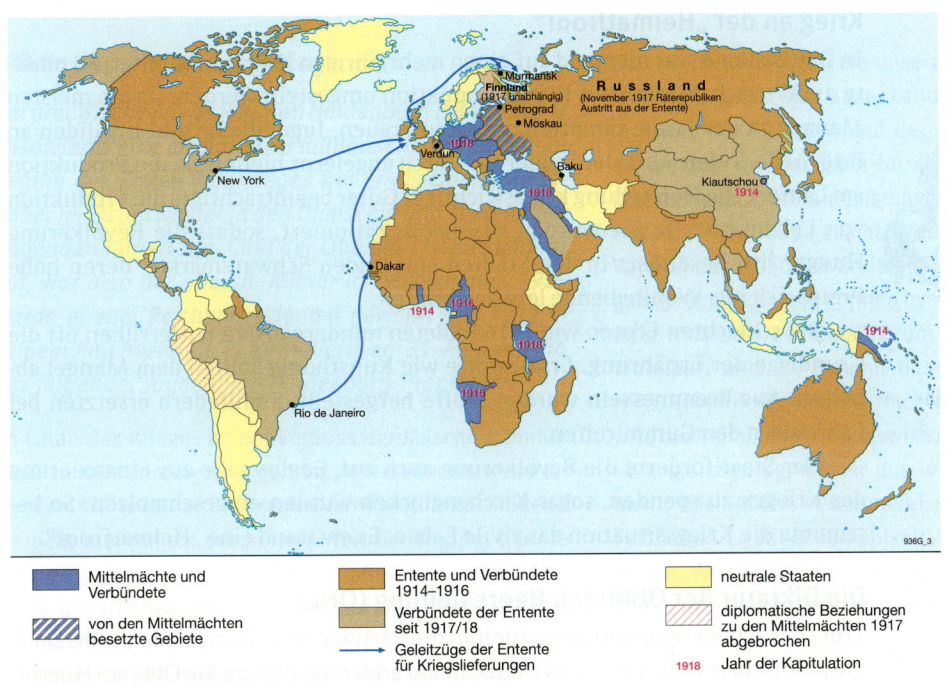

936G_3

▨ Mittelmächte und Verbündete	▨ Entente und Verbündete 1914–1916	▨ neutrale Staaten
▨ von den Mittelmächten besetzte Gebiete	▨ Verbündete der Entente seit 1917/18	▨ diplomatische Beziehungen zu den Mittelmächten 1917 abgebrochen
→ Geleitzüge der Entente für Kriegslieferungen	1918 Jahr der Kapitulation	

M 5   Der Erste Weltkrieg (1914 – 1918)

M 6   Globaler Krieg

Der englische Historiker Hew Strachan schreibt (2004):

„Stell dir vor, du liegst am Boden, und die heiße Sonne brennt dir senkrecht auf den Rücken. Stell dir vor, du bist in einem Loch begraben, aus dem nur Kopf und beide Arme schauen, die ein Gewehr halten. Stell dir vor, du must in
5 dieser Lage mehrere Tage ausharren – ohne Essen und Trinken. Aber du bist nicht hungrig, denn es riecht nur nach Tod. Um dich herum explodieren Bomben, dröhnen Geschütze. [...]" So beschrieb Fololiyani Longwe von den King's African Rifles, wie er den Ersten Weltkrieg erlebte.
10 [...] Er war einer von zwei Millionen Afrikanern, die in die-

sem Krieg als Soldaten und Helfer dienten. Zehn Prozent von ihnen fielen. Bei den Helfern mögen es sogar zwanzig Prozent gewesen sein. [...]
Longwe wurde eingezogen, weil Malawi, damals Njassa-
15 land, zum britischen Empire gehörte. 1914 stand der gesamte afrikanische Kontinent mit Ausnahme von Liberia und Äthiopien unter der Herrschaft europäischer Mächte, vor allem Großbritaniens, Frankreichs, Belgiens und Deutschlands. [...] Bereits 1914 hatte der Konflikt von sei-
20 nem Ursprung in Europa auf die Peripherie übergegriffen. Das geschah, weil die Staaten Europas imperiale Mächte waren. Krieg in Europa bedeutete Krieg für die Welt.

Hew Strachan, Der Erste Weltkrieg, München 2004, S. 93 f.

Aufgaben

1. **Eine Feldpostkarte analysieren**
   a) Ordne die Informationen auf der Postkarte in den historischen Zusammenhang ein.
   b) Beurteile die Brauchbarkeit solcher Karten für die historische Forschung.
   ↷ Text, M4

2. **Die globale Dimension des Ersten Weltkrieges**
   a) Erläutere die Aussage: „Krieg in Europa bedeutete Krieg für die Welt".

   b) Nenne anhand der Karte die Gebiete außerhalb Europas, in denen Kampfhandlungen stattfanden. Informiere dich über ein Beispiel und stelle deine Ergebnisse in Form eines Kurzreferates vor.
   ↷ Text, M5, M6, Internet

Die „Heimatfront" – Quellen auswerten

10 Kriegsgebote.

1. **I**ß nicht mehr als nötig. Vermeide überflüssige Zwischenmahlzeiten; Du wirst Dich dabei gesund erhalten.

2. **H**alte das Brot heilig und verwende jedes Stückchen Brot als menschliche Nahrung. Trockne Brotreste geben eine wohlschmeckende und nahrhafte Suppe.

3. **S**pare an Butter und Fetten; ersetze sie beim Bestreichen des Brotes durch Sirup, Mus oder Marmeladen. Einen großen Teil aller Fette bezogen wir bisher vom Auslande.

4. **H**alte Dich an Milch und Käse. Genieße namentlich auch Magermilch und Buttermilch.

5. **G**enieße viel Zucker in den Speisen, denn Zucker ist ein vorzügliches Nahrungsmittel.

6. **K**oche Kartoffeln nur mit der Schale; dadurch sparst Du 20 vom Hundert.

7. **M**indere Deinen Bedarf an Bier und anderen alkoholischen Getränken; dadurch vermehrst Du unsern Getreide- und Kartoffelvorrat, aus dem Bier und Alkohol hergestellt wird.

8. **I**ß viel Gemüse und Obst und benutze jedes Stückchen geeignetes Land zum Anbau von Gemüsen. Spare aber die Konserven, solange frische Gemüse zu haben sind.

9. **S**ammle alle zur menschlichen Nahrung nicht geeigneten Küchenabfälle als Viehfutter; achte aber streng darauf, daß nicht schädliche Stoffe in die Abfälle hineingeraten.

10. **K**oche und heize mit Gas oder Koks; dadurch hilfst Du namentlich ein wichtiges Düngemittel schaffen, denn bei der Gas- und Koksbereitung wird außer anderen wichtigen Nebenerzeugnissen auch das stickstoffhaltige Ammoniak gewonnen.

Beachte bei allen diesen Geboten, daß Du für das Vaterland sparst. Deshalb muß auch derjenige diese Gebote beherzigen, dem seine Mittel erlauben, zur Zeit noch in der bisherigen Art weiterzuleben.

M 4 „10 Kriegsgebote"
Aufruf, Frankfurt 1915

M 5 Hungerjahr 1916

Aus einem Flugblatt aus dem Kriegsjahr 1916:

Was kommen musste, ist eingetreten: Der Hunger! In Leipzig, in Berlin, in Charlottenburg, in Braunschweig, in Magdeburg, in Koblenz und Osnabrück, an vielen anderen Orten gibt es Krawalle der hungernden Menge vor den Lä-
5 den mit Lebensmitteln. Und die Regierung des Belagerungszustandes hat auf den Hungerschrei der Massen nur die Antwort: verschärften Belagerungszustand, Polizeisäbel und Militärpatrouillen. Herr von Bethmann-Hollweg [der Reichskanzler] klagt Eng-
10 land des Verbrechens an, den Hunger in Deutschland verschuldet zu haben […].

Indessen, die deutsche Regierung hätte wissen müssen, dass es so kommen musste: Der Krieg gegen Russland, Frankreich und England musste zur Absperrung Deutschlands führen. […]
15

Der Krieg, der Völkermord ist das Verbrechen, der Aushungerungsplan nur eine Folge dieses Verbrechens. Die bösen Feinde haben uns „eingekreist", plärrten die Kriegsmacher. Warum habt ihr eine Politik gemacht, die zur
20 Einkreisung führte?, ist die einfachste Gegenfrage. […]

Auf das Verbrechen der Anzettelung des Weltkrieges wurde ein weiteres gehäuft: Die Regierung tat nichts, um dieser Hungersnot zu begegnen. Warum geschah nichts? Weil den
25 Regierungssippen, Kapitalisten, Junkern, Lebensmittelwucherern der Hunger der Massen nicht wehe tut, sondern zur Bereicherung dient. Weil, wenn man von Anfang an den Kampf gegen Hunger und Not durch ernsthafte Maßnahmen aufgenommen hätte, den verblendeten Massen der
30 furchtbare Ernst der Lage klar geworden wäre. Dann wäre aber die Kriegsbegeisterung alsbald verraucht. Deshalb hat man die Volksmassen mit Siegestriumphgeheul betäubt und sie gleichzeitig den agrarischen und kapitalistischen Lebensmittelwucherern ausgeliefert. […]
35

Jetzt vertröstet man uns auf die kommende Ernte: Alle Not werde ein Ende haben, wenn die neue Frucht da ist – auch das ist bewusster Schwindel. Die einfache Rechnung sagt: In zweiundzwanzig Kriegsmonaten wurden zwei Ernten
40 verzehrt, außerdem die großen Vorräte an Viehfutter, Zucker und anderen Produkten, die zu Kriegsbeginn im Lande lagerten; ferner alles, was in den besetzten Gebieten, in Belgien, in Nordfrankreich, Polen, Litauen, Kurland, Serbien an Lebensmitteln „requiriert" wurde. Jetzt gibt es nichts
45 mehr. Die besetzten Gebiete sind kahl gefressen, die Menschen sterben bereits Hungers in Polen und in Serbien. […]

Was soll werden? Man kann noch ein halbes Jahr, vielleicht ein ganzes Jahr
50 Krieg führen, indem man die Menschen langsam verhungern lässt. Dann wird aber die künftige Generation geopfert. Zu den furchtbaren Opfern an Toten und Krüppeln der Schlachtfelder kommen weitere Opfer an Kindern und Frauen, die infolge des Mangels dem Siechtum verfallen.
55

Ernst Drahn/Susanne Leonhard, Unterirdische Literatur im revolutionären Deutschland während des Weltkrieges. Berlin 1920, S. 52–54.

M 6 „Was hat sich durch den Krieg für die Frauen verändert?"

Der Historiker Gerd Krumeich gibt Antwort (2014):

Lange hat man angenommen, dass die Emanzipation der Frauen durch den Ersten Weltkrieg entscheidend vorangetrieben worden sei, denn durch den massiven Einsatz für die Kriegsindustrie und die vielfältigen Tätigkeiten an der
5 „Heimatfront" sei ihr Selbstbewusstsein auf Dauer erheblich gewachsen. Auch die Tatsache, dass sie wegen der Abwesenheit der Männer allein verantwortlich wurden für die Erziehung der Kinder, habe zu einem neuen Bild der Frau in der Gesellschaft geführt. Ergebnis dieses Prozesses
10 sei dann schließlich das Wahlrecht für Frauen gewesen. Ganz so gradlinig ist die Entwicklung allerdings nicht verlaufen. Zunächst aus dem Grund, dass damals soziale Schichtung eine viel größere Bedeutung hatte als „gender". Bürgerliche Frauen betrachteten den Krieg als patrio-
15 tische Aufgabe und setzten sich individuell oder im Rahmen ihrer Vereine und Verbände für soziale Zwecke ein. Sie verstanden sich als „Mütter des Vaterlandes". Dabei kamen ihnen ohne weiteres auch Kontroll- und Steuerungsfunktionen zu, etwa beim Einsammeln von „Liebesgaben"
20 für die Front, bei den Rohstoff-Sammelaktionen („Gold gab ich für Eisen") oder aber beim Einsatz als Hilfslehrerinnen anstelle der eingezogenen Lehrer. Die „Vaterländischen Frauenvereine" organisierten auch die sog. „Nagelungen" und andere patriotische Aktivitäten. Sie fanden sich mit
25 den konfessionellen Frauenverbänden im „Nationalen Frauendienst" zusammen, der die Auszahlung der Familienunterstützung und andere Zuteilungen der Kriegsfürsorge für die Mehrheit der mit solchen bürokratischen Dingen meist überforderten Frauen koordinierte.
30 Die Masse der Arbeiterfrauen war höchstens einmal Nutznießerin dieser Aktivitäten. Die Klassenschichtung war in Deutschland noch so ausgeprägt, dass es nicht einmal zu

Versuchen kam, Arbeiterfrauen in den Wohlfahrts-Kriegspatriotismus einzubinden. Sie waren in der Kriegsgesellschaft eigentlich wenig mehr als billige Arbeitskräfte, die 35 in dem Maße, wie ihre Männer zum Kriegsdienst eingezogen wurden, die leerstehenden Plätze in den Fabriken füllen mussten. Im Unterschied zu den qualifizierten Arbeitern, die im Krieg doch recht starke Lohnerhöhungen erkämpfen konnten, stellten die Arbeiterinnen eine indus- 40 trielle Reservearmee mit immer mehr Pflichten und wenig Rechten dar. Ihre Löhne lagen weit unter denen der männlichen Beschäftigten. Mit dem schwer verdienten Geld konnte man ab 1916 auch nicht mehr für den Bedarf an Lebensmitteln aufkommen. Hauptaufgabe der meisten 45 Frauen war es nunmehr, täglich stundenlang Schlange vor Geschäften zu stehen, in der vagen Hoffnung, noch etwas ergattern zu können. Ohnehin gab es für die Soldatenfrauen in Deutschland, bei denen der Arbeitslohn auf die Familienunterstützung angerechnet wurde, „nur eine geringe 50 materielle Motivation, Lohnarbeit aufzunehmen" (Ute Daniel).
In dem Maße, wie nach dem Waffenstillstand die Arbeiter wieder in die Fabriken strömten, verloren die Frauen ihren Arbeitsplatz auch wieder – wobei die meisten anstelle der 55 karg entlohnten Fabrikfronarbeit die Aufgaben der Hausfrau und Mutter gerne wieder aufnahmen.
Einem Teil der Frauen gelang es, in die im Krieg neu entstandene Mittelschicht der Angestellten im öffentlichen und privaten Bereich aufzusteigen. Die bisher vor allem als 60 Dienstboten fungierenden „Mädchen vom Lande" wurden durch den Krieg sowohl in die Industrie als auch in traditionell männliche Verwaltungsberufe geschwemmt. Während beispielsweise vor 1914 Büroarbeit fast ausschließlich Männern vorbehalten war, wurden hierfür nun 65 zunehmend Frauen eingestellt, und dies ist seither so geblieben.

Gerd Krumeich, Der Erste Weltkrieg. Die 101 wichtigsten Fragen, München 2014, S. 92f.

Aufgaben

1. Die „Heimatfront" – Quellen auswerten

a) Prüfe die im Aufruf aus Frankfurt genannten Kriegsgebote auf ihre Realisierbarkeit.

b) Erläutere die politischen Forderungen, die im Flugblatt erhoben werden.

c) Beurteile die Wirkung des Aufrufes auf die Bevölkerung.

d) Charakterisiere die Veränderung, die der Krieg für das Alltagsleben, insbesondere im Hinblick auf die gesellschaftliche Stellung der Frauen, verursacht hat.

↷ Text, M4 – M6

Epochenjahr 1917 – Wendejahr des Krieges

Anfang 1917 schien der Krieg einen toten Punkt erreicht zu haben, denn keine Macht konnte auf einen entscheidenden Sieg hoffen. Die englische Seeblockade hatte zu wachsender Not in Deutschland und zu Versorgungsschwierigkeiten an der Front geführt. Das veranlasste die Oberste Heeresleitung, den uneingeschränkten U-Boot-Krieg wieder aufzunehmen. Bereits 1915 hatten deutsche U-Boote das britische Passagierschiff „Lusitania" mit zahlreichen amerikanischen Passagieren im Atlantik versenkt. Nur weil Deutschland auf einen weiteren U-Boot-Einsatz verzichtete, traten die USA damals nicht in den Krieg ein. Die neuerliche Ankündigung führte im April 1917 jedoch zum Kriegseintritt der USA. Damit stand ein Land von gewaltiger Wirtschaftskraft auf Seiten der Alliierten.

Nach der russischen Oktoberrevolution von 1917 drängten die neuen kommunistischen Machthaber auf einen schnellen Frieden, um die inneren Probleme besser bewältigen zu können. Russland schied somit aus der Entente aus und schloss mit den Mittelmächten den „Frieden von Brest-Litowsk", in dem es große Gebiete abtreten musste.

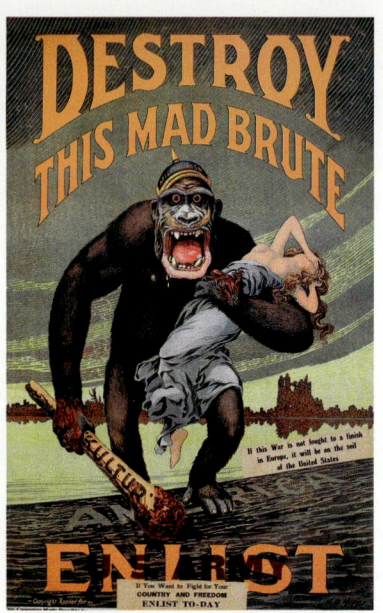

M 1   „Destroy This Mad Brute – Enlist"

Amerikanisches Plakat, um 1917

Bemühungen um Frieden

Allmählich geriet der „Burgfrieden" im Deutschen Reich ins Wanken. Die Hungersnot im Winter 1916/17 verstärkte die Kriegsmüdigkeit und Friedenssehnsucht in der Bevölkerung. Die Krise wurde offenbar, als der Zentrumsabgeordnete Matthias Erzberger seine Zweifel an der Wirksamkeit des U-Boot-Krieges äußerte und das Zentrum, die Liberalen und die SPD in einer Friedensresolution forderten, Deutschland solle seine Bereitschaft zu einem Verständigungsfrieden bekunden. Diese Friedensbemühungen blieben aber ebenso erfolglos wie die Initiativen des Papstes Benedikt XV. und des neuen österreichischen Kaisers Karl I., der dem 1916 verstorbenen Franz Joseph auf dem Thron gefolgt war.

Dem Zusammenbruch entgegen

Am 8. Januar 1918 entwarf der amerikanische Präsident Woodrow Wilson in 14 Punkten ein politisches Programm, das eine stabile demokratische Weltordnung garantieren sollte. Zwar setzte Deutschland den Krieg fort, doch führte die wachsende Überlegenheit der Alliierten, die von den USA mit Kriegsmaterial und Soldaten unterstützt wurden, an allen Fronten zum Scheitern. Ab Juli 1918 zeigte sich eine nachhaltige Erschöpfung des Heers und die Oberste Heeresleitung gestand endlich Deutschlands Niederlage ein. Sie drängte die Regierung zum sofortigen Waffenstillstand.

Im Oktober 1918 war es zu einer Verfassungsänderung gekommen, die das deutsche Kaiserreich zur parlamentarischen Monarchie machte. Der neue liberale Reichskanzler Max von Baden übermittelte dem amerikanischen Präsidenten unverzüglich das deutsche Waffenstillstandsgesuch. Hierin erkannte er Wilsons Friedensprogramm als Verhandlungsgrundlage an.

Beginn der Novemberrevolution

Als die Seekriegsleitung am 28. Oktober 1918 der Hochseeflotte den Befehl zum Auslaufen gab, führte das zur Meuterei der Matrosen in Wilhelmshaven und Kiel. Diese weitete sich schnell zu einer Revolution aus, die ganz Deutschland erfasste und wenig später zum Ende der Monarchie führte.

Bilanz des Krieges – Arbeiten mit einer Darstellung

M 2   „Verlorene Generation"

Der englische Historiker John Keegan schreibt über die Verluste im Ersten Weltkrieg (2004):

Der Streifen britischer Soldatenfriedhöfe, der sich von der Kanalküste bis zur Somme und darüber hinaus erstreckt, bildet zugleich eine idealisierte Gedenkstätte für alle auf den Schlachtfeldern des Großen Krieges Gefallenen, derer
5 nicht gedacht wird. Ihre Zahl ist gewaltig. Zu den Gefallenen des Britischen Empire und Frankreichs kommen 1,5 Millionen des Habsburgerreiches, 2 Millionen Deutsche, 1,7 Millionen Russen, 460 000 Italiener und viele Hunderttausende Türken, die nie gezählt wurden. Im Ver-
10 hältnis zur Zahl derjenigen, die sich freiwillig meldeten oder eingezogen wurden, könnte die Zahl der Opfer erträglich erscheinen. Für Deutschland waren es 3,5 Prozent aller im Heer Dienenden.
Berechnet man den prozentualen Anteil der jüngeren Jahr-
15 gänge, dann überschreiten die Zahlen bei weitem das, was emotional verkraftet werden konnte. Zwischen 1914 und 1918 war die männliche Sterbeziffer in Großbritannien sieben bis acht Mal, in Frankreich (wo 17 Prozent des Heeres fielen) zehn Mal so hoch wie in Friedenszeiten. Die Verlus-
20 te bei den jüngsten Altersgruppen in Deutschland waren ähnlich hoch: Zwischen 1870 und 1899 wurden etwa 16 Millionen Knaben geboren; nahezu alle wurden im Krieg eingezogen und rund 13 Prozent fielen. Nimmt man die Zahlen für diejenigen Gruppen, die aufgrund ihres Alters sofort zum Heer eingezogen wurden, so ergeben sich – wie in 25 Frankreich und Großbritannien – noch höhere Verluste. Die Jahrgänge 1892 – 1895, das heißt die jungen Männer, die bei Kriegsausbruch 19 bis 22 Jahre alt waren, wurden um 35 – 37 Prozent reduziert. Es fiel also jeder Dritte.
Kein Wunder, dass man im Deutschland der Nachkriegszeit 30 von einer „verlorenen Generation" sprach, dass deren Eltern durch den gemeinsamen Schmerz verbunden waren, dass die Überlebenden das Gefühl hatten, auf unerklärliche Weise dem Tod entronnen zu sein, und oft eine Spur von Schuld, manchmal Wut und Rachegelüste empfanden. 35 Solche Gefühle lagen britischen und französischen Kriegsteilnehmern fern, die lediglich hofften, dass die Schrecken des Stellungskrieges sich nicht wiederholen würden, solange sie oder ihre Söhne lebten.
Sie gärten jedoch in den Köpfen vieler Deutscher, vor allem 40 in dem „Frontsoldaten" Adolf Hitler, der im September 1922 in München eine Rachedrohung ausstieß, die den Boden für einen zweiten Weltkrieg bereitete.

John Keegan, Der Erste Weltkrieg, Reinbek 2004, S. 586.

Aufgaben

1. Epochenjahr 1917
  a) Fertige eine Zeitleiste mit den im Text genannten Daten an.
  b) Das Jahr 1917 wird als „Wendejahr des Krieges" bezeichnet. Erläutere die Gründe dafür.
     ↰ Text

2. Bilanz des Krieges – Arbeiten mit einer Darstellung
  a) Ermittle die Anzahl der Toten in den einzelnen Ländern.
  b) Nenne die Altersgruppe, die von den Verlusten besonders betroffen war, und erläutere die Auswirkungen für die Länder.
  c) Erläutere den Begriff „verlorene Generation".
     ↰ Text, M2

Die russische Oktoberrevolution – Siegeszug einer Ideologie

Ein epochales Ereignis

Die Oktoberrevolution des Jahres 1917 wird allgemein als epochales Ereignis betrachtet, verhalf sie doch einem völlig neuen gesellschaftlichen System zum Durchbruch, das mit sozialistisch-kommunistischen Zielen und dem Anspruch auf eine gerechte Gesellschaftsordnung in Russland antrat: der **Kommunismus**. Die Ursachen für diese Revolution waren außerordentlich vielfältig.

Russland im 19. Jahrhundert

Das Russland des 19. Jahrhunderts war im europäischen Vergleich ein politisch und wirtschaftlich rückständiges Land mit agrarischer Struktur. 1861 wurde die Leibeigenschaft zwar formell abgeschafft, aber da die meisten russischen Bauern die von ihnen geforderten hohen Ablösesummen nicht zahlen konnten, änderte sich an ihrer Lage kaum etwas. Ende des 19. Jahrhunderts lebten etwa 80 Prozent der Bürger Russlands auf dem Lande. Die meisten waren Analphabeten, und es herrschte bittere Armut.

Im späten 19. Jahrhundert entstanden in Moskau, St. Petersburg, im mittleren Ural, um Baku herum und im Donezbecken moderne Industrieanlagen, wodurch die Zahl der Fabrikarbeiter innerhalb weniger Jahre stark anstieg und eine Arbeiterbewegung entstand. Ihre politische Vertretung fand diese in der 1898 gegründeten Sozialdemokratischen Partei, die ein revolutionäres Programm verfolgte. Bereits 1903 wurde auf einem Parteitag deutlich, dass sich zwei Flügel gegenüberstanden: Es gab einen kleineren, sozialdemokratischen Teil (Menschewiki) und eine größere, kommunistische orientierte Richtung (Bolschewiki). Letztere wurde von Wladimir Iljitsch Uljanow geführt, genannt Lenin. Da die Selbstherrschaft des Zaren eine öffentliche politische Betätigung verbot, wurde Lenin in die Verbannung geschickt.

Die Revolution 1905 – 1907

Trotz ökonomisch unzureichender Voraussetzungen beteiligte sich der russische Zarismus an der um die Jahrhundertwende vorherrschenden imperialen Politik. Die Interessenkollision zwischen Japan und Russland im fernen Osten führte 1904/05 zum russisch-japanischen Krieg, in dem der russische Zarismus eine vernichtende Niederlage erlitt. Gleichzeitig verschlechterte sich die Versorgungslage im Inneren. Als der russische Zar am 9. Januar 1905 friedliche Demonstranten vor dem Winterpalais zusammenschießen ließ („Blutsonntag"), wurde dies zum Auslöser der ersten russischen Revolution. Sofort wurden die Widersprüche zwischen den einzelnen politischen Gruppen deutlich: Während die „Schwarzhunderter", die Partei des Adels, die politischen Verhältnisse beibehalten wollten, traten die „Kadetten", die die Interessen des industriellen Bürgertums vertraten, für eine konstitutionelle Monarchie ein. Aber auch die russische Arbeiterbewegung verfolgte kein einheitliches Ziel: Die Menschewiki orientierten sich an den politischen Verhältnissen in Westeuropa, während die Bolschewiki die demokratische Phase nur als ein kurzes Übergangsstadium auf dem Weg zum Sozialismus ansahen.

Im Verlauf der Revolution musste der Zar Zugeständnisse machen. So ließ er die Bürger Russlands erstmalig ein Parlament, die Reichsduma, wählen. Allerdings war dieses Parlament in seinen Rechten stark eingeschränkt, und von demo-kratischen Verhältnissen konnte nach dieser Revolution in Russland keine Rede sein.

Das Ende des Zarismus

Das ökonomisch rückständige Russland war dem ressourcenzehrenden Ersten Weltkrieg kaum gewachsen, sodass sich die Versorgungslage im Inneren katas-trophal verschlechterte. Schwere Niederlagen an der Front führten zu einer zu-nehmenden Kriegsmüdigkeit der russischen Bevölkerung. Mitte März (nach dem in Russland noch gebräuchlichen Kalender: Ende Februar) 1917 widersetz-ten sich Truppen in St. Petersburg dem Befehl, auf demonstrierende Arbeiter zu schießen. Das alte Regime brach zusammen, Zar Nikolaus II. trat wenige Tage später zurück.

Zeit der Doppelherrschaft: Februar bis Juli 1917

Zwei neue Machtzentren beherrschten nun die politische Bühne: Die gemäßigten Kräfte der Duma bildeten eine Provisorische (= vorläufige) Regierung, die einen liberal-bürgerlichen Verfassungsstaat anstrebte. Parallel dazu ging aus dem Sow-jet (= Rat) der St. Petersburger Arbeiter und Soldaten ein „Provisorisches Exeku-tivkomitee" hervor, das sozialistisch geprägt war und von den Menschewiki be-herrscht wurde. Die Zeit zwischen Februar und Juli 1917 wird deshalb auch als Zeit der Doppelherrschaft bezeichnet.

    Die Provisorische Regierung gewährte alle bürgerlichen Freiheiten und be-seitigte die politischen Unterschiede zwischen den Ständen und Nationalitäten. Die drängendsten Probleme: „Friede, Land und Brot" konnte sie aber nicht lösen. Im Gegenteil, die Provisorische Regierung beabsichtigte sogar, den Krieg bis zu einem siegreichen Ende fortzusetzen. Infolgedessen verlor die provisorische Re-gierung jeden Rückhalt in der Bevölkerung.

    Die Bolschewiki hofften in dieser Zeit, die Herrschaft friedlich übernehmen zu können, wie Lenin in seinen „Aprilthesen" formulierte. Mit dem Eintritt der

M 3   **Doppelherrschaft**

Die Provisorische Regierung (links) und der Petrograder „Sowjet der Arbeiter und Soldaten" (rechts) im Taurischen Palast, einem Adels-palast aus dem 18. Jahrhundert, 1917

ТОВ. ЛЕНИН ОЧИЩАЕТ землю от нечисти.

M 4 „Genosse Lenin reinigt die Erde von Unrat"
Sowjetrussisches Plakat, 1920

Menschewiki in die Provisorische Regierung wurde diese Hoffnung allerdings hinfällig, und die Bolschewiki setzten fortan auf die Strategie des bewaffneten Aufstands.

Die Oktoberrevolution

Lenin, der im April aus dem Schweizer Exil zurückgekehrt war, rief zum Sturz der Regierung auf. Am 7. November (alter Kalender: 25. Oktober) 1917 stürmten die Bolschewiki deren Sitz und verhafteten die anwesenden Mitglieder. Als erste Sowjetregierung wurde unter dem Vorsitz Lenins der Rat der Volkskommissare eingesetzt. Der II. Allrussische Sowjetkongress erfüllte mit seinen ersten Maßnahmen wichtige Interessen breiter Teile der Bevölkerung. Das „Dekret über den Frieden" sollte die Basis für den Austritt Russlands aus dem Krieg sein, und mit der Umsetzung des „Dekrets über den Grund und Boden", das die Enteignung der Großgrundbesitzer vorsah, wurde der jahrhundertealte Landhunger der russischen Bauern gestillt.

Die Errichtung der „Diktatur des Proletariats"

Die Sowjetmacht führte unmittelbar nach der Machtübernahme weitreichende Maßnahmen zur Herrschaftssicherung durch. So wurden Industrie und die Banken verstaatlicht und die Pressefreiheit aufgehoben. Der Handel kam in den Verantwortungsbereich des Staates. Außerdem wurde schrittweise jegliche Religionsausübung verboten und der gesamte Kirchenbesitz eingezogen. Im Dezember 1917 wurde unter der Führung Feliks Dzierzynskis die neue Geheimpolizei „Tscheka" gegründet, die die Verfolgung Andersdenkender als ihre Hauptaufgabe ansah. Mit der seit Januar 1918 bestehenden Roten Armee verfügte die Sowjetmacht auch über eine eigene Armee.

Bei der Ende November 1917 stattfindenden Wahl zur Nationalversammlung erhielten die Bolschewiki nur ein Viertel aller Stimmen. Ungeachtet dieses Wahlergebnisses verlangten die Bolschewiki, dass sich die Nationalversammlung den politischen Machthabern unterordnen sollte. Als sich die Nationalversammlung weigerte, ließ Lenin sie im Januar 1918 auflösen. Ab März 1918 nannten sich die Bolschewiki „Russische Kommunistische Partei". Neue Hauptstadt wurde Moskau. Im Frühsommer des Jahres 1918 wurden die Menschewiki und die Sozialrevolutionäre aus den Sowjets ausgeschlossen. Damit verfügten die Bolschewiki endgültig über die alleinige politische Macht.

Interventions- und Bürgerkriege

Außenpolitisch war die neue Regierung bemüht, den Krieg gegen die Mittelmächte zu beenden. Verhandlungen mit der deutschen Obersten Heeresleitung führten im März 1918 zum Vertrag von Brest-Litowsk, der schmerzliche territoriale Einbußen für Sowjetrussland bedeutete. Lenin nahm dies jedoch in Kauf, da die Festigung der Macht im Innern unbedingten Vorrang für ihn hatte.

Die Gegner des neuen kommunistischen Regimes, „die Weißen" genannt, formierten sich ab 1918 zum Kampf. Dabei wurden sie von vielen Mächten finanziell und personell unterstützt, unter anderem kamen britische, französische, japanische und US-amerikanische Interventionstruppen ins Land. In harten Kämpfen konnte die Rote Armee jedoch die Oberhand behalten. Im Bürgerkrieg starben etwa acht Millionen Menschen. Auch die Zarenfamilie, die im Juli 1918 ermordet wurde, gehörte zu den Opfern.

M 5 Opfer des Bürgerkriegs
Fotografie, um 1922

Lenins „Aprilthesen" – Eine Textquelle interpretieren

M 6   **Die „Aprilthesen"**

W. I. Lenins Abhandlung „Über die Aufgaben des Proletariats in der gegenwärtigen Revolution" wurde am 7. April 1917 in der „Prawda" veröffentlicht:

1. [...] Die breiten Schichten der Anhänger des revolutionären Oboronzentums [damit sind die gemäßigten Sozialisten gemeint] in der Masse, die es zweifellos ehrlich meinen und den Krieg nur als notwendiges Übel gelten lassen,
5 nicht aber weil sie Eroberungen wollen, die jedoch von der Bourgeoisie betrogen werden, muss man besonders gründlich, beharrlich und geduldig über ihren Fehler aufklären. Man muss ihnen den untrennbaren Zusammenhang zwischen Kapital und imperialistischem Krieg klarmachen,
10 man muss ihnen beweisen, dass die Beendigung des Krieges durch einen wahrhaften demokratischen Frieden, nicht durch einen Gewaltfrieden, ohne den Sturz des Kapitals unmöglich ist. Organisierung der breitesten Propaganda dieser Auffassung unter den Fronttruppen. Verbrüderung.
15

2. Die Eigenart der gegenwärtigen Lage in Russland besteht in dem Übergang von der ersten Etappe der Revolution, die infolge des ungenügend entwickelten Klassenbewusstseins und der mangelhaften Organisiertheit des
20 Proletariats die Bourgeoisie an die Macht brachte, zur zweiten Etappe, die die Macht in die Hände des Proletariats und der armen Schichten der Bauernschaft legen muss. Dieser Übergang wird charakterisiert einerseits durch ein Höchstmaß von Legalität (Russland ist zur Zeit das freieste
25 von allen kriegführenden Ländern), andererseits durch das Fehlen einer Gewaltherrschaft über die Massen, und endlich durch die blinde Vertrauensseligkeit der Massen gegenüber der Regierung der Kapitalisten, der ärgsten Feinde des Friedens und des Sozialismus. Diese Eigenart verlangt
30 von uns die Fähigkeit, uns den besonderen Bedingungen der Parteiarbeit unter den ungeheuren, eben erst zum politischen Leben erwachten Massen des Proletariats anzupassen.

35 3. Keinerlei Unterstützung der Provisorischen Regierung, Aufdeckung der ganzen Verlogenheit aller ihrer Versprechungen [...].

4. [...] Solange wir in der Minderheit sind, ist unsere Arbeit
40 die Kritik und Aufdeckung der Fehler, wobei wir gleichzeitig den unerlässlichen Übergang der gesamten Staatsgewalt

M 7   **Lenin bei seiner Ankunft aus dem Exil in Petrograd**
Foto, 3. April 1917

auf die Arbeiterdeputiertenräte propagieren, damit die Massen ihre Fehler durch Erfahrung überwinden.

5. Nicht parlamentarische Republik – eine Rückkehr von 45 den Arbeiterdeputiertenräten zu dieser wäre ein Schritt rückwärts –, sondern eine Republik von Arbeiter-, Landarbeiter- und Bauerndeputiertenräten im ganzen Lande, von unten bis oben. Abschaffung der Polizei, der Armee, des Beamtentums. Entlohnung aller Beamten, die durch- 50 weg wählbar und jederzeit absetzbar sein müssen, nicht über den Durchschnittslohn eines qualifizierten Arbeiters.

6. Im Agrarprogramm Verlegung des Schwergewichts auf die Landarbeiterdeputiertenräte. Enteignung des gesam- 55 ten adligen Grundbesitzes. Nationalisierung des gesamten Bodens im Lande; über ihn verfügen die örtlichen Landarbeiter- und Bauerndeputiertenräte. Schaffung von besonderen Deputiertenräten der armen Bauern. [...]

W. I. Lenin, Über die Aufgaben des Proletariats in der gegenwärtigen Revolution, abgedruckt in: W. I. Lenin, Werke, Berlin (Ost) 1959, Bd. 24, S. 1–8.

Schriften und Propaganda der Bolschewiki – Bild- und Textquellen auswerten

M 8   „Klasse" und „Staat"

a) Lenin hat in seinen zahlreichen Büchern zu wichtigen Begriffen eine Definition gegeben. Zum Begriff „Klasse" schrieb er:

Als Klassen bezeichnet man große Menschengruppen, die sich voneinander unterscheiden nach ihrer Stellung in einem geschichtlich bestimmten System der gesellschaftlichen Produktion, nach ihrem (größtenteils in Gesetzen
5 festgelegten und fixierten) Verhältnis zu den Produktionsmitteln, nach ihrer Rolle in der gesellschaftlichen Organisation der Arbeit und folglich nach der Art der Erlangung und dem Umfang des Anteils am gesellschaftlichen Reichtum, über den sie verfügen. Klassen, das sind solche Grup-
10 pen von Menschen, von denen die eine sich die Arbeit der anderen aneignen kann, infolge der Verschiedenheit ihrer Stellung in einem bestimmten System der […] Wirtschaft.

Zit. nach: Iring Fetscher, Der Marxismus. Seine Geschichte in Dokumenten, München 1983, S. 560.

b) Über den Staat schrieb Lenin:

Der Staat ist das Produkt und die Äußerung der Unversöhnlichkeit der Klassengegensätze. Der Staat entsteht dort, […] wo, wann und inwiefern die Klassengegensätze objektiv nicht versöhnt werden können. Und umgekehrt: Das Bestehen des Staates beweist, dass die Klassengegensät-
5 ze unversöhnlich sind.
Wir setzen uns als Endziel die Vernichtung des Staates, d. h. jeder organisierten und systematischen Gewalt, jeder Gewaltanwendung gegen Menschen überhaupt. […]
Indem wir zum Sozialismus streben, sind wir überzeugt,
10 dass er in den Kommunismus hineinwachsen wird, und im Zusammenhang damit wird jede Notwendigkeit der Gewaltanwendung gegen Menschen überhaupt, die Unterordnung eines Menschen unter einen anderen, eines Teiles der Bevölkerung unter den anderen, verschwinden. […]
15 Zwischen der kapitalistischen und der kommunistischen Gesellschaft liegt die Periode der revolutionären Umwandlung der einen in die andere. Dem entspricht auch eine politische Übergangsperiode, deren Staat nichts anderes sein kann als die revolutionäre Diktatur des Proletariats.
20 […]
Zugleich bringt die Diktatur des Proletariats eine Reihe von Freiheitsbeschränkungen für die Unterdrücker, die Ausbeuter, die Kapitalisten. […]
Erst in der kommunistischen Gesellschaft, wo der Wider-
25 stand der Kapitalisten endgültig gebrochen ist, […] wo es keine Klassen mehr gibt, erst da hört der Staat auf zu bestehen und kann von Freiheit die Rede sein.

Zit. nach: Iring Fetscher, Der Marxismus. Seine Geschichte in Dokumenten, S. 594; und: Iring Fetscher. Von Marx zur Sowjet-ideologie, Frankfurt/M. 1965, S. 103 f., S. 107.

M 9   „Lenin auf der Tribüne"
Gemälde von A. M. Gerassimow, 1930

Beurteilungen der Oktoberrevolution – Arbeiten mit Darstellungen

M 10 „Gewaltige Revolutionsbewegung"

a) Noch heute kommen Wissenschaftler bei der Beurteilung der Oktoberrevolution von 1917 zu ganz unterschiedlichen Einschätzungen. Der englische Historiker Eric Hobsbawm, 1994:

Es sah so aus, als bräuchten die Völker nur ein Signal, um sich zu erheben und den Kapitalismus durch Sozialismus zu ersetzen und damit die sinnlosen Leiden des Krieges schließlich in etwas Sinnvolleres zu verwandeln [...].
5 Die Russische oder genauer: die Bolschewistische Revolution vom Oktober 1917 war bereit, der Welt dieses Signal zu geben. Deshalb war sie für dieses Jahrhundert ein ebenso zentrales Ereignis wie die Französische Revolution von 1789 für das 19. Jahrhundert gewesen war. [...]
10 Die Oktoberrevolution hatte jedoch ein sehr viel stärkeres und globaleres Echo als ihre Vorgängerin. Zwar ist deutlich geworden, dass die Ideen der Französischen Revolution die des Bolschewismus überlebt haben, aber die faktischen Auswirkungen von 1917 waren bei weitem größer
15 und anhaltender als die von 1789. Die Oktoberrevolution brachte die gewaltigste Revolutionsbewegung der modernen Geschichte hervor.

E. Hobsbawm, Das Zeitalter der Extreme, München 1994, S. 79.

M 11 „Beispiellose Katastrophe"

b) Der deutsche Politologe Ludger Kühnhardt, 1995:

1917 markiert den Beginn einer beispiellosen Katastrophe für das russische Volk, überwölbt durch Zwangsmodernisierung und Großindustrialisierung, die in den folgenden 5 Jahrzehnten mithilfe der kommunistisch zentralisierten Staatsführung ein Sechstel der Erdoberfläche ebenso umformen wie dauerhaft lähmen sollten.
In seinem Buch „On liberty" hatte John Stuart Mill 1859 geschrieben, dass die Gefahr der modernen Demokratie 10 nicht der Absolutismus des Staates, sondern die Despotie (= Gewaltherrschaft) der Gesellschaft sei.
Im Russland des Kommunismus erfolgte eine Anhäufung beider Gefahren, des Absolutismus des Staates und der Despotie der Gesellschaft, bis am 25. Dezember 1991 die 15 rote Fahne über dem Kreml eingeholt wurde und Russland wieder begann, zu seinen eigenen Wurzeln zurückzukehren. Diese mochten nicht unbedingt hoffnungserweckend sein, aber sie sind immerhin authentisch (= glaubwürdig), was vom Sowjetkommunismus nicht gesagt werden konn- 20 te.

Ludger Kühnhardt, Revolutionszeiten, München 1995, S. 150.

1. Revolutionen in Russland
a) Erstelle einen Zeitstrahl zur Thematik „Russlands Weg vom Zarenreich zur Herrschaft der Bolschewiki".
b) Erkläre den Begriff „Doppelherrschaft".
c) Erläutere die Maßnahmen, mit denen es den Kommunisten gelang, ihre Macht zu festigen.
⌒ Text

2. Schriften und Propaganda der Bolschewiki
a) Erläutere die Ausführungen Lenins zum Begriff „Diktatur des Proletariats" und nimm dazu Stellung.
b) Interpretiere das Gemälde von Alexander M. Gerassimow aus dem Jahre 1930.
⌒ Text, M8, M9

3. Beurteilungen der Oktoberrevolution
a) Arbeite heraus, welche Bedeutung der Oktoberrevolution von den Autoren Eric Hobsbawm und Ludger Kühnhardt jeweils zugesprochen wird.
b) Diskutiere die beiden Positionen.
⌒ Text, M10 – M11

M 1 **Josef Stalin (1879 – 1953)**

Das Bild zeigt Stalin auf dem XVIII. Parteitag 1939, Gemälde von Alexander Gerassimow.

Die Sowjetunion unter Stalin

Stalins Aufstieg

Ende des Jahres 1922 wurde die Sowjetunion gegründet. Nach Lenins Tod 1924 brachen Machtkämpfe in der Führung der Kommunistischen Partei aus. Aus ihnen ging Josef Wissarionowitsch Dschugaschwili als Sieger hervor, der 1922 zum Generalsekretär der Partei aufgestiegen war und sich „Stalin" – „der Stählerne" – nannte. Es gelang Stalin, nacheinander alle Rivalen auszuschalten und den gesamten Parteiapparat unter seine Kontrolle zu bringen. Dazu besetzte er Tausende Funktionärsstellen mit ihm ergebenen Leuten. Stalin gilt heute als einer der schrecklichsten Diktatoren des 20. Jahrhunderts.

Die Industrialisierung der Sowjetunion

Im Jahre 1918 hatte die Regierung den sogenannten „Kriegskommunismus" eingeführt. Dessen Ziel war es, neben der Versorgung der Soldaten der Roten Armee schnellstmöglich mit kommunistischen Verteilungsprinzipien zu beginnen. Diese Politik, die ein unendliches Leid und mehrere Millionen Opfer zur Folge hatte, führte die Sowjetmacht in eine tiefe wirtschaftliche und politische Krise: Die Produktion erreichte 1921 nur noch etwa ein Drittel im Vergleich zu 1913. Nach dem Bürgerkrieg wurde die Politik des Kriegskommunismus daher durch die „Neue Ökonomische Politik" abgelöst, die im bescheidenen Maße wieder wirtschaftliche Privatinitiative zuließ, aber noch weit vom **Wirtschaftsliberalismus** westlichen Zuschnitts entfernt war.

Nach dem Ende der revolutionären Unruhen in Mittel- und Westeuropa wurde aber auch deutlich, dass die Oktoberrevolution keine Weltrevolution auslösen würde. Stalin gab daher die Devise vom „Aufbau des Sozialismus in einem Land" aus. Voraussetzung dafür war die Industrialisierung des rückständigen Landes. Aus diesem Grund beendete Stalin 1927/28 die eingeführte „Neue Ökonomische Politik". Unter dem Vorzeichen einer **Wirtschaftslenkung** begann ein gewaltiges industrielles Aufbauprogramm, für das die staatlichen Behörden Fünfjahrespläne aufstellten. Die Wirtschaftspolitik konzentrierte sich zunächst auf den Ausbau der Schwerindustrie. Es entstanden riesige Stahlkombinate, Erz- und Kohlebergwerke, Staudämme, Eisenbahnen und Kraftwerke, die als Symbole des sozialistischen Aufbaus galten. In Sibirien und in der Ukraine wuchsen ganze Industrereviere aus dem Boden, während ein Heer von Zwangsarbeitern die Erzlagerstätten erschloss. Erkauft wurde dieser Erfolg durch brutale Ausbeutung und Disziplinierung der Arbeitskräfte.

Die Kollektivierung der Landwirtschaft

Zur Absicherung der Industrialisierung entschied sich Stalin, die Kollektivierung der Landwirtschaft durchzusetzen. Die Regierung enteignete die Bauern und schloss ihren Grundbesitz zu Kolchosen zusammen, die gemeinschaftlich (kollektiv) bewirtschaftet wurden. Auf diese Weise wurden etwa fünf bis sechs Millionen Groß- und Mittelbauern – die „Kulaken" – enteignet. Stalin bezeichnete sie abfällig als „konterrevolutionäre Klasse" und ließ sie gnadenlos verfolgen. Viele von ihnen mussten ihre Dörfer verlassen, um in entlegenen Gebieten des Landes neu angesiedelt zu werden. Man schätzt, dass dabei etwa 600000 Menschen ums Leben kamen.

Die Folge der brutalen Zwangskollektivierung war eine Hungerkatastrophe, der in den Wintern 1931 bis 1933 Millionen Menschen zum Opfer fielen. Stalin

M 2 **Plakat zur Kollektivierung der Landwirtschaft**

Die Aufschrift lautet: „Bäuerin, kollektiviere das Dorf, tritt ein in die Reihen der roten Traktorfahrerinnen!", 1930.

aber hatte sein Ziel erreicht: 1937 befanden sich über 90 Prozent der landwirtschaftlichen Nutzfläche in Kollektivbesitz. In den Kollektiven lebten die Bauern als Landarbeiter mit geringer Entlohnung. Die Regierung leitete alle verfügbaren landwirtschaftlichen Produkte in die neuen, ständig wachsenden Industriereviere. So bildeten die Bauern mit ihrer Arbeit das Fundament für den Aufbau der Industrie.

Die stalinistische Gewaltherrschaft

Ein wichtiges Merkmal des Stalinismus war die Verfolgung vermeintlicher Gegner, die sich zunächst gegen führende Parteifunktionäre richtete, die Lenin treu ergeben gewesen waren. In den Dreißigerjahren steigerte der misstrauische Stalin diese „Säuberungen" im **totalitären Staat** zu einem Massenterror ungeahnten Ausmaßes. Durch den Terror wurde vor allem das sowjetische Offizierskorps seiner kriegserfahrenen Offiziere beraubt. Die Angeklagten wurden zu falschen Geständnissen gezwungen und meist zu langjähriger Zwangsarbeit verurteilt oder hingerichtet. Die Lubjanka, das Hauptquartier des sowjetischen Geheimdienstes in Moskau, wurde zum Ort unvorstellbaren Leiden. Bald war das Land von einem Netz von Straflagern überzogen, deren Insassen in Bergwerken oder beim Bau von Kanälen, Straßen und Eisenbahnen unter unmenschlichen Bedingungen arbeiten mussten. Man schätzt, dass dem Massenterror Stalins zwischen 1925 und 1953 etwa 20 Millionen Menschen zum Opfer fielen. Stalin lieferte selbst deutsche Kommunisten, die vor dem nationalsozialistischen Terror Schutz in der Sowjetunion gesucht hatten, an das faschistische Deutschland aus.

M 3 Straf- und Arbeitslager in der Sowjetunion um 1932
Das Foto zeigt Strafgefangene, die beim Bau eines Kanals eingesetzt werden.

„Aufbau des Sozialismus" – Propaganda und Kritik

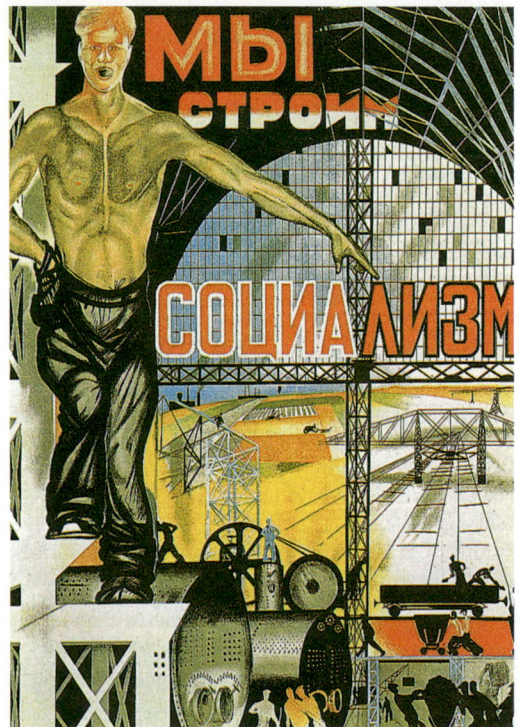

M 4   **Plakat zur Kollektivierung der Landwirtschaft**
„Wir bauen den Sozialismus",
Propagandaplakat von Jurij Pimenow, 1927

M 5   **„Arbeiter und Kolchosbäuerin"**
Das Standbild wurde von Vera Muchina für den Pavillon der UdSSR auf der Weltausstellung 1937 in Paris geschaffen und steht heute in Moskau.

M 6   **Erfolge der sozialistischen Wirtschaft**

Aus Stalins Rechenschaftsbericht vor dem XVII. Parteitag der Kommunistischen Partei (1934):

Die Sowjetunion hat sich in dieser Periode von Grund aus umgestaltet und das Gepräge der Rückständigkeit und des Mittelalters abgestreift. Aus einem Agrarland ist sie zu einem Industrieland geworden. Aus einem Lande der klein-
5 bäuerlichen Einzelwirtschaft ist sie zu einem Lande des kollektiven mechanisierten landwirtschaftlichen Großbetriebs geworden. Aus einem unwissenden, analphabetischen und kulturlosen Land wurde sie – genauer gesagt, wird sie – zu einem gebildeten, kulturell hochstehenden
10 Land, das von einem gewaltigen Netz von Hoch-, Mittel- und Elementarschulen bedeckt ist. [...]
Es wurden neue Industriezweige geschaffen: der Werkzeugmaschinenbau, die Automobilindustrie, die Traktorenindustrie, die chemische Industrie, der Motorenbau,
15 der Flugzeugbau, die Produktion von Mähdreschmaschi-

nen, von Hochleistungsturbinen und Generatoren, von Qualitätsstahlsorten, Eisenlegierungen, synthetischem Kautschuk, Stickstoff, Kunstfasern usw. In dieser Periode wurden Tausende neuer, modernster Industriewerke errichtet und in Betrieb gesetzt. [...]   20
In fast menschenleeren Gebieten sind neue große Städte mit einer großen Bevölkerungszahl emporgewachsen. Die alten Städte und Industrieorte haben sich kolossal erweitert. [...]
Dem Wesen der Sache nach war die Berichtsperiode für   25
die Landwirtschaft nicht so sehr eine Periode des raschen Aufschwungs und mächtigen Anlaufs, als vielmehr eine Periode, in der die Voraussetzungen für einen solchen Aufschwung und einen solchen Anlauf in der Zukunft geschaffen wurden.   30

Zit. nach: Geschichte in Quellen, Bd. 5, Weltkriege und Revolutionen 1914–1945, München 1975, S. 143.

M 7 Zwangskollektivierung

Der russische Schriftsteller Lew Kopelew (1912–1997) saß unter Stalin von 1945 bis 1955 in Haft. In seinen Erinnerungen berichtet er über die Kollektivierungen, an denen er in den Dreißigerjahren als junger Offizier teilnahm:

Ich sah, was durchgängige Kollektivierung bedeutete – wie sie „entkulakisierten", wie sie im Winter 1932/33 den Bauern erbarmungslos alles nahmen. Ich nahm selbst daran teil, durchstreifte die Dörfer auf der Suche nach verstecktem Getreide, stocherte mit einem Stock in der Erde herum,
5 um es zu finden. Gemeinsam mit anderen leerte ich die Vorratskisten alter Leute und verstopfte mir die Ohren, um das Geschrei der Kinder nicht anhören zu müssen. […]
Im schrecklichen Frühjahr 1933 sah ich, wie Menschen
10 Hungers starben. […]
Ich sah all das und verlor doch nicht den Verstand. Ich verfluchte auch diejenigen nicht, die mich ausgesandt hatten, um den Bauern im Winter oder im Frühjahr das Getreide wegzunehmen und die zum Skelett abgemagerten Men-
15 schen, die sich kaum auf den Beinen halten konnten, zu überzeugen, auf die Felder zu gehen und den Anbauplan der Bolschewiki nach Art von Stoßbrigaden zu erfüllen. Ich verlor auch meinen Glauben nicht. Wie bisher glaubte ich, weil ich glauben wollte.

Lew Kopelew, Und schuf mir einen Götzen. Lehrjahre eines Kommunisten, Göttingen 1996, S. 232.

M 8 „Archipel Gulag"

Der russische Schriftsteller Alexander Solschenizyn (1918–2008) thematisierte das Schicksal russischer Zwangsarbeiter in einem Roman, den er nach der Lagerhauptverwaltung GULAG „Archipel Gulag" nannte. Solschenizyn war von 1945–1953 selbst in ein stalinistisches Arbeitslager verbannt:

Die traditionelle Verhaftung – das heißt […]: mit zitternden Händen zusammensuchen, was der Verhaftete dort brauchen könnte, Wäsche zum Wechseln, ein Stück Seife und was an Essen da ist […]. Für die aber, die nach der Verhaftung zurückbleiben, beginnen nun Monate eines zerrütte- 5
ten, verwüsteten Lebens. Die Versuche, mit Paketen durchzukommen. Und überall nur bellende Antworten: „Den gibt es hier nicht" […].
Und erst nach Monaten oder einem Jahr lässt der Verhaftete selbst von sich hören oder es wird einem das „Ohne 10
Recht auf Briefwechsel" an den Kopf geworfen […]. Das steht fast sicher für: erschossen […].
Geprügelt wird mit Gummiknüppeln, geprügelt wird mit Teppichklopfern, geprügelt wird mit Sandsäcken. Arg ist der Schmerz, wenn sie auf Knochen schlagen, zum Beispiel 15
mit Stiefeln gegen das Schienbein, wo über dem Knochen nur Haut ist. Der Brigadekommandeur Karpunitsch-Brawen wurde 21 Tage hintereinander geprügelt.

Alexander Solschenizyn, Der Archipel Gulag, Bern/München 1974, S. 17, S. 212

Aufgaben

1. „Aufbau des Sozialismus" – Propaganda

a) Skizziere Stalins Methoden der Machterhaltung.
b) Erläutere das Programm der Kollektivierung und schildere Durchführung und Ergebnisse.
c) Fasse Stalins Ausführungen über seine Wirtschaftspolitik zusammen und arbeite seine Bewertung heraus.
d) Vergleiche die Darstellung Stalins mit dem Bericht des Schriftstellers Lew Kopelew.
e) Beurteile die Wirtschaftspolitik Stalins.

Text, M4 – M7

2. „Archipel Gulag"

a) Informiere dich über den russischen Schriftsteller Alexander Solschenizyn (1918 – 2008).
b) Erläutere das Thema, über das Solschenizyn in dem abgedruckten Auszug schreibt.
c) Das Buch „Der Archipel Gulag" konnte in der Sowjetunion nur im Geheimen gelesen werden. Prüfe mögliche Gründe und nimm dazu Stellung.

Text, M8, Internet

Fragebogen zum Thema: Der Erste Weltkrieg – Beginn eines Dreißigjährigen Krieges?

Hinweis: Die folgende Tabelle dient der Selbsteinschätzung deiner erworbenen Kenntnisse und Fähigkeiten. Die Auflistung erhebt nicht den Anspruch, vollstän-

Ich kann ...	Ich bin sicher. ☺	Ich bin ziemlich sicher. 😐	Ich bin noch unsicher. ☹	Ich habe große Lücken. ☹
... die Mächtegruppierungen vor dem Ersten Weltkrieg erläutern.				
... die Ursachen für die Bezeichnung des Ersten Weltkriegs als „Urkatastrophe des 20. Jahrhunderts" benennen.				
... die Ereignisse der Julikrise erläutern.				
... den Begriff „Burgfrieden" erklären.				
... den Inhalt des Schlieffenplans erläutern.				
... die Auswirkungen des Stellungskrieges auf die Soldaten erläutern.				
... den Begriff „Heimatfront" erläutern.				
... die Ursachen für die Bezeichnung des Jahres 1917 als Wendejahr des Krieges erläutern.				
... die neue Dimension der Kriegsführung im Ersten Weltkrieg erklären.				
... die Bedeutung der Oktoberrevolution von 1917 beurteilen.				
... wesentliche Merkmale des Stalinismus erläutern.				
...				
...				

Bitte beachte: Kopiere die Seiten, bevor du mit ihnen arbeitest.

dig zu sein. Es handelt sich um eine Auswahl, die ggf. erweitert werden kann. In der rechten Spalte findest du Hinweise, wie du eventuell vorhandene Lücken oder auch Unsicherheiten beseitigen kannst.

→ **Bitte kopiere die Seiten, bevor du mit ihnen arbeitest.**

Auf diesen Seiten kannst du in HORIZONTE nachlesen	Empfehlungen zur Übung, Wiederholung und Festigung
34 – 34	Erkläre die Herausbildung der Entente und des Dreibundes.
60 – 63	Erläutere drei Ereignisse im 20. Jahrhundert, die ursächlich als Ergebnisse des Ersten Weltkrieges zu betrachten sind.
60 – 61	Finde Argumente für folgende Behauptung: „Die Julikrise machte den Krieg unausweichlich."
64 – 65	Erkläre folgenden Ausspruch Wilhelms II. zu Beginn des Ersten Weltkriegs: „Ich kenne keine Parteien mehr, ich kenne nur noch Deutsche."
64 – 65	Nimm Stellung zu folgender Behauptung: „Die Umsetzung des Schlieffenplans war das erste Kriegsverbrechen der Deutschen im Ersten Weltkrieg."
64 – 66	Informiere dich über die Schlacht von Verdun im Jahre 1916 und verfasse eine kurze Darstellung dazu.
68 – 71	Halte einen Kurzvortrag zum Thema: „Die Auswirkungen des Krieges auf die Zivilbevölkerung in Deutschland."
72 – 73	Erkläre den Satz: „Mit dem Eintritt der USA in den Ersten Weltkrieg war für die Mittelmächte der Krieg endgültig verloren."
64 – 67	Erstelle eine Schaubild zur Thematik: „Die neue Qualität der Kriegsführung im Ersten Weltkrieg."
74 – 79	„Die Oktoberrevolution von 1917 war für das 20. Jahrhundert ein zentrales Ereignis." Nimm zu dieser Aussage Stellung.
80 – 83	Fertige eine grafische Darstellung zum Thema: „Merkmale des Stalinismus" an.

Die Deutsche Revolution

Ein historischer Tag

Am 9. November 1918 überschlugen sich in der Reichshauptstadt Berlin die Ereignisse: Am Vormittag legte ein Generalstreik das gesamte Wirtschaftsleben lahm. Um 12 Uhr gab Reichskanzler Max von Baden eigenmächtig die Abdankung Wilhelms II. und den Thronverzicht des Kronprinzen bekannt. Zugleich übertrug er sein Amt an Friedrich Ebert, den Vorsitzenden der MSPD. Während des Krieges hatte sich die SPD gespalten. Ein Teil hatte sich als „Unabhängige Sozialdemokratische Partei Deutschlands" selbstständig gemacht und sich von den „Mehrheitssozialdemokraten" (MSPD) getrennt. Damit übernahm zum ersten Mal ein Sozialdemokrat das höchste Regierungsamt. Ohne Ebert zu informieren, rief sein Parteifreund, Philipp Scheidemann, gegen 14 Uhr die „Deutsche Republik" aus und kam damit der Ausrufung einer Sowjetrepublik nach russischem Vorbild zuvor. Zwei Stunden später proklamierte Karl Liebknecht die „Sozialistische Republik" und forderte die „Weltrevolution". Am Abend des 9. November einigten sich schließlich die MSPD und die USPD darauf, eine provisorische Regierung zu bilden. Diese trug den Namen „Rat der Volksbeauftragten" und sollte bis zur Wahl einer Nationalversammlung die politische Verantwortung in Deutschland übernehmen. Das deutsche Kaiserreich hatte damit aufgehört zu bestehen.

Ursachen der Revolution

Nachdem das kommunistische Russland Anfang 1918 im Frieden von Brest-Litowsk riesige Gebiete hatte abtreten müssen, versuchten die deutschen Armeen mit einer groß angelegten Frühjahrsoffensive, die militärische Entscheidung auch im Westen zu erzwingen. Im Laufe des Sommers zeichnete sich jedoch ab, dass

M 1   **Novemberrevolution**

Soldaten am 9. November 1918 am Brandenburger Tor in Berlin, nachträglich kolorierte Fotografie

M 2   **Extra-Ausgabe**

„Vorwärts" (Ausschnitt), 9. November 1918

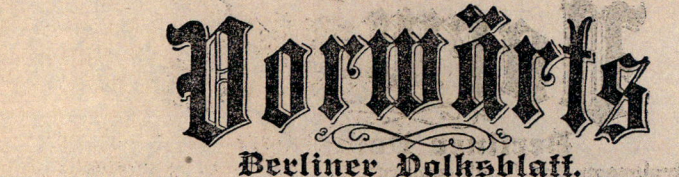

Vorwärts

Berliner Volksblatt.

Zentralorgan der sozialdemokratischen Partei Deutschlands.

Der Kaiser hat abgedankt!

Der Reichskanzler hat folgenden Erlaß herausgegeben:

Seine Majestät der Kaiser und König haben sich entschlossen, dem Throne zu entsagen.

Der Reichskanzler bleibt noch so lange im Amte, bis die mit der Abdankung Seiner Majestät, dem Thronverzichte Seiner Kaiserlichen und Königlichen Hoheit des Kronprinzen des Deutschen Reichs und von Preußen und der Einsetzung der Regentschaft verbundenen Fragen geregelt sind. Er beabsichtigt, dem Regenten die Ernennung des Abgeordneten Ebert zum Reichskanzler und die Vorlage eines Gesetzentwurfs wegen der Ausschreibung allgemeiner Wahlen für eine verfassunggebende deutsche Nationalversammlung vorzuschlagen, der es obliegen würde, die künftige Staatsform des deutschen Volk, einschließlich der Volksteile, die ihren Eintritt in die Reichsgrenzen wünschen sollten, endgültig festzustellen.

Berlin, den 9. November 1918. **Der Reichskanzler.**

Prinz Max von Baden

diese Aktion erfolglos verlief. Zudem forderten die USA die Demokratisierung Deutschlands: Die konstitutionelle Monarchie, in der zwar eine Verfassung existierte, sollte in eine parlamentarische umgewandelt werden. Die Regierung sollte künftig vom Vertrauen des Reichstages und nicht mehr nur vom Kaiser abhängig sein. Doch diese sogenannte Oktoberreform kam zu spät: Als Ende Oktober 1918 der Befehl gegeben wurde, dass die Kriegsflotte auslaufen sollte, kam es zu Meutereien auf Schiffen der vor Wilhelmshaven ankernden Hochseeflotte, die Anfang November auf die Kieler Werften und Rüstungsbetriebe übergriffen und sich schnell in ganz Deutschland ausbreiteten.

Die Räte übernehmen die Macht

Aufständische Soldaten und Arbeiter wählten Vertreter, die ihre Interessen wahrnehmen sollten. In diesen Soldaten- und Arbeiterräten arbeiteten meistens Mitglieder der MSPD und der USPD. Die Rätebewegung breitete sich in den ersten Novembertagen in ganz Deutschland aus. Neben der Rätebewegung agierte der am 9. November eingerichtete Rat der Volksbeauftragten. Nur die beiden sozialistischen Parteien und gewählte Arbeiter- und Soldatenräte bestimmten das politische Geschehen. Die bürgerlichen Parteien, Zentrum und Liberale, waren von den Entscheidungen ausgeschlossen. Allerdings hatte General Groener Friedrich Ebert zugesagt, dass sich die Armee, um sich gegenüber den Soldatenräten zu behaupten, der neuen sozialdemokratischen Regierung unterstellen werde. Diese Vereinbarung wird auch als Ebert-Groener-Pakt bezeichnet.

Räteherrschaft oder parlamentarische Demokratie?

Wie die politische Ordnung Deutschlands aussehen sollte, war unter den Revolutionären umstritten. Die Spartakisten um Karl Liebknecht und Teile der USPD forderten eine Herrschaft der Räte, die direkt vom Volk gewählt, aber auch abgewählt werden konnten. Sie sollten gesetzgeberische, ausführende und richterliche Befugnisse haben. Diese Gruppe lehnte eine Gewaltenteilung ab. Die MSPD strebte eine Volksvertretung mit gewählten Abgeordneten an, die jedoch nicht an die Vorgaben ihrer Partei gebunden sein sollten. Ihr Ziel war die Errichtung eines Staatswesens nach den Prinzipien der Gewaltenteilung. Ungeachtet dieser Auseinandersetzungen fielen aber schon in den ersten Tagen der Revolution Entscheidungen, die eine Ausweitung der Revolution verhindern sollten. Dazu gehörte auch, dass die Unternehmer und Gewerkschaften sich darauf verständigten, Industriebetriebe nicht zu enteignen.

Im Dezember trat in Berlin ein gesamtdeutscher Rätekongress zusammen, der sich mit überwältigender Mehrheit für die parlamentarische **Demokratie** entschied. In der neu gegründeten KPD, der Kommunistischen Partei Deutschlands, sammelten sich diejenigen, die weiterhin am Ziel einer Räterepublik festhielten und durch eine gewaltsame Revolution die bestehenden Verhältnisse beseitigen wollten. Sie versuchten mit dem sogenannten Spartakus-Aufstand, die für Januar 1919 geplanten Wahlen zu verhindern. Die Regierung setzte zur Niederschlagung Freikorps ein, die sich aus entlassenen Soldaten zusammensetzten und die der Revolution ablehnend gegenüberstanden. Die verhafteten KPD-Führer Rosa Luxemburg und Karl Liebknecht wurden dabei ermordet. Als am 19. Januar 1919 die Wahl zur verfassungsgebenden Nationalversammlung stattfand, war die Revolution beendet, die am 9. November 1918 begonnen hatte. Nun ging es darum, eine neue politische Ordnung zu schaffen.

M 3 **Friedrich Ebert** (1871–1925)

M 4 **Rosa Luxemburg** (1871–1919)

M 5 **Karl Liebknecht** (1871–1919)

Die Republik wird ausgerufen – Arbeiten mit Textquellen

M 6   Philipp Scheidemann (1865 – 1939)
Foto, Oktober 1918

M 7   Die „Deutsche Republik"

Philipp Scheidemann rief am 9. November gegen 14 Uhr die „Deutsche Republik" aus. Der folgende Text wurde von Philipp Scheidemann für seine 1928 erschienenen Memoiren nachträglich angefertigt:

Arbeiter und Soldaten!
Furchtbar waren die vier Kriegsjahre, grauenhaft waren die Opfer, die das Volk an Gut und Blut hat bringen müssen. Der unglückselige Krieg ist zu Ende. Das Morden ist vorbei.
5 Die Folgen des Krieges, Not und Elend, werden noch viele Jahre lang auf uns lasten. Die Niederlage, die wir unter allen Umständen verhüten wollten, ist uns nicht erspart geblieben, weil unsere Verständigungsvorschläge sabotiert wurden, wir selbst wurden verhöhnt und verleumdet. Die
10 Feinde des werktätigen Volkes, die wirklichen „inneren Feinde", die Deutschlands Zusammenbruch verschuldet haben, sind still und unsichtbar geworden. Das waren die Daheimkrieger, die ihre Eroberungsforderungen bis zum gestrigen Tage ebenso aufrechterhielten, wie sie den ver-
15 bissensten Kampf gegen jede Reform der Verfassung und besonders des schändlichen preußischen Wahlsystems geführt haben. Diese Volksfeinde sind hoffentlich für immer erledigt.

Der Kaiser hat abgedankt. Er und seine Freunde sind verschwunden. Über sie alle hat das Volk auf der ganzen Linie [20] gesiegt! Der Prinz Max von Baden hat sein Reichskanzleramt dem Abgeordneten Ebert übergeben. Unser Freund wird eine Arbeiterregierung bilden, der alle sozialistischen Parteien angehören werden. Die neue Regierung darf nicht gestört werden in ihrer Arbeit für den Frieden, in der Sorge [25] um Brot und Arbeit. Arbeiter und Soldaten! Seid euch der geschichtlichen Bedeutung dieses Tages bewusst. Unerhörtes ist geschehen. Große und unübersehbare Arbeit steht uns bevor.
Alles für das Volk, alles durch das Volk! Nichts darf geschehen, was der Arbeiterbewegung zur Unehre gereicht. Seid [30] einig, treu und pflichtbewusst! Das Alte und Morsche, die Monarchie ist zusammengebrochen. Es lebe das Neue! Es lebe die Deutsche Republik!

Geschichte in Quellen, hrsg. von W. Lautemann und M. Schlenke, Band 5, 2. Aufl., München 1975, S. 114.

M 8   „Die freie sozialistische Republik"

Karl Liebknecht proklamierte am 9. November 1918 gegen 16 Uhr auf einer Massenversammlung vor dem Berliner Stadtschloss die „Sozialistische Republik":

Der Tag der Revolution ist gekommen. Wir haben den Frieden erzwungen. Der Friede ist in diesem Augenblick geschlossen. Das Alte ist nicht mehr. Die Herrschaft der Hohenzollern, die in diesem Schloss jahrhundertelang gewohnt haben, ist vorüber […]. [5]
Parteigenossen, ich proklamiere die freie sozialistische Republik Deutschland, die alle Stämme umfassen soll, in der es keine Knechte mehr geben wird, in der jeder ehrliche Arbeiter den ehrlichen Lohn seiner Arbeit finden wird. Die Herrschaft des Kapitalismus, der Europa in ein Leichenfeld [10] verwandelt hat, ist gebrochen […].
Wir müssen alle Kräfte anspannen, um die Regierung der Arbeiter und Soldaten aufzubauen und eine neue staatliche Ordnung des Proletariats zu schaffen, eine Ordnung des Friedens, des Glücks und der Freiheit unserer deut- [15] schen Brüder und unserer Brüder in der ganzen Welt. Wir reichen ihnen die Hände und rufen sie zur Vollendung der Weltrevolution auf.

Geschichte in Quellen, hrsg. von W. Lautemann und M. Schlenke, Weltkriege und Revolutionen 1914–1945, München 1975, S. 115.

Die Leistungen der Übergangsregierung – Darstellungen auswerten

M 9 Bewertungen

a) Wenige Fragen der Weimarer Republik werden bis heute so kontrovers diskutiert wie die Einschätzung des Werks der provisorischen Regierung unter Friedrich Ebert. Der Historiker Peter Longerich schreibt (1995):

In ihrer kurzen Amtszeit hat die Regierung der Volksbeauftragten unverkennbare Leistungen vollbracht: friedliche Überleitung der Macht auf allen Ebenen, Zurückführung der Truppen und Einleitung der Demobilmachung, wichtige
5 sozialpolitische Maßnahmen, Abschluss des Waffenstillstandes, Erhalt der Reichseinheit, Sicherung der Ernährung und Versorgung der Bevölkerung, Vorbereitung der Verfassung und anderes mehr. Dem stehen aber große Versäumnisse und nicht ausgeschöpfte Handlungsspiel-
10 räume gegenüber: Die Mehrheitssozialdemokraten hatten sich nicht entschließen können, die Machtposition, in die sie durch die Revolution gelangt waren, auszunutzen, um durch einige grundlegende Reformen die Macht derjenigen konservativen Eliten in Landwirtschaft, Schwerindustrie,
15 Militär und Staatsapparat zu beschränken, die aus dem Kaiserreich in die neue Zeit hineinragten und der Entfaltung einer parlamentarischen Demokratie in Deutschland entgegenstanden. [...]
Die halbherzige Politik der Sozialdemokraten hat [...] zu
20 erheblichen Belastungen beigetragen, deren Auswirkungen sich in den folgenden Jahren ganz konkret aufzeigen lassen.

Peter Longerich, Deutschland 1918 – 1933. Die Weimarer Republik, Hannover 1995, S. 81f.

b) Der Historiker Walter Mühlhausen schreibt (2006):

Der Blick auf das, was nicht geschaffen wurde, hat den Blick auf das, was erreicht und was verhindert wurde, manchmal verstellt. Es gab nicht nur verpasste Chancen, sondern auch verhinderte Katastrophen. Es war Verdienst (und Leistung) Eberts und der Mehrheitssozialdemokratie,
5 dass sich angesichts der Rahmenbedingungen und einer Überlast an Problemen überhaupt schon nach so kurzer Zeit eine parlamentarische Demokratie etabliert hatte. [...] Die parlamentarische Demokratie zu ergänzen, zu erweitern, abzusichern und auszuformen, war nicht Aufgabe der
10 Revolutionsregierung, sondern der Verfassunggebenden Nationalversammlung. Das Volk, der höchste Souverän im demokratisch verfassten Staat, hatte [bei der Wahl] gesprochen. Die von ihm gewählten Vertreter hatten nun über den weiteren Werdegang zu entscheiden; das war grundle-
15 gendes demokratisches Prinzip, das stets Leitlinie Eberts in der Revolutionszeit gewesen war.

Walter Mühlhausen, Friedrich Ebert 1871 – 1925. Reichspräsident der Weimarer Republik, Bonn 2006, S. 163 f.

Aufgaben

1. **Die Novemberrevolution**
   a) Stelle die Ursachen für die Novemberrevolution in Deutschland zusammen. Verwende dabei die Kategorien politisch, ökonomisch, sozial und militärisch.
   b) Stelle die grundsätzlichen Unterschiede zwischen Rätesystem und parlamentarischer Demokratie in einem Schaubild dar. Diskutiere die Vor- und Nachteile der beiden Modelle.
   c) Fasse die wichtigsten Aussagen der Reden von Scheidemann und Liebknecht zusammen und stelle sie einander gegenüber.
   d) Erläutere die Rolle, die Friedrich Ebert im Verlauf der Revolution spielte.
   e) Informiere dich über die heutige Würdigung wichtiger Personen der Revolution von 1918 (Friedrich Ebert, Philipp Scheidemann, Karl Liebknecht, Rosa Luxemburg) und beurteile diese Würdigung.
   ↷ Text, M3 – M8, Lexikon oder Internet
2. **Die Leistungen der Übergangsregierung**
   a) Erläutere die wichtigsten Ergebnisse der Revolution und vergleiche sie mit den Ausführungen der beiden Historiker.
   b) Verfasse eine Darstellung zum Thema: „Die provisorische Regierung unter Friedrich Ebert".
   ↷ Text, M9

Die Gründung der Weimarer Republik

Der Name „Weimarer Republik"

Warum hieß der neue Staat „Weimarer" und nicht „Berliner Republik"? Nach der Wahl zur Nationalversammlung traten die Mitglieder des neuen Parlaments in Weimar zusammen, um eine Verfassung für den neuen Staat auszuarbeiten. Die Aufstände in der Hauptstadt hatten sie bewogen, das unruhige Berlin zu verlassen und sich in die durch Goethe und Schiller berühmt gewordene thüringische Kleinstadt zu begeben. In Weimar wählten die Abgeordneten Friedrich Ebert zum ersten Reichspräsidenten, sein Parteifreund Philipp Scheidemann wurde Reichskanzler, und die Reichsregierung bestand aus einer bürgerlich-sozialdemokratischen Koalition. SPD, Zentrum und Linksliberale bildeten die „Weimarer Koalition", die auf dem Boden der parlamentarischen Demokratie und der republikanischen Staatsform stand.

Die Weimarer Reichsverfassung

Die provisorische Regierung Scheidemann wollte den verfassungslosen Zustand schnell überwinden und dem unruhigen Land eine Konstitution geben, in der sich auch die Errungenschaften der Revolution niederschlagen sollten. Am Ende ausführlicher und leidenschaftlicher Diskussionen in der Nationalversammlung von Weimar verabschiedeten die Abgeordneten im Sommer 1919 die Weimarer Verfassung, die Reichspräsident Ebert am 11. August unterzeichnete.

Diese war zum einen durch die starke Stellung des Reichspräsidenten gekennzeichnet, den das Volk direkt wählte und der in Krisenzeiten besondere Vollmachten erhielt. Aufgrund seiner Machtfülle wurde er als „Ersatzkaiser" bezeichnet.

Zum anderen gewann der Reichstag im Vergleich zum Kaiserreich an Macht, da die Regierung nun vom Parlament abhängig war. Zum ersten Mal in der deutschen Parlamentsgeschichte konnten auch Frauen wählen und gewählt werden. Da auch die kleinsten Parteien gemäß ihrem Stimmenanteil im Parlament vertreten waren,

M 1 Die Weimarer Verfassung

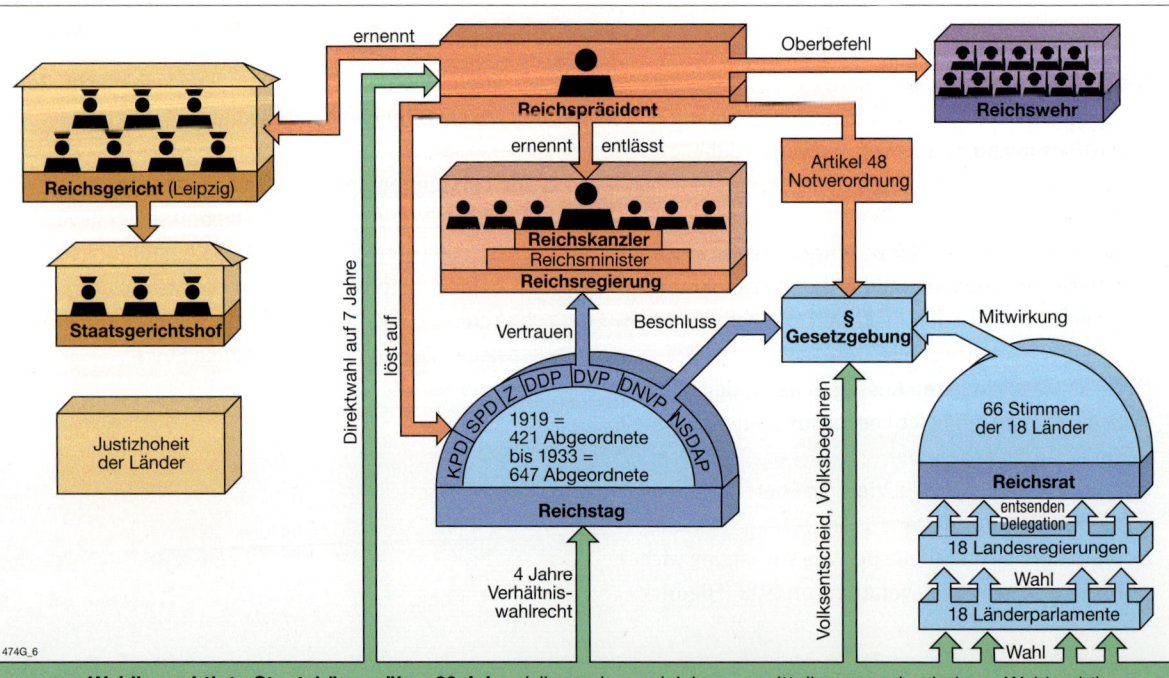

gestaltete sich die Regierungsbildung oft sehr schwierig. Schließlich hatten die Bürger die Möglichkeit, durch Volksentscheide (Plebiszite) direkten Einfluss auf die Politik auszuüben. Da die Weimarer Verfassung nur die politische Entscheidungsfindung regeln wollte und keine Vorkehrungen gegen Feinde der Demokratie vorsah, wird die Weimarer Reichsverfassung auch als „wertneutral" bezeichnet.

Parteien und Wahlen in der Weimarer Republik

Die Republik von Weimar war ein Parteienstaat. Zum ersten Mal in der deutschen Geschichte hatten die Parteien Einfluss auf die Regierungsbildung und die Besetzung wichtiger Ämter. Während sie im Kaiserreich im „Vorhof der Macht" blieben, gelangten sie in der Republik an die „Schaltstellen des Staates". Das Parteiensystem des Kaiserreiches blieb trotz der Revolution im Wesentlichen erhalten. Auch die weltanschauliche Gebundenheit der Parteien lebte weiter. Die Konservativen sammelten sich vor allem in der Deutschnationalen Volkspartei (DNVP), die Liberalen in der Deutschen Demokratischen Partei (DDP) und der Deutschen Volkspartei (DVP), die Katholiken im Zentrum (Z) beziehungsweise in Bayern in der Bayerischen Volkspartei (BVP) und die Sozialdemokraten in der SPD und der USPD. Hinzu kamen die KPD und zahlreiche kleinere Splitterparteien.

Bei der ersten Wahl Anfang 1919 entschied sich die große Mehrheit für die sogenannte Weimarer Koalition (SPD, Zentrum, DDP). Allerdings war dieses Regierungsbündnis nicht von langer Dauer, sodass Parteien, die der Republik distanziert, ablehnend oder sogar feindlich gegenüberstanden, in der Folgezeit immer wieder mitregierten. Dies trug nicht zur Stabilität des jungen Staates bei. Nach der Verfassungsgebung kehrte der Reichstag wieder nach Berlin zurück. Auch wenn die Hauptstadt nun das politische Zentrum war, blieb der Name „Weimarer Republik" erhalten.

M 2　Abgeordnete

Bei den Wahlen zur Nationalversammlung 1919 hatten Frauen zum ersten Mal aktives und passives Wahlrecht, Fotografie, 1919.

Die Weimarer Republik im Überblick

Die Weimarer Republik entstand nach dem Ersten Weltkrieg und endete mit der Errichtung der nationalsozialistischen Herrschaft unter Hitler 1933. In diesen 14 Jahren gab es schwere innen- und außenpolitische Krisen, aber auch Zeiten einer gewissen Stabilität. Die Jahre ihres Bestehens werden oft in drei Phasen eingeteilt:

- Die schwierigen Anfänge der Jahre 1918 bis 1923, in denen es immer wieder durch revolutionäre Aktionen, Putschversuche, Attentate, den Streit um den Versailler Vetrag und die Inflation von 1923 zu schweren Krisen kam.
- Die so genannten „Goldenen zwanziger Jahre" von 1924 bis 1929, die durch relativ stabile Verhältnisse gekennzeichnet waren. Man hat diese Jahre später als die „Goldenen Zwanziger" bezeichnet, in denen Deutschland auf dem Gebiet der Wissenschaft und Kultur eine herausragende Stellung erlangte. Das trifft für einige Bereiche zu, denn die Wirtschaft wuchs kräftig und die Zahl der Arbeitslosen sank. Zudem spielten die radikalen Parteien des linken und rechten Spektrums im öffentlichen Leben noch keine große Rolle. Außenpolitisch konnte sich Deutschland aus seiner Isolierung befreien, in die es durch den Ersten Weltkrieg geraten war, und in den Kreis der Großmächte zurückkehren.
- Und schließlich die Auflösungsphase von 1930 bis 1933: Die Weltwirtschaftskrise, die Ende 1929 auch Deutschland erfasste, markiert die letzte Phase der Weimarer Republik. Es kam zu einer tief greifenden Staatskrise, die wesentlich zu ihrem Untergang beitrug.

Parteiprogramme – Informationsentnahme aus Textquellen

M 3   KPD/Spartakusbund

Aufruf des Spartakusbundes vom 14.12.1918:

Der Kampf um den Sozialismus ist der gewaltigste Bürgerkrieg, den die Weltgeschichte gesehen, und die proletarische Revolution muss sich für diesen Bürgerkrieg das nötige Rüstzeug bereiten, sie muss lernen, es zu gebrauchen
5 zu Kämpfen und Siegen. Eine solche Ausrüstung der kompakten arbeitenden Volksmasse mit der ganzen politischen Macht für die Aufgaben der Revolution, das ist die Diktatur des Proletariats und deshalb die wahre Demokratie.

Wolfgang Treue, Deutsche Parteiprogramme, Göttingen 1954, S. 99.

M 4   Deutsche Volkspartei

Aus den Grundsätzen der DVP vom 19.10.1919:

Die Deutsche Volkspartei wird den Wiederaufbau des Reiches mit allen Mitteln fördern. Daher wird sie im Rahmen ihrer politischen Grundsätze innerhalb der jetzigen Staatsform mitarbeiten. [...]
5 Die Deutsche Volkspartei erblickt in dem durch freien Entschluss des Volkes auf gesetzmäßigem Wege aufzurichtenden Kaisertum, dem Sinnbild deutscher Einheit, die für unser Volk nach Geschichte und Wesensart geeignetste Staatsform.
10 Verantwortliche Mitarbeit der Volksvertretung an der Regierung, ohne Ausbeutung der jeweiligen Parteimacht, gilt uns als wesentliche Grundlage jeder Verfassung.

Wolfgang Treue, Deutsche Parteiprogramme, Göttingen 1954, S. 128.

M 5   Deutsche Demokratische Partei

Aus dem Programm der DDP vom 15.12.1919:

Die DDP steht auf dem Boden der Weimarer Verfassung; zu ihrem Schutz und zu ihrer Durchführung ist sie berufen. [...] Die deutsche Republik muss ein Volksstaat sein und unverbrüchlich zugleich ein Rechtsstaat. Wir erstreben die Einheit des Reiches, aber unter Berücksichtigung und Erhaltung der Eigenart der deutschen Stämme.
5

Wolfgang Treue, Deutsche Parteiprogramme, Göttingen 1954, S. 136.

M 6   Deutschnationale Volkspartei

Aus den Grundsätzen der DNVP vom 9.9.1920:

Die monarchische Staatsform entspricht der Eigenart und

geschichtlichen Entwicklung Deutschlands. Über den Parteien stehend verbürgt die Monarchie am sichersten die Einheit des Volkes, den Schutz der Minderheiten, die Stetigkeit der Staatsgeschäfte und die Unbestechlichkeit der öffentlichen Verwaltung. [...]
5
Der aus allgemeinen, gleichen, unmittelbaren und geheimen Wahlen beider Geschlechter hervorgehenden Volksvertretung gebührt entscheidende Mitwirkung bei der Gesetzgebung und wirksame Aufsicht über Politik und Verwaltung.
10

Wolfgang Treue, Deutsche Parteiprogramme, Göttingen 1954, S. 121.

M 7   Sozialdemokratische Partei

Aus dem Görlitzer Programm vom 23.9.1921:

Die SPD ist entschlossen, zum Schutz der errungenen Freiheit das Letzte einzusetzen. Sie betrachtet die demokratische Republik als die durch die geschichtliche Entwicklung unwiderruflich gegebene Staatsform, jeden Angriff auf sie als ein Attentat auf die Lebensrechte des Volkes.
5
Die Sozialdemokratische Partei kann sich aber nicht darauf beschränken, die Republik vor den Anschlägen ihrer Feinde zu schützen. Sie kämpft um die Herrschaft des im freien Volksstaat organisierten Volkswillens über die Wirtschaft, um die Erneuerung der Gesellschaft im Geiste sozialistischen Gemeinsinns.
10

Wolfgang Treue, Deutsche Parteiprogramme, Göttingen 1954, S. 112f.

M 8   Zentrum

Aus den Richtlinien von 1923:

Die Stellung der Zentrumspartei zu den innerstaatlichen Angelegenheiten wird durch die christliche Staatsauffassung und durch den überlieferten Charakter als Verfassungspartei bestimmt. Jeden gewaltsamen Umsturz der verfassungsmäßigen Zustände lehnt sie grundsätzlich ab.
5
Ebenso entschieden, wie sie die Staatsallmacht verwirft, bekämpft sie die Verneinung und Auflösung des Staatsgedankens. Die Staatsgewalt findet ihre Grenzen im natürlichen Recht und im göttlichen Gesetz, die Unterordnung und Pflichterfüllung dem Staate gegenüber ist eine Forderung des Gewissens.
10
Die Zentrumspartei bekennt sich zum deutschen Volksstaat, dessen Form durch den Willen des Volkes auf verfassungsmäßigem Wege bestimmt wird.

Hans Mommsen, Die verspielte Freiheit, Berlin 1989, S. 124.

Wahlergebnisse – Informationen aus einer Statistik entnehmen

Wahl	Wahl-beteiligung (in %)	KPD		USPD		SPD		DDP		Zentrum	
		Stimmen-anteil (in %)	Anzahl der Sitze	Stimmen-anteil (in %)	Anzahl der Sitze	Stimmen-anteil (in %)	Anzahl der Sitze	Stimmen-anteil (in %)	Anzahl der Sitze	Stimmen-anteil (in %)	Anzahl der Sitze
19.01.1919	83,0	–	–	7,6	22	37,9	163	18,5	75	19,7	91
06.06.1920	79,2	2,0	4	17,8	84	21,7	102	8,2	39	13,6	64
04.05.1924	77,4	12,5	62	0,7	–	23,9	100	5,3	28	13,3	65
07.12.1924	78,7	8,9	45	0,3	–	26,0	131	6,3	32	13,5	69
20.05.1928	75,6	10,6	54	–	–	28,7	153	4,9	25	11,9	62
14.09.1930	82,0	13,1	77	–	–	24,5	143	3,8	20	11,8	68
31.07.1932	84,1	14,3	89	–	–	21,6	133	1,0	4	12,5	75
06.11.1932	80,6	16,9	100	–	–	20,4	121	1,0	2	11,9	70

Wahl	Wahl-beteiligung (in %)	DVP		BVP		DNVP		NSDAP	
		Stimmen-anteil (in %)	Anzahl der Sitze	Stimmen-anteil (in %)	Anzahl der Sitze	Stimmen-anteil (in %)	Anzahl der Sitze	Stimmen-anteil (in %)	Anzahl der Sitze
19.01.1919	83,0	4,4	19	–	–	10,3	44	–	–
06.06.1920	79,2	13,9	65	4,1	21	15,0	71	–	–
04.05.1924	77,4	9,2	45	3,2	16	19,5	95	6,5	32
07.12.1924	78,7	10,6	51	3,7	19	20,4	103	3,0	14
20.05.1928	75,6	8,7	35	3,9	16	14,2	73	2,6	12
14.09.1930	82,0	4,5	30	3,0	19	7,0	41	18,3	107
31.07.1932	84,1	1,2	7	3,2	22	5,9	37	37,3	230
06.11.1932	80,6	1,9	11	3,1	20	8,3	52	33,1	196

M 9 Wahlen zur Nationalversammlung und zum Reichstag 1919 – 1932

Quelle: Statistisches Jahrbuch für das Deutsche Reich, 1933

Aufgaben

1. Die Gründung der Weimarer Republik

a) Erläutere die Ursachen der Bezeichnung „Weimarer Republik".

b) Beschreibe die Rechte der einzelnen Verfassungsorgane (Reichspräsident, Reichstag, Reichsrat, Reichsregierung) der Weimarer Republik.

c) Vergleiche mithilfe einer Tabelle die Situation unmittelbar vor Ausbruch der Revolution mit den Ergebnissen der Revolution und beurteile, ob diese Revolution erfolgreich war.

Text, M1, M2

2. Parteiprogramme

a) Analysiere die Textauszüge unter dem Aspekt ihrer Stellung zur Weimarer Republik.

b) Erläutere die Staatsformen, die die politischen Gruppierungen anstrebten.

M3 – M8

3. Wahlergebnisse

a) Stelle mithilfe eines Tabellenprogramms die Stimmanteile der einzelnen Parteien in einem Liniendiagramm grafisch dar.

b) Erstelle ein weiteres Diagramm für die Anzahl der Sitze der einzelnen Parteien.

c) Vergleiche das Liniendiagramm „Stimmanteile der Parteien" mit dem Diagramm „Anzahl der Sitze". Erkläre wichtige Veränderungen.

d) Analysiere die Veränderungen des Stimmenanteils der Parteien der „Weimarer Koalition".

M9

Der Versailler Vertrag

Der Abschluss der Friedensverträge

„Welche Hand müsste nicht verdorren, die sich und uns in solche Fesseln legt", urteilte Reichskanzler Scheidemann über den Friedensvertrag mit Deutschland – den Vertrag von Versailles, der am 28. Juni 1919 in Versailles bei Paris unterzeichnet wurde und im Januar 1920 in Kraft trat. Vorausgegangen war der Waffenstillstand vom 11. November 1918 – also zwei Tage nach der Revolution. Die Vereinbarung wurde von einer deutschen Kommission unter dem Zentrumspolitiker Matthias Erzberger unterzeichnet, also nicht die Krieg führenden Militärs, sondern zivile Politiker der Revolutionsregierung schlossen den Waffenstillstand.

Im Mai 1919 übergaben die Sieger ihre Forderungen, die bei allen Parteien in der Nationalversammlung und bei der Bevölkerung auf einmütige Ablehnung stießen. Da sich Deutschland durch die Errichtung einer Republik dem politischen System des Westens angepasst hatte, war ein milder Frieden erwartet worden. Doch die „großen Drei", der US-Präsident Wilson, der britische Premier Lloyd George und der französische Ministerpräsident Clemenceau, zeigten wenig Ent-

M 1   **Deutschland nach dem Ersten Weltkrieg**

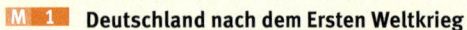

gegenkommen. Die deutschen Vertreter wurden von den Verhandlungen ausgeschlossen, und die Siegermächte erzwangen die Annahme des Friedensvertrages
mit der Drohung, in Deutschland einzumarschieren und das Land militärisch zu
besetzen. Parallel dazu wurden in den Pariser Vororten Saint Germain-en-Laye
und Trianon mit Bulgarien, der Türkei und Österreich-Ungarn separate Friedensverträge abgeschlossen. Sie bedeuteten das Ende des Habsburger Vielvölkerstaa-
tes.

Die Bestimmungen

Der Vertrag von Versailles legte die Alleinschuld Deutschlands und seiner Verbündeten am Ausbruch des Ersten Weltkrieges fest und führte bis ins Kleinste
alle Forderungen auf, die das Reich gegenüber den Siegern zu erfüllen hatte. Der
Kriegsschuldartikel 231 diente dabei als Begründung für die Zahlung von Entschädigungen, sogenannten Reparationen, deren endgültige Höhe später bestimmt werden sollte. Deutschland musste Gebiete wie zum Beispiel Elsass-Lothringen, Westpreußen und Posen abtreten, ohne dass die Bevölkerung gefragt
wurde. In anderen Gebieten – z.B. in Nordschleswig, im südlichen Ostpreußen
und in Oberschlesien – sollten Volksabstimmungen stattfinden. Danzig wurde zur
„Freien Stadt" unter Aufsicht des Völkerbundes erklärt. Das linke Rheinufer und
ein 50 km breiter Gebietsstreifen rechts des Rheins wurden entmilitarisiert. Hinzu kam der Verlust aller Kolonien.

Neben Kriegsschuld, Reparationen und Gebietsverlusten wurde Deutschland
auch entmilitarisiert: An die Stelle der allgemeinen Wehrpflicht sollte ein Berufs-
heer mit 100 000 Mann treten. Fast das gesamte Kriegsmaterial musste abgeliefert
werden. Zudem wurde gefordert, dass die Regierung Kriegsverbrecher ausliefert
und dass Kaiser Wilhelm II. unter Anklage gestellt wird.

Ziel der deutschen Außenpolitik der folgenden Jahren war eine Revision, also
Änderung des Friedensvertrages durch Verhandlungen.

M 2 „Nieder mit dem Ge-
waltfrieden!"

Demonstration gegen den Versailler Vertrag im Berliner Lustgarten
(vor dem Schloss), Mai 1919

Die Dolchstoßlegende

Nur weil sie keinen anderen Ausweg sah, hatte die Regierung den Versailler Vertrag unterzeichnet. Trotzdem wurden die demokratischen Politiker in der Folge
von konservativer und nationalistischer Seite als „Erfüllungspolitiker" be-
schimpft. So wurde der Friedensvertrag zu einer massiven Belastung der Republik. Auch die „Dolchstoßlegende" spielte in diesem Zusammenhang eine wichtige
Rolle. Diese Unterstellung besagte, dass die deutsche Armee von hinten „er-
dolcht" worden sei. Nicht der äußere Gegner, sondern diejenigen, die den Umsturz
im Innern herbeigeführt hatten, seien für die militärische Niederlage verantwortlich.

Der Völkerbund

Die Idee des amerikanischen Präsidenten Woodrow Wilson, einen Völkerbund zu
schaffen, der künftig den Weltfrieden sichern sollte, fand große Zustimmung.
Zum Sitz dieser neuen internationalen Organisation wurde die Schweizer Stadt
Genf bestimmt. Alle Streitigkeiten sollten hier durch Verhandlungen beigelegt,
bewaffnete Konflikte verhindert werden. Die USA und auch das kommunistische
Russland traten dem Völkerbund nicht bei, das besiegte Deutschland wurde erst
Jahre später aufgenommen. Der Völkerbund gilt als Vorläufer der heutigen UN.

Der Versailler Vertrag – Kontroverse Standpunkte erfassen

M 3   Versailles

„Auch Sie haben ein Swelbstbestimmungsrecht: Wünschen
Sie, dass Ihnen die Taschen vor oder nach dem Tode ausgeleert
werden?"

Dargestellt sind US-Präsident Wilson, der französische Ministerpräsident Clemenceau und der britische Premierminister Lloyd
George, Karikatur von Thomas Theodor Heine, 3.6.1919.

M 4   „Die Stunde der Abrechnung"

*Aus der Ansprache des französischen Ministerpräsiden-
ten Clemenceau an die deutsche Delegation in Versailles
am 7.5.1919 vor der Aushändigung des Vertragstextes:*

Meine Herren Delegierten des Deutschen Reiches!
Es ist hier weder der Ort noch die Stunde für überflüssige
Worte. Sie haben vor sich die Versammlung der Bevollmächtigten der kleinen und großen Mächte, die sich verei-
5 nigt haben, um den fürchterlichsten Krieg auszufechten,
der ihnen aufgezwungen worden ist. Die Stunde der Abrechnung ist da. Sie haben uns um Frieden gebeten. Wir
sind geneigt, ihn Ihnen zu gewähren.
Wir übergeben Ihnen das Buch des Friedens. Jede Muße zu
10 seiner Prüfung wird Ihnen gegeben werden. Ich rechne darauf, dass Sie diese Prüfung im Geiste der Höflichkeit vornehmen werden, welche zwischen den Kulturnationen
vorherrschen muss; der zweite Versailler Friede ist zu teuer

von uns erkauft worden, als dass wir es auf uns nehmen
könnten, die Folgen dieses Krieges allein zu tragen.   15
Um auch die andere Seite meines Gedankens zu Ihrer
Kenntnis zu bringen, muss ich notwendigerweise hinzufü-
gen, dass dieser zweite Versailler Friede, der den Gegenstand unserer Verhandlungen bilden wird, von den hier
vertretenen Völkern zu teuer erkauft worden ist, als dass   20
wir nicht einmündig entschlossen sein sollten, sämtliche
uns zu Gebote stehenden Mittel anzuwenden, um jede uns
geschuldete berechtigte Genugtuung zu erlangen.

Wolfgang Lautemann/Manfred Schlenke (Hg.), Geschichte in Quellen,
München 1975, S. 126 f.

M 5   Flammender Protest

*Rede des Reichsministerpräsidenten Philipp Scheide-
mann in der Nationalversammlung am 12.5.1919:*

Die deutsche Nationalversammlung ist heute zusammen-
getreten, um am Wendepunkte im Dasein unseres Volkes
gemeinsam mit der Reichsregierung Stellung zu nehmen
zu dem, was unsere Gegner Friedensbedingungen nennen.
[...]   5
Heute, wo jeder die erdrosselnde Hand an der Gurgel fühlt,
lassen Sie mich ganz ohne taktisches Erwägen reden: was
unseren Beratungen zugrunde liegt, ist dies dicke Buch, in
dem 100 Absätze beginnen: Deutschland verzichtet, verzichtet, verzichtet! Dieser schauerliche und mörderische   10
Hexenhammer, mit dem einem großen Volke das Bekenntnis der eigenen Unwürdigkeit, die Zustimmung zur erbar-
mungslosen Zerstückelung abgepresst werden soll, dies
Buch darf nicht zum Gesetzbuch der Zukunft werden. Seit
ich die Forderungen in ihrer Gesamtheit kenne, käme es mir   15
wie eine Lästerung vor, das Wilson-Programm, diese Grundlagen des ersten Waffenstillstandvertrages, mit ihnen auch
nur vergleichen zu wollen! Aber eine Bemerkung kann ich
nicht unterdrücken: Die Welt ist wieder einmal um eine Illu-
sion ärmer geworden. Die Völker haben in einer an Idealen   20
armen Zeit wieder einmal den Glauben verloren. [...]
Ich frage Sie: Wer kann als ehrlicher Mann – ich will gar
nicht sagen als Deutscher – nur als ehrlicher, vertragstreu-
er Mann solche Bedingungen eingehen? Welche Hand
müsste nicht verdorren, die sich und uns in solche Fesseln   25
legte? [...]
Dieser Vertrag ist nach der Auffassung der Reichsregierung
unannehmbar [...]

W. Lautemann/M. Schlenke (Hg.), a. a. O., S. 129.

„Deutschlands Verstümmelung"

Aus: Geopolitischer Geschichtsatlas, Teil 3: Neuzeit, Dresden 1929

Aufgaben

1. Der Versailler Vertrag

a) Nenne Gründe für die Unterzeichnung des Friedensvertrages von Versailles.

b) Fasse die Friedensbestimmungen für Deutschland in einer Tabelle zusammen. Bilde Oberbegriffe für die verschiedenen Bereiche.

c) Im Artikel 231 wird Deutschland und seinen Verbündeten die alleinige Schuld am Krieg zugeschrieben. Beurteile diese Festlegung.

↶ Text, M1

2. Der Versailler Vertrag kontrovers

a) Fasse die Grundaussagen Clemenceaus und Scheidemanns zusammen.

b) Analysiere die Karikatur.

c) Erkläre mögliche innenpolitische Konflikte, die sich aus den Sichtweisen Scheidemanns und der Karikatur ergeben konnten.

d) Erläutere die historische Karte „Deutschlands Verstümmelung" und beurteile Aussage und Gestaltung.

↶ M3 – M5, M6

Die Endphase der Weimarer Republik

Die letzte parlamentarische Regierung

Seit 1923 war die SPD, die die Republik gegründet und mit Zentrum und DDP die Weimarer Koalition gebildet hatte, in keiner Regierung mehr vertreten. Das änderte sich nach der Reichstagswahl vom Mai 1928. Gemeinsam mit dem Zentrum, der DVP und der DDP bildete sie unter Hermann Müller (SPD) eine Große Koalition. Diese hatte sich angesichts der Weltwirtschaftskrise vor allem mit der steigenden Arbeitslosigkeit auseinanderzusetzen.

Seit 1927 gab es eine staatliche Arbeitslosenversicherung, die Arbeiter und Unternehmer durch Beiträge je zur Hälfte finanzierten. Die Gelder reichten aber nur für 800 000 Empfänger, sodass angesichts steigender Arbeitslosenzahlen entweder die Beiträge erhöht oder Leistungskürzungen vorgenommen werden mussten.

Die SPD beharrte auf einer Erhöhung der Beiträge von 3,5 auf 4 Prozent, während die Koalitionspartner diese Forderung wegen der Belastung der Wirtschaft ablehnten. Hinter den Sozialdemokraten standen die Gewerkschaften, während die anderen Parteien von den Unternehmern unterstützt wurden. Da es zu keinem Kompromiss bei der Arbeitslosenversicherung kam, traten Reichskanzler Müller und sein Kabinett im März 1930 zurück. Die Politik der Großen Koalition war gescheitert. Sie war die letzte Regierung, die sich auf eine parlamentarische Mehrheit im Reichstag stützen konnte.

Die Regierung der Präsidialkabinette

Von nun an verlagerte sich die Macht vom Parlament auf den Reichspräsidenten. Es bildeten sich statt parlamentarischer Regierungen sogenannte „Präsidialkabinette", die politisch allein vom Reichspräsidenten abhängig waren. Die Weimarer Verfassung bot dafür die Grundlage. Der Reichspräsident konnte den Reichstag auflösen und Neuwahlen ausschreiben (Artikel 25), den Reichskanzler ernennen (Artikel 53) und anstelle von Gesetzen, über die der Reichstag zu beschließen hatte, Notverordnungen erlassen (Artikel 48).

Diese Regelungen waren für Krisensituationen gedacht und nur vereinzelt angewandt worden. Nach 1930 entwickelte sich daraus aber ein Dauerzustand. Die Verlagerung der Macht vom Parlament zum Präsidenten leitete das Ende des demokratischen Systems von Weimar ein.

Reichskanzler Brüning

Nach dem Rücktritt von Hermann Müller (SPD) ernannte Reichspräsident Hindenburg den Zentrumspolitiker Heinrich Brüning zum Regierungschef. Der versuchte mit einer Deflationspolitik die Wirtschaftskrise zu überwinden und den Staatshaushalt zu sanieren. „Deflationspolitik" bedeutete „Sparpolitik" und das hieß konkret: Erhöhung von Steuern, Senkung von Löhnen und Staatsausgaben, vor allem Gehaltskürzungen bei Beamten und Leistungsabbau bei den Sozialversicherungen. Brünings Maßnahmen dienten einerseits dem Ziel, einen ausgeglichenen Haushalt aufzustellen. Andererseits sollten sie den Alliierten zeigen, dass Deutschland nicht länger in der Lage sei, die gewaltigen Reparationslasten zu tragen.

Da Brünings Politik angesichts der Mehrheitsverhältnisse im Reichstag keine Unterstützung fand, setzte Hindenburg sie mit Notverordnungen nach Artikel 48

M 1 **Paul von Hindenburg (1847 – 1934)**
Reichspräsident von 1925 bis 1934, Foto, 1932

M 2 **Heinrich Brüning (1885–1970)**
Reichskanzler vom 30. März 1930 bis zum 30. Mai 1932, Foto, 1932

Das Foto zeigt eine der üblichen Aktionen der Fraktion der NSDAP im Reichstag: Die NSDAP-Abgeordneten kehren dem Redner einer bürgerlichen Partei demonstrativ den Rücken zu, Dezember 1930.

durch. Als die Abgeordnetenmehrheit dagegen stimmte, löste der Reichspräsident das Parlament auf.

Die Reichstagswahlen 1930 und ihre Folgen

Die Neuwahlen vom 14. September 1930 kamen einer politischen Katastrophe gleich, die im In- und Ausland Bestürzung hervorrief. Hitlers NSDAP erhielt gewaltigen Zulauf und wurde zweitstärkste Partei im Reichstag. Auch die Kommunisten gewannen hinzu. Damit wurde eine konstruktive Arbeit im Reichstag zusehends unmöglich. Die Situation bot Brüning kaum Chancen, künftig mit einer parlamentarischen Mehrheit zu regieren. Die Sozialdemokraten tolerierten jedoch die Regierung Brüning, da sie eine Regierungsbeteiligung der NSDAP unbedingt verhindern wollten.

Das Entscheidungsjahr 1932

Brutale Straßenkämpfe und Saalschlachten veranlassten Brüning, die SA zu verbieten. Als er daran ging, unrentable Güter in Ostdeutschland aufzuteilen, um Arbeitslose als Bauern anzusiedeln, schuf er sich Gegner aus den Reihen der Großgrundbesitzer. Sowohl Militärs, die der SA Sympathie entgegenbrachten, als auch die Großagrarier erreichten beim greisen Staatsoberhaupt Brünings Entlassung am 30. Mai 1932. Inzwischen war Hindenburg am 10. April 1932 wiedergewählt worden. Sogar die Sozialdemokraten hatten ihn unterstützt, um Adolf Hitler als Reichspräsidenten zu verhindern.

Hindenburg ernannte Franz von Papen zum Kanzler. Erste Maßnahmen der Regierung waren die Aufhebung des SA-Verbotes und die Auflösung des Reichstages. Neuwahlen wurden für den 31.7.1932 angesetzt. Während des Wahlkampfes eskalierte die Gewalt auf den Straßen. Nationalsozialisten und Kommunisten lieferten sich blutige Straßenschlachten, zum Beispiel auch in Altona bei Hamburg. Dort veranstaltete die SA am 17. Juli 1932 einen Marsch durch die Wohngebiete, die als kommunistische Hochburgen galten. Insgesamt wurden am „Altonaer Blutsonntag" 18 Menschen getötet.

Reichskanzler vom 1. Juni 1932 bis zum 17. November 1932 (170 Tage)

M 5   **„Deutsche Zauber-Werke AG"**

„Kein Grund zum Verzagen, solange noch Kanzler am laufenden Band produziert werden!", Karikatur von Karl Arnold aus dem „Simplicissimus", Februar 1933

Die Demontage der Republik

Unter dem Vorwand, die blutigen Auseinandersetzungen zwischen Nationalsozialisten und Kommunisten würden die öffentliche Ordnung gefährden, setzte Papen am 20. Juli 1932 die SPD-geführte Regierung in Preußen ab. Dieser Staatsstreich – gedeckt durch eine Notverordnung Hindenburgs – bewirkte, dass Papen als Reichskommissar selbst die Regierungsgeschäfte in Preußen übernahm. Er ließ den öffentlichen Dienst von republiktreuen Beamten säubern und durch autoritäre, republikfeindliche Anhänger ersetzen. Angesichts von Millionen Arbeitslosen verzichteten die Gewerkschaften darauf, einen Generalstreik auszurufen.

Die Reichstagswahl vom 31. Juli 1932 zeigte, dass über die Hälfte aller Wähler demokratiefeindlichen Parteien von links und rechts ihre Stimme gegeben hatten. Allein die NSDAP verdoppelte die Zahl ihrer Mandate und wurde mit 37,4 Prozent der Stimmen stärkste Partei im Reichstag. Papens Versuch, Hitler und seine Bewegung durch Beteiligung an der Regierung zu „zähmen", scheiterte: Hitler beanspruchte die ungeteilte Macht und stieß zu diesem Zeitpunkt noch auf den entschiedenen Widerstand Hindenburgs.

Die Machtübergabe an Hitler

Als Papen im Reichstag eine Abstimmung verlor, wurde das Parlament erneut aufgelöst. Die Nationalsozialisten erlitten jedoch bei der Reichstagswahl vom 6. November 1932 eine empfindliche Niederlage und gerieten in eine innerparteiliche Krise.

Inzwischen bewog der einflussreiche General Kurt von Schleicher (1882–1934) den Reichspräsidenten zum Sturz Papens und übernahm selbst das Amt des Kanzlers. Sein Versuch, sich mit den Gewerkschaften zu verständigen und die NSDAP zu spalten, indem er einen Keil zwischen Hitler und dessen Gegner Gregor Strasser trieb, scheiterte. Auch Schleicher musste im Januar 1933 zurücktreten. Nach langem Zögern und auf Betreiben Papens ernannte Hindenburg am 30. Januar 1933 Adolf Hitler zum Reichskanzler.

M 6   **„Das Verhängnis"**
Karikatur von A. Paul Weber, 1932

Der „Altonaer Blutsonntag" im Spiegel zeitgenössischer Quellen – Perspektiven

M 7 „Altonaer Blutsonntag"

a) *Auch nach dem neuesten Stand der Forschung können die Geschehnisse vom 17. Juli 1932 in Altona, das damals noch nicht zu Hamburg gehörte, nicht genau rekonstruiert werden. Fest steht aber, dass insgesamt 18 Menschen getötet wurden: zwei SA-Männer, drei Kommunisten und 13 Unbeteiligte. Wichtige Quellen stellen die folgenden Ausschnitte dar. Aus der Pressenotiz des Polizeipräsidiums vom 17.7.1932:*

Gelegentlich eines Werbemarsches der SA aus dem südlichen Teil der Provinz Schleswig-Holstein durch Altona kam es in der Gegend an der Hamburger Grenze zu schweren Ausschreitungen seitens Anhängern der Antifaschistischen Aktion. Letztere beschossen von Dächern und Balkonen sowie aus Wohnungen heraus die Teilnehmer des Werbeumzuges sowie den Umzug der begleitenden Polizeibeamten. Die Polizei erwiderte das Feuer und nahm nach Absperrungen in mehreren Fällen Haussuchungen vor, bei denen allerdings keine Täter festgestellt werden konnten. Es sind etwa 150 Schüsse gefallen. Bei der Schießerei sind 10 Tote zu verzeichnen gewesen. 1 Altonaer SA-Mann namens Koch wurde durch einen Brustschuss tödlich getroffen [...].

Bei diesen Vorkommnissen handelt es sich offensichtlich um eine Aktion der „Antifaschistischen Aktion".

Zit. nach: Léon Schirmann, Altonaer Blutsonntag: 17. Juli 1932. Dichtungen und Wahrheit, Hamburg 1994, S. 158.

b) *Die nationalsozialistische Tageszeitung „Völkische Beobachter" berichtet am 19. Juli 1932:*

Die SA und SS marschierte[n] durch die Straßen Altonas unter stärkster Anteilnahme der Bevölkerung. Die ersten Störungen begannen, als sie in das kommunistische Viertel einmarschierten. Die an der Spitze marschierende SS wurde in der Johannisstraße von kommunistischen Dachschützen unter Feuer genommen. Zwei SS-Männer wurden verletzt. Als die anschließende SA an der Hauptkirche vorbeikam, wurde sie aus einer Nebenstraße beschossen. Die Polizei war nur in ungenügender Stärke vorhanden, sodass die SA die Straßen selber räumen musste. Als der Sturm 2/31 in die Große Johannisstraße einbog, wurde er aus allen Winkeln beschossen; von den Dächern, aus Fenstern und Kellerlöchern. Der SA-Mann Heinz Koch, Sturm 2/31, wurde durch Herzschuss tödlich getroffen, der SA-Mann

Büttich [richtig: Büddig, am 18. Juli 1932 gestorben] durch Bauchschuss schwer verletzt. Die Polizei stand anfänglich den kommunistischen Mordbuben unentschlossen gegenüber. Endlich erwiderte sie das Feuer aus Maschinenpistolen und Karabinern. [...]

16 Tote und an die hundert Verletzte sind das Ergebnis eines einzigen Tages des nunmehr offen ausgebrochenen roten Bürgerkrieges! [...]

Diese ganze Aktion ist doch nutzlos. Sie kann niemals mehr die Machtübernahme durch den Nationalsozialismus verhindern. Aber soll dann noch Blut fließen, das nicht [zu] fließen brauchte?

„Völkischer Beobachter", Reichsausgabe, 19. Juli 1932.

c) *Die kommunistische Tageszeitung „Die Rote Fahne" berichtet am 19. Juli 1932:*

In den Arbeitervierteln Altonas an der Hamburgischen Grenze ist es gestern durch Provokationen der SA-Banden ganz Schleswig-Holsteins, Hamburgs und Altonas zu Straßenschlachten gekommen. [...]

Als der Nazizug unter riesiger Polizeibedeckung in die Arbeiterviertel kam, wehten den braunen Garden rote Fahnen mit Hammer und Sichel entgegen und über den Straßen spannten sich Transparente mit den Losungen der Antifaschistischen Aktion und der KPD. An dieser Stelle begannen die Nazis ihre gemeinen Provokationen. Sie sangen: „Die rote Front, die schlagen wir zu Brei!" In der Kirchenallee [Kirchenstraße] kam es zu den ersten Zusammenstößen, als die Arbeiter das singende SA-Korps niederschrien. [...]

Als die Niederrufe der Arbeiter sich immer mehr verstärkten, fiel plötzlich aus den Reihen der Nazistürme das Kommando: „Schießt die roten Hunde nieder!" Ein Mordtrupp der SA sprang aus dem Zug und fiel über die Arbeiter her. Als diese sich zur Wehr setzten, eröffneten die Nazis ein wahres Schnellfeuer, das von den Arbeitern erwidert wurde. [...]

Die Wahrheit muss heraus: Alles dies geschah unter den Augen der Polizei, die in dem Moment eingriff, als die Arbeiter den Angriff der Mordbanden zurückschlugen. [...] Damit die Nazis durchmarschieren konnten, schoss die SPD-Polizei die Straßen leer. Zahlreiche Personen, darunter unbeteiligte, wurden durch Polizeikugeln getroffen.

„Die Rote Fahne", 19. Juli 1932.

Die Bedeutung des Reichspräsidenten

M 8 „Weimarer Reichsverfassung"

Aus der Verfassung des Deutschen Reiches („Weimarer Reichsverfassung") vom 11. August 1919:

Artikel 25: Der Reichspräsident kann den Reichstag auflösen, jedoch nur einmal aus dem gleichen Anlass.
Die Neuwahl findet spätestens am sechzigsten Tage nach der Auflösung statt. […]

5 Artikel 48: Wenn ein Land die ihm nach der Reichsverfassung oder den Reichsgesetzen obliegenden Pflichten nicht erfüllt, kann der Reichspräsident es dazu mithilfe der bewaffneten Macht anhalten.
Der Reichspräsident kann, wenn im Deutschen Reiche die

10 öffentliche Sicherheit und Darstellung erheblich gestört oder gefährdet wird, die zur Wiederherstellung der öffentlichen Sicherheit und Ordnung nötigen Maßnahmen treffen, erforderlichenfalls mithilfe der bewaffneten Macht einzuschreiten. Zu diesem Zwecke darf er vorübergehend

15 die in den Artikeln 114, 115, 117, 118, 123, 124 und 153[1] festgesetzten Grundrechte ganz oder zum Teil außer Kraft setzen.
Von allen gemäß Abs. 1 oder Abs. 2 dieses Artikels getroffenen Maßnahmen hat der Reichspräsident unverzüglich

20 dem Reichstag Kenntnis zu geben. Die Maßnahmen sind auf Verlangen des Reichstags außer Kraft zu setzen.
Bei Gefahr im Verzuge kann die Bundesregierung für ihr Gebiet einstweilige Maßnahmen der in Abs. 2 bezeichneten Art treffen. Die Maßnahmen sind auf Verlangen des

25 Reichspräsidenten oder des Reichstags außer Kraft zu setzen. […]
Artikel 53: Der Reichskanzler und auf seinen Vorschlag die

M 9 **Wahlplakat zur Reichstagswahl** November 1932

Reichsminister werden vom Reichspräsidenten ernannt und entlassen.

1 Die genannten Artikel betreffen folgende Grundrechte: Freiheit der Person, Unverletzlichkeit der Wohnung, Briefgeheimnis, Meinungsfreiheit, Versammlungs- und Vereinigungsfreiheit, Eigentumsrecht

Reichsgesetzblatt 1919, Nr. 152, S. 1383 ff.

Aufgaben

1. **Die Endphase der Weimarer Republik**
   a) Erstelle einen Zeitstrahl mit den wichtigsten politischen Ereignissen von 1928 bis 1933.
   b) Weise nach, dass die Präsidialkabinette entscheidend zur Aushöhlung der Weimarer Demokratie beitrugen.
    Text

2. **Der „Altonaer Blutsonntag"**
   a) Stelle die wichtigsten Informationen der drei Quellen in einer Tabelle gegenüber.

   b) Weise mithilfe von Zitaten nach, dass die Quellen nicht umfassend berichten.
    M7

3. **Die Präsidialkabinette**
   a) Arbeite anhand der Auszüge aus der Weimarer Verfassung die juristische Grundlage der Präsidialkabinette heraus.
   b) Beschreibe die Karikatur „Deutsche Zauber-Werke AG" und erkläre die Aussage des Karikaturisten.
    Text, M5, M8

Umgang mit Wahlplakaten

Die Nationalsozialisten betrieben eine aggressive Propaganda. Dazu nutzten sie viele moderne Mittel, die heute selbstverständlich sind. Insbesondere bei der Gestaltung von Plakaten gingen sie neue Wege. Eine wichtige Rolle spielte der Grafiker Hans Herbert Schweitzer (1901 – 1980), genannt Mjölnir (Mjölnir ist die Bezeichnung für den Hammer des nordischen Gottes Thor). Nach seiner Ausbildung trat er früh der NSDAP bei. Das links abgebildete Plakat (M9) wurde für die Reichspräsidentenwahl 1932 verwendet. Es hat die Größe 122 x 87 cm.

Umgang mit Bildquellen

Bildquellen gibt es in verschiedenster Form, z. B. als Gemälde, als Karikaturen, als Fotografien. Jede dieser Gattungen hat besondere Merkmale, die bei der Erschließung berücksichtigt werden müssen. Gleichwohl gibt es grundsätzliche Fragen, die an jedes Bild gestellt werden können.

1. Urheber (Wer hat die Bildquelle geschaffen?):
Stelle die wichtigsten Informationen über den Grafiker Hans Herbert Schweitzer zusammen. Ziehe dazu unter Umständen ein Lexikon bzw. das Internet heran.
2. Adressat (Wer konnte das Bild sehen?):
Erläutere, an wen sich das Plakat richtete.
3. Beschaffenheit (Wie ist das Bild im Original?):
Informiere dich über die Herstellung von Plakaten. Erörtere, ob es bei Plakaten ein Original geben kann?
4. Gattung (Welche Art von Bild liegt vor?):
Informiere dich über die Begriffe „Plakat" und seine Geschichte.
5. Bildelemente (Was ist dargestellt?):
a) Beschreibe die einzelnen Figuren im Vordergrund genau.
b) Untersuche, was im Hintergrund dargestellt ist.
c) Charakterisiere die Gestaltung der Schrift.
d) Schildere die Farbgebung des Plakats.
6. Bedeutung der Bildelemente (Welche Bedeutung haben die dargestellten Elemente?):
a) Informiere dich mithilfe der Schulbuchdarstellung über die Situation des Jahres 1932. Zeige, inwieweit sich

diese im Plakat widerspiegelt.
b) Das Plakat war für die Wahl des Reichspräsidenten 1932 gedacht. Erläutere, welche Stellung der Reichspräsident hatte und welches Ergebnis die Wahl hatte.
c) Erkläre die Bedeutung der Formulierung „Unsere letzte Hoffnung" und warum der Name Hitler so groß dargestellt ist.
7. Darstellungsabsicht (Was wollte der Urheber zum Ausdruck bringen?):
a) Stelle zusammenfassend die Aussageabsicht des Plakates dar.
b) Vergleiche das Plakat mit anderen Wahlplakaten aus der damaligen und ggf. aus der heutigen Zeit. Bestimme, was daran neu und modern ist.

Nach der Klärung der grundlegenden Fragen kann das Bild genauer im Hinblick auf die Kategorien Herrschaft, Wirtschaft, Gesellschaft und Weltdeutung untersucht werden.

8. Kategorie Herrschaft:
a) Erläutere, warum die Wahl zum Reichspräsidenten in der Weimarer Republik so große Bedeutung hatte.
b) Erörtere die Bedeutung solcher Plakate für den Aufstieg der NSDAP.
9. Kategorie Wirtschaft:
Erläutere, inwiefern sich die wirtschaftliche Situation des Jahres 1932 in diesem Plakat widerspiegelt.
10. Kategorie Gesellschaft:
Prüfe, ob das Plakat die sozialen Verhältnisse der Weimarer Republik zutreffend wiedergibt.
11. Kategorie Weltdeutung:
Diskutiere, inwieweit das Plakat die Ideologie der Nationalsozialisten vermittelt.

12. Abschließend kann das Bild aus heutiger Sicht beurteilt werden:
a) Erörtere, ob es sich hier um ein gelungenes Wahlplakat handelt.
b) Erarbeite, woran im Plakat erkennbar ist, dass es sich um Propaganda handelt. Informiere dich dazu über den Begriff Propaganda.

Die Inflation 1923

Reparationen als gefährlicher Konfliktherd

Da Anfang der 20er-Jahre in Deutschland eine Wirtschaftskrise herrschte, beendete die Reichsregierung ihre Politik, die durch ein Entgegenkommen eine Abschwächung der im Versailler Vertrag verankerten Reparationen erreichen wollte, und verlangte einen Zahlungsaufschub. Der französische Ministerpräsident Poincaré lehnte dies ab und ließ, um die Sachlieferungen sicherzustellen, daraufhin Anfang des Jahres 1923 durch Truppen das Ruhrgebiet besetzen. Die Reichsregierung beantwortete diese Maßnahme mit dem Aufruf zum passiven Widerstand in den besetzten Gebieten. Der Konflikt verschärfte sich in der Folgezeit, da die französische Besatzungsmacht mit aller Härte vorging: Es kam zu Ausweisungen, Verhaftungen und Beschlagnahmungen. Gegen streikende Arbeiter und einzelne Saboteure wurden sogar Todesurteile verhängt.

M 1 „Produktive Pfänder"

Ein französischer Soldat bewacht einen Kohlenwaggon im Ruhrgebiet 1923, kolorierte Fotografie.

Die Hyperinflation von 1923 und die Währungsreform

Dieser Konflikt verschärfte die wirtschaftliche Krise Deutschlands zusätzlich, da die Reichsregierung den passiven Widerstand im Ruhrgebiet durch staatliche Zuschüsse finanzierte. Dies führte zu einer **Inflation** mit einer nahezu vollständigen Entwertung des Geldes und zum Zusammenbruch des Währungssystems. Die Inflation, die bereits 1914 eingesetzt und die deutsche Währung bis zum Kriegsende schon zu 50 Prozent entwertet hatte, traf ganz besonders diejenigen, die Geld gespart hatten. Sie verloren ihr Vermögen. Schuldner und Spekulanten dagegen galten als Gewinner der wirtschaftlichen Krise.

Die politischen Folgen der großen Inflation des Jahres 1923 waren unübersehbar: Die bürgerlichen Mittelschichten sahen im Staat den Schuldigen, der für ihre verzweifelte wirtschaftliche Lage die Verantwortung trug, und wandten sich von der Republik ab. Viele setzten ihre Hoffnung in die Parteien der extremen Rechten, die die Weimarer Demokratie bekämpften.

Die Inflation hatte aber auch tiefgreifende psychologische Auswirkungen. Sie hinterließ bei den vielen „Inflationsgeschädigten" das Gefühl, dass nicht nur ihr Geld, sondern auch ihre persönliche Lebensplanung, ihr Rechtsempfinden und ihre Vorstellungen von Moral und Anstand entwertet wurden. Diesen Menschen mochte die ganze moderne Gesellschaft wie eine verkehrte Welt erscheinen, ein undurchschaubarer, von Geld und Profitgier bestimmter Hexenkessel, in dem nichts von dem, was früher Bestand hatte, noch etwas galt. Historiker sprechen deshalb von einem „Inflationstrauma", das die Deutschen das ganze 20. Jahrhundert hindurch begleitet hat.

Die im September 1923 unter Reichskanzler Gustav Stresemann (DVP) gebildete Regierung einer Großen Koalition aus SPD, Zentrum, DDP und DVP brach wegen der ungeheuren finanziellen Verluste den passiven Widerstand ab. Mit der Einführung der Rentenmark, deren Wechselkurs auf eine Billion Papiermark festgelegt worden war, gelang es der Regierung, den Geldwert zu stabilisieren. Die Währungsreform hatte aber nicht nur eine Stabilisierung des Geldwertes zur Folge, sondern war auch mit tiefen sozialen Einschnitten verbunden. Begüterte Familien verloren ihr Kapitalvermögen, kleine Leute wurden um ihre Sparguthaben gebracht. Zudem stieg die Arbeitslosigkeit. Staatsbedienstete mussten Lohn- und Gehaltseinbußen bis zu 40 % hinnehmen. Die steigende Unzufriedenheit in der Bevölkerung nährte die Umsturzhoffnungen der Gegner der jungen Republik.

Reichsbanknote

ZWANZIG

MILLIARDEN MARK

zahlt die Reichsbankhauptkasse in Berlin gegen diese Banknote dem Einlieferer

RD - 41   Berlin den 1. Oktober 1923   068628

Reichsbankdirektorium

M 2 „Zwanzig Milliarden Mark"

Reichsbanknote vom 1. Oktober 1923

Auswirkungen der Inflation nachvollziehen

M 3 **Die Entwicklung des Dollarkurses vom Kriegsausbruch 1914 bis zur Hyperinflation 1923**

1 Goldmark = Papiermark	Datum	Dollarkurs in Papiermark	Zeitraum
1	Juli 1914	4,20	
10	Jan. 1920	41,98	5,5 Jahre
100	3. Juli 1922	420,00	2,5 Jahre
1000	21. Okt. 1922	4.430,00	108 Tage
10 000	31. Jan. 1923	49.000,00	101 Tage
100 000	24. Juli 1923	414.000,00	174 Tage
1000 000	8. Aug. 1923	4.860.000,00	13 Tage
10 000 000	7. Sept. 1923	53.000.000,00	30 Tage
100 000 000	3. Okt. 1923	440.000.000,00	26 Tage
1000 000 000	11. Okt. 1923	5.060.000.000,00	8 Tage
10 000 000 000	22. Okt. 1923	40.000.000.000,00	11 Tage
100 000 000 000	3. Nov. 1923	420.000.000.000,00	11 Tage
1000 000 000 000	20. Nov. 1923	4.200.000.000.000,00	17 Tage

Nach: Fritz Blaich, Der Schwarze Freitag. Inflation und Wirtschaftskrise, München 3. Aufl. 1994, S. 163.

M 4 **Gewinner und Verlierer**

Der Historiker Detlev Peukert äußert sich über die sozialen Folgen der Inflation:

Unter den sozialen Klassen standen die Unternehmer auf der Gewinnerseite. Sie erhielten billige Kredite, konnten größere Investitionen tätigen und Konzernbildungen [...] vorantreiben.

Zur Gewinnerseite gehörten auch die Bauern und alle sonstigen Hypothekenschuldner, die ihre Verpflichtungen mit wertlosem Geld abtragen konnten, ebenso alle Devisen- und Sachwertbesitzer. [...] Für die Arbeiter fiel die Bilanz nicht so eindeutig positiv aus [...]. Insgesamt erlaubte die Demobilmachungsinflation der Jahre 1919 bis 1921 jedoch die Finanzierung der staatlichen und der zwischen Gewerkschaften und Unternehmen ausgehandelten sozialpolitischen Leistungen. Außerdem stiegen die Reallöhne an, auch wenn sie unter dem Vorkriegsniveau lagen. Vor allem kam es bis in das Jahr 1923 hinein zu keiner nennenswerten Arbeitslosigkeit, wenn man von einer schnell überwundenen Problemzeit in der frühen Nachkriegsphase absieht. Insgesamt aber blieb das Lebensniveau kärglich. Nur die ungelernten Arbeiter konnten ihre Position im Vergleich zu den Facharbeitern und den Angestellten und Beamten eindeutig verbessern.

Zu den Verlierern der Inflation gehörten dagegen all jene, die bisher von den Zinsen ihres langfristig angelegten Geldvermögens gelebt hatten, eine im Vorkriegsdeutschland bedeutsame Gruppe des Bürgertums, zu der auch viele Intellektuelle gehörten. Es verschlechterte sich ebenfalls die Position der gehaltsabhängigen Mittelschichten, der Angestellten und Beamten. Auch die Rentner und die Bezieher von Fürsorgeleistungen gerieten mit steigender Inflation in Not, weil ihre Einkünfte nur verzögert und unvollkommen an die Preissteigerungen angepasst wurden. Die mittelständische Schicht der kleinen Händler und Handwerker mochte finanziell von der Inflation profitieren, wenn sie sich am Schwarzmarkt schadlos hielt. Sie geriet jedoch ins soziale Abseits, weil sie sowohl Objekt kriminalisierender Staatskontrolle wie Sündenbock der empörten Konsumenten wurde.

Detlev J. K. Peukert, Die Weimarer Republik. Krisenjahre der Klassischen Moderne, Frankfurt 1987, S. 74 f.

Aufgaben

1. Die Inflation
a) Erkläre den Begriff „Inflation".

b) Erläutere die Auswirkungen der Inflation auf verschiedene Bevölkerungsgruppen.
Text, M3, M4

M 1 „Black Thursday"
Die US-Börse in der Wall Street in New York, Foto, 24. Oktober 1929

Die Weltwirtschaftskrise

Der „Schwarze Freitag"

Nachdem die Aktienkurse am 24. Oktober 1929 an der New Yorker Börse stark eingebrochen waren, erreichte der Kurssturz am folgenden Tag – einem Freitag – auch Europa. Viele Anleger, vor allem jene, die ihre Aktien auf Kredit gekauft hatten, standen plötzlich vor dem finanziellen Nichts. Doch dies war nur der Auftakt zu einer globalen Wirtschaftskrise. Wegen der weltweiten finanziellen Verflechtung erfasste die Katastrophe alle Industriestaaten. Man spricht deshalb von einer „Weltwirtschaftskrise". In den USA stieg die Zahl der Arbeitslosen von 1929 bis 1932 von 1,5 auf 12 Millionen.

Da viele Menschen wegen ihrer verzweifelten Finanzlage kaum Waren kaufen konnten, führte die mangelnde Nachfrage zu einem Preisverfall. Die Unternehmen leiteten deshalb Massenentlassungen ein und kürzten drastisch die Löhne. Massenarbeitslosigkeit und wirtschaftliche Not prägten die Situation zu Beginn der Dreißigerjahre.

Ursachen der Weltwirtschaftskrise

Die Regelungen des Dawes-Plans begrenzten die deutschen Reparationszahlungen auf ein erträgliches Maß. Das begünstigte den internationalen Kapitalverkehr, von dem Deutschland besonders profitierte. Amerikanische Banken und Finanziers investierten nach 1924 viel Kapital in die deutsche Wirtschaft und beteiligten sich an Unternehmen. So kaufte der Automobilkonzern „General Motors" 1929 die Adam Opel AG. Manche sahen Deutschland geradezu als „Kolonie der New Yorker Börse", so eng waren die finanziellen Verflechtungen beider Länder.

Insgesamt flossen von 1925 bis 1929 ausländische Kredite in Höhe von 21 Milliarden Reichsmark nach Deutschland, denen nur 7,7 Milliarden Reichsmark deutscher Anlagen im Ausland gegenüberstanden.

All das änderte sich schlagartig, als die amerikanische Wirtschaft nach dem Börsenkrach eine verheerende Rezession erlebte und kurzfristig gewährte Kredite aus Deutschland abzog. Da die deutschen Banken zu wenig Eigenkapital hatten, um einzuspringen, fehlte Geld für Kredite und Investitionen.

Die Folgen der Weltwirtschaftskrise

Als Folge der Krise mussten viele Betriebe schließen oder Entlassungen vornehmen: Die Arbeitslosenzahlen stiegen unaufhörlich und erreichten schließlich die schwindelerregende Höhe von über 6 Millionen Erwerbslosen. Merkmale der Weltwirtschaftskrise waren Produktionseinbrüche, Firmenpleiten, sinkende Einkommen und rapide steigende Arbeitslosenzahlen. Im Gegensatz zum Krisenjahr 1923, in dem die Geldentwertung vor allem Sparer und Kapitalbesitzer getroffen hatte, traf die Weltwirtschaftskrise die gesamte Bevölkerung. Neben der Industrie erfasste die Krise auch das Bank- und Kreditwesen, sodass es zum Zusammenbruch des deutschen Bankensystems kam. Nach Konkursen verschiedener Großbanken verloren die Kunden ihre gesamten Spareinlagen und verarmten.

Heute weiß man, dass der „Schwarze Freitag" nicht alleiniger Auslöser der deutschen Wirtschaftskrise war, sondern den seit 1928 bestehenden Abschwung enorm beschleunigte. Zwischen 1928 und 1930 verdoppelte sich die Arbeitslosigkeit, weil die deutsche Exportwirtschaft unter hohen Einfuhrzöllen wichtiger Exportländer litt und auf deren Binnenmärkten nicht mehr konkurrenzfähig war.

Die Weltwirtschaftskrise trug entscheidend zum Verfall des parlamentarischen Systems von Weimar bei und begünstigte den Aufstieg der radikalen Parteien NSDAP und KPD.

M 2   „Ich suche Arbeit jeder Art!"
Foto, um 1931

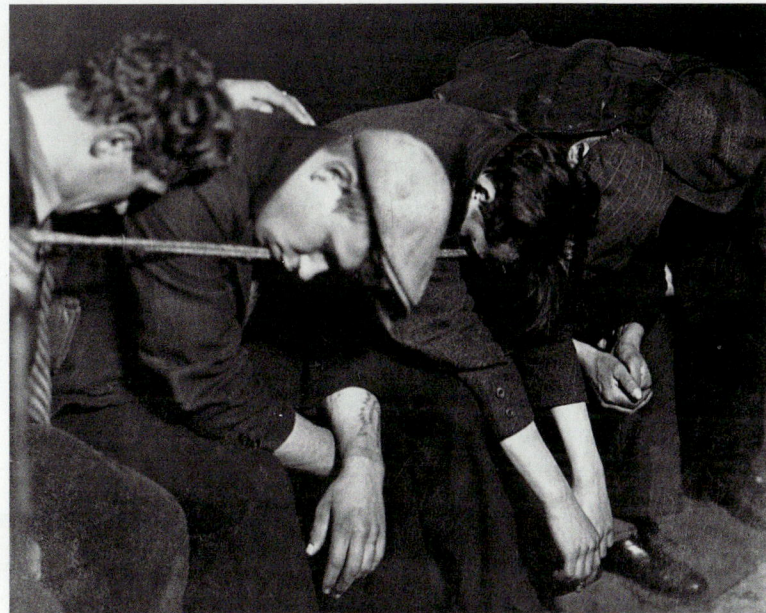

M 3   Schlafen „an der Leine"
Obdachlose ruhen sich für wenige Pfennige „an der Leine" aus, Berlin 1929.

Folgen der Weltwirtschaftskrise – Text- und Bildquellen im Vergleich

M 4 **„Wir suchen Arbeit"**

Aus einem Bericht über die Not arbeitsloser Familien (1932):

Wer offenen Auges auf den Hauptwanderstraßen Deutschlands, z. B. zwischen Berlin – der Uckermark – Mecklenburg und Pommern oder dem westdeutschen Industriegebiet – Mecklenburg – Berlin wandernde Familien
5 beobachtet hat, wer sie gesprochen und von ihrem Schicksal gehört hat, der sah in einen Abgrund tiefsten menschlichen Elendes. Vater, Mutter und eine ganze Schar trippelnder Kinder. Der Vater trägt einen schweren Rucksack oder zieht einen kleinen Handwagen. Die Mutter schiebt den Kinderwagen mit dem jüngsten oder den zwei jüngs- 10 ten Kindern inmitten von allem möglichen Hausrat und Kleidungsstücken. [...] Fragt man die einzelnen Familien nach dem Woher und Wohin, erhält man immer die gleiche Antwort: „Wir suchen Arbeit." [...]
So treffen die ehemals städtischen Arbeitslosen mit denen 15 vom Lande zusammen und ziehen in gleicher Not mit der gesamten Familie und allen Habseligkeiten von Ort zu Ort, in der Hoffnung, doch noch einmal Arbeit zu finden.

Zit. nach: Heinrich August Winkler, Der Weg in die Katastrophe, Bonn 1990, S. 40.

M 5 **Wartende Arbeitslose**
Hinterhof des Arbeitsamtes Hannover, Königsworther Platz, Frühjahr 1932

Aufgaben

1. Die Weltwirtschaftskrise
a) Erläutere die Ursachen der Weltwirtschaftskrise. Verwende dafür folgende Fachbegriffe: Börsencrash, Kapitalverkehr, Kredite und Investitionen.

b) Erläutere anhand der Quellen die wirtschaftlichen Folgen der Krise für die Bevölkerung in Deutschland.
↪ Text, M1 – M5

Umgang mit Fotografien

Das links abgebildete Foto (M5) entstand im Frühjahr 1932 und zeigt wartende Arbeitslose im Hinterhof des Arbeitsamts Hannover. Sie mussten sich dort einfinden, um Arbeitslosengeld zu bekommen. Der Fotograf war Walter Ballhause (1911 – 1991). Er stammte aus einfachen Verhältnissen, wurde Laborant und entdeckte dabei seine Vorliebe für die Fotografie. Mit einer geliehenen Kamera fotografierte er, der selbst arbeitslos war, in den 1930er-Jahren oft Arbeitslose. Dabei versuchte er, möglichst unauffällig zu agieren. Politisch stand er auf Seiten der Arbeiterbewegung und war Gegner der Nationalsozialisten. Im Unterschied zu anderen Fotografien wurde das vorliegende Bild erst spät entdeckt, dann aber immer wieder veröffentlicht. Im Archiv des Fotografen (www.ballhause-archiv.de) existiert ein Abzug, den Ballhause selbst hergestellt hat, im Format 21 x 23 cm mit der Erläuterung: „Hof des Arbeitsamtes Hannover, Frühjahr 1932".

Umgang mit Bildquellen

Bildquellen gibt es in verschiedenster Form, z.B. als Gemälde, als Karikaturen, als Fotografien. Jede dieser Gattungen hat besondere Merkmale, die bei der Erschließung berücksichtigt werden müssen. Gleichwohl gibt es grundsätzliche Fragen, die an jedes Bild gestellt werden können.

1. Urheber (Wer hat die Bildquelle geschaffen?): Stelle die wichtigsten Informationen über den Fotografen Walter Ballhause zusammen. Ziehe dazu unter Umständen ein Lexikon bzw. das Internet heran.

2. Adressat (Wer konnte das Bild sehen?):
a) Überprüfe anhand der Informationen zum Bild, ob das Foto damals publiziert wurde.
b) Das Foto wurde erst später berühmt. Suche nach Erklärungen.

3. Beschaffenheit (Wie ist das Bild im Original?):
a) Informiere dich über die Herstellung eines Fotos vor der Entstehung der digitalen Technik. Erläutere die Bedeutung der Begriffe „Negativ" und „Abzug".
b) Erörtere, ob es bei Fotos ein Original geben kann.

4. Gattung (Welche Art von Bild liegt vor?): Informiere dich über die Besonderheiten von Fotografien: Was sind die Besonderheiten in der Herstellung und Verbreitung im Unterschied zu anderen Bildgattungen?

5. Bildelemente (Was ist dargestellt?): Beschreibe genau, was im Einzelnen zu erkennen ist. Achte insbesondere auf die Schrift an der Wand der Lagerhalle.

6. Bedeutung der Bildelemente (Welche Bedeutung haben die dargestellten Elemente?):
a) Beschreibe, welche Wirkung die Umgebung auf den Betrachter ausübt.
b) Erschließe, welche Bedeutung die Diagonale der Wartenden für das Bild hat.
c) Im Jahr 1932 gab es drei Wahlen. Informiere dich mithilfe des Schulbuchs über die politische Situation in diesem Jahr. Erläutere dann die Bedeutung des Schriftzugs.

7. Darstellungsabsicht (Was wollte der Urheber zum Ausdruck bringen?):
a) Ist das Foto von Ballhause ein dokumentarisches Foto, das die Situation möglichst objektiv darstellen will? Nimm Stellung zu dieser Frage.
b) Walter Ballhause war politisch ein Anhänger der Arbeiterbewegung und Gegner der Nationalsozialisten. Erörtere, ob seine politische Einstellung sich im vorliegenden Foto widerspiegelt.
c) Vergleiche das Foto mit einem anderen Foto, das Ballhause am selben Ort fotografiert hat. Nenne Gemeinsamkeiten und Unterschiede. Recherchiere dazu unter: www.ballhause-archiv.de

Nach der Klärung der grundlegenden Fragen kann das Bild genauer im Hinblick auf die Kategorien Herrschaft, Wirtschaft, Gesellschaft und Weltdeutung untersucht werden.

8. Kategorie Herrschaft: Erläutere, inwiefern in dem Schriftzug auf der Wand der Aspekt Herrschaft zum Ausdruck kommt.

9. Kategorie Wirtschaft: Zeige, wie auf dem Foto die damalige Arbeitslosigkeit dem Betrachter gezeigt wird.

10. Kategorie Gesellschaft: Betrachte die Personen auf dem Foto. Erläutere, welche Informationen über die sozialen Verhältnisse am Ende der Weimarer Republik zu entnehmen sind.

11. Kategorie Weltdeutung: Erörtere, ob das Bild eine bestimmte Weltsicht vermittelt.

Abschließend kann das Bild aus heutiger Sicht beurteilt werden:

12. Erörtere, ob das Foto die Situation im Jahr 1932 zutreffend darstellt.

Der Aufstieg der NSDAP

München – „Stadt der Bewegung"

In der Zeit des **Nationalsozialismus** erhielt München den Beinamen „Stadt der Bewegung", denn hier war die „Nationalsozialistische Deutsche Arbeiterpartei" (NSDAP) entstanden. Sie ging hervor aus der im Jahr 1919 gegründeten „Deutschen Arbeiterpartei" und verstand sich im Gegensatz zu anderen politischen Vereinigungen nicht als Partei, sondern als eine alle Schichten des Volkes umfassende „Bewegung", an deren Spitze der „Führer" Adolf Hitler stand.

Basis für den Aufstieg der Partei war die nationalistische und rassistische Stimmung, die sich nach Niederschlagung der kommunistischen Räterepublik im Frühjahr 1919 in Bayern ausbreitete. Da führende Vertreter der Räterepublik Juden und Bolschewisten waren, hatte die NSDAP ein Feindbild, das der junge Adolf Hitler auf seinen Versammlungen beschwor. Er sah seine Aufgabe als „Trommler" der Bewegung, der die Massen mit aggressiven Reden aufpeitschte.

Dem aus Österreich stammenden Hitler, den der Weltkrieg aus der Bahn geworfen hatte, gelang es, den Parteigründer Drexler beiseite zu drängen und 1921 „Führer" der Partei zu werden. Sein unermüdlicher Einsatz als Redner bei Versammlungen verschaffte ihm in nationalistischen Kreisen einen Ruf als bedenkenloser Agitator, der die Massen begeistern konnte.

M 1 Adolf Hitler (1889 – 1945)
Sorgsam pflegte man Hitlers Erscheinungsbild in der Öffentlichkeit. Ungünstige Fotos wurden nicht veröffentlicht, Foto, 1933.

Der „Hitler-Putsch"

Im Oktober 1922 hatte Benito Mussolini, Führer der italienischen Faschisten, durch einen „Marsch auf Rom" die Macht in Italien errungen. Nach diesem Vorbild riskierte Hitler im Krisenjahr 1923 in München einen Putsch. Er wollte die Macht in Deutschland gewaltsam an sich reißen und das verhasste System der Weimarer Republik beseitigen. Da ihm jedoch die Unterstützung der führenden konservativen und militärischen Kreise fehlte, schlug das Unternehmen fehl.

Hitler wurde zu fünf Jahren Haft auf der Festung Landsberg verurteilt und die NSDAP verboten. In der Gefängniszelle, wo er bis zur vorzeitigen Entlassung seine Strafe verbüßte, entstand das Bekenntnisbuch „Mein Kampf", in dem Hitler seine politischen Vorstellungen darlegte. Diese waren durch einen extremen Antisemitismus – also Judenhass – und die Forderung nach Eroberung von „Lebensraum" im Osten gekennzeichnet.

Wechsel der politischen Strategie

Nach Neugründung der NSDAP 1925 gelang es Hitler, die zerstrittenen völkischen Gruppen in Deutschland auf seine Person zu vereinen und eine neue Strategie durchzusetzen: Wahlerfolge sollten nun statt eines gewaltsamen Putsches die Machtübernahme ermöglichen. Dass sie die Ordnung der Weimarer Republik zerstören wollten, verschwiegen die Nationalsozialisten nicht. Ihr Kurs beschränkte sich darauf, nur die formalen Spielregeln der Demokratie einzuhalten.

Die Einführung des Hitlergrußes – „Heil Hitler" – und die willige Unterordnung anderer NS-Größen zeigten, dass die NSDAP Adolf Hitler als unumstrittenen Führer anerkannte.

Eine straffe Organisation und die Gründung einer Jugendabteilung im Jahr 1926, aus der später die „Hitlerjugend" (HJ) hervorging, festigten die Macht des „Führers" und machten ihn auch bei der jüngeren Generation populär.

Der Aufstieg zur stärksten Partei

In der stabilen Phase der Weimarer Republik zwischen 1924 und 1929 blieben große Wahlerfolge aus. Erst 1930 gelang es der NSDAP, die Stimmenzahl deutlich zu steigern: Die Zahl ihrer Abgeordneten im Reichstag stieg sensationell von 12 auf 107. Aufgrund der sich verschärfenden Weltwirtschaftskrise erhielt die Partei großen Zulauf. Zwischen 1926 und 1930 wuchs die Mitgliederzahl von 32 000 auf 207 000. Im Januar 1933 hatte sie 850 000 Mitglieder.

Mit neuen Formen der Propaganda gelang es der Partei, Anhänger zu gewinnen. So benutzte Hitler als Wahlkämpfer ein Flugzeug und konnte jeden Tag in verschiedenen Orten Kundgebungen abhalten. Geschickt inszenierte Massenveranstaltungen, Aufmärsche mit Fahnen und Marschmusik und eine zentral gelenkte Parteipresse ließen die NSDAP als dynamische politische Bewegung erscheinen. Auf der anderen Seite dienten die „Sturm-Abteilung" (SA) und die „Schutz-Staffel" (SS) dazu, politische Gegner mit Straßen- und Saalschlachten einzuschüchtern. Diese militärisch organisierten Gruppierungen vermittelten ein Gemeinschaftsgefühl und bildeten die Basis des künftigen nationalsozialistischen Terrorregimes.

Zwischen 1930 und 1933 wurde die NSDAP so stark, dass führende Vertreter der Republik sie an der Regierung beteiligen wollten. Das scheiterte zunächst daran, dass Hitler die ganze Macht für sich beanspruchte. Wenn er später die Macht dennoch an sich reißen konnte, so verdankte er das der Entwicklung der NSDAP zu einer Massenbewegung und ihrem Aufstieg zur stärksten Partei im Reichstag.

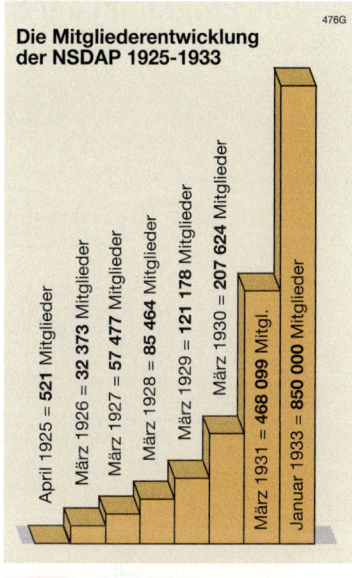

476G

Die Mitgliederentwicklung der NSDAP 1925-1933

April 1925 = **521** Mitglieder
März 1926 = **32 373** Mitglieder
März 1927 = **57 477** Mitglieder
März 1928 = **85 464** Mitglieder
März 1929 = **121 178** Mitglieder
März 1930 = **207 624** Mitglieder
März 1931 = **468 099** Mitgl.
Januar 1933 = **850 000** Mitglieder

M 2 **Die Mitgliederentwicklung der NSDAP 1925 – 1933**

M 3 **Hitler als Redner**
Adolf Hitler spricht im Berliner Lustgarten zur Reichspräsidentenwahl, Foto, 4.4.1932.

Das Programm der NSDAP von 1920 – Eine Textquelle analysieren

Grundsätzliches Programm
der nationalsozialistischen
Deutschen Arbeiter-Partei.

Das Programm der Deutschen Arbeiter-Partei ist ein Zeit-Programm. Die Führer lehnen es ab, nach Erreichung der im Programm aufgestellten Ziele neue aufzustellen, nur zu dem Zweck, um durch künstlich gesteigerte Unzufriedenheit der Massen das Fortbestehen der Partei zu ermöglichen.

1. Wir fordern den Zusammenschluß aller Deutschen auf Grund des Selbstbestimmungsrechtes der Völker zu einem Groß-Deutschland.
2. Wir fordern die Gleichberechtigung des deutschen Volkes gegenüber den anderen Nationen, Aufhebung der Friedensverträge in Versailles und St. Germain.
3. Wir fordern Land u. Boden (Kolonien) zur Ernährung unseres Volkes u. Ansiedelung unseres Bevölkerungs-Ueberschusses.
4. Staatsbürger kann nur sein, wer Volksgenosse ist. Volksgenosse kann nur sein, wer deutschen Blutes ist, ohne Rücksichtnahme auf Konfession. **Kein Jude kann daher Volksgenosse sein.**
5. Wer nicht Staatsbürger ist, soll nur als Gast in Deutschland leben können u. muß unter Fremdengesetzgebung stehen.
6. Das Recht, über Führung u. Gesetze des Staates zu bestimmen, darf nur dem Staatsbürger zustehen. Daher fordern wir, daß jedes öffentlich Amt, gleichgiltig welcher Art, gleich ob im Reich, Land oder Gemeinde nur durch Staatsbürger bekleidet werden darf. — Wir bekämpfen die korrumpierende Parlamentswirtschaft einer Stellenbesetzung nur nach Parteigesichtspunkten ohne Rücksichten auf Charakter und Fähigkeiten.
7. Wir fordern, daß sich der Staat verpflichtet, in erster Linie für die Erwerbs- u. Lebensmöglichkeit der Staatsbürger zu sorgen. Wenn es nicht möglich ist, die Gesamtbevölkerung des Staates zu ernähren, so sind die Angehörigen fremder Nationen (Nicht-Staatsbürger) aus dem Reiche auszuweisen.
8. Jede weitere Einwanderung Nicht-Deutscher ist zu verhindern. Wir fordern, daß alle Nicht-Deutschen, die seit 2. August 1914 in Deutschland eingewandert sind, sofort zum Verlassen des Reiches gezwungen werden.
9. Alle Staatsbürger müssen gleiche Rechte u. Pflichten besitzen.
10. Erste Pflicht jedes Staatsbürgers muß sein, geistig oder körperlich zu schaffen. Die Tätigkeit des Einzelnen darf nicht gegen die Interessen der Allgemeinheit verstoßen, sondern muß im Rahmen des Gesamten u. zum Nutzen Aller erfolgen.

Daher fordern wir:

11. Abschaffung des arbeits- und mühelosen Einkommens,

Brechung der Zinsknechtschaft.

12. Im Hinblick auf die ungeheuren Opfer an Gut und Blut, die jeder Krieg vom Volke fordert, muß die persönliche Bereicherung durch den Krieg als Verbrechen am Volke bezeichnet werden. Wir fordern daher **restlose Einziehung aller Kriegsgewinne.**
13. Wir fordern die Verstaatlichung aller bisher bereits vergesellschafteten (Trust's) Betriebe.
14. Wir fordern Gewinnbeteiligung an Großbetrieben.
15. Wir fordern einen großzügigen Ausbau der Alters-Versorgung.
16. Wir fordern die Schaffung eines gesunden Mittelstandes und seine Erhaltung, sofortige **Kommunalisierung der Groß-Warenhäuser** und ihre Vermietung zu billigen Preisen an kleine Gewerbetreibende, schärfste Berücksichtigung aller kleinen Gewerbetreibenden bei Lieferung an den Staat, die Länder oder Gemeinden.
17. Wir fordern eine unseren nationalen Bedürfnissen angepaßte Bodenreform, Schaffung eines Gesetzes zur unentgeltlichen Enteignung von Boden für gemeinnützige Zwecke. Abschaffung des Bodenzinses und Verhinderung jeder Bodenspekulation.
18. Wir fordern den rücksichtslosen Kampf gegen diejenigen, die durch ihre Tätigkeit das Gemein-Interesse schädigen. Gemeine Volksverbrecher, **Wucherer, Schieber** usw. sind **mit dem Tode zu bestrafen,** ohne Rücksichtnahme auf Konfession und Rasse.
19. Wir fordern Ersatz für das der materialistischen Weltordnung dienende römische Recht durch ein Deutsches Gemein-Recht.
20. Um jedem fähigen und fleissigen Deutschen das Erreichen höherer Bildung und damit das Einrücken in führende Stellungen zu ermöglichen, hat der Staat für einen gründlichen Ausbau unseres gesamten Volksbildungswesens Sorge zu tragen. Die Lehrpläne aller Bildungsanstalten sind den Erfordernissen des praktischen Lebens anzupassen. Das Erfassen des Staatsgedankens muß bereits mit Beginn des Verständnisses durch die Schule (Staatsbürgerkunde) erzielt werden. Wir fordern die Ausbildung geistig besonders veranlagter Kinder armer Eltern ohne Rücksicht auf deren Stand oder Beruf auf Staatskosten.
21. Der Staat hat für die Hebung der Volksgesundheit zu sorgen durch den Schutz der Mutter und des Kindes, durch Verbot der Jugendarbeit, durch Herbeiführung der körperlichen Ertüchtigung mittels gesetzlicher Festlegung einer Turn- und Sportpflicht, durch größte Unterstützung aller sich mit körperlicher Jugend-Ausbildung beschäftigenden Vereine.
22. Wir fordern die Abschaffung der Söldnertruppen und die Bildung eines Volksheeres.
23. Wir fordern den gesetzlichen **Kampf** gegen die **bewußte politische Lüge** und ihre Verbreitung durch die Presse. Um die Schaffung einer deutschen Presse zu ermöglichen, fordern wir, daß:
    a) Sämtliche Schriftleiter u. Mitarbeiter von Zeitungen, die in Deutscher Sprache erscheinen, Volksgenossen sein müssen.
    b) Nichtdeutsche Zeitungen zu ihrem Erscheinen der ausdrücklichen Genehmigung des Staates bedürfen. Sie dürfen nicht in deutscher Sprache gedruckt werden.
    c) Jede finanzielle Beteiligung an Deutschen Zeitungen oder deren Beeinflussung durch Nichtdeutsche gesetzlich verboten wird, u. fordern als Strafe für Uebertretungen die Schließung einer solchen Zeitung, sowie die sofortige Ausweisung der daran beteiligten Nichtdeutschen aus dem Reich. Zeitungen, die gegen das Gemeinwohl verstoßen, sind zu verbieten. Wir fordern den gesetzlichen Kampf gegen eine Kunst- u. Literatur-Richtung, die einen zersetzenden Einfluß auf unser Volksleben ausübt u. die Schließung von Veranstaltungen, die gegen vorstehende Forderung verstoßen.
24. Wir fordern die Freiheit aller religiösen Bekenntnisse im Staat, soweit sie nicht dessen Bestand gefährden oder gegen das Sittlichkeits- u. Moralgefühl der germanischen Rasse verstoßen. Die Partei als solche vertritt den Standpunkt eines positiven Christentums, ohne sich konfessionell an ein bestimmtes Bekenntnis zu binden. Sie bekämpft den jüdisch-materialistischen Geist **in** und **außer** uns und ist überzeugt, daß eine dauernde Genesung unseres Volkes nur erfolgen kann von **innen** heraus auf der Grundlage:

Gemeinnutz vor Eigennutz.

25. Zur Durchführung alles dessen fordern wir die Schaffung einer starken Zentralgewalt des Reiches.
Unbedingte Autorität des politischen Zentralparlaments über das gesamte Reich u. seine Organisationen im allgemeinen.
Die Bildung von Stände- und Berufskammern zur Durchführung der vom Reich erlassenen Rahmengesetze in den einzelnen Bundesstaaten.

Die Führer der Partei versprechen, wenn nötig unter Einsatz des eigenen Lebens, für die Durchführung der vorstehenden Punkte rücksichtlos einzutreten.

München, den 24. Februar 1920.   Für den **Partei-Ausschuß:** Anton Drexler

M 4   „Grundsätzliches Programm der NSDAP"

Die soziale Struktur der NSDAP – Statistisches Material und eine Darstellung

	Arbeiter	Selbstständige				Beamte		An-gestellte	Mithelfende Familien-angehörige (meist weibl.)	Ins-gesamt
		Land-wirte	Handwerker und Gewerbetreibende	Kauf-leute	Freie Berufe	Lehrer	Andere			
Im Reichs-gebiet (Volkszählung von 1925)	45,1	6,7	5,5	3,7	1,5	1,0	3,3	15,9	17,3	100
In der NSDAP vor dem 14.09.1930	28,1	14,1	9,1	8,2	3,0	1,7	6,6	25,6	3,6	100
Unter den neuen NSDAP-Mitgliedern (zwischen 14.09.1930 und 30.01.1933)	33,5	13,4	8,4	7,5	3,0	1,7	5,5	22,1	4,9	100

Erwerbstätige (in %)

Aus: Martin Broszat, Der Staat Hitlers, München 1969, S. 51

12407E

M 5   Soziale Struktur der NSDAP vor 1933

M 6   Eine moderne Integrationspartei

Der Politikwissenschaftler Jürgen Falter schreibt:

Es handelte sich bei der NS-Bewegung immer um eine sozial gemischte, sowohl für Arbeiter als auch für Mittel- und Oberschichtsangehörige – wenn auch in unterschiedlichem Maße – attraktive Partei: Von der Sozialstruktur ihrer
5 Mitglieder und Wähler her gesehen – wenn auch nicht von ihrem Programm oder ihrer Politik –, ist sie wohl am ehesten als moderne Integrationspartei zu charakterisieren, die sich unter dem Vorzeichen der Volksgemeinschaft bemühte, in ihrer Propaganda und mit Hilfe jeweils gruppenspezifisch formulierter Angebote und Versprechungen Angehörige aller Sozialschichten anzusprechen, was ihr auch 10 stärker als den anderen politischen Parteien gelungen zu sein scheint.

Jürgen W. Falter, Wahlen und Wählerverhalten unter besonderer Berücksichtigung des Aufstiegs der NSDAP nach 1928, in: Karl Dietrich Bracher, Manfred Funke, Hans-Adolf Jacobsen (Hg.), Die Weimarer Republik 1918–1933. Politik Wirtschaft Gesellschaft, 3. Aufl., Bonn 1998, S. 484–504, hier S. 496.

Aufgaben

1. Das Selbstverständnis der NSDAP
a) Setze dich mit dem Parteinamen „NSDAP" auseinander. Beachte dabei die Bedeutung der einzelnen Buchstaben.
b) Joseph Goebbels schrieb am 30. April 1928 in der Zeitung „Der Angriff": „Wir gehen in den Reichstag hinein, um uns im Waffenarsenal der Demokratie mit deren eigenen Waffen zu versorgen ... Wir kommen als Feinde! Wie der Wolf in die Schafherde einbricht, so kommen wir." Beurteile, ob die NSDAP diese Strategie umgesetzt hat.
↶ Text

2. Das Programm der NSDAP
a) Stelle die Hauptinhalte des Programms der NSDAP tabellarisch dar.
b) Erläutere die Forderung der NSDAP nach einem „Großdeutschland".

c) Weise mithilfe einzelner Bestimmungen nach, dass die NSDAP Gegner des demokratischen Systems war.
d) Skizziere das Staatswesen, das die NSDAP anstrebte.
↶ M4

3. Die soziale Struktur der NSDAP
a) Vergleiche die Sozialstruktur der NSDAP mit der Sozialstruktur Deutschlands.
b) Beurteile die besondere Attraktivität der NSDAP für bestimmte Bevölkerungsgruppen.
c) Gib die Ausführungen des Politikwissenschaftlers Jürgen Falter wieder.
d) Vergleiche die Aussagen Falters mit der Statistik über die soziale Struktur der NSDAP.
↶ M5, M6

Die Weltanschauung der Nationalsozialisten

Die Bedeutung der Ideologie

Die Ideologie des Nationalsozialismus war kein einheitliches, logisch schlüssiges Gedankengebäude, vielmehr wurden unterschiedliche, zum Teil in der deutschen Bevölkerung bereits verbreitete Vorstellungen zu einer „Weltanschauung" zusammengefügt. Nur mit der Kenntnis der Wirkung dieser „Weltanschauung" lässt sich etwa die Ermordung von Millionen Juden erklären.

Wichtig für die Analyse der nationalsozialistischen Ideologie ist zum einen das NS-Parteiprogramm von 1920, das bis 1945 unverändert blieb. Ebenso bedeutsam ist aber auch Hitlers Buch „Mein Kampf", dessen zweiter Teil Hitlers politische Grundsätze präsentierte. „Mein Kampf", rasch als „Bibel der Bewegung" bezeichnet, wurde zu einem zentralen Werk, an das viele Nationalsozialisten auf fast religiöse Weise glaubten.

Eckpfeiler der NS-Ideologie

Die nationalsozialistische Ideologie ruhte im Wesentlichen auf folgenden Eckpfeilern:

- Sozialdarwinismus: Der bereits Ende des 19. Jahrhunderts entstandene Sozialdarwinismus überträgt die Lehren Darwins, dass die der Umwelt am besten angepasste Art die größten Überlebenschancen hat, auf das Zusammenleben der Menschen, auf die Gesellschaft. Die Nationalsozialisten behaupteten in ihrer **„Rassenlehre"**, dass sich die Menschheit in höher- und minderwertigere Rassen gliedere. Demzufolge herrsche zwischen den Rassen ein Kampf, in dem sich die überlegenen Rassen durchsetzten, wobei die schwächeren Rassen zu Dienern/Sklaven würden oder untergingen. **Rassismus** spielte folglich in der NS-Ideologie eine große Rolle.

- Rassenantisemitismus: Anders als noch im Mittelalter, als sich der **Antisemitismus** zumeist auf religiöse Hintergründe berief, begründeten die Nationalsozialisten ihren Antisemitismus rassisch: Nicht das religiöse Bekenntnis, sondern biologische Merkmale entschieden über die Zugehörigkeit zum Judentum. Der Rassenantisemitismus war ein zentrales Element der nationalsozialistischen Weltanschauung. Hitler erklärte das Judentum zum „Weltfeind", der am „Unglück des deutschen Volkes" die Schuld trage. So war es den Nationalsozialisten möglich, der Bevölkerung einen Sündenbock und eine vermeintliche Erklärung für alle Missstände zu präsentieren. Der Weltkrieg war aus dieser Sicht das Werk „imperialistisch-jüdischer Mächte", der „Schandvertrag von Versailles" das Produkt „jüdisch-kapitalistischer Regierungen". Hauptschuldige an der allgemeinen Not Deutschlands waren die „jüdisch-marxistischen Novemberverbrecher", also die Gründer der Weimarer Republik.

- Antikommunismus und Antidemokratismus: Der Kommunismus war für die Nationalsozialisten die Weltanschauung des „internationalen Judentums", die es ebenso wie ihre Träger auszurotten galt. Internationalismus wurde als ein „Verrat" an nationalen Interessen betrachtet, Verfechter des Internationalismus galten als „Vaterlandsverräter". Bürgerlich-demokratische Herrschaftsformen verunglimpften die Nationalsozialisten als „Herrschaftsweise der Schwachen". Nach ihren Vorstellungen brachte eine politische Rechtegleichheit aller Bürger eines Staates ein schwaches Gemeinwesen hervor, das

M **1** **Urform von „Mein Kampf"**

Der noch wenig einprägsame Arbeitstitel von Hitlers „Mein Kampf" aus dem Jahr 1924 dazu diente, die „Starken" einer rassisch definierten Nation zu unterdrücken.

- „Volksgemeinschaft" und Führerkult: Die Deutschen bildeten für die Nationalsozialisten eine „Volksgemeinschaft", aus der Juden und andere „rassisch Unterlegene", Gegner des Regimes und „Asoziale" ausgeschlossen waren. An der Spitze der „Volksgemeinschaft" stand der „Führer" – „Führerprinzip" und Führerkult bildeten weitere Elemente der NS-Ideologie. Hitler wurde als „Erlöser" präsentiert, der von der „Vorsehung" dazu berufen war, das deutsche Volk zu einigen, es von den „Fesseln des Versailler Schandvertrages" zu befreien und zur Weltherrschaft zu führen.

- Lebensraumtheorie: Hitler behauptete, dass das deutsche Volk über zu wenig „Lebensraum" verfüge, um unabhängig von anderen Staaten existieren zu können. Zugleich verkündeten die Nationalsozialisten, dass „rassisch unterlegene" Völker über zu viel Lebensraum verfügten, der eigentlich der „arischen" Rasse zustehe. Neben dem Antikommunismus diente vor allem auch die Lebensraumtheorie als ideologische Begründung für den Krieg gegen die Sowjetunion.

Attraktivität für große Teile der Bevölkerung

Viele der hier aufgeführten Vorstellungen waren in der damaligen Zeit weit verbreitet und machten die NSDAP für unterschiedliche Wählergruppen und Bevölkerungskreise attraktiv. Obwohl es viele Widersprüche in der nationalsozialistischen Ideologie gab und sich im konkreten Handeln oftmals Abweichungen von der Weltanschauung ergaben, lassen sich doch viele Maßnahmen der Nationalsozialisten nur durch die Kenntnis dieser Ideologie erklären.

M 2 „Bilder deutscher Rassen"

In einem Schulungslager für Schulhelferinnen in Nürtingen, 1943

Grundlagen der NS-Ideologie – Hitlers Bekenntnisschrift „Mein Kampf"

M 3 „Mein Kampf"

In seinem Buch „Mein Kampf" entwickelte Hitler zentrale Aspekte seiner Weltanschauung:

Nein, der Jude besitzt keine irgendwie kulturbildende Kraft, da der Idealismus, ohne den es eine wahrhafte Höherentwicklung des Menschen nicht gibt, bei ihm nicht vorhanden ist und nie vorhanden war. Daher wird sein In-
5 tellekt niemals aufbauend wirken, sondern zerstörend und in ganz seltenen Fällen vielleicht höchstens aufpeitschend, dann aber als das Urbild der „Kraft, die stets das Böse will und stets das Gute schafft".

[...]

10 Da der Jude niemals einen Staat mit bestimmter territorialer Begrenzung besaß und damit auch nie eine Kultur sein eigen nannte, entstand die Vorstellung, als handle es sich hier um ein Volk, das in die Reihe der Nomaden zu rechnen wäre. Dies ist ein ebenso großer wie gefährlicher Irrtum.
15 Der Nomade besitzt sehr wohl einen bestimmt umgrenzten Lebensraum, nur bebaut er ihn nicht als sesshafter Bauer, sondern lebt vom Ertrage seiner Herden, mit denen er in seinem Gebiete wandert. Der äußere Grund hierfür ist in der geringen Fruchtbarkeit eines Bodens zu sehen, der
20 eine Ansiedlung einfach nicht gestattet. Die tiefere Ursache aber liegt im Missverhältnis zwischen der technischen Kultur einer Zeit oder eines Volkes und der natürlichen Armut eines Lebensraumes. Es gibt Gebiete, in denen auch der Arier nur durch seine im Laufe von mehr denn tausend
25 Jahren entwickelte Technik in der Lage ist, in geschlossenen Siedlungen des weiten Bodens Herr zu werden und die Erfordernisse des Lebens aus ihm zu bestreiten. Besäße er diese Technik nicht, so müsste er entweder diese Gebiete meiden oder sich ebenfalls als Nomade in dauernder Wan-
30 derschaft das Leben fristen, vorausgesetzt, dass nicht seine tausendjährige Erziehung und Gewöhnung an Sesshaftigkeit dies für ihn einfach unerträglich erscheinen ließe. Man muss bedenken, dass in der Zeit der Erschließung des amerikanischen Kontinents zahlreiche Arier sich ihr Leben
35 als Fallen-steller, Jäger usw. erkämpften, und zwar häufig in größeren Trupps mit Weib und Kind, immer herumziehend, sodass ihr Dasein vollkommen dem der Nomaden glich. Sobald aber ihre steigende Zahl und bessere Hilfsmittel gestatteten, den wilden Boden auszuroden und den
40 Ureinwohnern standzuhalten, schossen immer mehr Siedlungen in dem Lande empor.

[...]

Nein, der Jude ist kein Nomade; denn auch der Nomade hatte schon eine bestimmte Stellung zum Begriffe „Arbeit", die als Grundlage für eine spätere Entwicklung die-
45 nen konnte, sofern die notwendigen geistigen Voraussetzungen hierzu vorhanden waren. Die idealistische Grundanschauung aber ist bei ihm, wenn auch in unendlicher Verdünnung, gegeben, daher erscheint er auch in seinem ganzen Wesen den arischen Völkern vielleicht fremd,
50 allein nicht unsympathisch. Bei dem Juden hingegen ist diese Einstellung überhaupt nicht vorhanden; er war deshalb auch nie Nomade, sondern immer nur Parasit im Körper anderer Völker. Dass er dabei manchmal seinen bisherigen Lebensraum verließ, hängt nicht mit seiner Absicht
55 zusammen, sondern ist das Ergebnis des Hinauswurfes, den er von Zeit zu Zeit durch die missbrauchten Gastvölker erfährt. Sein Sich-Weiterverbreiten aber ist eine typische Erscheinung für alle Parasiten; er sucht immer neuen Nährboden für seine Rasse.[1]
60

[...]

Die völkische Weltanschauung glaubt keineswegs an eine Gleichheit der Rassen, sondern erkennt mit ihrer Verschiedenheit auch ihren höheren oder minderen Wert und fühlt sich durch diese Erkenntnis verpflichtet, gemäß dem ewi-
65 gen Wollen, das dieses Universum beherrscht, den Sieg des Besseren, Stärkeren zu fördern, die Unterordnung des Schlechteren und Schwächeren zu verlangen.[2]

[...]

Wo immer wir in der Welt Angriffe gegen Deutschland le-
70 sen, sind Juden ihre Fabrikanten. Die Gedankengänge des Judentums sind dabei klar. Die Bolschewisierung Deutschlands, d.h. die Ausrottung der nationalen völkischen deutschen Intelligenz und die dadurch ermöglichte Auspressung der deutschen Arbeitskraft im Joche der jüdischen
75 Weltfinanz ist nur als Vorspiel gedacht für die Weiterverbreitung dieser jüdischen Welteroberungstendenz. Werden unser Volk und unser Staat das Opfer dieser blut- und geldgierigen jüdischen Völkertyrannen, so sinkt die ganze Erde in die Umstrickung dieses Polypen; befreit sich
80 Deutschland aus dieser Umklammerung, so darf diese größte Völkergefahr als für die gesamte Welt gebrochen gelten.[3]

Adolf Hitler, Mein Kampf, München, 11. Aufl. 1932, (1) S. 332 ff., (2) S. 420 f., (3) S. 702 f.

Das Führerprinzip – Bild- und Textquellen analysieren

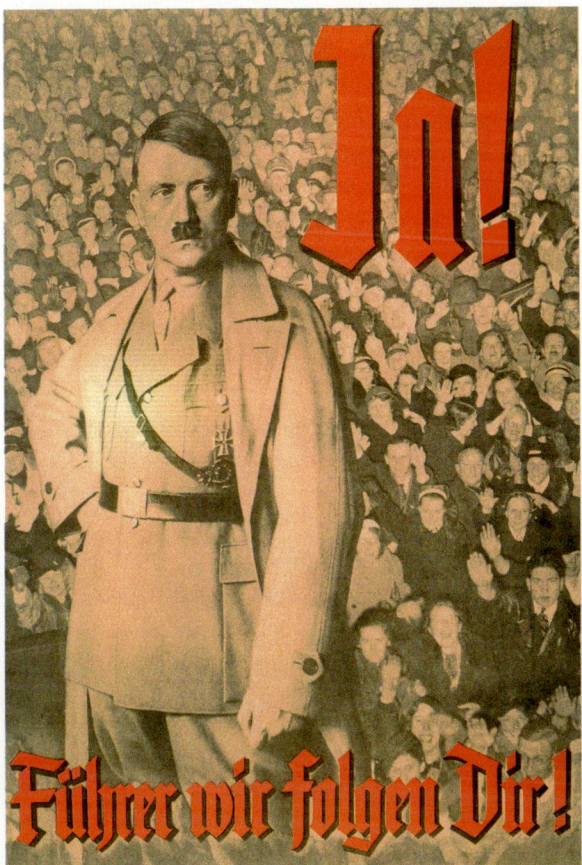

M 4 „Führer, wir folgen Dir!"
Propagandaplakat, 1934

M 5 Hitler über das Führerprinzip

a) In einem Tischgespräch im Führerhauptquartier führt Hitler aus (1941/42):

Unsere Demokratie baut sich dann auf dem Gedanken auf, dass
1. an jeder Stelle ein nicht von unten Gewählter, sondern ein von oben Auserlesener eine Verantwortung zu über- nehmen hat, bis zur letzten Stelle hin;   5
2. dass er unbedingte Autorität nach unten und absolute Verantwortung nach oben hat, zum Unterschied von sons- tigen Demokratien, die jeden von unten aussuchen, nach unten verantwortlich sein und nach oben mit Autorität aus- gestattet sein lassen – eine vollkommen wahnsinnige Ver-   10 kehrung jeder menschlichen Organisation […]

b) In „Mein Kampf" schreibt Hitler:

Denn eines soll und darf man nie vergessen: Die Majorität [Mehrheit] kann […] den Mann niemals ersetzen. Sie ist nicht nur eine Vertreterin der Dummheit, sondern auch der Feigheit […]
Es gibt keine Majoritätsentscheidungen, sondern nur ver-   5 antwortliche Personen, und das Wort „Rat" wird wieder zurückgeführt auf seine ursprüngliche Bedeutung. Jedem Mann stehen wohl Berater zur Seite, allein die Entschei- dung trifft ein Mann […]

Geschichte in Quellen, Bd. 5, 2. Aufl., München 1975, S. 293.

Aufgaben

1. **Die nationalsozialistische Ideologie**
   a) Nenne die Grundpfeiler der nationalsozialistischen Ideologie.
   b) Erkläre den Begriff „Rassenantisemitismus".
   c) In dem Buch „Mein Kampf" wird Hitlers Bild von den Juden deutlich. Stelle die Angriffe und Vorwür- fe, die Hitler äußert, zusammen.
   d) Weise nach, dass „Rassenlehre" und „Lebensraum" zentrale Begriffe der nationalsozialistischen Welt- anschauung waren.
   e) Nimm Stellung zu folgender Auffassung: „Das Gedankengut der Nationalsozialisten war in breiten Kreisen der Bevölkerung schon lange vorhanden."
   ⌐ Text, M3

2. **Das Führerprinzip**
   a) Nenne die wichtigsten Aspekte des Führerprinzips.

   b) Erkläre die Gründe dafür, dass das Führerprinzip Teilen der Bevölkerung attraktiv erschien.
   c) Zeige auf, dass das Führerprinzip demokratischen Prinzipien zutiefst widerspricht.
   ⌐ Text, M4, M5

3. **Kontroverse um „Mein Kampf" im Jahre 2016**
   a) Anfang 2016 darf Hitlers Schrift „Mein Kampf" in Deutschland frei erscheinen. Während der Text im Internet und in anderen Ländern bereits zu erhalten ist, soll er nun auch in Deutschland frei zugänglich sein. Sammelt Argumente, die für oder gegen eine Veröffentlichung sprechen.
   b) Diskutiert über den möglichen Einfluss von „Mein Kampf" auf heutige Jugendliche.
   ⌐ Text

Kunst und Kultur in der Weimarer Republik

Die „Kultur von Weimar"

Der Begriff der „Weimarer Kultur" und der Mythos der „Goldenen Zwanziger" zeugen von einer Blütephase des künstlerischen Schaffens im Deutschland der 1920er-Jahre. Diese war Ausdruck eines neuen Lebensgefühls, welches im markanten Gegensatz zum eher tristen politischen und wirtschaftlichen Alltag der ersten Republik auf deutschem Boden stand. In diese Zeit gehören Thomas Manns Roman „Der Zauberberg", Alfred Döblins „Berlin Alexanderplatz" und die „Dreigroschenoper" von Brecht und Weill ebenso wie der Aufstieg Marlene Dietrichs. Der Zerfall der Monarchie wirkte wie ein Startschuss, es war der Beginn einer neuen Ära. Viele Künstler brachen mit überkommenen Strukturen und nutzten die neue künstlerische Freiheit, um mit zuvor ungekannten Formen der Massenkultur zu experimentieren und zugleich auch scharfe Kritik an der Gesellschaft und an der Politik zu üben. In Kubismus, Futurismus, Dadaismus und anderen künstlerischen Strömungen versuchten die Künstler geradezu, sich gegenseitig an Radikalität und Experimentierfreude zu überbieten.

Kino und Radio erobern die Welt

Gehörten die Anfänge des Films noch in die wilhelminische Ära, so fiel der Durchbruch von Film und Radio in die Zeit der Weimarer Republik. Die Beliebtheit der Kinos steigerte sich noch, nachdem 1927 in den USA der Tonfilm aufgekommen war. Ende der 1920er-Jahre besuchten täglich etwa zwei Millionen Menschen die über 5000 Kinos in Deutschland. Die deutsche „Universum Film AG (UFA)" entwickelte sich zu einem der größten Filmimperien der Welt. 1930 gelang Marlene Dietrich mit dem ersten großen deutschen Tonfilm „Der blaue Engel" der Durchbruch zum Weltstar.

Musik als Ausdruck des Zeitgeistes

Parallel zum Film stieg auch das öffentliche Interesse an Radioprogrammen an. Zwischen 1923 und 1933 wuchs die Zahl der angemeldeten Rundfunkgeräte von knapp 10 000 auf über 5,4 Millionen. Durch das Medium Radio konnten erstmalig auch ausländische Musikrichtungen in Deutschland Fuß fassen und das kulturelle Leben bereichern. Neben der Bigband- und Swing-Musik, die allerdings erst in den 1930er-Jahren wirklich populär wurde, beeinflusste vor allem der Anfang des 20. Jahrhunderts im Süden der USA entstandene Jazz die Musikszene in Deutschland. Kultur und Politik waren zu dieser Zeit eng miteinander verwoben; oftmals stellte sich der künstlerische Innovationsgeist in den Dienst einer politischen Idee, manchmal wurde er aber auch als Gefahr für die gesellschaftliche Stabilität betrachtet. Musik im Allgemeinen und Jazz-Musik im Besonderen boten große Angriffsflächen für tradierte Denkmuster. Von konservativer Seite wurde mit kaum verhohlenem Rassismus eine angebliche „Entartung deutscher Kunst und Kultur" gebrandmarkt und mit allen Mitteln bekämpft.

Weltstadt Berlin

Zum Lebensstil der 1920er-Jahre gehörte nicht zuletzt das Tanzvergnügen, das durch amerikanische Einflüsse (z. B. Jazz-Musik) enorm an kultureller Vielfalt gewann. Die Prüderie des wilhelminischen Deutschland machte insbesondere in den Großstädten einer bis dahin nicht gekannten, hemmungslosen Vergnügungs-

M 1 „Der blaue Engel"
Filmplakat, 1930

M 2 Kabarett-Veranstaltung in Berlin
Werbeplakat, 1920

sucht Platz, die sowohl in den Schlagertexten als auch durch aufreizende Tänze und kleine Kabaretts ihren Ausdruck fand. Das Leben pulsierte, Berlin stieg als europäische Kulturmetropole an die Seite Londons auf. In der Stadt lebten und arbeiteten Persönlichkeiten wie Otto Dix, Bertolt Brecht, Kurt Tucholsky oder Arnold Zweig. Für einen publizistischen Aufschwung ohne Beispiel sorgten allein in Berlin etwa 150 Tages- und Wochenzeitungen.

Wissenschaft und Technik

Trotz der wirtschaftlichen, politischen und gesellschaftlichen Zäsur des Jahres 1918 behielt Deutschland in Fragen der Wissenschaft und Technik seinen ausgezeichneten Ruf in der Weimarer Zeit bei, nicht zuletzt aufgrund der deutschen Nobelpreisträger Max Planck, Fritz Haber, Carl Bosch, Albert Einstein und Werner Heisenberg. Die Entwicklung der zivilen Luftfahrt ist mit dem Namen Hugo Junkers verbunden. Der Durchbruch des Flugzeugs als Transportmittel erfolgte mit der 1926 in Berlin gegründeten „Deutschen Luft Hansa AG". Die Luftfahrtindustrie festigte den Ruf deutscher Wissenschaftler als Pioniere internationaler Spitzenforschung.

Das Feld der Wissenschaften blieb jedoch nicht frei von Instrumentalisierung, die politische Durchdringung des Wissenschafts- und Kulturbetriebs setzte sich nahtlos fort. Namhafte Wissenschaftler wie Albert Einstein, Fritz Haber und Max Born sahen sich aufgrund ihrer jüdischen Abstammung permanenten Anfeindungen ausgesetzt.

Wirtschaftskrise und Depression

Die rauschenden Partys der „Goldenen Zwanziger" fanden ihr jähes Ende in der Weltwirtschaftskrise von 1929, in deren Folge sich Arbeitslosigkeit und Verelendung in größtem Maßstab ausbreiteten. Die aus dem Verlust des sozialen Rückhalts resultierenden Existenzängste breiter Bevölkerungsschichten spiegelten sich auch in der Kunst wider: Hunger und Tristesse wurden zu Bildthemen der Milieumalerei und der Fotografie. Romane wie Alfred Döblins „Berlin Alexanderplatz" (1929) oder Hans Falladas „Kleiner Mann – was nun?" (1932) thematisierten die Perspektivlosigkeit der Bevölkerung und wurden damit zu bedeutenden Zeugnissen des damaligen Empfindens.

M 3   **Bühnenbild zu Ernst Tollers Schauspiel „Hoppla, wir leben", Berlin 1928**

Das Drama kritisiert in einer Szenenfolge die Gesellschaft zwischen 1923 und 1928. Die Inszenierung stammte von Erwin Piscator, das Bühnenbild von Traugott Müller. 1933 emigrierte Toller in die USA.

Instrumentalisierung von Musik und Literatur – Liedtexte interpretieren

M 4 Räte-Marseillaise (1920; Erich Mühsam)

Wie lange, Völker, wollt ihr säumen?
Der Tag steigt auf, es sinkt die Nacht.
Wollt ewig ihr von Freiheit träumen,
da schon die Freiheit selbst erwacht?
5 Vernehmt die Rufe aus dem Osten!
Vereinigt euch zu Kampf und Tat!
Die Stunde der Befreiung naht!
Lasst nicht den Stahl des Willens rosten!

10 [Refrain]
Auf, Völker, in den Kampf!
Zeigt euch der Brüder wert!
Die Freiheit ist das Feldgeschrei,
die Räte sind das Schwert!

15
Der Reiche bangt um seine Renten.
Er kauft der Wähler große Zahl,
und das Geschwätz in Parlamenten
beschützt sein heiliges Kapital.
20 Verlorne Mühe, auszujäten,
was fruchtbar aus dem Boden schießt!
Schweig, Reicher, still! Das Volk beschließt,
das freie Volk in seinen Räten!

[Refrain]
25
Auf, Arbeitsmann, Soldat und Bauer!
Schafft Räte aus den eignen Reihn!
Und stoßt damit die morsche Mauer
jahrhundertalter Knechtschaft ein!
30 Längst steht der Russe auf dem Walle.
Ihm folgt der tapfere Magyar.
Wie lange säumst du, Proletar?
Wie lange säumt ihr Völker alle?

35 [Refrain]

Es gilt den letzten Hieb zu führen.
Zu brechen gilt's den Herrscherwahn.
Lasst uns die Glut des Kampfes schüren.
40 Dem Sozialismus freie Bahn!
Was einst die Lehrer uns verkündet:
in Trümmer sinkt die alte Welt.
Auf ihre Räte Recht gestellt,
so stehn die Völker frei verbündet!
45
[Refrain]

Biografie

Erich Mühsam

1878:	Geburt in Berlin als Sohn eines jüdischen Apothekers
1901:	freier Schriftsteller in Berlin; Kontakte zur kommunistisch-anarchistischen Bewegung
ab 1904:	Vertreter des „literarischen Anarchismus" in Abgrenzung zu den bürgerlichen Normen
1914 – 18:	radikaler Kriegsgegner; erfolgloser Versuch, einen Internationalen Bund der Kriegsgegner zu gründen
1918:	radikaler Verfechter des Rätesystems; Beteiligung an der Novemberrevolution
1919:	neben Gustav Landauer und Ernst Toller eine der zentralen Figuren der Münchner Räterepublik
1919:	wegen Beteiligung an der Revolution zu 15 Jahren Haft verurteilt (1924: Amnestie)
1933:	Verhaftung durch die Nationalsozialisten
1934:	Ermordung durch SS-Männer im KZ Oranienburg

M 5 „Die Fahne hoch, die Reihen fest geschlossen" (1929; Horst Wessel)

Die Fahne hoch!
Die Reihen fest geschlossen!
SA marschiert
Mit ruhig festem Schritt
5 Kam'raden, die Rotfront
Und Reaktion erschossen,
Marschier'n im Geist
In unser'n Reihen mit

10 Die Straße frei
Den braunen Bataillonen,
Die Straße frei
Dem Sturmabteilungsmann!
Es schau'n aufs Hakenkreuz
15 Voll Hoffnung schon Millionen
Der Tag für Freiheit
Und für Brot bricht an

Zum letzten Mal
20 Wird zum Appell geblasen!
Zum Kampfe steh'n
Wir alle schon bereit.
Bald flattern Hitlerfahnen
Über allen Straßen.
25 Die Knechtschaft dauert
Nur noch kurze Zeit!

Die Fahne senkt!
Horst Wessel ist erschossen!
In unser'm Herzen
30 nur noch wach er lebt,
Dein rotes Blut, Kamerad,
Ist nicht umsonst geflossen,
D'rum doppelt hoch
Die Freiheitsfahne hebt!

Biografie

Horst Wessel

1907:	Geburt in Bielefeld als Sohn eines protestantischen Pfarrers
1923:	Parteimitglied der DNVP; Mitgliedschaft im „Bismarck-Bund" und dem „Wiking-Bund"
1926:	Beginn des Jura-Studiums; Eintritt in die SA
1929:	Veröffentlichung des Gedichts „Die Fahne hoch, die Reihen fest geschlossen" in der NSDAP Zeitung „Der Angriff"
1930:	Wessel wird von einem Mitglied des „Roten Frontkämpferbundes" (Albrecht Höhler 1898 – 1933) angeschossen und tödlich verletzt.
ab 1930:	Entstehung eines Horst-Wessel-Kultes; Stilisierung als „Blutzeuge der Bewegung"
1933:	Umbenennung des Berliner Bezirks Friedrichshain in „Horst-Wessel-Stadt"
1933:	Horst-Wessel-Lied avanciert zur offiziellen Nationalhymne (neben der ersten Strophe des Deutschlandliedes)

Aufgaben

1. **Kunst und Kultur**
   a) Erkläre die Erwartungshaltung der Zuschauer, die mit diesem Filmplakat erzeugt wird.
   b) Informiere dich über den Inhalt des Filmes und vergleiche den Inhalt mit dem Filmplakat.
   c) Beschreibe die wichtigsten Lebensstationen von Emil Jannings, Josef von Sternberg und Marlene Dietrich.
   d) Beurteile die Veränderungen in Kunst und Kultur im Hinblick auf das politische Denken der deutschen Bevölkerung.
   ⌒ Text, M1
2. **Politische Instrumentalisierung von Musik und Literatur**
   a) Vergleicht beide politischen Kampflieder der Zwischenkriegszeit unter folgenden Gesichtspunkten (legt dazu eine vergleichende Tabelle an):

   – An wen ist das Gedicht gerichtet? (Adressatenorientierung)
   – Welche Feindbilder werden erstellt? (Feindbilder)
   – Welche Kernbotschaften und Aufforderungen enthält es? (Zielsetzung)
   – Welche Mittel der Agitation werden verwendet? (Rhetorik)
   b) Beide Lieder geben als Ziel das Ende der „Knechtschaft" an (Z. 29 und Z. 25). Was verstehen beide politischen Extreme darunter und welches Geschichtsbild lässt sich dadurch ableiten?
   c) Vergleicht beide Biografien unter Zuhilfenahme eigener Internet- oder Literaturrecherchen. Wo liegen Unterschiede, wo Gemeinsamkeiten in der politischen Radikalisierung?
   ⌒ M4, M5, Internet

Jugendliche in der Zeit der Weimarer Republik

Bildung von Jugendorganisationen

Der Weltkrieg und der auf ihn folgende politische Umbruch von 1918/19 hatten das politische Interesse vieler Jugendlicher geweckt. Da zu Beginn der Republik zudem das Wahlalter von 25 auf 20 Jahre gesenkt wurde, waren die Parteien – anders als noch in der Kaiserzeit – sehr daran interessiert, diese potenzielle Wählergruppe für sich zu gewinnen. Rasch bildeten sie eigene Jugendorganisationen: von den Jungsozialisten (bereits vor dem Krieg) über die Demokratische Jugend der DDP und den Windthorstbund des Zentrums bis zur Hindenburgjugend der DVP und dem Bismarckbund der DNVP. Etwa 100 000 junge Menschen engagierten sich in diesen Gruppierungen, doch stellte sich bei vielen bald Enttäuschung ein. Das nüchterne politische Alltagsgeschäft blieb hinter den idealistischen Erwartungen zurück, und die wichtigen Fragen regelten die Älteren zumeist unter sich. So hieß es bei den Jugendlichen bald: „Raus aus den Parteien." Viele kehrten der Politik frustriert den Rücken, andere radikalisierten sich und gerieten an militante Gruppen wie die Freikorps und die nationalsozialistische SA.

Jugendbünde

Anders als die Parteien waren die politisch neutralen Jugendbünde weiterhin sehr populär. Sie reichten zurück bis zum Beginn des Jahrhunderts, als die Bewegungen der Pfadfinder und des „Wandervogels" entstanden. Die Jugendbünde grenzten sich bewusst gegen die Lebensform der älteren Generationen ab, die sie als oberflächlich, spießig und materialistisch empfanden. Stattdessen setzten sie auf Einfachheit, Naturverbundenheit und einen Kult der Gemeinschaft. Die Bünde veranstalteten Wanderfahrten ins Grüne, Lager und Heimabende und pflegten eine romantische Rückbesinnung auf Heimat und Natur. Die urbane, hektische Kultur der Weimarer Republik lehnten sie ebenso ab wie die moderne, industrielle Massengesellschaft überhaupt. Auch der Weimarer Demokratie standen die meisten von ihnen kritisch gegenüber. Dagegen wollten sie sich selbst und die Gesellschaft insgesamt zu freien, selbstbestimmten und solidarischen Menschen erziehen. Nach der Errichtung der NS-Diktatur wurden die Jugendbünde rasch in die Hitler-Jugend integriert oder verboten.

„Überflüssigen Generation"?

Nicht nur in politischer, auch in wirtschaftlicher Hinsicht fand sich die Jugend der Weimarer Republik am Rande der Gesellschaft wieder. Als die geburtenstarken Vorkriegsjahrgänge ins Erwerbsalter eintraten, reichten die Arbeitsplätze bei Weitem nicht aus, und so gab es schon vor der Weltwirtschaftskrise eine hohe Jugendarbeitslosigkeit. Ein Gefühl der Ausgrenzung und tiefen Unsicherheit über die eigene Zukunft als Angehörige einer „überflüssigen Generation" beherrschte viele junge Menschen. Nicht wenige von ihnen gaben der jungen Republik die Schuld an ihrer Misere und wandten sich von ihr ab. Hitler und die NS-Bewegung hatten leichtes Spiel, in diesem Reservoir der Unzufriedenen Stimmung für ihre Sache zu machen.

Jugendbünde in der Weimarer Republik – Zwei Quellen

M 2   Selbstverständnis der bündischen Jugend

*Der traditionsreiche Jugendbund „Alt-Wandervogel"
gab sich im August 1919 eine neue Ordnung. Aus dem
Aufruf des „Bundesführers" Ernst Buske:*

Wir müssen heraus aus der Lauheit und dem feigen Beste-
henlassen, heraus aus der Masse und dem Mitläufertum,
aus dem Oberflächlichen und Äußerlichen, heraus aus
dem leeren Dogma und der toten Theorie! Wir müssen zu-
5 rück zur sozialen Persönlichkeit, zur Tiefe und zum Wesen,
zurück zum wahren Leben! Wir müssen danach streben,
ganze Menschen zu werden und uns so in Selbstzucht und
Verantwortungsbewusstsein in den Volkszusammenhang
einzugliedern. – Wandern müssen wir wieder mit offenen
10 Augen, mit liebendem Herzen und helfender Hand! Unsere
deutschen Lande und Stammesbrüder wollen erwandert
sein, dass sie ganz mit uns eins werden! Und nicht allein
soll die Natur in ihrer Schönheit uns erfreuen, auch vor dem
Hässlichen und Schlechten wollen wir die Augen nicht ver-
15 schließen, auf dass wir einst wissen, wo es anders werden
muss!
Brüder, Schwestern! Ein Deutschland ist dahin. Wir klagen
darum nicht. Fest und entschlossen gehen wir unseren
Weg. Denn wir tragen in unserem Herzen in fester Liebe ein
20 anderes Deutschland, das uns kein Feind zerstören kann.
Und das wollen wir bauen! Die äußeren Einrichtungen im
Staat können wir jetzt nicht ändern. Aber die Menschen
ändern, das können wir! Und das ist die Hauptsache! Was
nützen uns die besten Einrichtungen, wenn die Menschen
25 schlecht und alt bleiben? Und da liegt unsere Aufgabe:
arbeiten an uns selbst, arbeiten am anderen, dass wir starke, ganze Menschen werden an Leib und Geist!

Bundesblatt des Alt-Wandervogels, Heft 8/9, August/September 1919; zitiert nach: Die deutsche Jugendbewegung 1920 bis 1933 – die bündische
Zeit, hrsg. von Werner Kindt, Düsseldorf 1974, S. 46.

M 3   Die „großen Dinge" und die Politik

*Zum Stellenwert politischen Engagements der Jugend-
bünde äußerte sich der „Deutschwandervogel" 1924:*

Dinge, die Aufgaben des Ganzen sind, können nur von umfassender Bedeutung sein, es kann sich nur um Ideen handeln, um Großes, das wie ein Schlag durch alle Herzen zu-
cken müsste. Um nur ein Beispiel zu nehmen: Es müssten
alle um den völkischen Gedanken ringen, alle sich mit 5
seinem Gegenteil auseinandersetzen und die Folgerungen
daraus ziehen.
Dann gibt es aber vieles andere, das da in der Jugendbewegung herumspukt und ganze Bünde mit Beschlag legen
möchte, ohne dass sie merken, dass sie hier einer Be- 10
schränkung anheimfallen. Vor allem gilt dies von der Politik, die ja heute gleichbedeutend mit Parteipolitik ist.
Wenn ein Bund als Ganzes sich politisch nennt, so hat er
sich in eine unglaubliche Verengung der Arbeitsmöglich-
keiten begeben, die ihn auf eine bedeutend niedrigere 15
Stufe herabdrückt. Niemals kann „Politik" Arbeit eines
ganzen Bundes sein. [...] Wenn] der Bund als Ganzes sie
allein betreibt, wird er einseitig, denn stets bedeutet eine
solche Tätigkeit, dass man sich nur auf das eine Gebiet
beschränkt und alles andere darüber vergisst. Wer z. B. der 20
„Politik" einmal verfallen ist, der kennt überhaupt nichts
anderes mehr. Und wir alle wissen, welche Plattheit das
Ergebnis einer solchen Tätigkeit ist. Es ist unsere Aufgabe,
zunächst einen umfassenden Blick zu haben, dann erst
spezielle Fragen in Angriff zu nehmen. 25

Deutschwandervogel, Blätter eines Bundes, Heft 4/5, August 1924; zitiert
nach: Die deutsche Jugendbewegung 1920 bis 1933 – die bündische Zeit,
hrsg. von Werner Kindt, Düsseldorf 1974, S. 241f.

Aufgaben

1. Jugendliche in der Weimarer Republik

a) Fasse das Selbstverständnis und den Stellenwert
der Jugendbünde aus deren Sicht in eigenen Worten zusammen.

b) Sammelt weitere Informationen zu Jugendgruppie-
rungen in der Weimarer Republik und erstellt hierzu
ein Lernplakat.

Text, M1 – M3, Internet

Gegner und Verteidiger der Republik – Zwei Jugendliche im Vergleich

M 4 Horst Wessel

Im folgenden Textauszug schildert Horst Wessel (1907–1930, vgl. Seite 121) seine frühe politische Tätigkeit, beginnend mit dem Eintritt in den „Bismarckbund", den Jugendverband der DNVP 1922:

An positiver Arbeit, etwa in politischer Richtung, wurde so gut wie nichts geleistet. Einem Teil der Mitglieder mochte das ja zusagen, das war der Teil, der nur seine Weibergeschichten im Kopf hatte, vornehmlich die höheren Schüler.
5 Der andere Teil, Jungarbeiter und Lehrlinge, stellte gewisse Anforderungen an geistige Vertiefung der politischen Weltanschauung. Das konnte aber in einem so ausgesprochen bürgerlichen Verein, wie ihn die Bismarckjugend ihrer ganzen Struktur nach tatsächlich darstellte, niemals in Erfül-
10 lung gehen. [...]
Noch während meiner Zugehörigkeit zum Bismarckbund kam ich mit dem „Wiking"[1] in Berührung. [...] Von der Zeit ab, Januar [19]24, begann für uns eine Zeit, die voll und ganz mit der Hingabe an die Bewegung erfüllt war. Wö-
15 chentlich 1x kamen wir zum Dienst in der Turnhalle zusammen. Sonntags fand in der Versuchsanstalt für Handfeuerwaffen regelmäßiger Unterricht im Schießen statt. Alles trug ein streng militärisches Gesicht [...]. So interessierten sich denn auch bald die Deutschnationalen und die Völki-
20 schen für uns und suchten uns in ihr Schlepptau zu nehmen. Wir beschränkten uns aber lediglich darauf, bei ihnen Saalschutz zu stellen, wenn sie ihre öffentlichen Versammlungen abhielten. Bei den Wahlen machten wir für beide Parteien Propaganda. Wir fuhren dann mit einem Lastkraft-
25 wagen kreuz und quer durch Berlin, wobei wir oftmals Gefechte und Zusammenstöße mit politischen Gegnern erlebten.

1 Nachfolgeorganisation der berüchtigten rechtsextremen „Organisation Consul"

Manfred Gailus und Daniel Siemens (Hg.), „Hass und Begeisterung bilden Spalier." Die politische Autobiografie von Horst Wessel, Berlin 2011, S. 85–103.

M 5 Heinz Kühn

Heinz Kühn (1912–1992), der spätere Ministerpräsident von Nordrhein-Westfalen, entstammte einer Kölner Arbeiterfamilie:

Im Oktober 1928 war es so weit, dass ich [...] zu den „Roten Falken" übertrat, einer jüngeren Abteilung der Sozialistischen Arbeiterjugend. [...] Die Heimabende der „Roten Falken" waren ärmlich. Doch das war nicht nur bei den Sozialisten so, sondern auch bei den anderen Jugend-
5 organisationen, die sich die Lebensform der alten Jugendbewegungen erhalten wollten, aber unter den Nazis größtenteils zugrunde gingen. Wir schliefen auf unseren Fahrten im Stroh der Scheunen, für 20 Pfennig oder einen Groschen, und waren dankbar, wenn wir am Morgen ein Glas
10 Milch ergatterten. Wenn wir uns winterabends in den liebevoll, aber prosaisch gepflegten Baracken der Arbeiterwohlfahrt trafen, musste jeder von daheim einen Brikett mitbringen, zum Teil der Mutter stehlen, da in unseren von der Arbeitslosigkeit geplagten oder bedrohten Familien auch
15 an Heizmaterial Mangel war. [...]
Mit 18 trat ich in die SPD ein und dann auch in das „Reichsbanner Schwarz-Rot-Gold", wobei ich selbst eine Jugendbanner-Hundertschaft leitete. [...] Ich hatte mittlerweile mein Universitätsstudium begonnen und war der Sozialis-
20 tischen Studentengruppe beigetreten. Die Arbeiterwohlfahrt bemühte sich insbesondere um die jungen Arbeitslosen wie die anderen Richtungen auch. [...] Aber die Konkurrenz war groß. Die SA unterhielt mit ihren Suppenküchen, für die die Unternehmer Geld spendeten, Einrich-
25 tungen, wo es SA-Uniformen gratis gab gegen Eintritt in die Sturmabteilung der NSDAP. Und bald wurden aus Kneipen, die als Verkehrslokale des Rotfrontkämpferbundes[1] bekannt waren, Nazilieder über die Straßen gebrüllt – sie hatten also die Farbe gewechselt. [...]
30 Ich entsinne mich noch einer Versammlung im Oberbergischen, einer Domäne des nachmaligen Arbeitsfrontführers[2] Robert Ley. Ich sollte über das Thema sprechen „Hitlers Sieg bedeutet Krieg nach außen und Unterwerfung des Volkes nach innen" – ein Lastwagen voller Reichsbanner-
35 männer in Uniform war mir als Saalschutz mitgegeben worden. Als wir ankamen, war der Saal schon voll – von SA-Leuten, die uns mit einem Höllenlärm empfingen. Es war klar, da war keine Versammlung mehr möglich, die SA wollte eine Prügelei. Nachdem der mehrfache Versuch einer
40 argumentativen Versammlungsführung am Geschrei der SA gescheitert war, blieb mir nur noch der Ausweg, wie Thomas Mann „mein Herz in Polemik zu waschen". Als ich Goebbels einen „Giftzwerg" genannt hatte, brach die Hölle los.
45

1 Kampfverband der KPD
2 Einheitsverband der Arbeitnehmer und Arbeitgeber im Nationalsozialismus

Rudolf Pörtner (Hg.), Alltag in der Weimarer Republik. Kindheit und Jugend in unruhiger Zeit, Düsseldorf 1993, S. 286–293.

„Überflüssige Generation"? – Mit einem Gedicht arbeiten

M 6   **Erich Kästner: Das Riesenspielzeug, 1932**

Eins habt ihr leider nicht bedacht:
dass Kinderhaben auch verpflichtet.
Ihr wart auf uns nicht eingerichtet,
ihr habt uns nur zur Welt gebracht.

5

Ihr habt uns mancherlei gelehrt,
Latein und Griechisch, bestenfalles,
nun sind wir groß, doch das ist alles.
Und was ihr lehrtet ist nichts wert.

10

Ihr habt uns in die Welt gesetzt.
Wer hatte euch dazu ermächtigt?
Wir sind nicht existenzberechtigt
Und fragen euch: Und was wird jetzt?

15

Schon sind wir eine Million!
Wir waren fleißig und gelehrig.
Und ihr? Ihr schickt uns, minderjährig,
fürs ganze Leben in Pension.

20

Wir leben wie im Krankenhaus
und lassen uns von euch verwalten.
Wir werden von euch ausgehalten
und halten das nicht länger aus!

25 Sind wir denn da, um nichts zu tun?
Wir, die gebornen Arbeitslosen,
verlangen Arbeit, statt Almosen
und fragen euch: Und was wird nun?

30 Einst wusstet ihr noch euren Text,
als ihr uns noch für Puppen hieltet
und wie mit Spielzeug mit uns spieltet.
Doch wir sind Spielzeug, welches wächst!

35 Auf eigne Rechnung und Gefahr
will jeder, was er lernte, nützen.
Die Tage regnen in die Pfützen,
und jede Pfütze wird ein Jahr.

40 Die Zeit ist blind und blickt uns an.
Die Sterne ziehn uns an den Haaren.
Das ganze Leben ist verfahren,
noch ehe es für uns begann.

45 Vernehmt den Spruch des Weltgerichts:
Ihr gabt uns seinerzeit das Leben,
jetzt sollt ihr ihm den Inhalt geben!
Dass ihr uns liebt, das nützt uns nichts.

Zit. nach: Weltbühne 27 (1931), S. 791.

Aufgaben

**1. Gegner und Verteidiger der Republik –
zwei Jugendliche im Vergleich**

a) Recherchiere weitere Informationen über Horst Wessel und Heinz Kühn und erstelle kurze Lebensläufe.

b) Stellt die Kernaussagen der Texte von Horst Wessel und Heinz Kühn in einer Tabelle gegenüber.
   ↶ Text, M4, M5

2. „Überflüssige Generation" – Mit einem Gedicht arbeiten

a) Fasse die Strophen des Gedichtes von Erich Kästner jeweils in einem Satz zusammen und arbeite die Grundaussage heraus.

b) Nimm schriftlich Stellung zu der Aussage: Die Jugend in der Weimarer Republik war „eine überflüssige Generation!"
   ↶ Text, M6

Fragebogen zum Thema: Die Weimarer Republik

Hinweis: Die folgende Tabelle dient der Selbsteinschätzung deiner erworbenen Kenntnisse und Fähigkeiten. Die Auflistung erhebt nicht den Anspruch, vollständig zu sein. Es handelt sich um eine Auswahl, die ggf. erweitert werden kann. In

Ich kann …	Ich bin sicher. ☺	Ich bin ziemlich sicher. 😐	Ich bin noch unsicher. 🙁	Ich habe große Lücken. ☹
… den Verlauf der Novemberrevolution wiedergeben.				
… die wichtigsten Prinzipien der Weimarer Verfassung erläutern.				
… die Namen der wichtigsten Parteien der Weimarer Republik nennen und ihre Stellung gegenüber der Weimarer Republik erläutern.				
… die Auswirkungen des Versailler Vertrages auf Deutschland erklären.				
… den Begriff „Dolchstoßlegende" erklären.				
… die Bedeutung des Jahres 1923 für die Weimarer Republik erläutern.				
… die politische Bedeutung der Präsidialkabinette einschätzen.				
… die Ursachen und den Verlauf der Weltwirtschaftskrise beschreiben.				
… den Begriff „Goldene Zwanziger" erläutern.				
… die wichtigsten Gründe für den Aufstieg der NSDAP benennen.				
… die wichtigsten Elemente der nationalsozialistischen Ideologie erklären.				
…				
…				

Bitte beachte: Kopiere die Seiten, bevor du mit ihnen arbeitest.

der rechten Spalte findest du Hinweise, wie du eventuell vorhandene Lücken oder auch Unsicherheiten beseitigen kannst.

→ **Bitte kopiere die Seiten, bevor du mit ihnen arbeitest.**

Auf diesen Seiten kannst du in HORIZONTE nachlesen	Empfehlungen zur Übung, Wiederholung und Festigung
86 – 89	Erstelle einen Zeitstrahl zum Thema: „Der Verlauf der Novemberrevolution".
90 – 91, 16 – 18	Erkläre drei wichtige Unterschiede und Gemeinsamkeiten zwischen den Verfassungen des Deutschen Kaiserreichs und der Weimarer Republik.
90 – 93	Stelle in einer Tabelle die wichtigsten Parteien der Weimarer Republik und ihre politischen Ziele gegenüber.
94 – 97	Nimm Stellung zu folgender These: „Der Versailler Vertrag barg große Gefahren für die innenpolitische Stabilität in Deutschland."
94 – 95	Verfasse einen Artikel für ein Schülerlexikon zum Begriff „Dolchstoßlegende".
104 – 105, 110 – 111	Finde Argumente dafür, dass das Jahr 1923 eines der schlimmsten Krisenjahre der Weimarer Republik war.
90 – 100, 102	Verfasse einen Sachtext zum Thema: „Die Bedeutung des Artikels 48 der Reichsverfassung für die politischen Entscheidungen in Deutschland."
106 – 108	Erstelle ein Schaubild zum Thema: „Die Auswirkungen der Weltwirtschaftskrise".
118 – 119	Beurteile folgenden Satz: „Die Bezeichnung die ‚Goldenen Zwanziger' für die Jahre 1924 bis 1928/29 ist nicht angemessen."
110 – 113	Bewerte die Bedeutung der Weltwirtschaftskrise für den Aufstieg der NSDAP zur stärksten Partei im Reichstag.
114 – 117	Zeige auf, dass der Sozialdarwinismus eine wichtige Grundlage für die NS-Ideologie war.

M 1   **Fackelzug der SA durch das Brandenburger Tor, 30. Januar 1933**

So feierten die Nationalsozialisten Hitlers „Machtergreifung".

Da es keine brauchbaren Fotos hiervon gab, stellte die NSDAP die Szene für einen Propagandafilm im Sommer 1933 nach.

Die Nationalsozialisten erhalten die Macht

30. Januar 1933: Adolf Hitler ist Reichskanzler

Dieser Tag gilt als Beginn der nationalsozialistischen **Diktatur** und als entscheidendes Datum der deutschen Geschichte. In zeitgenössischen Zeitungsmeldungen, Briefen und Augenzeugenberichten erschien er als Tag wie jeder andere. Nach den kurzen Amtszeiten der Reichskanzler v. Papen und v. Schleicher kam – so die Wahrnehmung vieler Menschen – nur eine weitere Regierung an die Macht.

Nach langen Verhandlungen hatte Reichspräsident Hindenburg Adolf Hitler am Abend des 30. Januar 1933 zum Reichskanzler ernannt. Als ein Fackelzug der SA durchs Brandenburger Tor marschierte, erwarteten die wenigsten, dass Hitler und seine Anhänger in nur wenigen Monaten die gesamte Macht an sich reißen könnten. Viele glaubten, Hitler würde nach kurzer Zeit scheitern.

„Machtergreifung" oder Machtübergabe?

Hitlers Bündnispartner waren der parteilose Franz von Papen und Alfred Hugenberg (DNVP). In Verkennung der wirklichen Machtverhältnisse wollten sie die NSDAP dazu benutzen, eine autoritäre Regierung zu errichten. So stellten die Nationalsozialisten im Kabinett nur drei Minister, denen acht Konservative gegenüberstanden. Papen behauptete einige Tage bevor Hitler Reichskanzler wurde: „In zwei Monaten haben wir Hitler in die Ecke gedrückt, dass er quietscht." Dass dies eine gefährliche Fehleinschätzung war, zeigte sich bald.

Der Nationalsozialist Wilhelm Frick, als Innenminister zuständig für die innere Sicherheit, befehligte die Polizei. Hermann Göring erhielt bald die kommissarische Leitung des preußischen Innenministeriums und hatte so entscheidenden Einfluss auf das größte deutsche Land. Die Nationalsozialisten nutzten also

M 2 Kabinett der „nationalen Erhebung", Foto vom 30.1.1933

Vorn (von li. nach re.): Göring (NSDAP, ohne Geschäftsbereich), Hitler (NSDAP, Reichskanzler), Papen (parteilos, Vizekanzler).

Hinten (von li. nach re.): Seldte (Stahlhelm, Arbeitsminister), Gereke (Deutsche Bauernpartei, Reichskommissar für Arbeitsbeschaffung), Graf Schwerin von Krosigk (parteilos, Finanzminister), Frick (NSDAP, Innenminister), Blomberg (parteilos, Reichswehrminister), Hugenberg (DNVP, Wirtschafts- u. Landwirtschaftsminister)

ihre politischen Möglichkeiten konsequent aus. Hinzu kam, dass sie im Unterschied zu den anderen Ministern von einer dynamischen Massenpartei unterstützt wurden, die zu jedem Gewaltakt bereit war.

Zunächst fürchteten die Nationalsozialisten, dass sich die Arbeiterschaft durch einen Generalstreik gegen die Regierung wenden könnte oder Bürger gegen den Raub ihrer Freiheitsrechte protestieren würden. Anfangs gab es zwar Proteste und auch Beschwerden bei den Gerichten. Aber die bürgerlichen Gruppierungen waren zu schwach und zerstritten. Auch erreichten SPD und KPD keinen Zusammenschluss, da die KPD das kapitalistische System stürzen, die SPD aber auf dem Boden der Verfassung bleiben wollte. Außerdem lehnte die SPD ein Generalstreikangebot der KPD ab.

Aus Uneinigkeit und Zwietracht übergab man Hitler also die Macht, die er mithilfe der NSDAP schnell und rücksichtslos für seine Ziele ausnutzte. Auf scheinbar legalem Weg wurde die Macht ausgebaut.

Erste Schritte zur Sicherung der Macht

Bedingung für Hitlers Regierungsübernahme war die Auflösung des Reichstags, die schon am 1. Februar 1933 erfolgte. Den Wahlkampf nutzte die NSDAP für eine Propagandaschlacht, der die anderen Parteien wenig entgegenzusetzen hatten, da eine Notverordnung ihre Arbeit massiv einschränkte.

Am 27. Februar brannte das Berliner Reichstagsgebäude. Der holländische Kommunist Marinus van der Lubbe wurde dafür zum Tode verurteilt. Seine Schuld konnte allerdings nie zweifelsfrei festgestellt werden. Viele Zeitgenossen glaubten, dass die Nationalsozialisten selbst den Brand gelegt hatten. Der Reichstagsbrand war für sie ein willkommener Anlass, die Tat den Kommunisten und Sozialdemokraten zur Last zu legen. Bereits am nächsten Tag wurde die Notverordnung „zum Schutz von Volk und Staat" erlassen. Sie setzte wichtige Grundrechte wie freie Meinungsäußerung und Versammlungsfreiheit außer Kraft und

DER MARSCHALL UND DER GEFREITE

KÄMPFEN MIT UNS FÜR FRIEDEN UND GLEICHBERECHTIGUNG

M 3 Wahlplakat der NSDAP

Reichstagswahl, 5. März 1933

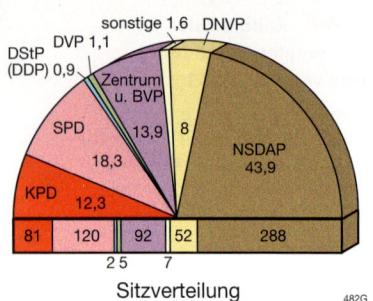

Sitzverteilung

482G

M 4   Ergebnisse der Reichstagswahlen vom 5.3.1933

(Stimmen in %)

erlaubte Hausdurchsuchungen und Festnahmen. Politische Gegner wurden ohne Gerichtsverfahren in „Schutzhaft" genommen und Ende März 1933 wurden die ersten Konzentrationslager eingerichtet. Nur wenige protestierten gegen die Welle von Verhaftungen, Folterungen und Tötungen.

Das „Ermächtigungsgesetz"

Die Reichstagswahl vom 5. März 1933 lässt sich wegen der massiven Behinderung politischer Gegner nicht als „frei" bezeichnen – dennoch verfehlte die NSDAP mit 43,9 % die absolute Mehrheit. Um die bürgerlichen Parteien für sich zu gewinnen, inszenierten die Nationalsozialisten die feierliche Eröffnung des neuen Reichstags als „Tag von Potsdam". Geladen waren in die Potsdamer Garnisonkirche – Begräbnisort Friedrichs des Großen – Vertreter der Parteien (außer SPD und KPD), der SA, des Militärs und der Wirtschaft sowie Fürsten und Generäle des untergegangenen Kaiserreiches. Hitler gab sich betont konservativ und beruhigte so Monarchisten und Bürgerliche. Seine Verneigung vor Hindenburg galt als Symbol für die Versöhnung des „alten" mit dem „jungen" Deutschland, das Hitler als „Drittes Reich" bezeichnete.

Damit war der Weg frei für das „Gesetz zur Behebung der Not von Volk und Reich" – dem sogenannten „Ermächtigungsgesetz" –, das der Reichstag am 23. März 1933 verabschiedete. Es ermächtigte die Regierung, ohne Zustimmung des Reichstags und Gegenzeichnung durch den Reichspräsidenten Gesetze zu erlassen. Das bedeutete die Übertragung der gesetzgebenden Gewalt auf die Regierung und ein Ende der Demokratie.

In dieser entscheidenden Reichstagssitzung marschierten Männer der SA auf, die die SPD-Abgeordneten bedrohten und beschimpften. Die 81 Abgeordneten der KPD waren bereits verhaftet oder untergetaucht. Am Ende erhielt das Gesetz die verfassungsändernde Zweidrittelmehrheit; nur die Abgeordneten der SPD stimmten dagegen.

Die NSDAP wird Staatspartei

Danach gingen die Nationalsozialisten rigoros gegen die Arbeiterschaft und ihre Organisationen vor. Der 1. Mai, seit Jahrzehnten der Tag, an dem die Arbeiter ihre Forderungen öffentlichkeitswirksam erhoben, wurde „Tag der nationalen Arbeit" und als Feiertag mit Massenveranstaltungen begangen. Wenig später wurden die freien Gewerkschaften zerschlagen, ihr Vermögen eingezogen und viele Funktionäre verhaftet. Als Ersatz wurde die „Deutsche Arbeitsfront" (DAF) gegründet, eine Organisation der NSDAP, die Arbeiter und Unternehmer unter Schirmherrschaft des „Führers" zusammenschloss. Danach folgten Verbote der KPD und SPD.

Bis Juli 1933 lösten sich die restlichen Parteien unter massivem Druck selbst auf – mit einer Widerstandslosigkeit, die sogar Hitler überraschte. Dies geschah mit einer Mischung aus Resignation und Furcht. Das „Gesetz gegen die Neubildung von Parteien" vom 14. Juli 1933 machte die NSDAP zur Staatspartei. Parteienpluralismus, Meinungsvielfalt und das Parlament waren ausgeschaltet, Deutschland eine Diktatur geworden.

Die Nationalsozialisten hatten nur ein halbes Jahr gebraucht, um ihre Machtposition zu festigen, politische Gegner auszuschalten und die demokratische Ordnung der Weimarer Republik zu beseitigen. Erst die Ernennung Adolf Hitlers zum Reichskanzler am 30. Januar 1933 hatte allerdings diesen Prozess ermöglicht, auch wenn das damals für viele Zeitgenossen nicht erkennbar war.

„Machtergreifung" Hitlers im Spiegel von Quellen – Perspektiven erfassen

M 5   Tagebucheintragungen

a) Luise Solmitz, Lehrerin aus Hamburg, schrieb am 30. Januar 1933 in ihr Tagebuch:

Hitler ist Reichskanzler! Und was für ein Kabinett!!! Wie wir es im Juli nicht zu erträumen wagten. Hitler, Hugenberg, Seldte, Papen!!! An jedem hängt ein großes Stück meiner deutschen Hoffnung. Nationalsozialistischer Schwung,
5 deutschnationale Vernunft, der unpolitische Stahlhelm und der von uns unvergessene Papen. Es ist so unausdenkbar schön, dass ich es schnell niederschreibe, ehe der erste Missklang folgt, denn wann erlebt Deutschland nach herrlichstem Frühling einen gesegneten Sommer? Wohl
10 nur unter Bismarck. Was Hindenburg da geleistet hat!

Zit. nach: Joseph u. Ruth Becker (Hg.), Hitlers Machtergreifung 1933, München, 3. Aufl., 1993, S. 31.

b) Der SPD-Politiker Julius Leber wurde 1945 von den Nationalsozialisten hingerichtet. Am 30. Januar 1933 schrieb er in sein Tagebuch:

Jetzt steht es klar vor aller Augen: Hitler Kanzler – Papen Vizekanzler – Hugenberg Wirtschaftsminister. Was wird diese Regierung tun? Ihre Ziele kennen wir. Von ihren nächsten Maßnahmen weiß niemand.
5 Ungeheuer sind die Gefahren. Aber unerschütterlich ist die Festigkeit der deutschen Arbeiterschaft. Wir fürchten die Herren nicht. Wir sind entschlossen, den Kampf aufzunehmen.

Zit. nach: Joseph u. Ruth Becker (Hg.), Hitlers Machtergreifung 1933, München, 3. Aufl., 1993, S. 32.

M 6   „Fahrschule Hugenberg"

Zeitgenössische Karikatur von 1933 aus der sozialdemokratischen Zeitung „Vorwärts"

M 7   Bericht der New York Times

Die amerikanische Zeitung schrieb am 31.01.1933:

An die Spitze der deutschen Republik ist ein Mann gestellt worden, der sie öffentlich verhöhnt und geschworen hat, sie zu vernichten, sobald er die persönliche Diktatur errichtet hätte, die sich zum Ziel gesetzt zu haben er sich gerühmt hat. Sollte er die wilden Worte seiner Wahlreden in 5 politisches Handeln umzusetzen suchen, so hätte er eine Mehrheit des Kabinetts, die er hat akzeptieren müssen, entschieden gegen sich [...] Von allen Sicherungen ist die beste, dass Präsident Hindenburg Oberster Befehlshaber bleibt und bereit ist, Hitler gegebenenfalls so schnell abzu- 10 setzen, wie er ihn berufen hat [...]

Zit. nach: Geschichte in Quellen, Band V, 2. Aufl., München 1975, S. 275f.

Fahrschule Hugenberg

Hugenberg zu Papen: „Der Neuling da vorn mag sich ruhig einbilden zu lenken, die wirkliche Steuerung des Wirtschaftskurses haben wir!"

Aufgaben

1. Die Machtübernahme der NSDAP

a) Die NSDAP hatte im neuen Kabinett keine Mehrheit. Erkläre, dass die von den Nationalsozialisten eingenommenen Positionen dennoch entscheidend für die Sicherung der Macht waren.

b) Erkläre die Bedeutung des Fackelzugs durch das Brandenburger Tor in der Nacht des 30. Januar 1933.

c) Überprüfe die Karikatur aus dem „Vorwärts" auf ihren historischen Wahrheitsgehalt.

d) Vergleiche die Meinungen und Stimmungen von Julius Leber und Luise Solmitz zum 30. Januar 1933.

e) Analysiere die Position der New York Times.

f) Nimm kritisch zu den Begriffen „Machtergreifung", „Machtübernahme" und „Machtübergabe" für die Ereignisse des 30. Januar 1933 Stellung.

⌐ Text, M1, M2, M5, M6, M7

Das „Ermächtigungsgesetz" – Bild- und Textquellen

M 8 „Ermächtigungsgesetz"

Aus dem „Gesetz zur Behebung der Not von Volk und Reich", verabschiedet am 23. März 1933:

Artikel 1. Reichsgesetze können außer in dem in der Reichsverfassung vorgesehenen Verfahren auch durch die Reichsregierung beschlossen werden. Dies gilt auch für die in den Artikeln 85 Abs. 2 und 87 der Reichsverfassung bezeichne-
5 ten Gesetze.
Artikel 2. Die von der Reichsregierung beschlossenen Reichsgesetze können von der Reichsverfassung abweichen, soweit sie nicht die Einrichtung des Reichstags und des Reichsrats als solche zum Gegenstand haben. Die
10 Rechte des Reichspräsidenten bleiben unberührt.

Zitiert nach: Der Nationalsozialismus. Dokumente 1933 – 1945, hrsg. von Walther Hofer, Frankfurt/M. 1979, S. 57.

M 9 Otto Wels zum „Ermächtigungsgesetz"

Am 23. 3. 1933 wurde im Reichstag das so genannte „Ermächtigungsgesetz" verabschiedet. Vor der Abstimmung kam es zu einer Debatte, in der der SPD-Abgeordnete Otto Wels (1873 – 1939) die Haltung seiner Partei darstellte und begründete. Die Situation war aufgeheizt. Die Abgeordneten mussten, als sie den Saal betraten, SA-Männer passieren, die sie beschimpften und bedrängten. Auch während der Debatte waren sie anwesend und drohten den Volksvertretern:

[…] Freiheit und Leben kann man uns nehmen, die Ehre nicht. (Lebhafter Beifall bei den Sozialdemokraten.)
Nach den Verfolgungen, die die Sozialdemokratische Partei in der letzten Zeit erfahren hat, wird billigerweise nie-
5 mand von ihr verlangen oder erwarten können, dass sie für das hier eingebrachte Ermächtigungsgesetz stimmt. Die Wahlen vom 5. März haben den Regierungsparteien die Mehrheit gebracht und damit die Möglichkeit gegeben, streng nach Wortlaut und Sinn der Verfassung zu regieren.
10 Wo diese Möglichkeit besteht, besteht auch die Pflicht. (Sehr richtig! bei den Sozialdemokraten.)
Kritik ist heilsam und notwendig. Noch niemals, seit es einen Deutschen Reichstag gibt, ist die Kontrolle der öf-

fentlichen Angelegenheiten durch die gewählten Vertreter des Volkes in solchem Maße ausgeschaltet worden, wie es 15 jetzt geschieht, (sehr wahr! bei den Sozialdemokraten.)
und wie es durch das neue Ermächtigungsgesetz noch mehr geschehen soll. Eine solche Allmacht der Regierung muss sich um so schwerer auswirken, als auch die Presse jeder Bewegungsfreiheit entbehrt. 20
Meine Damen und Herren! Die Zustände, die heute in Deutschland herrschen, werden vielfach in krassen Farben geschildert. Wie immer in solchen Fällen fehlt es auch nicht an Übertreibungen. Was meine Partei betrifft, so erkläre ich hier: Wir haben weder in Paris um Intervention gebeten, 25 noch Millionen nach Prag verschoben, noch übertreibende Nachrichten ins Ausland gebracht. (Sehr wahr! bei den Sozialdemokraten.)
Solchen Übertreibungen entgegenzutreten wäre leichter, wenn im Inlande eine Berichterstattung möglich wäre, die 30 Wahres vom Falschen scheidet.
(Lebhafte Zustimmung bei den Sozialdemokraten.)
Noch besser wäre es, wenn wir mit gutem Gewissen bezeugen könnten, dass die volle Rechtssicherheit für alle wiederhergestellt sei. (Erneute lebhafte Zustimmung bei den 35 Sozialdemokraten.)
Das, meine Herren, liegt bei Ihnen. […] Aber dennoch wollen Sie vorerst den Reichstag ausschalten, um Ihre Revolution fortzusetzen. Zerstörung von Bestehendem ist aber noch keine Revolution. Das Volk erwartet positive Leistun- 40 gen. Es wartet auf durchgreifende Maßnahmen gegen das furchtbare Wirtschaftselend, das nicht nur in Deutschland, sondern in aller Welt herrscht.
Wir Sozialdemokraten haben in schwerster Zeit Mitverantwortung getragen und sind dafür mit Steinen beworfen 45 worden. (Sehr wahr! bei den Sozialdemokraten. – Lachen bei den Nationalsozialisten.) […] Wir haben gleiches Recht für alle und ein soziales Arbeitsrecht geschaffen. Wir haben geholfen, Deutschland zu schaffen, in dem nicht nur Fürsten und Baronen, sondern auch Männern aus der Ar- 50 beiterklasse der Weg zur Führung des Staates offensteht. (Erneute Zustimmung bei den Sozialdemokraten.)
Davon können Sie nicht zurück, ohne Ihren eigenen Führer

Aufgaben

1. Der Beginn der „Gleichschaltung"

a) Erläutere die Folgen des Reichstagsbrandes vom 27. Februar 1933.

b) Erkläre die Auswirkungen des „Ermächtigungsgesetzes" auf das demokratische Leben in Deutschland.

↰ Text, M8

preiszugeben. (Beifall und Händeklatschen bei den Sozial-
55 demokraten.)

Vergeblich wird der Versuch bleiben, das Rad der Geschichte zurückzudrehen. Wir Sozialdemokraten wissen, dass
man machtpolitische Tatsachen durch bloße Rechtsver-
wahrungen nicht beseitigen kann. Wir sehen die machtpo-
60 litische Tatsache Ihrer augenblicklichen Herrschaft. Aber
auch das Rechtsbewusstsein des Volkes ist eine politische
Macht, und wir werden nicht aufhören, an dieses Rechtsbewusstsein zu appellieren.

Die Verfassung von Weimar ist keine sozialistische Verfas-
65 sung. Aber wir stehen zu den Grundsätzen des Rechtsstaa-
tes, der Gleichberechtigung, des sozialen Rechtes, die in

ihr festgelegt sind. Wir deutschen Sozialdemokraten be-
kennen uns in dieser geschichtlichen Stunde feierlich zu
den Grundsätzen der Menschlichkeit und der Gerechtigkeit, der Freiheit und des Sozialismus. 70
(Lebhafte Zustimmung bei den Sozialdemokraten.)

Kein Ermächtigungsgesetz gibt Ihnen die Macht, Ideen, die
ewig und unzerstörbar sind, zu vernichten. Sie selbst haben sich ja zum Sozialismus bekannt. Das Sozialistengesetz hat die Sozialdemokratie nicht vernichtet. Auch aus 75
neuen Verfolgungen kann die deutsche Sozialdemokratie
neue Kraft schöpfen. [...]

http://www.reichstagsprotokolle.de/Blatt2_w8_bsb00000141_00036.
html.

Umgang mit politischen Reden

Schriftliche Quellen geben uns Auskunft über frühere Geschehnisse und Zusammenhänge. Bei der Auswertung kommt es darauf an, die Informationen, die sie enthalten, durch sinnvolle Fragen zu erschließen. Einige Fragen an schriftliche Quellen sind dabei immer gleich. Allerdings hat jede Textart ihre Besonderheiten, so auch eine öffentliche Rede, wie sie Otto Wels im März 1933 hielt.

1. Inhalt (Was steht in der Quelle?):
a) Fasse die zentrale Aussage der Rede in einem Satz zusammen.
b) Gliedere die Rede in Abschnitte und erläutere den Inhalt des jeweiligen Teils.
2. Autor (Wer hat die Quelle verfasst?): Suche Informationen über Otto Wels und erstelle eine Kurzbiografie.
3. Adressat (Wer sollte den Text lesen?):
a) Otto Wels sprach zu den Reichstagsabgeordneten. Recherchiere aus dem Schulbuch, wie viele Abgeordnete es gab und welchen Parteien sie angehörten.
b) Untersuche anhand des Textes, wen Otto Wels direkt und indirekt anspricht.
c) Analysiere, an welchen Stellen welche Reaktionen festzustellen sind.
4. Gattung (Welche Art von Text liegt vor?): Informiere dich über die Gattung „Rede". Erläutere die Besonderheiten solcher Texte.
5. Entstehungszeit (Wann ist die Quelle entstanden?):
a) Erläutere mithilfe der Schulbuchdarstellung, wie weit die Machtübernahme der Nationalsozialisten zu diesem Zeitpunkt schon fortgeschritten war.

b) Stelle dar, in welcher konkreten Situation Otto Wels diese Rede hielt.
6. Intention (Welche Absicht hatte der Autor?):
a) Erarbeite aus dem Text, welches Ziel Otto Wels mit seiner Rede verfolgte.
b) Erörtere, ob die Rede als Aufruf zum Widerstand gelten kann.
Wenn diese grundsätzlichen Fragen geklärt sind, kann die Quelle noch genauer untersucht werden, und zwar im Hinblick auf die vier Kategorien Herrschaft, Wirtschaft, Gesellschaft und Weltdeutung.
7. Kategorie Herrschaft:
a) Erläutere, welchen Inhalt das sogenannte „Ermächtigungsgesetz" hatte.
b) Untersuche, ob Otto Wels die damalige Entwicklung mit seiner Rede beeinflussen konnte.
8. Kategorie Wirtschaft: Erörtere, ob wirtschaftliche Fragen in der Rede diskutiert werden.
9. Kategorie Gesellschaft: Erläutere, was Otto Wels mit „Volk" meint und wie er es charakterisiert.
10. Kategorie Weltdeutung:
a) Erarbeite aus dem Text, welche Werte für Otto Wels maßgeblich sind.
b) Stelle die wesentlichen Kritikpunkte an den Nationalsozialisten zusammen.
11. Abschließend kann die Quelle aus heutiger Sicht beurteilt werden:
a) Erörtere, ob Otto Wels' Rede der Situation angemessen war.
b) Die Rede wurde immer wieder als „mutig" bezeichnet. Stimmst du dieser Einschätzung zu? Begründe.

Die Nationalsozialisten festigen ihre Macht

„Gleichschaltung" – Die NS-Diktatur entsteht

Mitte 1933 hatten Hitler und die Nationalsozialisten ihre Macht bereits so weit gefestigt, dass sie ihnen kaum noch genommen werden konnte. Bis Sommer 1934 bildeten sich dann die Grundzüge der nationalsozialistischen Diktatur heraus, die bis 1945 wirksam blieben. Diesen Prozess der Ausrichtung des politischen, wirtschaftlichen und gesellschaftlichen Lebens auf Hitler und die NSDAP bezeichnete man als „Gleichschaltung".

Wie lief dieser Prozess ab und welche Ziele verfolgten die Nationalsozialisten mit ihrem Vorgehen? Sie entfernten alle ihre Gegner aus ihren Machtpositionen und zerschlugen die Strukturen, die dem „Führerwillen" im Wege standen. So brachten sie Verbände und Vereine, Berufsorganisationen und Kultureinrichtungen unter ihre Kontrolle.

Die Entmachtung der Länder

Obwohl Hitler die Unabhängigkeit der Länder noch im „Ermächtigungsgesetz" garantiert hatte, schaffte er die föderative Ordnung Schritt für Schritt ab. Im März 1933 wurde das „Gesetz zur Gleichschaltung der Länder mit dem Reich" erlassen, das die Landtage entsprechend der Sitzverteilung im Reichstag umbildete. Ein zweites Gleichschaltungsgesetz vom April 1933 setzte in den Ländern „Reichsstatthalter" ein, die die Länderregierungen künftig ernannten. 1934 wurden die Landtage ganz aufgelöst und die Länderregierungen bestanden nur noch formal fort.

Die neu ernannten „Reichsstatthalter" begannen mit „Säuberungen" und entsandten ihrerseits Gesinnungsgenossen in die Schlüsselpositionen der Verwaltung. Mit der Ausschaltung ihrer Gegner hatten die Nationalsozialisten leichtes Spiel, da ihnen in allen Ländern Polizei und Justiz unterstanden.

Unterstützt wurde die Gleichschaltung durch das „Gesetz zur Wiederherstellung des Berufsbeamtentums" vom 7. April 1933. Es ermöglichte die Entlassung von Beamten aus politischen oder „rassischen" Gründen und forderte von ihnen eine „nationale Gesinnung".

Machtkampf in der NSDAP

Eine größere Gefahr drohte Hitler 1934 von der SA. Die „Sturmabteilung" betrieb Konzentrationslager und Gefängnisse und trat zunehmend in Konkurrenz zur Reichswehr. Hinzu kamen Eigenmächtigkeiten vieler SA-Führer und Forderungen von SA-Chef Ernst Röhm, gegen die Großindustrie vorzugehen. Hitler wollte jedoch Reichswehr und Großindustrie an sich binden, um Deutschland auf einen Krieg vorzubereiten. Bestärkt wurde Hitler durch hohe Parteiführer wie Hermann Göring, Joseph Goebbels und besonders Heinrich Himmler. Der Führer der „Schutzstaffel" (SS) konnte hoffen, auf Kosten der SA an Macht und Einfluss zu gewinnen.

Der „Röhm-Putsch"

Als sich der Konflikt zuspitzte, schlugen Hitler und die SS zu: Unter dem Vorwand, Röhm habe einen Putsch geplant, wurden er und die SA-Führung Ende Juni und Anfang Juli 1934 entmachtet. Hitler ließ in dieser Nacht ohne jede rechtliche Grundlage über 80 Gegner töten und erklärte die Mordaktion in einem eigenen

M 1 **Adolf Hitler und Ernst Röhm**
Reichsparteitag in Nürnberg, 1933

Reichsgesetz für rechtens. Gewinner des „Röhm-Putsches" waren neben Hitler die Reichswehr und die SS unter Heinrich Himmler.

Hitler: „Führer und Reichskanzler"

Die Demontage der Weimarer Republik hatte nur die Institution des Reichspräsidenten überlebt. Als Hindenburg im August 1934 starb, entfiel auch dieses Amt. Hitler wurde „Führer und Reichskanzler" und damit Oberbefehlshaber der Reichswehr. Mit der persönlichen Vereidigung auf Hitler waren alle Beamten, Richter und Soldaten eng an ihn gebunden, denn sie schworen „dem Führer des Deutschen Reiches und Volkes, Adolf Hitler, dem Oberbefehlshaber der Wehrmacht", unbedingten Gehorsam.

Hitler – ein absoluter Diktator?

Hitlers Diktatur stützte sich insbesondere auf einen straff organisierten Parteiapparat. Dennoch gab es ein Nebeneinander von staatlichen Stellen und Parteigliederungen, die miteinander konkurrierten, weil sie ähnliche Aufgabenbereiche hatten. So wirkten zum Beispiel an der Schulpolitik drei Stellen mit: das Reichsministerium für Wissenschaft, Erziehung und Volksbildung, der NS-Lehrerbund und die Führung der Hitlerjugend (HJ). Bei den häufigen Kompetenzkonflikten musste nicht selten der „Führer" schlichten, was seine Position stärkte. Dennoch war Hitler nur vordergründig der allmächtige Diktator, da manche seiner Befehle im Dickicht der Bürokratie und des Kompetenzgerangels versandeten. Andererseits führte der Kampf um die Gunst des „Führers" bei vielen zu einer bedingungslosen Pflichterfüllung und zur Bereitschaft, Hitler „zuzuarbeiten".

M 2 **Vereidigung von Soldaten auf Hitler**
Foto, 2. August 1934

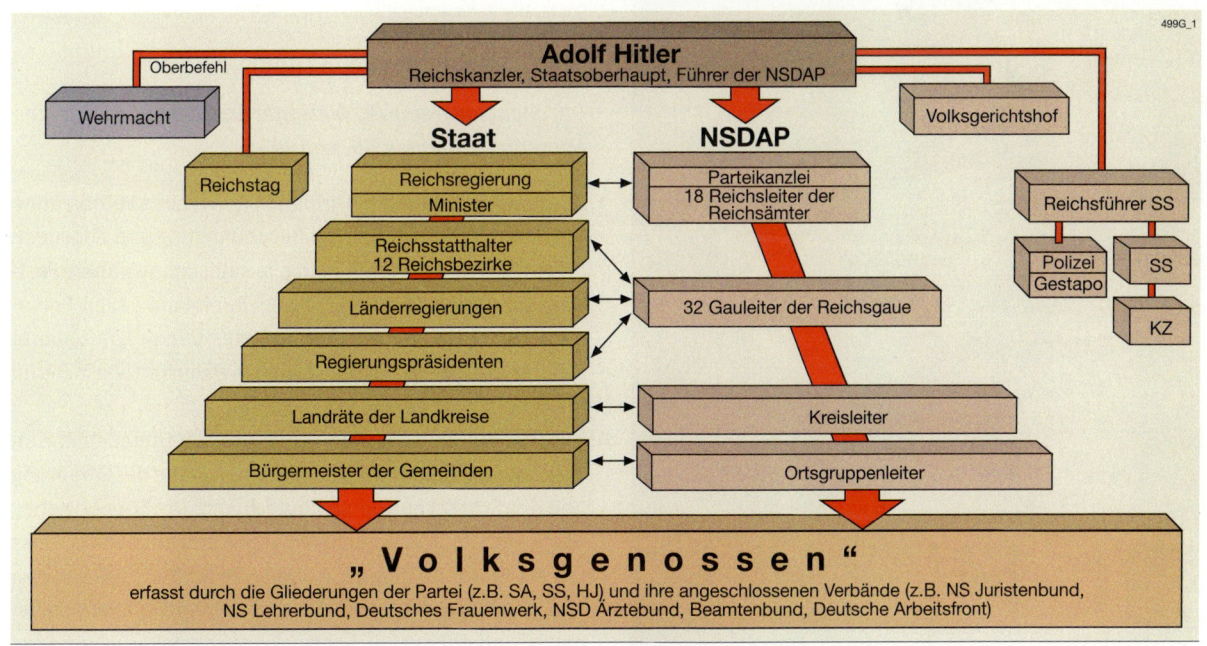

M 3 **Der NS-Staat**

Der „Röhm-Putsch" – Text- und Bildquellen interpretieren

M 4 Legitimierter Mord

Erst nachträglich wurden die Ermordungen im soge-nannten „Röhm-Putsch" (30.6. – 2.7.1934) in einem Reichsgesetz vom 3. Juli 1934 gerechtfertigt:

Die zur Niederschlagung hoch- und landesverräterischer Angriffe am 30. Juni, 1. und 2. Juli 1934 vollzogenen Maßnahmen sind als Staatsnotwehr rechtens.

Reichsgesetzblatt, Jahrgang 1934, Teil I, S. 529; zitiert nach: Werner Conze, Der Nationalsozialismus. Teil I: 1919 – 1934, Stuttgart 1976, S. 79.

M 6 „Heil Hitler"

Fotomontage von John Heartfield zu den Ereignissen vom 30.6.1934

M 5 Hitlers Erklärungen zum „Röhm-Putsch"

Hitler am 13. Juli 1934 vor dem Reichstag:

In dieser Stunde war ich verantwortlich für das Schicksal der deutschen Nation und damit des deutschen Volkes oberster Gerichtsherr. Meuternde Divisionen hat man zu allen Zeiten durch Dezimierung wieder zur Ordnung gerufen. […] 5
Ich habe den Befehl gegeben, die Hauptschuldigen an diesem Verrat zu erschießen, und ich gab weiter den Befehl, die Geschwüre unserer inneren Brunnenvergiftung und der Vergiftung des Auslandes auszubrennen bis auf das rohe Fleisch. […] 10
Wenn mir die Meinung entgegengehalten wird, dass nur ein gerichtliches Verfahren ein genaues Abwägen von Schuld und Sühne hätte ergeben können, so lege ich gegen diese Auffassung feierlich Protest ein.
Wer sich untersteht, im Innern unter Bruch von Treue und 15 Glauben und heiligen Versprechen eine Meuterei anzuzetteln, kann nichts anderes erwarten, als dass er selbst das erste Opfer sein wird.

Das Dritte Reich. Dokumentarische Darstellung des Aufbaues der Nation, hrsg. von Gerd Rühle, Berlin o. J., Bd. II, S. 245 f., zitiert nach: Werner Conze, Der Nationalsozialismus. Teil I: 1919 – 1934, Stuttgart 1976, S. 80.

M 7 Bericht über den „Röhm-Putsch"

Der Staatssekretär Dr. Meissner schrieb 1950 in seinen Memoiren über den 30. Juni 1934:

Alle diese Hinrichtungen erfolgten ohne jedes Verhör, ohne irgendeine Nachprüfung der Beschuldigung und ohne jede Möglichkeit einer Verteidigung, ja selbst ohne nähere Feststellung der Personalien, sodass in einigen Fällen Personenverwechslungen vorkamen; Listen und unkontrollierte 5 Denunziationen genügten sowohl in München wie in Berlin als Unterlage für diese Exekutionen.
[Als] die blutigen Grausamkeiten und der Umfang der Hinrichtungen bekannt wurden, ging eine Welle der Empörung und des Schreckens durch Deutschland. Die Erregung stieg 10 weiter an, als in den nächsten Tagen bekannt wurde, dass […] die Situation benutzt wurde], um politische Gegner zu beseitigen, die nichts mit Röhm und seinen Plänen zu tun hatten und nur der nationalsozialistischen Partei und ihrer Führung im Wege standen. 15

Zitiert nach: Das Dritte Reich. Dokumente zur Innen- und Außenpolitik. Band 1: „Volksgemeinschaft" und Großmachtpolitik 1933 – 1939, herausgegeben von Wolfgang Michalka, München 1985, S. 52 f.

Gleichschaltung in einer Kleinstadt

M 8 Gleichschaltung in Ober-Ramstadt

a) Die östlich von Darmstadt gelegene Landgemeinde Ober-Ramstadt war protestantisch geprägt und durch eine kleingewerbliche und bäuerliche Bevölkerung einerseits sowie eine bis 1933 sehr aktive Arbeiterbewegung andererseits geprägt. Die Odenwälder Nachrichten berichten am 23. März 1933 über die politische Gleichschaltung:

In den letzten Wochen wurde so viel von Gleichschaltung geschrieben und noch mehr davon gesprochen. Das ganze Volk atmete auf, als am 30. März das Gleichschaltungs-Gesetz verkündet und es zur Gewissheit wurde, dass für
5 die nächsten Jahre jede Wahl ausgeschaltet ist. Die Wahlen vom 5. März werden als Basis genommen, nicht nur für die Regierung des Reiches, sondern auch der Länder und Kommunen. Das Sehnen Millionen Deutscher ging in Erfüllung. Nun ist auch in Ober-Ramstadt der Gemeinderat gleichge-
10 schaltet, 8 nationalsozialistische Gemeinderäte stehen 4 sozialdemokratischen gegenüber. Somit nimmt in Ober-Ramstadt der Nationalsozialismus die dominierende Stellung ein, die ihm schon jahrelang zusteht, aber von einem unfähigen System vorenthalten wurde.

b) Über die Hauptversammlung des Turnvereins 1877 D. T. berichtet die Zeitung (23.5.1933):

Letzten Samstag fand in dem mit Hakenkreuzfahnen, Fahnen in den Reichs- und Landesfarben und frischem Grün festlich geschmückten Saal „Zum Löwen" eine Hauptver-
5 sammlung des Turnvereins 1877 D.T. [Deutsche Turnerschaft] statt, um die Gleichschaltung nach den Richtlinien der Deutschen Turnerschaft durchzuführen. [...]
Die gesamte D. T. stellt sich geschlossen dem Führer des deutschen Reiches zum Aufbau eines neuen Deutschland kampfbereit zur Verfügung. Ein ganz gewaltiger Um-
10 schwung vollzieht sich in der Deutschen Turnerschaft. Anstelle des Parlamentarismus tritt das Führerprinzip. Aber nicht nur in der Führung der D. T., sondern in allen deutschen Turnvereinen ist diese Gleichschaltung, die auch die Vollarisierung, d. h. den Ausschluss aller Juden bedingt,
15 durchzuführen.

c) Im evangelischen Gemeindeblatt „Glaube und Heimat" heißt es (Juli 1933):

Wach sein! Ein Ganzer sein! Das ist die Forderung der Stunde. Die Forderung gilt in vaterländischer und völkischer Beziehung. Und Gott sei Dank, dass wir eine Regierung haben, die die Gültigkeit dieser Forderung voll und ganz anerkennt. Der ist also kein Ganzer, der behauptet, ein
5 Freund des neuen Geistes oder gar ein Träger des neuen Geistes, ein Nationalsozialist zu sein und in kirchlichen Dingen ein Halber bleiben will. Nein, ein Kämpfer in unserer Zeit ist immer ein Ganzer in allen Dingen, in jeder Beziehung, in völkischen und kirchlichen Dingen. Ein Kämpfer in
10 unserer Zeit ist einer, der immer, allezeit eine heiße Seele hat und alles einsetzt für das eine Ziel, dass Volk und Glaube zusammenkommen.

Zit. n.: Jan Trützschler, Die Weimarer Republik. Fundus Quellen für den Geschichtsunterricht, Schwalbach/Ts. 2011, S. 76 – 78.

1. Die Gleichschaltung
a) Erläutere die Bedeutung der „Gleichschaltung" für die Errichtung des „Führerstaates".
b) Erkläre mithilfe des Schaubildes die Machtbereiche, die Hitler kontrollierte.
c) Stelle die Rechtfertigung der Morde vom 30. Juni 1934 durch Hitler der Darstellung von Staatssekretär Meissner gegenüber.
d) Erläutere die Grundaussage der Fotomontage von John Heartfield.
e) Erstelle ein Schaubild zum Ablauf der Gleichschaltung.
⌐ Text, M3 – M7

2. Gleichschaltung in einer Kleinstadt
a) Beschreibe den Ablauf der Gleichschaltung in Ober-Ramstedt.
b) Die Gleichschaltung bedeutete auch die Verdrängung aller „Nicht-Arier" aus dem öffentlichen Leben. Analysiere die Auswirkungen auf das Leben dieser Menschen speziell in einer Kleinstadt.
c) Erkläre den folgenden Satz aus der Quelle: „Das ganze Volk atmete auf, als am 30. März [...] jede Wahl ausgeschaltet ist."
⌐ Text, M8

M 1 **„SS-Jungschütze"**

Porzellanfigur der „Staatlichen Porzellanmanufaktur Nymphenburg", 1941

Die Gesellschaft zwischen Inklusion und Exklusion

Alltagsleben in der Diktatur

Es war unmöglich, sich dem Nationalsozialismus völlig zu entziehen, da er im Alltag überall präsent war: besonders durch den „Deutschen Gruß" und die massenhafte Verbreitung von NS-Symbolen und Hitlerbildern. Das Hakenkreuz fand sich nicht nur auf Fahnen und Uniformen, sondern auch auf Geschirr, Werkzeugen, Christbaumschmuck, Briefköpfen, Spielzeug und vielem mehr. Das ganze Jahr über gab es nationalsozialistische Feier- und Gedenktage.

Während der Staat die einen als Mitglieder der „deutschen Volksgemeinschaft" umwarb, drängte er die „Gemeinschaftsfremden" immer weiter an den Rand. Wer nicht dazugehörte oder dazugehören wollte, bekam dies deutlich zu spüren. Der nationalsozialistische Staat trat mit einem totalen Machtanspruch auf, setzte ihn gewaltsam durch und ließ dem Einzelnen keine persönliche Freiheit.

Verführung – Förderung der „deutschen Volksgemeinschaft"

Entsprechend ihrer Rassenideologie wollten die Nationalsozialisten ein „neues deutsches Volk", eine „deutsche Volksgemeinschaft" formen. Zu ihrem Familienideal zählten Kinderreichtum und eine feste Rollenverteilung zwischen Mann und Frau: Während der Mann als Kämpfer und Soldat idealisiert wurde, sollte die Frau vor allem Hausfrau und Mutter sein. Der Anteil der Studentinnen wurde auf zehn Prozent beschränkt, berufstätige Frauen oft behindert und von Führungspositionen ausgeschlossen. In politische Ämter konnten Frauen nicht mehr gewählt werden.

Zur Verbreitung der „arischen Rasse" sollten möglichst viele „erbgesunde" Kinder geboren werden. Ehestandsdarlehen, finanzielle Hilfen und Großprojekte im Wohnungsbau unterstützten dieses Konzept. Ab 1939 wurden kinderreiche Mütter mit dem Mutterkreuz („Ehrenkreuz der deutschen Mutter") ausgezeichnet.

Häufig fanden Sammlungen und Spenden für die Allgemeinheit statt, so z. B. für das „Winterhilfswerk", das die materielle Not Bedürftiger lindern sollte. Während die „Hitlerjugend" auf der Straße mit Geldbüchsen umherzog, gerieten Sammlungen der SA und SS oft zur Kontrolle von Privathaushalten. Sie nutzten Spendenaufrufe zu systematischen Hausbesuchen und spähten Verdächtige aus. Wer nicht spendete, fiel auf, was niemand leichtfertig herauszufordern wagte.

Nationalsozialistische Wirtschaftspolitik

Die Nationalsozialisten erkannten, dass der Schlüssel zur Sicherung ihrer Herrschaft in der Beseitigung der Massenarbeitslosigkeit lag. Dabei kam ihnen die vor Hitlers Regierungsantritt einsetzende wirtschaftliche Erholung zu Gute, die sie durch eine Reihe staatlicher Arbeitsbeschaffungsmaßnahmen verstärkten. Zudem trugen die Einschränkung der Frauenarbeit, die 1935 wieder eingeführte Wehrpflicht und der für junge Menschen vorgeschriebene halbjährige Reichsarbeitsdienst zur Entlastung der Arbeitslosenstatistik bei.

Auch die Aufrüstungspolitik sorgte für eine scheinbare Besserung der Wirtschaftslage. Hitler hatte 1936 gefordert, dass die Wirtschaft innerhalb von vier Jahren „kriegsfähig" sein müsse. Davon profitierten große Rüstungskonzerne wie Krupp, Thyssen und Siemens. Zudem benötigte die Rüstungsindustrie immer mehr Arbeitskräfte.

M 2 **Autobahnbau**

Arbeiter, die zum Bau der Reichsautobahn eingeteilt sind, beim Reichsarbeitsdienst, 1934

Ferner strebte Hitler im Zuge seiner Kriegsvorbereitungen die wirtschaftliche Unabhängigkeit (Autarkie) Deutschlands an. Bei der Verwirklichung dieses Plans war die Landwirtschaft zentral. Neue Gesetze garantierten daher den im „Reichsnährstand" zusammengefassten Bauern Abnahmequoten und Festpreise für ihre Produkte.

Freizeit und Unterhaltung für die „arischen Deutschen"

„Man soll nicht von früh bis spät Gesinnung machen." – Mit diesem Satz begründete Joseph Goebbels 1933 die – scheinbar unpolitischen – Freizeitangebote und Unterhaltungsmöglichkeiten, welche die Nationalsozialisten organisierten. „Kraft durch Freude" (KdF) war die Freizeitorganisation der „Deutschen Arbeitsfront" (DAF): Die Menschen sollten gemeinsam mit anderen „deutschen Volksgenossen" Kraft schöpfen für die Arbeit im Alltag. Die KdF-Angebote umfassten günstige Urlaubsfahrten, Sportgruppen, Musikgruppen und gemeinschaftliche Aktivitäten. Auf diese Weise konnten sich viele Menschen erstmals einen Urlaub leisten, was die Beliebtheit des Regimes steigerte.

Auch die Unterhaltungsindustrie sollte ihren Beitrag zur Erholung und Entspannung leisten. Die „Reichskulturkammer" unter Goebbels' Leitung steuerte die Bereiche Literatur, Musik, Theater, Film, Rundfunk und Unterhaltung. Viele Unterhaltungsfilme, die keine direkten politischen Aussagen enthalten, werden bis heute im Fernsehen gezeigt, z. B. „Die Feuerzangenbowle" mit Heinz Rühmann.

Unsicherheit, Rechtlosigkeit und Gewalt

Die propagierte „Volksgemeinschaft" war denen verschlossen, die nicht in das Bild der Nationalsozialisten passten: politische Gegner, Juden, Sinti und Roma, geistig und körperlich Behinderte oder Homosexuelle. Die Folgen waren Ausgrenzung, Verfolgung und Vernichtung des „undeutschen" und „kranken" Lebens.

Die Nationalsozialisten kontrollierten die Menschen in immer stärkerem Maße. Damit erzeugten sie Unsicherheit, Angst und das Gefühl, ausgeliefert zu sein. Wenn es nachts an der Tür läutete, konnte dies die „Gestapo" (Geheime Staatspolizei) sein. Noch gesteigert wurde das Unsicherheitsgefühl durch ein System anhaltender Beobachtung und Denunziation. So kontrollierten Blockwarte die Häuser und meldeten Auffälliges.

Der Schutz des Einzelnen durch den Rechtsstaat wurde immer mehr durchlöchert und entfiel schließlich völlig. Bereits 1933 kam es zu Verhaftungen ohne richterlichen Beschluss. Dies betraf damals über 25 000 Menschen, vor allem Gewerkschaftsfunktionäre, Kommunisten und Juden. Die Richter wurden bald auf den NS-Staat verpflichtet und mussten NS-Hoheitszeichen auf ihrer Amtsrobe tragen.

Im Krieg kam es zu weiteren Verschärfungen. So konnte „Wehrkraftzersetzung" wie Verweigerung des Kriegsdienstes, Fahnenflucht oder Sabotage mit dem Tod bestraft werden. Aktenkundig sind etwa 32 000 Todesurteile während des „Dritten Reiches" – vermutet werden jedoch weit über 40 000.

Systematischer Terror im Konzentrationslager

Inbegriff des nationalsozialistischen Terrors sind die Konzentrations-lager (KZ). Organisatoren und Vollstrecker waren neben der „Gestapo" der SD (Sicherheitsdienst) und die SS. Eine zentrale Rolle spielte dabei Heinrich Himmler (1900 –

M 3 Ausgrenzung, Verfolgung und Ermordung

Der 1907 in Wilsche bei Gifhorn (heutiges Niedersachsen) geborene sinto-deutsche Boxer Johann Wilhelm Trollmann – 1933 deutscher Meister im Halbschwergewicht – wurde 1943/44 im KZ Neuengamme (Hamburg) ermordet.

M 4   **Heinrich Himmler**

Der „Reichsführer SS und Chef der Deutschen Polizei" war maßgeblich an der Errichtung der Konzentrationslager beteiligt, Foto von 1935.

1945), der ab 1936 als „Reichsführer SS und Chef der Deutschen Polizei" den gesamten Sicherheitsapparat kontrollierte.

Anfangs gab es „wilde" Gefängnisse und KZ, in denen vor allem die SA folterte und tötete. Ab Mitte 1933 bauten die Nationalsozialisten dann eine planvolle Organisation mit klarer Verantwortlichkeit unter Leitung der SS auf und begannen mit der systematischen Umstrukturierung der Lager. Viele der frühen Haftanstalten wurden geschlossen, die übrigen nach dem Vorbild des KZ Dachau umgestaltet. Inhaftiert wurden die Menschen ohne Gerichtsurteil. Die ersten Häftlinge waren politische Gegner des Regimes und jüdische Bürger. Später folgten Sinti und Roma, Homosexuelle, Geistliche, Kriegsdienstverweigerer (z.B. Zeugen Jehovas) und Kriminelle, nach 1939 auch Kriegsgefangene. Insgesamt gab es bis 1945 in Deutschland und den eroberten Gebieten 23 KZ-Stammlager und über 1000 Außenlager.

Die Häftlinge mussten harte Zwangsarbeit leisten. Viele starben an Unterernährung, Erschöpfung, Krankheit oder sadistischer Quälerei, andere wurden erschossen. Manche wurden sogar für medizinische Experimente missbraucht. Die Inschrift am Lagertor des KZ Buchenwald lautete: „Jedem das Seine". Das war zynisch, weil damit behauptet wurde, dass die Häftlinge selbst schuld an ihrer Situation wären. Wer entlassen wurde, musste eine Schweigeverpflichtung unterschreiben; dennoch sickerten viele Informationen über das Leben in den KZ in die Öffentlichkeit durch. Wenn man allein Buchenwald herausgreift, lassen sich die Dimensionen des nationalsozialistischen Terrors erahnen: Von 1937 bis 1945 waren etwa 250 000 Menschen inhaftiert. Die Zahl der Todesfälle wird auf 56 000 geschätzt.

M 5   **Das Konzentrationslager Oranienburg (bei Berlin)**

Zu den Inhaftierten zählte Fritz Ebert, Sohn des früheren sozialdemokratischen Reichspräsidenten Friedrich Ebert (2. Häftling von links), Foto vom Juli 1933.

„Volksgemeinschaft" – Der Nationalsozialismus als Ausgrenzungsgesellschaft

Ein Volk hilft sich selbst!

M 6 „Ich bin aus der Volksgemeinschaft ausgestoßen"

Auf dem Marktplatz von Schmölln (Thüringen) werden Frauen kahl geschoren. Die drei deutschen Frauen hatten mit polnischen Zwangsarbeitern Freundschaften begonnen. Die Polen wurden getötet, Foto, November 1940.

M 7 „Winterhilfswerk – Ein Volk hilft sich selbst!"

Plakat des im September 1933 gegründeten „Winterhilfswerks", das dem Reichspropagandaminister Joseph Goebbels unterstand, nach 1933

M 8 Inklusion und Exklusion

Der Hamburger Historiker Frank Bajohr schreibt (2009):

In Deutschland jedoch konnte sich mit dem politischen Sieg der Nationalsozialisten deren auf Rassereinheit basierende Vorstellung von „Volksgemeinschaft" durchsetzen. Ohne Zweifel war das Versprechen der Inklusion aller
5 „Volksgenossen", das die Nationalsozialisten wie die meisten übrigen Parteien der Weimarer Republik herausstrichen, das entscheidende Moment vieler Millionen Deutscher, NSDAP zu wählen. Hitler versprach „Arbeit und Brot", und im Unterschied zu den anderen Parteien, die
10 jeweils spezifischen „sozialmoralischen Milieus" (M. Rainer Lepsius) zugeordnet wurden, konnte sich die junge NSDAP erfolgreich als klassenübergreifende Volkspartei präsentieren, die glaubwürdig die Schaffung einer „Volksgemeinschaft" zu versprechen imstande war. [...]

Neben der Inklusionsverheißung führte die nationalsozia- 15
listische „Volksgemeinschaft" stets die rassistische und antisemitische Exklusion mit sich. Nicht so sehr, wer zur Volksgemeinschaft zugehören sollte, stand im Zentrum nationalsozialistischer Politik als vielmehr die Frage, wer auf jeden Fall aus ihr ausgeschlossen werden müsse. 20
„Staatsbürger kann nur sein, wer Volksgenosse ist. Volksgenosse kann nur sein, wer deutschen Blutes ist, ohne Rücksichtnahme auf Konfession. Kein Jude kann daher Volksgenosse sein." – so hieß es klar und deutlich im Parteiprogramm der NSDAP aus dem Jahre 1920. Bei aller 25
Gleichheitsrhetorik bestand der Kern nationalsozialistischer Volksgemeinschaftspolitik in der Herstellung von rassistischer Ungleichheit.

Frank Bajohr und Michael Wildt (Hg.), Volksgemeinschaft. Neue Forschungen zur Gesellschaft des Nationalsozialismus, Frankfurt/Main 2009, S. 16 f.

Terror im Nationalsozialismus – Das Beispiel „KZ Dachau"

Konzentrationslager für Schutz-häftlinge in Bayern

München, 20. März.

Bezüglich der Dauer der Schutzhaft laufen fortgesetzt zahllose Anfragen bei der Polizeidirektion ein. Polizeipräsident Himmler erklärte hierzu, es sei notwendig, das Material, das wir in ungeahnten Mengen beschlagnahmen konnten, zu sichten. Anfragen halten in der Sichtung dieses Materials nur auf und laufen praktisch darauf hinaus, daß jede Anfrage dem Schutz-häftling einen Tag mehr kostet.

Bei dieser Gelegenheit trat Polizeipräsident Himmler den Gerüchten über eine schlechte Behandlung der Schutzhäftlinge entschieden entgegen.

Aus zwingenden Gründen sind einige Änderungen in der Unterbringung der Schutzhäftlinge notwendig geworden.

Am Mittwoch wird in der Nähe von Dachau das erste Konzentrationslager mit einem Fassungsvermögen für 5000 Menschen errichtet werden. Hier werden die gesamten kommunistischen und soweit dies notwendig ist, Reichsbanner- und sozialdemokratischen Funktionäre, die die Sicherheit des Staates gefährden, zusammengezogen, da es auf die Dauer nicht möglich ist und den Staatsapparat zu sehr belastet, diese Funktionäre in den Gerichtsgefängnissen unterzubringen. Es hat sich gezeigt, daß es nicht angängig ist, diese Leute in die Freiheit zu lassen, da sie weiter hetzen und Unruhe stiften. Im Interesse der Sicherheit des Staates müssen wir diese Maßnahme treffen ohne Rücksicht auf kleinliche Bedenken. Polizei und Innenministerium sind überzeugt, daß sie damit zur Beruhigung der gesamten nationalen Bevölkerung und in ihrem Sinne handeln.

Weiterverbot der sozialdemokratischen Zeitungen

München, 20. März.

Durch eine Bekanntmachung des Staatskommissars z. b. V. Esser vom 20. März 1933 werden in Übereinstimmung mit der Regelung im übrigen Reichsgebiet und zur Vermeidung aller Umstände, welche die öffentliche Ruhe und Ordnung zu gefährden geeignet sind, sämtliche sozialdemokratischen periodischen Druckschriften weiter für die Zeit vom 21. März bis 4. April 1933 einschließlich verboten.

M 9 „Völkischer Beobachter"

Seite vom 21.3.1933

des Konzentrationslagers Dachau nachstehende Strafbestimmungen erlassen. [...]

Toleranz bedeutet Schwäche. Aus dieser Erkenntnis heraus wird dort rücksichtslos zugegriffen werden, wo es im Interesse des Vaterlandes notwendig erscheint. Der anständige, verhetzte Volksgenosse wird mit diesen Strafbestimmungen nicht in Berührung kommen. Den politisierenden Hetzern und intellektuellen Wühlern – gleich welcher Richtung – aber sei gesagt, hütet euch, dass man euch nicht erwischt, man wird euch sonst nach den Hälsen greifen und nach eurem eignen Rezept zum Schweigen bringen. [...]

§ 6

Mit 8 Tagen strengem Arrest und mit je 25 Stockhieben zu Beginn und am Ende der Strafe wird bestraft:

1. wer einem SS-Angehörigen gegenüber abfällige oder spöttische Bemerkungen macht, die vorgeschriebene Ehrenbezeugung absichtlich unterlässt oder durch sein sonstiges Verhalten zu erkennen gibt, dass er sich dem Zwange der Zucht und Ordnung nicht fügen will. [...]

Konzentrationslager Dachau, hrsg. vom Comité International de Dachau, Dachau o. J., S. 69 und 135.

M 10 Lagerordnung

Aus der „Disziplinar- und Strafordnung" für das KZ Dachau vom 1.10.1933:

Im Rahmen der bestehenden Lagervorschriften werden zur Aufrechterhaltung der Zucht und Ordnung für den Bereich

Verführung im Nationalsozialismus – Das Beispiel „KdF"

M 11   Urlaubsfahrten mit „KdF" 1938

Einmal im Jahr sollten Deutsche aus dem umfangreichen Angebot der „KdF"-Reisen eine Erholungsfahrt auswählen: Die günstigsten Reisen kosteten 10,– RM, die teuersten – z. B. eine Norwegenfahrt auf der „Wilhelm Gustloff" – 62,– RM:

Denke stets daran, dass du als KdF-Urlauber einer nationalsozialistischen Gemeinschaft angehörst. Du bist nicht „Kunde", sondern Angehöriger der NS-Gemeinschaft „Kraft durch Freude", die nichts anderes darstellt als das Werk
5 einer großen Gemeinschaft. Du hast aber nur dann ein Recht, von dieser Gemeinschaft etwas zu fordern, wenn du für diese etwas leistest. Dein Beitrag dazu soll darin bestehen, dass du uns zu verstehen suchst und mithilfst, dem deutschen Volke durch „KdF" immer noch Größeres und
10 Schöneres zu geben.
[…] Wir weisen ausdrücklich darauf hin, dass an KdF-Fahrten ausschließlich gesunde und lebensfrohe Volksgenossen teilnehmen sollen. […] Volksgenossen, welche belästigend, Ekel erregend oder sonst allgemein anstößig wirken
15 (Schwachsinnige usw.) können grundsätzlich nicht teilnehmen.

Urlaubsfahrten mit Kraft durch Freude, Gau Franken 1938, Nürnberg 1938, S. 3 und S. 57.

M 12   „Hinein … in die Sportkurse der N.S. Gemeinschaft Kraft durch Freude"
Propagandaplakat, nach 1934

Aufgaben

1. **Der Terror des Nationalsozialismus**
   a) Erkläre die Gründe für den systematischen Einsatz von Terror durch die Nationalsozialisten.
   b) Informiere dich über das KZ-System in Deutschland.
   c) Der Eingangsspruch zum KZ Dachau lautete „Arbeit macht frei". Erläutere die Hintergründe.
   d) Die Nationalsozialisten führten in den KZ eine Nummernkennzeichnung der Häftlinge durch. Erläutere die Funktion und die Folgen einer solchen Verfahrensweise.
   e) Fertige ein Kurzreferat über den Boxer Johann Wilhelm Trollmann an.
      ⌒ Text, M3, M9, M10, Internet

2. **„Volksgemeinschaft" – Der Nationalsozialismus als Ausgrenzungsgesellschaft**
   a) Informiere dich über die NS-Organisation „Winterhilfswerk".

   b) Analysiere die Fotografie und das Propagandaplakat und arbeite in einem zweiten Schritt heraus, auf welche Weise hier für die zeitgenössischen Betrachterinnen und Betrachter Inklusion in die und Exklusion aus der „Volksgemeinschaft" veranschaulicht wurde.
      ⌒ Text, M6 – M8

3. **Die Funktion der DAF**
   a) Informiere dich über die Funktion und Bedeutung der „Deutschen Arbeitsfront".
   b) Beurteile die Wirkung der „KdF-Fahrten" auf die Menschen.
   c) Setze dich mit der von den Nationalsozialisten propagierten Vorstellung einer „Volksgemeinschaft" auseinander.
      ⌒ Text, M11, M12, Internet

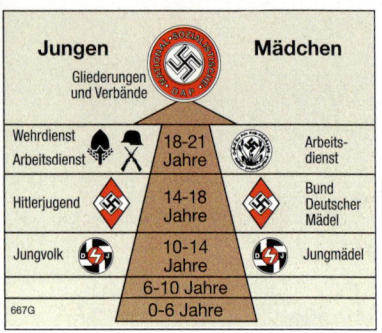

M 1 **Der Jugendliche im NS-Staat**

Die „Hitlerjugend"

Jugend im NS-Staat

„Du bist nichts – dein Volk ist alles!" – „Führer befiehl – wir folgen dir!" Das waren Propagandasprüche, die die Jugend im NS-Staat überfluteten: in Klassenzimmern, auf Plakatwänden oder bei Veranstaltungen. Von Kindesbeinen an war der Nationalsozialismus Teil des Alltags: auf Sammelbildern, in Kinderbüchern, bei Aufmärschen oder in Radiosendungen. Die Nationalsozialisten hatten erkannt, wie wichtig es war, die Jugend in ihrem Sinne zu erziehen und an sich zu binden. Hitler wollte eine sportliche, kriegsbereite Jugend, die „zäh wie Leder, hart wie Kruppstahl und schnell wie Windhunde" war. Jungen und Mädchen sollten zu „rassebewussten" Mitgliedern der „Volksgemeinschaft" erzogen werden und dem „Führer" bedingungslos folgen.

Die „Erfassung" der Jugend

Vor 1933 war fast jeder zweite Jugendliche Mitglied in einer Jugendorganisation, sei es ein Sportverein, eine christliche oder politische Vereinigung. Hitler beauftragte nach der Machtübernahme „Reichsjugendführer" Baldur von Schirach damit, alle Jugendlichen bis zu 18 Jahren in der „Hitlerjugend" (HJ) zu erfassen: die Jungen im Alter von 10–14 Jahren im „Jungvolk", im Alter von 14–18 Jahren in der „Hitlerjugend". Die Mädchen wurden bei den „Jungmädeln" und dem „Bund Deutscher Mädel" (BDM) organisiert. Der Name „Hitlerjugend" blieb Oberbe-

M 2 **„BDM-Mädel" in einem Zeltlager**

Foto, 1938

griff für alle NS-Jugendorganisationen. Alle anderen Jugendgruppen wurden ein-gegliedert oder verboten.

Die „Hitlerjugend" als „Staatsjugend"

Bis 1936 blieb der Dienst in der „HJ" freiwillig. Trotz Propaganda und Vergünsti-gungen war bis zu diesem Zeitpunkt nur die Hälfte aller Jugendlichen zum Ein-tritt bereit. Das „Gesetz über die Hitlerjugend" von 1936 fasste daher alle Jugend-lichen zwischen 10 und 18 Jahren automatisch in der „Hitlerjugend" zusammen. So wurde die nationalsozialistische Parteijugend zur „Staatsjugend". Anfang 1938 zählte die „HJ" nach eigenen Angaben sieben Millionen Mitglieder.

Attraktivität für Kinder und Jugendliche

1933 gab es in Deutschland wesentlich mehr jüngere Menschen als heute. Mit Sprüchen wie „Macht Platz, ihr Alten!" wirkte die NS-Bewegung auf junge Men-schen besonders attraktiv. Es war ein bestechendes Gefühl, als junger Mensch ernst genommen und gebraucht zu werden – man galt als „Garant der Zukunft" und Hitler wandte sich in vielen Reden ganz besonders an die Jugend.

Die „HJ" bot Kindern und Jugendlichen bei Fackelzügen und Lagerfeuern, beim Singen und Marschieren, bei Sport und Geländespielen Gemeinschaftserleb-nisse. Attraktiv war auch, dass nicht Erwachsene befahlen, sondern Jugendliche als „HJ-Führer" Verantwortung trugen. Da viele von ihnen in bescheidenen Ver-hältnissen lebten, erhielten sie durch die „HJ" erstmals die Möglichkeit, Fahrten zu unternehmen. Auch das Tragen der „HJ"-Uniform förderte das Gefühl, an et-was Großem teilzuhaben. Dies vermittelte vielen ein Gefühl der Überlegenheit.

M 3   „Hitlerjungen" bei der Schießausbildung
Foto, 1938

Kriegsvorbereitung

Allerdings dienten sportliche Angebote wie Schießen oder Segelfliegen auch der vormilitärischen Ausbildung. Geländespiele hatten das gleiche Ziel: Jugendliche lernten Karten zu lesen, Hügel zu verteidigen, Maschinengewehr-Attrappen zu bedienen und sammelten schließlich Wollfäden von „getöteten" Gegnern. Dem-entsprechend spielte das Militärische im Rahmen der „HJ" eine große Rolle. Uni-formen und Dienstgrade waren der Armee nachempfunden, Marschieren und Exerzieren bestimmten die wöchentlichen Zusammenkünfte und Ferienlager. Eine eigene Meinung war unerwünscht. Es herrschte das Prinzip von Befehl und Gehorsam.

Ausgrenzung Andersdenkender

Der gezielt eingesetzte Gruppendruck veranlasste viele zum Mitmachen, da sie nicht abseits stehen wollten. Daher schickten Eltern ihre Kinder oft bewusst zur „HJ", auch wenn sie selbst nicht davon überzeugt waren. Wer fernblieb, lief Ge-fahr, von Funktionären der Partei unter Druck gesetzt und benachteiligt zu wer-den. Dennoch gab es Jugendliche, die eine Mitgliedschaft verweigerten oder al-lenfalls halbherzig mitmachten.

Zudem mehrten sich Berichte über aufkommenden Unmut, weil die „HJ" mit den Jahren nichts Neues mehr bot. Die immer gleichen „HJ"-Abende mit ihren politischen Schulungen, die Dienste und Pflichten und auch das einförmige Mar-schieren und Exerzieren wurden vielen jungen Leuten langweilig. Es ist daher schwer einzuschätzen, wie erfolgreich die ideologische Beeinflussung der Jugend-lichen durch die Nationalsozialisten tatsächlich war.

Jugend im Nationalsozialismus – Textquellen analysieren

M 4 „Mein Weg in die Hitler-Jugend"

Die Zeitzeugin Melita Maschmann berichtet:

Am Abend des 30. Januar nahmen meine Eltern uns Kinder – meinen Zwillingsbruder und mich – mit in das Stadtzentrum. Dort erlebten wir den Fackelzug, mit dem die Nationalsozialisten ihren Sieg feierten. Etwas Unheimliches ist 5 mir von dieser Nacht her gegenwärtig geblieben.

Das Hämmern der Schritte, die düstere Feierlichkeit roter und schwarzer Fahnen, zuckender Widerschein der Fackeln auf den Gesichtern und Lieder, deren Melodien aufpeitschend und sentimental zugleich klangen. Stundenlang 10 marschierten die Kolonnen vorüber, unter ihnen immer wieder Gruppen von Jungen und Mädchen, die kaum älter waren als wir. In ihren Gesichtern und in ihrer Haltung lag ein Ernst, der mich beschämte. Was war ich, die ich nur am Straßenrand stehen und zusehen durfte, mit diesem Kälte-15 gefühl im Rücken, das von der Reserviertheit der Eltern ausgestrahlt wurde? Kaum mehr als ein zufälliger Zeuge, ein Kind, das noch Jungmädchenbücher zu Weihnachten geschenkt bekam. Und ich brannte doch darauf, mich in diesen Strom zu werfen, in ihm unterzugehen und mitge-20 tragen zu werden.

[...]

In diesem Alter findet man sein Leben, das aus Schularbeiten, Familienspaziergängen und Ge-burtstagseinladungen besteht, kümmerlich und beschämend arm an Bedeutung. 25 Niemand traut einem zu, dass man sich für mehr interessiert als für diese Lächerlichkeiten. Niemand sagt: Du wirst für das Wesentliche gebraucht, komm! Man zählt noch nicht mit, wo es um ernste Dinge geht. Aber die Jungen und Mädchen in den Marschkolonnen zählten mit. Sie trugen 30 Fahnen, wie die Erwachsenen, auf denen die Namen ihrer Toten standen.

Irgendwann sprang jemand plötzlich aus der Marschkolonne und schlug auf einen Mann ein, der nur wenige Schritte von uns entfernt gestanden hatte. Vielleicht hatte er eine 35 feindselige Bemerkung gemacht. Ich sah ihn mit blutüberströmtem Gesicht zu Boden fallen, und ich hörte ihn schreien. Eilig zogen uns die Eltern fort aus dem Getümmel, aber sie hatten nicht verhindern können, dass wir den Blutenden sahen.

40 Sein Bild verfolgte mich tagelang. In dem Grauen, das es mir einflößte, war eine winzige Zutat von berauschender Lust: „Für die Fahne wollen wir sterben", hatten die Fackelträger gesungen. Es ging um Leben und Tod. Nicht um Klei-

der oder Essen oder Schulaufsätze, sondern um Tod und Leben. Für wen? Auch für mich? Ich weiß nicht, ob ich mir 45 die Frage damals gestellt habe, aber ich weiß, dass mich ein brennendes Verlangen erfüllte, zu denen zu gehören, für die es um Leben und Tod ging.

Wenn ich den Gründen nachforsche, die es mir verlockend machten, in die Hitler-Jugend einzutreten, so stoße ich 50 auch auf diesen: Ich wollte aus meinem kindlichen, engen Leben heraus und wollte mich an etwas binden, das groß und wesentlich war. Dieses Verlangen teilte ich mit unzähligen Altersgenossen.

Melita Maschmann, Fazit. Mein Weg in die Hitler-Jugend, München 1981, S. 8 f.

M 5 Hitler über die Jugend

Hitler hielt diese Rede am 2. Dezember 1938. Der Text war im „Völkischen Beobachter" vom 4. Dezember 1938 nachzulesen:

Diese Jugend, die lernt ja nichts anderes als deutsch denken, deutsch handeln. Und wenn nun dieser Knabe und dieses Mädchen mit ihren zehn Jahren in unsere Organisationen hineinkommen und dort nun so oft zum ersten Mal überhaupt eine frische Luft bekommen und fühlen, dann 5 kommen sie vier Jahre später vom Jungvolk in die Hitlerjugend, und dort behalten wir sie wieder vier Jahre, und dann geben wir sie erst recht nicht zurück in die Hände unserer alten Klassen- und Standeserzeuger, sondern dann nehmen wir sie sofort in die Partei oder in die Arbeitsfront, in 10 die SA oder in die SS, in das NSKK [NS-Kraftfahrerkorps] und so weiter. Und wenn sie dort zwei Jahre oder anderthalb Jahre sind und noch nicht ganze Nationalsozialisten geworden sein sollten, dann kommen sie in den Arbeitsdienst und werden dort wieder sechs und sieben Monate 15 geschliffen, alle mit einem Symbol, dem deutschen Spaten. Und was dann nach sechs oder sieben Monaten noch an Klassenbewusstsein oder Standesdünkel da oder da noch vorhanden sein sollte, das übernimmt dann die Wehrmacht zur weiteren Behandlung auf zwei Jahre. Und 20 wenn sie dann nach zwei oder drei oder vier Jahren zurückkehren, dann nehmen wir sie, damit sie auf keinen Fall rückfällig werden, sofort wieder in SA, SS und so weiter. Und sie werden nicht mehr frei, ihr ganzes Leben.

Zit. nach: Kurt-Ingo Flessau, Schule der Diktatur, München 1977, S. 26.

Propagandaplakate analysieren

M 6 „Jugend dient dem Führer"
Propagandaplakat der HJ, 1935

M 7 „Auch Du gehörst dem Führer"
Propagandaplakat des BDM, 1937

Aufgaben

1. Die Jugend und der Nationalsozialismus

a) Erkläre die besondere Rolle, die der Jugend im nationalsozialistischen Staat zugedacht war.

b) Erläutere die Rolle der NS-Jugendorganisationen.

c) Beschreibe – ausgehend von dem Zeltlager-Foto und dem Foto der Hitlerjungen bei der Schießausbildung – die Gleichzeitigkeit von Attraktivität und Zwang der NS-Jugendpolitik.

d) Erläutere Hitlers Satz: „Und sie werden nicht mehr frei, ihr ganzes Leben."

e) Verfasse eine persönliche Stellungnahme, in der du deine Gedanken und deine Meinung über den Bericht von Melita Maschmann formulierst.

Text, M1 – M5

2. Propagandaplakate analysieren

a) Beschreibe und vergleiche die beiden Propagandaplakate.

b) Erkläre die Zielsetzung, die mit diesen Plakaten verfolgt wurde.

c) Erläutere den Zusammenhang von gestalterischen Mitteln und Zielsetzung.

d) Die Propagandaplakate wirken aus heutiger Sicht abschreckend oder sogar lächerlich. Für viele damalige Jugendliche waren sie das jedoch nicht. Beurteile die Attraktivität der auf den Plakaten getroffenen Aussagen für die damalige Jugend.

M6, M7

M 1 Der „Judenboykott"
1933

Ein SA-Mann vor einem jüdischen Kaufhaus in Berlin, 1. April 1933

Ausgrenzung und Entrechtung der Juden

Judenfeindliche Aktionen

Der Rassenantisemitismus war nach Hitlers Machtübernahme zentraler Bestandteil der Regierungspolitik. Dabei lassen sich verschiedene Phasen der **Diskriminierung**, Entrechtung und Verfolgung unterscheiden.

Am 1. April 1933 organisierte die NSDAP einen „Judenboykott", der sich gegen jüdische Geschäfte, Ärzte und Rechtsanwälte richtete. Es kam zu gewalttätigen Übergriffen, Vandalismus und Diebstahl. Begründet wurde der Boykott als Antwort auf angeblich jüdische Hetze gegen das „neue Deutschland".

Das „Gesetz zur Wiederherstellung des Berufsbeamtentums" vom 7. April 1933 ermöglichte den neuen Machthabern die Entlassung jüdischer Beamter und politischer Gegner aus dem öffentlichen Dienst. Andere Bestimmungen schränkten die Tätigkeit jüdischer Ärzte und Rechtsanwälte ein. Dieser Druck verstärkte sich 1935. Neben Schändungen von Synagogen und Zuzugsverboten erfolgten Boykottkampagnen gegen jüdische Geschäfte und andere Unternehmen, häufig auf Betreiben der „arischen" Konkurrenz.

Die „Nürnberger Gesetze"

Eine neue Stufe der Entrechtung jüdischer Mitbürger bedeuteten die „Nürnberger Gesetze" von 1935. Sie schieden die Bevölkerung in „Reichsbürger deutschen oder artverwandten Blutes", die „alleinige Träger der vollen politischen Rechte" sein sollten, und übrige „Staatsangehörige" und deklassierten Juden zu Bürgern minderen Rechts. Das „Gesetz zum Schutze des deutschen Blutes und der deutschen Ehre" verbot sexuelle Beziehungen zwischen „Juden und Staatsangehörigen deutschen oder artverwandten Blutes", ferner auch Eheschließungen. Die rechtliche Diskriminierung zog die gesellschaftliche Isolierung der Juden nach sich.

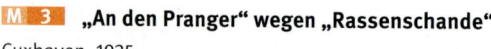

M 3 „An den Pranger" wegen „Rassenschande"
Cuxhaven, 1935

M 2 Judenhetze in
Deutschland
Greifenberg (Pommern), 1935

Verschärfung des Rassenantisemitismus

Nachdem sich das NS-Regime während der Olympischen Spiele 1936 zurückgehalten hatte, verschärfte es den judenfeindlichen Kurs erneut. Es folgten Berufsverbote für jüdische Ärzte und Anwälte, Verbote zum Betrieb von Einzelhandels- und Versandgeschäften sowie das Einfrieren jüdischer Vermögenswerte. Ziel war die Vertreibung der Juden aus Deutschland. Diese Maßnahmen verunsicherten die jüdische Bevölkerung noch mehr, doch hofften die meisten – allen Demütigungen zum Trotz –, in ihrem Vaterland weiterhin leben zu können.

Von den etwa 500 000 deutschen Juden, die Anfang 1933 in Deutschland lebten, hatten bis Ende 1938 nur 150 000 ihre Heimat verlassen. Die Emigration war wegen der Erhebung einer „Reichsfluchtsteuer" mit nahezu totalem Vermögensverlust verbunden. Doch auch das Ausland war nur zögernd bereit, Juden aufzunehmen.

1933	1934	1935	1936	1937	1938	1939
38 000	22 000	21 000	24 500	23 500	40 000	78 000

Verdrängung der deutschen Juden von Arbeitsplätzen							
	Selbst-ständige	Ange-stellte	Arbeiter	ohne Erwerb	Industrie Handwerk	Handel Verkehr	Dienst-leistung
1933	111 439	80 935	23 958	61 229	55 947	148 375	33 455
1939	5 367	8 152	19 446	107 855	11 500	6 500	13 100

M 4 **Jüdische Auswanderung aus Deutschland**

Die Verschleppung polnischer Juden

1938 verwehrte Polen allen Juden polnischer Nationalität, die mehr als fünf Jahre im Ausland gelebt hatten, die Rückkehr. Da das NS-Regime an ihrem Verbleib nicht interessiert war, schob es Ende Oktober 1938 12 000 von ihnen an die polnische Grenze ab, wo sie unter menschenunwürdigen Bedingungen interniert wurden.

Unter den vertriebenen Juden befanden sich auch Angehörige von Herschel Grynszpan, der in Paris lebte. Als er vom Schicksal seiner Familie erfuhr, erschoss er einen deutschen Diplomaten.

Die Pogrome vom 9./10. November 1938

Die Nationalsozialisten benutzten das Attentat als Vorwand für reichsweite Pogrome gegen die jüdische Bevölkerung, die unter dem beschönigenden Schlagwort „Reichskristallnacht" in die Geschichte eingegangen sind.

In der Nacht vom 9. auf den 10. November 1938 zerstörten national-sozialistische Kolonnen etwa 7 000 jüdische Geschäfte, setzten Synagogen in Brand und demolierten Wohnungen, Schulen und Betriebe. Im Verlauf des Pogroms wurden zahlreiche Juden misshandelt, 91 fanden den Tod, über 30 000 wurden ohne jede Rechtsgrundlage in „Schutzhaft" genommen, um ihre Auswanderung zu erpressen.

Wer immer noch nicht bereit war, die deutsche Heimat zu verlassen, musste so tiefe Demütigungen und Beschränkungen hinnehmen, dass ein geregeltes Leben nicht länger möglich war. So durften Juden keine Bahnhöfe, Kinos, Badeanstalten oder andere öffentliche Einrichtungen mehr betreten, sogar das Halten von Haustieren wurde ihnen untersagt.

M 5 **Schaulustige vor der brennenden Synagoge in Bielefeld während der Novemberpogrome 1938**

Die systematische Zerstörung fast aller Synagogen in Deutschland vollzog sich vor den Augen der deutschen Öffentlichkeit.

Die „Nürnberger Gesetze" – Arbeit mit unterschiedlichen Quellen

M 6 Der Gesetzestext

„Gesetz zum Schutze des deutschen Blutes und der deutschen Ehre" (15.9.1935):

Durchdrungen von der Erkenntnis, dass die Reinheit des deutschen Blutes Voraussetzung für den Fortbestand des deutschen Volkes ist, und beseelt von dem unbeugsamen Willen, die deutsche Nation für alle Zukunft zu sichern, hat
5 der Reichstag einstimmig das folgende Gesetz beschlossen, das hiermit verkündet wird.

§ 1,1. Eheschließung zwischen Juden und Staatsangehörigen deutschen oder artverwandten Blutes sind verboten. Trotzdem geschlossene Ehen sind nichtig, auch wenn sie zur Umgehung dieses Gesetzes im Auslande geschlossen 10 sind […].

§ 2 Außerehelicher Verkehr zwischen Juden und Staatsangehörigen deutschen oder artverwandten Blutes ist verboten.

§ 3 Juden dürfen weibliche Staatsangehörige deutschen 15 oder artverwandten Blutes unter 45 Jahren nicht in ihrem Haushalt beschäftigen.

§ 4, 1. Juden ist das Hissen der Reichs- und Nationalflagge und das Zeigen der Reichsfarben verboten. 2. Dagegen ist ihnen das Zeigen der jüdischen Farben gestattet […]. 20

Aus: Wolfgang Lautemann, Manfred Schlenke (Hg.), Geschichte in Quellen. Band V, München 1975, S. 332 f.

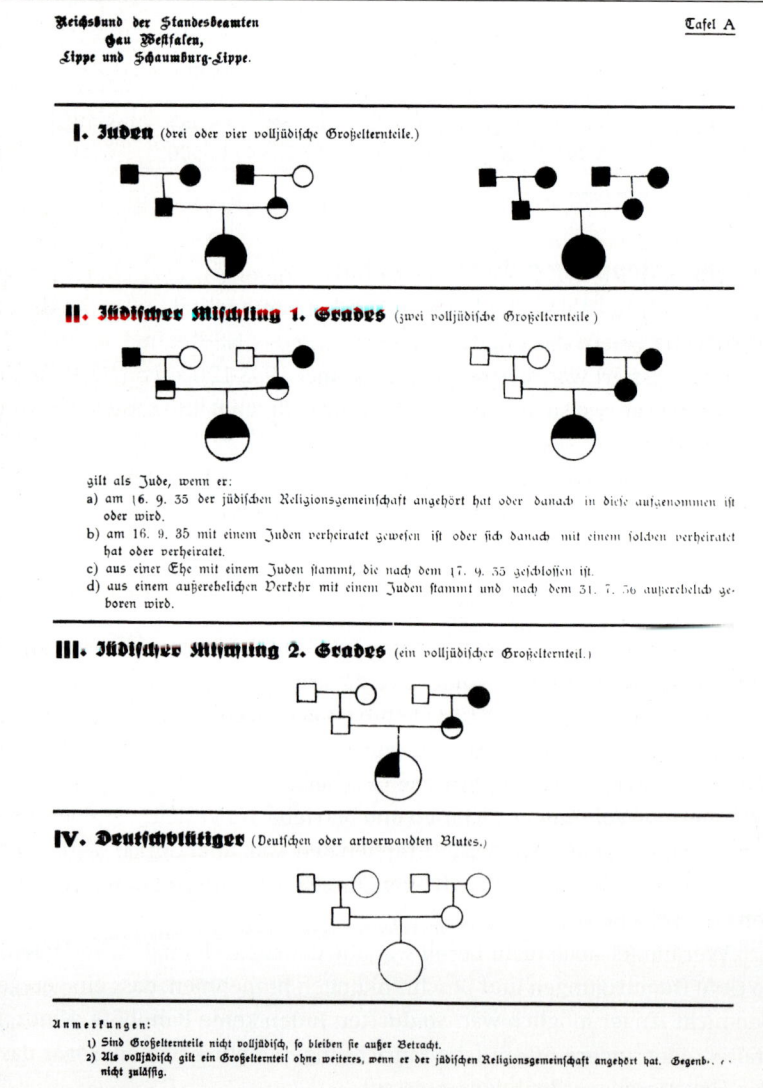

M 7 Schautafel für Standesbeamte
„Gau Westfalen", 1935

Die Novemberpogrome

Ein Bericht

Ein Augenzeuge berichtet über die Ereignisse, die sich während des Judenpogroms in Hamburg am 10. November 1938 zutrugen:

Ein böser, böser Tag. Fr. erfuhr es zuerst bei Grünmann, dass Geschäfte zerstört und geschlossen seien. Wir gingen zur Stadt, besorgten etwas […].
Die Leute unheimlich geschäftig, beschäftigt, Gruppen,
5 Zusammenballungen, Sperrungen, all die großen jüdischen Geschäfte geschlossen, [bei] Robinsohn, Hirschfeld sämtliche Scheiben zertrümmert, ein fortwährendes Scheppern und Klirren von prasselnden Scheiben, an denen die Glaser arbeiteten; nie hörte ich so etwas an Klirren.
10 Schweigende, erstaunte und zustimmende Leute. Eine hässliche Atmosphäre. „Wenn sie drüben unsere Leute totschießen, dann muss man so handeln", entschied eine ältere Frau. Um 18 Uhr im Rundfunk: Demonstrationen und Aktionen gegen die Juden seien sofort einzustellen. – Die
15 Antwort auf den Mord an Herrn vom Rath werde der Führer auf dem Verordnungswege geben. – Goebbels lässt das sagen. D. h. unser Schicksal läuft langsam dem Untergang zu. An der Synagoge waren fast alle Scheiben zertrümmert, auch das Innere war wohl zerstört. Die Leute sahen durch
20 die Türöffnungen hinein. Polizei stand im Vorgarten. Unablässig zogen die Menschen vorüber.
Abends brachten Gi. und ich einen kleinen Hund auf unsere Polizeiwache; ein Jude wurde untersucht, in einer Ecke lag auf einem Stuhl ein totenbleicher Mensch. Der kleine Hund beschnupperte den Mann: „Pfui, lass", sagte der 25 Polizeibeamte zu ihm, „das ist ein Jude".

Zit. nach: Hans-Jürgen Döscher, „Reichskristallnacht". Die Novemberpogrome 1938, Berlin 2000, 3. Auflage, S. 112.

Aufruf!

Reichsminister Dr. Goebbels gibt bekannt:
„Die berechtigte und verständliche Empörung des Deutschen Volkes über den feigen jüdischen Meuchelmord an einem deutschen Diplomaten in Paris hat sich in der vergangenen Nacht in umfangreichem Maße Luft verschafft. In zahlreichen Städten und Orten des Reiches wurden Vergeltungsaktionen gegen jüdische Gebäude und Geschäfte vorgenommen.
Es ergeht nunmehr an die gesamte Bevölkerung die strenge Aufforderung, von allen weiteren Demonstrationen und Aktionen gegen das Judentum, gleichgültig welcher Art, sofort abzusehen. Die endgültige Antwort auf das jüdische Attentat in Paris wird auf dem Wege der Gesetzgebung bezw. der Verordnung dem Judentum erteilt werden."

Volksgenossen!　　　　**Volksgenossinnen!**
Auch bei uns in München hat das Weltjudentum die ihm gebührende Antwort erhalten.

Die Synagoge ist abgebrannt!

Die jüdischen Geschäfte sind geschlossen!

Die frechgewordenen Juden sind verhaftet

　Goebbels-Aufruf vom 10.11.1938

Aufgaben

1. Die Ausgrenzung und Entrechtung der Juden
  a) Die Ausgrenzung und Entrechtung der jüdischen Bürger vollzog sich von 1933 bis 1938 in mehreren Etappen. Liste diese auf.
  b) Erläutere die Auswirkungen, die die „Nürnberger Gesetze" für einen Juden hatten.
  c) Beschreibe die Schautafel für Standesbeamte von 1935 und erläutere die Konsequenzen, die sich daraus ergaben.
  ⌒ Text, M1–M5, M6, M7

2. Die Reichspogromnacht 1938
  a) Stelle die Reaktionen der Bevölkerung zur Reichspogromnacht zusammen und bewerte diese.
  b) Erläutere die Zielstellung, die Goebbels mit dem Aufruf vom 10.11.1938 verfolgte.
  c) Nimm Stellung zum Begriff „Reichskristallnacht".
  d) Führe eine Internet-Recherche durch: Informiere dich anhand des Synagogen-Archivs (www.synagogen.info) über die Geschichte einer Synagoge in deinem Heimatort oder in der Nähe. Suche weitere Informationen und stelle diese der Projektseite zur Verfügung.
  ⌒ Text, M5, M8 – M9, Internet

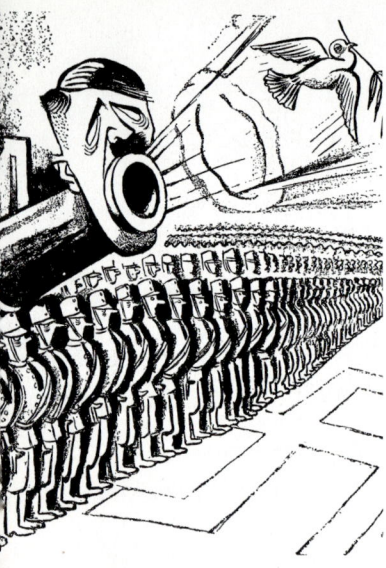

Nationalsozialistische Außenpolitik 1933 – 1938

Kriegsvorbereitung und Friedensbekundungen

Hitlers Außenpolitik diente der Kriegsvorbereitung. Diese Zielsetzung zeigte bereits das Programm der NSDAP von 1920, das ein „Großdeutschland" sowie die Aufhebung des Vertrages von Versailles verlangte. Punkt 3 des Programms lautete zudem: „Wir fordern Land und Boden zur Ernährung unseres Volkes und Ansiedlung unseres Bevölkerungsüberschusses." Hitler konkretisierte diese Forderungen in seinem Buch „Mein Kampf": Nicht die Rückgabe der verlorenen Kolonien war sein Ziel, sondern „Lebensraum im Osten" zu gewinnen.

Diese Ziele konnte Hitler nach seiner Machtübernahme am 30. Januar 1933 nicht mehr öffentlich vertreten, weil Deutschland außenpolitisch isoliert und durch den Versailler Vertrag militärisch geschwächt war. Da das Deutsche Reich 1933 keine starken Bündnispartner an seiner Seite hatte, wären Hitlers Expansionspläne auch auf den Widerstand der übrigen Großmächte gestoßen. Um seine langfristigen Absichten zu verschleiern, verfolgte Hitler daher eine Doppelstrategie: In öffentlichen Erklärungen vor dem Reichstag und im Rundfunk warb er für eine „Friedenspolitik". Insgeheim aber rüstete er auf und strebte Deutschlands Kriegsbereitschaft an.

Revision des Versailler Vertrages

Die ersten außenpolitischen Maßnahmen Hitlers sollten Deutschland aus dem sogenannten „Schanddiktat von Versailles" lösen. Zunächst trat das Deutsche Reich im Oktober 1933 aus dem Völkerbund aus, da er hinderlich für künftige Expansionspläne war. Durch einen Nichtangriffspakt mit Polen (1934) und ein Flottenabkommen mit Großbritannien (1935) suchte Hitler auf internationalem Parkett die „Friedfertigkeit" seiner Politik zu demonstrieren.

Die europäischen Regierungen tolerierten diese Politik, nahmen auch die Wiedereinführung der allgemeinen Wehrpflicht am 16. März 1935 und die Besetzung des entmilitarisierten Rheinlandes am 7. März 1936 nach schwachem Protest hin. Sie hatten mit anderen Problemen zu kämpfen und hofften, Hitler beschwichtigen und von weitergehenden Schritten abhalten zu können.

Propaganda und Kriegsvorbereitung

Vor der Weltöffentlichkeit nutzte Hitler die Olympischen Spiele in Berlin 1936 zur Steigerung seines internationalen Prestiges und erhob sie zum „Fest des Friedens". Insgeheim arbeitete er darauf hin, die deutsche Wehrmacht und die Schlüsselindustrien der Wirtschaft in vier Jahren kriegsbereit zu machen. Viele Zeitgenossen im In- und Ausland ließen sich von der perfekt inszenierten Propaganda blenden, doch durchschauten kritische Beobachter schon damals die Verschleierungstaktik des nationalsozialistischen Regimes.

Der „Anschluss" Österreichs

Am 13. März 1938 vollzog Hitler nach massivem Druck auf die Wiener Regierung den „Anschluss" Österreichs, d. h. die Vereinigung mit dem Deutschen Reich, und präsentierte die Annexion der Weltöffentlichkeit als „Befreiung" seiner Heimat. Die überschwängliche Begeisterung, mit der die Österreicher die deutschen Truppen begrüßten, ließ alle Warnungen vor weiterer Expansion verstummen.

Ermutigt von diesem Erfolg forderte Hitler im September 1938 in einer öf-

M 2 **Olympische Spiele 1936**

Den internationalen Gästen präsentierte sich das nationalsozialistische Deutschland als weltoffene, wirtschaftlich aufstrebende Nation, Propagandaplakat, 1936

fentlichen Rede von der Tschechoslowakei die Abtretung ihrer westlichen Grenz-
gebiete. Diese Gebiete, in denen etwa 3,2 Millionen Sudetendeutsche lebten, hatten die Alliierten nach dem Ersten Weltkrieg der Tschechoslowakei zugeschlagen.
Hitler behauptete, dass dies seine letzte territoriale Forderung sei.

Appeasement-Politik

Von Hitlers längst gefasstem Entschluss, die Tschechoslowakei „militärisch zu
zerschlagen", ahnte der britische Premierminister Chamberlain nichts, als er sich
um eine friedliche Lösung der Sudetenkrise bemühte. Um einen Krieg zu vermeiden, erzwangen Großbritannien, Frankreich, Italien und Deutschland am 29. September 1938 im „Münchener Abkommen" die Abtretung der sudetendeutschen
Gebiete. Die Prager Regierung wurde nicht einmal angehört.

Diese Appeasement-Politik, die auf Beschwichtigung und Zeitgewinn setzte,
ist bis heute umstritten. War es vertretbar, dass sich die anderen Staaten auf Kosten der Tschechoslowakei auf Verhandlungen mit Hitler einließen, oder hätte
eine harte Haltung Schlimmeres verhindern können? Diese Frage wird noch immer diskutiert.

M 3   **Premierminister Chamberlain**

Nach seiner Rückkehr von der
Münchener Konferenz verkündete
er am 30. September 1938 in London
„Peace for our time".

M 4   **Einmarsch deutscher Truppen ins Sudetenland am 1. Oktober 1938**

Nach dem Ersten Weltkrieg durfte die neu gegründete Tschechoslowakei das Sudetenland in ihr Staatsgebiet eingliedern. Die hier lebende
deutsche Volksgruppe – die Sudetendeutschen – fühlte sich jedoch gegenüber den Tschechen wirtschaftlich und politisch benachteiligt.
Die Agitation Hitlers fiel daher auf fruchtbaren Boden.

Die NS-Außenpolitik aus verschiedenen Perspektiven betrachten

M 5 Erste außenpolitische Erklärung

Hitler vor dem Reichstag am 17. Mai 1933:

Indem wir in grenzenloser Liebe und Treue an unserem eigenen Volkstum hängen, respektieren wir die nationalen Rechte auch der anderen Völker aus dieser selben Gesinnung heraus und möchten aus tiefinnerstem Herzen mit
5 ihnen in Frieden und Freundschaft leben [...].
Wir haben aber keinen sehnlicheren Wunsch als den, beizutragen, dass die Wunden des Krieges und des Versailler Vertrages endgültig geheilt werden, und Deutschland will dabei keinen anderen Weg gehen als den, der durch die
10 Verträge selbst als berechtigt anerkannt wird. Die deutsche Regierung wünscht, sich über alle schwierigen Fragen politischer und wirtschaftlicher Natur mit den anderen Nationen friedlich und vertraglich auseinanderzusetzen.

Aus: Wolfgang Lautemann, Manfred Schlenke (Hg.), Geschichte in Quellen. Band V: Weltkriege und Revolutionen 1914–1945, München 1975, S. 348 f.

M 6 „Mittel der Gewalt"

Hitler in einer Rede vor Chefredakteuren der Inlandspresse am 10. November 1938:

Die Umstände haben mich gezwungen, jahrzehntelang fast nur vom Frieden zu reden. Nur unter der fortgesetzten Betonung des deutschen Friedenswillens und der Friedensabsichten war es mir möglich, dem deutschen Volk Stück für Stück die Freiheit zu erringen und ihm die Rüstung zu 5 geben, die immer wieder für den nächsten Schritt als Voraussetzung nötig war.
[...]
Es war nunmehr notwendig, das deutsche Volk psychologisch allmählich umzustellen und ihm langsam klar zu machen, dass es Dinge gibt, die nicht mit friedlichen Mitteln 10 durchgesetzt werden können, mit den Mitteln der Gewalt durchgesetzt werden müssen.

Zit. nach: Vierteljahrshefte für Zeitgeschichte, 2/1985, S. 182.

M 7 „Ist dies Sicherheit?"
NS-Propagandaplakat, 1935

Appeasement – Standpunkte vergleichen

M 8   Das Münchener Abkommen im Urteil

Der spätere Premierminister Winston Churchill kritisierte in einer Parlamentsrede die Appeasement-Politik der britischen Regierung (5.10.1938):

Der Premierminister hegt den Wunsch nach freundschaftlichen Beziehungen zwischen unserem Lande und Deutschland. Es bestehen überhaupt keine Schwierigkeiten für freundschaftliche Beziehungen zwischen den Völkern. Un-
5 sere Herzen schlagen dem deutschen Volk entgegen. Aber das Volk ist machtlos. Niemals jedoch kann es Freundschaft mit der gegenwärtigen deutschen Regierung geben. Wir müssen diplomatische und korrekte Beziehungen mit ihr unterhalten; niemals aber kann es Freundschaft geben
10 zwischen der britischen Demokratie und der Nazimacht, jener Macht, die die christliche Ethik mit Füßen tritt [...] Glauben Sie nicht, dass dies das Ende ist. Das ist erst der Beginn der Abrechnung, bloß der erste Schluck, der erste Vorgeschmack des bitteren Trankes, der uns Jahr für Jahr
15 vorgesetzt werden wird, es sei denn, dass wir in einer großartigen Wiedergewinnung unserer moralischen Gesundheit und kriegerischen Stärke von neuem erstehen und mutig für die Freiheit eintreten, wie in alter Zeit.

Aus: W. Lautemann, M. Schlenke (Hg.), Geschichte in Quellen. Band V, 2. Aufl., München 1975, S. 407.

M 9   Appeasement-Politik

a) Der Historiker Andreas Wirsching erklärt die Logik der Appeasement-Politik:

Und was die britische Haltung betrifft, so wird sie verständlich, wenn man sie an der nüchternen Analyse britischer Interessen misst: Im Herbst 1938 war England für eine kriegerische Auseinandersetzung unzureichend gerüstet. Unabhängig davon, ob das Münchener Abkommen den Frie- 5 den sichern würde oder nicht, es war wertvolle Zeit erkauft worden: Zeit, die zur Verkürzung des Rüstungsrückstandes insbesondere bei der Luftwaffe genutzt werden konnte.

Andreas Wirsching, Deutsche Geschichte im 20. Jahrhundert, München 2001, S. 77.

b) Der Historiker Eric Hobsbawm argumentiert:

Doch Kompromisse und Verhandlungen mit Hitlers Deutschland waren unmöglich, denn die politischen Ziele des Nationalsozialismus waren grenzenlos und irrational. Expansion und Aggression gehörten untrennbar zum System, und wenn man die deutsche Vorherrschaft nicht 5 schon von vornherein zu akzeptieren bereit war – sich also dafür entschied, sich dem Vormarsch der Nazis nicht entgegenzustellen –, musste es einfach früher oder später unausweichlich zum Krieg kommen.

E. Hobsbawm, Das Zeitalter der Extreme, 11. Aufl., München 2012, S. 199.

Aufgaben

1. Die nationalsozialistische Außenpolitik

a) Fasse den Inhalt der ersten außenpolitischen Erklärung Hitlers von 1933 mit eigenen Worten zusammen.

b) Belege anhand von Textpassagen, dass Hitler sich als friedliebender Politiker darstellt.

c) Vergleiche die Rede Hitlers vor den Chefredakteuren der Inlandspresse von 1938 mit seiner Erklärung von 1933.

d) Analysiere die Karikatur „Hitlers Friedensrede" von 1933.

e) Weise nach, dass die Karikatur Hitlers Außenpolitik in den Jahren 1933 bis 1938 richtig widerspiegelt.

Text, M1, M5, M6

2. Ein Propagandaplakat analysieren

a) Beschreibe und interpretiere das NS-Propagandaplakat von 1935.

b) Vergleiche das Plakat mit der außenpolitischen Zielsetzung Hitlers.

Text, M7

3. Appeasement-Politik

a) Erkläre den Begriff „Appeasement-Politik".

b) Erläutere die Haltung Winston Churchills und vergleiche sie mit den beiden Historikermeinungen.

c) Beurteile folgende Aussage: „Die Appeasement-Politik war verfehlt, da sie nicht geeignet war, die Politik Hitlers zu stoppen."

Text, M8, M9

Wirtschaft im Interesse eines Staates

Bekämpfung der Arbeitslosigkeit

Zu Hitlers wirksamsten Wahlkampf-Versprechungen hatte die Überwindung der Massenarbeitslosigkeit gehört; Anfang 1933 waren noch immer sechs Millionen Menschen ohne Anstellung. Hitler wusste: Ein Erfolg in dieser Frage würde seinem Regime ein hohes Maß an Zustimmung und Loyalität verschaffen. Und er hatte Glück. Bereits die Vorgänger-Regierungen Papen und Schleicher hatten groß angelegte Arbeitsbeschaffungsprogramme erarbeitet und auf den Weg gebracht, die das NS-Regime nun ausweitete und, etwa beim Autobahnbau, mit medienwirksamer Propaganda inszenierte. Insgesamt flossen bis Ende 1934 knapp fünf Milliarden Reichsmark in solche arbeitsintensiven Projekte. Die langfristige Wirtschaftsentwicklung zeigte seit Herbst 1932 ohnehin einen Aufwärtstrend, und durch die Einführung der Wehrpflicht sowie des verbindlichen Arbeitsdienstes im März und Juni 1935 fanden Hunderttausende wieder eine Beschäftigung. So herrschte bereits 1936 annähernd Vollbeschäftigung, und die Industrieproduktion überstieg den Vorkrisenstand von 1928 – ein enormer Propaganda-Erfolg für die NS-Bewegung.

Ausschaltung der Arbeitnehmerrechte

Dieses auf Staatsverschuldung und der Plünderung der finanziellen Reserven beruhende „Wirtschaftswunder" hatte jedoch erhebliche Schattenseiten. Die Zerschlagung der Gewerkschaften Anfang Mai 1933 leitete die zunehmende Entrechtung der Arbeiter ein. Streiks waren von nun an verboten, und staatliche „Treuhänder der Arbeit" setzten Löhne und Arbeitsbedingungen fest. Arbeiter und Unternehmer wurden in der „Deutschen Arbeitsfront" (DAF) zwangsvereinigt. Während diese mit ihrer Unterorganisation „Kraft durch Freude" (KdF) die Werktätigen durch Freizeit- und Urlaubsangebote bei Laune hielt, führte Anfang 1934 das „Gesetz zur Ordnung der nationalen Arbeit" das Führerprinzip in den Betrieben ein. Damit war der Mitbestimmung der Arbeitnehmer ein Ende gesetzt, und die Betriebsräte verschwanden. Bald darauf büßten die Arbeiter auch das Recht ein, ihren Arbeitsplatz nach eigenem Wunsch zu wählen und zu wechseln.

„Kanonen oder Butter?"

Mit der Vollbeschäftigung ging eine steigende Massenkaufkraft einher. Dieser stand aber nur ein begrenztes Waren- und Dienstleistungsangebot gegenüber, weil der Staat die Produktion zunehmend in die Rüstung lenkte. Um einer Inflation vorzubeugen, wurden die Löhne daher niedrig gehalten: Trotz einer erheblichen Ausweitung der Arbeitszeiten stiegen die Realeinkommen in den meisten Branchen bis zum Beginn des Krieges nur mäßig. Der wachsenden Unzufriedenheit in der Bevölkerung mit Mangelwirtschaft bei steigenden Preisen begegnete das Regime im November 1936 zwar mit einem allgemeinen Preisstopp. Die Lücken in der Versorgung mit Konsumgütern, die sich zudem qualitativ verschlechterten und vielfach minderwertigen „Ersatzstoffen" weichen mussten, konnten nur mit großen Propagandaanstrengungen und Maßnahmen der Nachfragelenkung überdeckt werden. Auch wenn sich die NS-Machthaber zufriedene „Volksgenossen" bei steigendem Lebensstandard wünschten – die Produktivkräfte der Wirtschaft benötigten sie primär für andere Zwecke.

Kaum hatte das NS-Regime seine Herrschaft stabilisiert und war die Wirtschaft wieder angesprungen, ließ Hitler die verfügbaren Ressourcen auf die Aufrüstung konzentrieren. Unter Leitung des Wirtschaftsministeriums kamen die zunehmend knappen Rohstoffe und Devisen auf Kosten des privaten Konsums und ziviler Investitionen einseitig der Rüstungsindustrie zugute. Dem Ministerium stand seit August 1934 mit dem parteilosen Hjalmar Schacht ein Mann vor, der zugleich Präsident der Reichsbank war und in den Anfangsjahren der NS-Herrschaft mit souveränem Sachverstand die Finanz- und Wirtschaftspolitik dirigierte. Schacht stimmte Hitlers Aufrüstungskurs grundsätzlich zu, und er erfand diverse Tricks, um den rasanten Anstieg der Staatsverschuldung vor der Öffentlichkeit und dem Ausland zu verbergen.

Teilnahme am Welthandel oder Autarkie?

An einer wirtschaftspolitischen Grundsatzfrage entzündete sich jedoch ein Konflikt, der sich rasch zuspitzen sollte: am Streben nach Autarkie. Im Ersten Weltkrieg war es den Briten gelungen, Deutschland durch eine Seeblockade von lebenswichtigen Ressourcen abzuschneiden. Deutschland möglichst rasch von Importen unabhängig (autark) zu machen, war für Hitler daher ein unverzichtbarer Schritt bei der Vorbereitung des nächsten Krieges. So hatte die Regierung bereits im Dezember 1933 mit dem Chemie-Giganten „IG-Farben" den sogenannten „Benzinvertrag" geschlossen: Das Unternehmen stellte aus Kohle einen synthetischen Treibstoff her, wobei der Staat durch eine Abnahme- und Preisgarantie die deutlichen Mehrkosten gegenüber der Verarbeitung des Importguts Erdöl trug. Als dieses extrem unwirtschaftliche Verfahren auch auf andere Bereiche übertragen werden sollte, legten Schacht und der exportorientierte Teil der deutschen Industrie Protest ein. Sie forderten eine Pause bei der Aufrüstung, ein Umsteuern zugunsten des zivilen Konsums sowie eine Wiederankurbelung des Außenhandels, damit Devisen verdient und so die erforderlichen Importe bezahlt werden konnten.

Vierjahresplan und der Weg in den Krieg

Im Sommer 1936 traf Hitler eine Entscheidung, die den bisherigen Kurs nicht nur bestätigte, sondern forcierte: „1. Die deutsche Armee muss in vier Jahren einsatzfähig sein. 2. Die deutsche Wirtschaft muss in vier Jahren kriegsfähig sein." Auf dem Reichsparteitag im September wurde daraufhin der sogenannte Vierjahresplan verkündet. Er stand unter der Leitung Hermann Görings, eines Vertrauten Hitlers, und führte zu einer engen organisatorischen Verzahnung von Angehörigen der staatlichen Lenkungsbehörden und des privatwirtschaftlichen Managements. Die Unternehmer bleiben zwar Eigentümer ihrer Betriebe, doch nahmen die staatlichen Eingriffe nun stark zu. Brancheneigene „Pflichtgemeinschaften" mussten Ersatzstoffe für knappe Rohstoffe wie Kautschuk (Buna) und Baumwolle (Zellwolle) herstellen. Daneben entstand mit den „Reichswerken Hermann Göring" ein gigantischer Staatskonzern, der ohne Rücksicht auf Kosten-Nutzen-Relationen beispielsweise die unrentablen Eisenerzvorkommen im Raum Salzgitter ausbeutete. Zusammen mit der ungebremsten Aufrüstung brachten diese Maßnahmen die Volkswirtschaft vollends aus dem Gleichgewicht und trieben die Staatsschulden in die Höhe. Schachts eindringliche Mahnungen blieben ungehört, und so trat er im November 1937 als Wirtschaftsminister und bald auch als Reichsbankpräsident zurück. Immer klarer lief die nationalsozialistische Wirtschaftspolitik auf die Alternative hinaus: Zusammenbruch oder Krieg.

M 3 **Rüstungsausgaben des Deutschen Reiches 1928 – 1939**

Zeit	Rüstung (Wehrmacht) [in Mio. RM]	Anteil der Rüstung am Volkseinkommen in v. H.[1]
1928	827	1,1
1932	620	1,4
1933	720	1,6
1934	3300	6,3
1935	5150	8,7
1936	9000	13,7
1937	10850	14,7
1938	15500	18,9
1939	32300	23,0

[1] 1939 Bruttosozialprodukt

D. Petzina u. a., Sozialgeschichtliches Arbeitsbuch III, Materialien zur Statistik des Deutschen Reiches 1914 bis 1945, München 1978, S. 149.

Wirtschaft im Interesse eines Staates – Vorbereitung auf den Krieg

M 4 Hitler über den Vierjahresplan

In einer geheimen Denkschrift fasste Hitler seine wirtschaftspolitischen Prioritäten zusammen (August 1936):

So wie die politische Bewegung in unserem Volk nur ein Ziel kennt, die Lebensbehauptung unseres Volkes und Reiches zu ermöglichen, d.h. alle geistigen und sonstigen Voraussetzungen für die Selbstbehauptung unseres Volkes
5 sicherzustellen, so hat auch die Wirtschaft nur diesen einen Zweck. Das Volk lebt nicht für die Wirtschaft oder für die Wirtschaftsführer, Wirtschafts- oder Finanztheorien, sondern die Finanz und die Wirtschaft, die Wirtschaftsführer und alle Theorien haben ausschließlich diesem Selbst-
10 behauptungskampf unseres Volkes zu dienen. Die wirtschaftliche Lage Deutschlands ist aber, in kürzesten Umrissen gekennzeichnet, folgende:
1. Wir sind übervölkert und können uns auf der eigenen Grundlage nicht ernähren. […] Zahlreiche Produktionen
15 können ohne Weiteres erhöht werden. Das Ergebnis unserer landwirtschaftlichen Produktion kann eine wesentliche Steigerung nicht mehr erfahren. Ebenso ist es uns unmöglich, einzelne Rohstoffe, die uns in Deutschland fehlen, zurzeit auf einem künstlichen Wege herzustellen oder
20 sonst zu ersetzen. […]
5. Es ist aber gänzlich belanglos, diese Tatsachen immer wieder festzustellen, d. h. festzustellen, dass uns Lebensmittel oder Rohstoffe fehlen, sondern es ist entscheidend, jene Maßnahmen zu treffen, die für die Zukunft eine end-
25 gültige Lösung, für den Übergang eine vorübergehende Entlastung bringen können.
6. Die endgültige Lösung liegt in einer Erweiterung des Lebensraumes bzw. der Rohstoff- und Ernährungsbasis unseres Volkes. Es ist die Aufgabe der politischen Führung,
30 diese Frage dereinst zu lösen.
7. Die vorübergehende Entlastung kann nur im Rahmen unserer heutigen Wirtschaft gefunden werden. Und dazu ist Folgendes festzustellen:
a) Da das deutsche Volk in seiner Ernährung steigend von
35 der Einfuhr abhängig sein wird, desgleichen aber auch gewiss Rohstoffe unter allen Umständen wenigstens teilweise aus dem Auslande beziehen muss, ist mit allen Mitteln auf die Ermöglichung dieser Einfuhr hinzuarbeiten.
b) Die Steigerung des eigenen Exports ist theoretisch mög-
40 lich, praktisch aber kaum wahrscheinlich. […]
c) Es ist unmöglich, bestimmte Rohstoffdevisen für den Import von Lebensmitteln zu verwenden, wenn nicht der

sonstigen deutschen Wirtschaft ein schwerer, ja vielleicht vernichtender Schlag zugefügt werden soll. Es ist aber vor allem gänzlich unmöglich, dies auf Kosten der nationalen 45 Aufrüstung zu tun. […]
Ich stelle daher zu einer endgültigen Lösung unserer Lebensnot folgendes Programm auf:
1. Ähnlich der militärischen und politischen Aufrüstung bzw. Mobilmachung unseres Volkes hat auch eine wirt- 50 schaftliche zu erfolgen, und zwar im selben Tempo, mit der gleichen Entschlossenheit und wenn nötig auch mit der gleichen Rücksichtslosigkeit. […]
2. Zu diesem Zwecke sind auf all den Gebieten, auf denen eine eigene Befriedigung durch deutsche Produktionen zu 55 erreichen ist, Devisen einzusparen, um sie jenen Erfordernissen zuzulenken, die unter allen Umständen ihre Deckung nur durch Import erfahren können.
3. In diesem Sinne ist die deutsche Brennstofferzeugung nunmehr im schnellsten Tempo vorwärtszutreiben und 60 binnen 18 Monaten zum restlosen Abschluss zu bringen. Diese Aufgabe ist mit derselben Entschlossenheit wie die Führung eines Krieges anzufassen und durchzuführen; denn von ihrer Lösung hängt die kommende Kriegsführung ab und nicht von einer Bevorratung des Benzins. 65
4. Es ist ebenso augenscheinlich die Massenfabrikation von synthetischem Gummi zu organisieren und sicherzustellen. […]
5. Die Frage des Kostenpreises dieser Rohstoffe ist ebenfalls gänzlich belanglos. […] Es ist weiter notwendig, ohne 70 Rücksicht auf die Kosten die deutsche sonstige Erzförderung zu seigern. […]
Kurz zusammengefasst: Ich halte es für notwendig, dass nunmehr mit eiserner Entschlossenheit auf all den Gebieten eine 100%ige Selbstversorgung eintritt, auf denen die- 75 se möglich ist. […]
Ich stelle damit folgende Aufgabe:
1. Die deutsche Armee muss in 4 Jahren einsatzfähig sein.
2. Die deutsche Wirtschaft muss in 4 Jahren kriegsfähig sein. 80

Zit. nach: Wolfgang Lautemann und Manfred Schlenke (Hg.), Geschichte in Quellen. Weltkriege und Revolutionen 1914 – 1945, München 1995, S. 321f.

M 5 Warnung vor den Folgen

Reichswirtschaftsminister Hjalmar Schacht schrieb an Hermann Göring (2. April 1937):

a) Die durch Rüstung und Vierjahresplan auf höchste Tourenzahl gebrachte deutsche Volkswirtschaft lässt den deutschen Fabrikanten sehr häufig das Exportgeschäft zugunsten des lukrativen und risikolosen Inlandsgeschäftes
5 vernachlässigen.

b) Obwohl die mir unterstehenden Überwachungsstellen strikte Anweisung haben, die Rohstoffe für die Exportaufträge bevorzugt zuzuteilen, macht sich der Rohstoffmangel für den Export immer störender bemerkbar. […]

10 c) Rüstung und Vierjahresplan haben so viele Facharbeiter absorbiert, dass für die Produktion von Exportgütern ein außerordentlich empfindlicher Mangel an geeigneten Arbeitskräften eingetreten ist. Dies gilt insbesondere für diejenigen Industrien, bei denen die größten Exportchancen
15 vorhanden sind.

d) Umfang und Dringlichkeit der Heeresaufträge und neuerdings auch der Aufträge des Vierjahresplans haben die Kapazität der deutschen Fabriken so stark beansprucht, dass für die Ausführung von Exportaufträgen kein oder nur
20 ungenügender Raum bleibt.

Die Folge dieser Entwicklung ist, dass die deutsche Industrie für Exportaufträge so lange Lieferfristen zu nennen gezwungen ist, dass es die ausländischen Käufer vorziehen, in der Schweiz, in Schweden, Belgien, in den Vereinig
25 ten Staaten und in der Tschechoslowakei zu kaufen. Häufig können nicht einmal vereinbarte Lieferfristen aufrechterhalten werden. […]

Bei dem gegenwärtigen Zustand, der in letzter Zeit insbesondere dadurch noch verschärft worden ist, dass sowohl
30 vom Amt für deutsche Roh- und Werkstoffe wie auch von den Beschaffungsstellen der Wehrmachtsteile Einzelanweisungen dahingehend erfolgt sind, die Exportaufträge zurückzustellen, ist damit zu rechnen, dass die Exportchancen auf dem Weltmarkt nicht nur nicht wahrgenommen werden können, sondern dass im Gegenteil mit einer
35 Verringerung des deutschen Exports in der 2. Hälfte 1937 gerechnet werden muss.

Zit. nach: Wolfgang Michalka (Hg.), Deutsche Geschichte 1933–1945. Dokumente zur Innen- und Außenpolitik, Frankfurt a. M. 1993, Nr. 94, S.113 f.

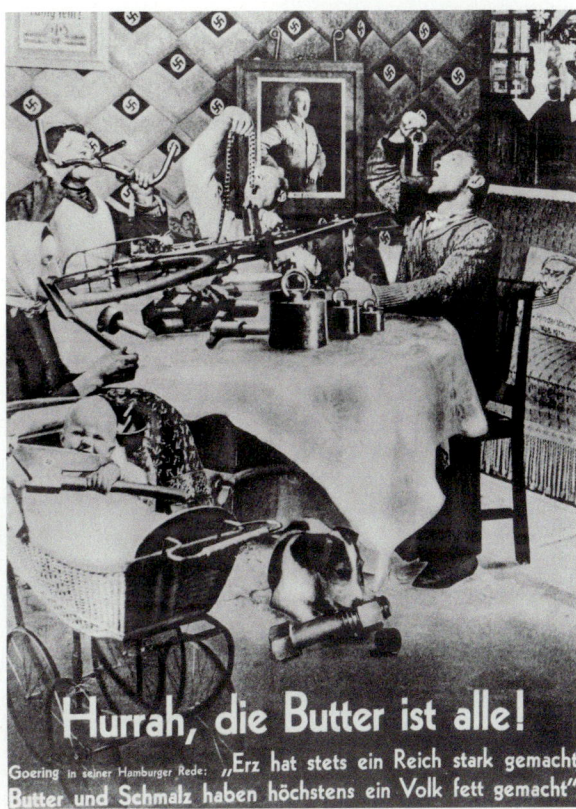

M 6 „Hurrah, die Butter ist alle!"

Fotomontage von John Heartfield, Dezember 1935

Aufgaben

1. Die NS-Wirtschaftspolitik erläutern und beurteilen

a) Erstelle eine grafische Übersicht zur NS-Wirtschaftspolitik.

b) Erläutere die Konsequenzen aus der Vorgabe der Denkschrift zum Vierjahresplan, die deutsche Wirtschaft müsse „in vier Jahren kriegsfähig sein".

c) Erkläre den Unterschied zwischen realer Wirtschaftspolitik und öffentlicher Darstellung.

d) Der Historiker Adam Tooze betitelte sein viel beachtetes Buch zur nationalsozialistischen Wirtschaftspolitik mit „Ökonomie der Zerstörung" (2010). Beurteile seinen Titelvorschlag mit Blick auf deine Kenntnisse zur NS-Wirtschaftspolitik.

⌒ Text, M1 – M6

M 1 **Julius Leber**
(1891–1945)
Der SPD-Politiker und Wider-
standskämpfer wurde am 5. Januar
1945 nach einem Schauprozess
vor dem „Volksgerichtshof" in
Berlin Plötzensee hingerichtet.

Widerstand gegen den Nationalsozialismus

Was ist Widerstand?

Widerstand gegen die nationalsozialistische Herrschaft gab es vom Beginn des Terrorregimes 1933 bis zu seinem Untergang 1945. Gemessen an der Bevölkerungszahl des Deutschen Reiches war die Zahl der Menschen, die sich aktiv gegen die nationalsozialistische Diktatur auflehnten, jedoch gering. Was ist aber Widerstand? Zählen dazu nur die Attentate auf Hitler oder auch die Weigerung, zur HJ zu gehen? Handelte es sich um Widerstand, wenn man jüdische Nachbarn auf der Straße grüßte?

Die meisten Historiker unterscheiden verschiedene Formen des Widerstands: den bewussten politischen Kampf gegen das nationalsozialistische Regime, die Verweigerung im täglichen Leben gegenüber den Erwartungen der Nationalsozialisten und die innere geistige Abgrenzung von der NS-Ideologie. Die Vielfalt der Erscheinungsformen, Methoden, Motive und Zielsetzungen macht es schwer, Widerstand angemessen zu erfassen.

Bedingungen des Widerstands

Erschwert – wenn nicht sogar lebensbedrohlich – wurde Widerstand im totalitären System dadurch, dass das NS-Regime von Anfang an mit Zwang und Terror gegen seine Gegner vorging. Zudem ließ sich die Mehrheit der Deutschen durch Hitlers vermeintliche Erfolge in den ersten Jahren blenden. Widerstand war also stets mit einem erheblichen persönlichen Risiko verbunden.

Auf der anderen Seite ist festzustellen, dass Einzelne und Gruppen immer wieder diese Gefahr auf sich nahmen. Sie wollten ihrer Überzeugung treu bleiben und einen Beitrag zum Sturz des nationalsozialistischen Regimes und zur Beendigung des Krieges leisten.

Früher Widerstand aus der Arbeiterbewegung

Kommunisten und Sozialdemokraten waren Opfer der ersten Stunde. Gleich nach dem Reichstagsbrand im Februar 1933 wurden zahlreiche Mitglieder der KPD und SPD verhaftet, in Konzentrationslager verschleppt, misshandelt oder ermordet. Nur mühsam gelang es den verbleibenden Mitgliedern, ihren politisch motivierten Widerstand in kleinen konspirativen Gruppen zu organisieren.

Der Weg ins Exil verlagerte einen Großteil der Aktivitäten ins zunächst noch freie Ausland. Größere Aktionen waren unter diesen Bedingungen nicht möglich, aber es konnte ein Netzwerk Gleichgesinnter entstehen, das Informationsaustausch und Hilfeleistungen für Verfolgte ermöglichte. So wurden zum Beispiel Familienangehörige von Inhaftierten oder Ermordeten unterstützt.

Widerstand der Kirchen

Die katholische Kirche missbilligte die NS-Ideologie, denn es gab zahlreiche Aussagen, die nicht mit der christlichen Glaubenslehre in Einklang standen. Trotz des Konkordats, das Hitler 1933 mit dem Vatikan schloss, lehnten viele Katholiken die nationalsozialistische Weltanschauung ab. Die Ablehnung äußerte sich in individueller Verweigerungshaltung gegenüber den Einrichtungen der Partei und des Staates. Dazu zählte zum Beispiel die Weigerung, in die NSDAP, die HJ oder den BDM einzutreten. Als das nationalsozialistische Regime damit begann, Behinderte und Kranke als „lebensunwert" zu ermorden, weckte dies den Widerstand

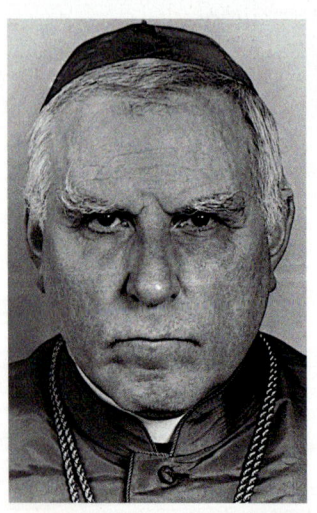

M 2 **Bischof Graf von Galen**
(1878–1946)
Der Bischof von Münster predigte
offen gegen die „Euthanasie".

vieler Geistlicher. Beispielhaft war hier der Bischof von Münster, Clemens August Graf von Galen, der sich energisch von der Kanzel gegen das „Euthanasie"-Programm der Nationalsozialisten wandte. Das war auch für den Klerus nicht ungefährlich, zumal die Gestapo vor Verhaftung und Mord nicht zurückschreckte.

Schwieriger war die Situation der evangelischen Kirche. Hier gab es zwei Strömungen. Während die „Deutschen Christen" eng mit den Nationalsozialisten zusammenarbeiteten, vereinigten sich oppositionelle Geistliche im Pfarrernotbund. Aus ihm ging die „Bekennende Kirche" hervor, die den christlichen Glauben höher stellte als den Gehorsam gegenüber Hitler. Zu ihr zählte auch der Theologe Dietrich Bonhoeffer, der Pläne zum Sturz Hitlers unterstützte und dafür 1945 im KZ Flossenbürg hingerichtet wurde.

M 3   Dietrich Bonhoeffer (1906 – 1945)
Foto, undatiert

Der 20. Juli 1944
Hitlers politische Erfolge bis zur Kriegswende 1942 erschwerten alle Aktivitäten, die sich gegen das Regime richteten. Widerstand gab es fast nur noch in Form regimekritischer Witze oder im Abhören „feindlicher Sender", was bei einer Denunziation Gerichtsverfahren und harte Strafen nach sich zog.

Als sich die militärische Niederlage abzeichnete, versuchte eine Gruppe von Verschwörern, Hitler zu töten und die Macht zu übernehmen. Am 20. Juli 1944 deponierte Oberst Graf von Stauffenberg während einer Lagebesprechung im „Führerhauptquartier", der „Wolfsschanze" in Ostpreußen, eine Bombe. Die Explosion verletzte Hitler nur leicht, da er zwischenzeitlich seine Position verändert hatte. Den politischen Umsturz, der zeitgleich in Berlin erfolgen sollte, schlug noch am selben Tag die Gestapo nieder. Stauffenberg und vier Verschwörer wurden bereits um Mitternacht in Berlin hingerichtet, eine anschließende Verhaftungswelle forderte Hunderte weiterer Opfer.

M 4   Claus von Stauffenberg mit Adolf Hitler
Im „Führerhauptquartier Wolfsschanze" in Ostpreußen, Foto, 15. Juli 1944

Studentischer Widerstand und Widerstand von Jugendlichen
Auch Studierende leisteten Widerstand, wie zum Beispiel die „Weiße Rose", eine Gruppe von Studenten an der Universität München unter Führung der Geschwister Scholl. Sie verteilten Flugblätter gegen eine Fortsetzung des sinnlosen Kriegs und versuchten ihre Kommilitonen zum Widerstand zu bewegen. Am 18. Februar 1943 wurden sie in der Universität beobachtet und verhaftet. Wenig später richtete man die Geschwister Scholl und drei weitere Mitglieder der „Weißen Rose" hin.

Auch Jugendliche distanzierten sich vom System oder leisteten aktiven Widerstand. Die „Swing-Jugend" Hamburgs aus gutbürgerlichen Kreisen hörte den offiziell verbotenen Jazz und den englischen „Feindsender", kleidete sich nach englischer Mode und feierte wilde Partys. Viele von ihnen wurden zur Umerziehung und Abschreckung in ein Jugend-Konzentrationslager gebracht oder an die Front geschickt. Die Edelweiß-Piraten und andere Gruppen im Rhein-Ruhr-Gebiet führten einen regelrechten Kampf gegen SA und Polizei. Sie betrieben Sabotage und schreckten auch vor Gewalt nicht zurück. Viele von ihnen wurden ohne Gerichtsurteil umgebracht.

M 5   Die Geschwister Scholl
Auf dem Münchener Bahnhof verabschiedet sich Sophie Scholl von ihrem Bruder Hans (zweiter von links), der an die Ostfront einberufen wurde, Foto, Juni 1942.

Einzelne Widerstandskämpfer
Manche kämpften allein gegen das NS-Regime. Ein bekanntes Beispiel ist der Schreiner Georg Elser aus Württemberg, der durch Hitlers Beseitigung einen Krieg verhindern wollte. Jedes Jahr feierten die Nationalsozialisten im Münchner

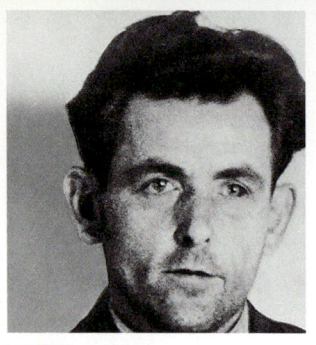

**M 6 Georg Elser
(1903 – 1945)**

Der Schreiner aus Hermaringen (Württemberg) verübte am 8. November 1939 ein Bombenattentat auf Hitler im Bürgerbräukeller in München. Georg Elser wurde 1945 im Konzentrationslager Dachau ermordet.

M 7 Denkmal für Deserteure und Opfer der NS-Militärjustiz in Köln

Das 2009 errichtete Denkmal für Deserteure ist das erste in Deutschland, das von der öffentlichen Hand finanziert wurde. 104 Kölner Soldaten wurden als Deserteure von der NS-Militärjustiz verurteilt.

Text in farbigen Buchstaben: „Hommage den Soldaten, die sich weigerten zu schießen auf die Soldaten, die sich weigerten zu töten die Menschen, die sich weigerten zu foltern die Menschen, die sich weigerten zu denunzieren die Menschen, die sich weigerten zu brutalisieren die Menschen, die sich weigerten zu diskriminieren die Menschen, die sich weigerten auszulachen die Menschen, die Zivilcourage zeigten, als die Mehrheit schwieg und folgte."

Bürgerbräukeller den Jahrestag des Hitler-Putsches. Wochenlang ließ sich Elser abends in der Wirtschaft einsperren, um heimlich in einer ausgehöhlten Säule einen Sprengsatz anzubringen. Die Bombe explodierte zwar wie geplant, doch hatte Hitler die Versammlung vorzeitig verlassen, sodass er dem Attentat entkam. Elser wurde auf der Flucht in die Schweiz verhaftet und im KZ Dachau kurz vor Kriegsende ermordet.

Die Deserteure

Je aussichtsloser der Krieg wurde, desto mehr Soldaten entzogen sich dem Wehrdienst. Desertion wurde streng bestraft und das Regime richtete Tausende Kriegsdienstverweigerer hin, da sie das Gesetz und ihren Treueid gegenüber Hitler gebrochen hatten. Allerdings blieb ihr „Nein" zum Krieg bis heute in der Bevölkerung umstritten. Immerhin besaßen sie den Mut, sich dem Wahnsinn des Kriegs zu verweigern, der insbesondere in den letzten Jahren unzählige Menschenopfer forderte.

Widerstand in den besetzten Gebieten

Trotz manch mutiger Aktion fand der deutsche Widerstand gegen Hitler kaum Rückhalt bei der Bevölkerung. Anders sah das in den besetzten Gebieten aus, sei es in Frankreich, Polen, der Sowjetunion oder auf dem Balkan. Die Partisanen zogen sich in unzugängliche Gebiete zurück und sprengten Eisenbahnlinien, Brücken und Waffenlager. Die Bevölkerung unterstützte diesen Patriotismus, während sie Kollaboration mit den Deutschen als Verrat verurteilte.

Die deutsche Besatzungsmacht ging rücksichtslos gegen jede Form von Sabotage und Widerstand vor, sodass der Partisanenkrieg auf beiden Seiten mit schonungsloser Grausamkeit geführt wurde.

Widerstand – Debatte um „Kriegsverräter"

M 8   Ein Interview

Interview in der Zeitschrift „Der Spiegel" mit dem Militärhistoriker Rolf-Dieter Müller (2009):

Interviewer: Professor Müller, im Bundestag streiten die Parteien über die Rehabilitierung von sogenannten Kriegsverrätern. Die Große Koalition bietet Einzelfallprüfungen an; Linkspartei und Grüne wollen pauschal alle entspre-
5 chenden Urteile aufheben. Verdient nicht jeder Respekt, der sich auf deutscher Seite einer Beteiligung am verbrecherischen Zweiten Weltkrieg zu entziehen suchte?

Müller: Natürlich, und der Bundestag hat daraus auch die Konsequenzen gezogen und 2002 die Urteile gegen Deser-
10 teure pauschal aufgehoben. Allerdings differenziert das Justizministerium zwischen Fahnenflucht – da entscheidet jemand für sich, diesen Krieg nicht mehr mitzumachen – und einer Verratshandlung, wo immer die Möglichkeit besteht, dass andere zu Schaden kommen.

15 **Interviewer:** Das ist uns zu abstrakt.

Müller: Dann gebe ich Ihnen ein Beispiel. Wir wissen aus der Ardennenoffensive 1944, dass deutsche Überläufer den Amerikanern Stellungen der Wehrmacht verraten haben. Daraufhin haben die Amerikaner am nächsten Tag die Stel-
20 lungen beschossen, wobei zahlreiche Soldaten starben.

Interviewer: Einen solchen Überläufer wollen Sie nicht rehabilitieren?

Müller: Es ist eine Sache, die Seite zu wechseln und mit offenem Visier zu kämpfen. Das würde ich im Zweiten Welt-
25 krieg als heldenhafte Tat bezeichnen. Nehmen Sie General Seydlitz von der sechsten Armee, die in Stalingrad unterging. Er war bereit, für Stalin eine Armee aus deutschen Kriegsgefangenen aufzustellen. Er wäre freilich niemals bereit gewesen, militärische Geheimnisse zu verraten. Wenn jemand durch Verrat in Kauf nimmt, dass seine Ka-
30 meraden, die als Wehrpflichtige zwangsweise bei der Wehrmacht sind, oder Zivilisten zu Schaden kommen, dann ist das ein Problem.

Interviewer: Es war doch ein verbrecherischer Krieg.

Müller: Das ist unbestritten. Nur bedeutet das, dass Wehr-
35 pflichtige, die ja nicht alle begeistert in der Wehrmacht dienten, vogelfrei waren? So weit ist nicht einmal die Anti-Hitler-Koalition gegangen. Nach dem Völkerrecht muss ein Gefangener Name und Feldpostnummer mitteilen. Mehr nicht. Das soll den Gefangenen schützen, der nicht verant-
40 wortlich ist für die Handlungen seiner Regierung.

Debatte um „Kriegsverräter": „Es gab eben auch Charakterlumpen",
Interview mit dem Militärhistoriker Rolf-Dieter Müller (Klaus Wiegrefe und
Markus Deggerich), www.spiegel.de/einestages/debatte-um-kriegs
verraeter-a-948200.html.

Aufgaben

1. Formen des Widerstands

a) Nenne die verschiedenen im Text genannten Formen des Widerstands.

b) Informiere dich über eine der folgenden Gruppen näher: Kreisauer Kreis, Swing-Kids, Rote Kapelle.
   ⌐ Text, Internet

2. Widerstand-Debatte um „Kriegsverräter"

a) Arbeite die zentralen Aussagen des Militärhistorikers Rolf-Dieter Müller heraus.

b) Nimm Stellung zu der von Müller zitierten Unterscheidung zwischen „Fahnenflucht" und „Verratshandlungen".

c) Analysiere die Aussage des Denkmals für Deserteure und Opfer der NS-Militärjustiz in Köln und setze dich damit auseinander.
   ⌐ Text, M7 – M8

Widerstand – Ein Flugblatt analysieren

Kommilitoninnen! Kommilitonen!

Erschüttert steht unser Volk vor dem Untergang der Männer von Stalingrad. Dreihundertdreissigtausend deutsche Männer hat die geniale Strategie des Weltkriegsgefreiten sinn- und verantwortungslos in Tod und Verderben gehetzt. Führer, wir danken dir!

Es gärt im deutschen Volk: Wollen wir weiter einem Dilettanten das Schicksal unserer Armeen anvertrauen? Wollen wir den niedrigen Machtinstinkten einer Parteiclique den Rest der deutschen Jugend opfern? Nimmermehr! Der Tag der Abrechnung ist gekommen, der Abrechnung unserer deutschen Jugend mit der verabscheuungswürdigsten Tyrannis, die unser Volk je erduldet hat. Im Namen der ganzen deutschen Jugend fordern wir von dem Staat Adolf Hitlers die persönliche Freiheit, das kostbarste Gut des Deutschen zurück, um das er uns in der erbärmlichsten Weise betrogen hat.

In einem Staat rücksichtsloser Knebelung jeder freien Meinungsäusserung sind wir aufgewachsen. HJ, SA, SS haben uns in den fruchtbarsten Bildungsjahren unseres Lebens zu uniformieren, zu revolutionieren, zu narkotisieren versucht. „Weltanschauliche Schulung" hiess die verächtliche Methode, das aufkeimende Selbstdenken und Selbstwerten in einem Nebel leerer Phrasen zu ersticken. Eine Führerauslese, wie sie teuflischer und bornierter zugleich nicht gedacht werden kann, zieht ihre künftigen Parteibonzen auf Ordensburgen zu gottlosen, schamlosen und gewissenlosen Ausbeutern und Mordbuben heran, zur blinden, stupiden Führergefolgschaft. Wir „Arbeiter des Geistes" wären gerade recht, dieser neuen Herrenschicht den Knüppel zu machen. Frontkämpfer werden von Studentenführern und Gauleiteraspiranten wie Schuljungen gemassregelt, Gauleiter greifen mit geilen Spässen den Studentinnen an die Ehre. Deutsche Studentinnen haben an der Münchner Hochschule auf die Besudelung ihrer Ehre eine würdige Antwort gegeben, deutsche Studenten haben sich für ihre Kameradinnen eingesetzt und standgehalten. Das ist ein Anfang zur Erkämpfung unserer freien Selbstbestimmung, ohne die geistige Werte nicht geschaffen werden können. Unser Dank gilt den tapferen Kameradinnen und Kameraden, die mit leuchtendem Beispiel vorangegangen sind!

Es gibt für uns nur eine Parole: Kampf gegen die Partei! Heraus aus den Parteigliederungen, in denen man uns politisch weiter mundtot halten will! Heraus aus den Hörsälen der SS- Unter- oder Oberführer und Parteikriecher! Es geht uns um wahre Wissenschaft und echte Geistesfreiheit! Kein Drohmittel kann uns schrecken, auch nicht die Schliessung unserer Hochschulen. Es gilt den Kampf jedes einzelnen von uns um unsere Zukunft, unsere Freiheit und Ehre in einem seiner sittlichen Verantwortung bewussten Staatswesen.

Freiheit und Ehre! Zehn lange Jahre haben Hitler und seine Genossen die beiden herrlichen deutschen Worte bis zum Ekel ausgequetscht, abgedroschen, verdreht, wie es nur Dilettanten vermögen, die die höchsten Werte einer Nation vor die Säue werfen. Was ihnen Freiheit und Ehre gilt, haben sie in zehn Jahren der Zerstörung aller materiellen und geistigen Freiheit, aller sittlichen Substanz im deutschen Volk genugsam gezeigt. Auch dem dümmsten Deutschen hat das furchtbare Blutbad die Augen geöffnet, das sie im Namen von Freiheit und Ehre der deutschen Nation in ganz Europa angerichtet haben und täglich neu anrichten. Der deutsche Name bleibt für immer geschändet, wenn nicht die deutsche Jugend endlich aufsteht, rächt und sühnt zugleich, seine Peiniger zerschmettert und ein neues, geistiges Europa aufrichtet.

Studentinnen! Studenten! Auf uns sieht das deutsche Volk! Von uns erwartet es, wie 1813 die Brechung des Napoleonischen, so 1943 die Brechung des nationalsozialistischen Terrors aus der Macht des Geistes. Beresina und Stalingrad flammen im Osten auf, die Toten von Stalingrad beschwören uns!

„Frisch auf, mein Volk, die Flammenzeichen rauchen!"

Unser Volk steht im Aufbruch gegen die Verknechtung Europas durch den Nationalsozialismus, im neuen gläubigen Durchbruch vor Freiheit und Ehre!

M 9 **Flugblatt der „Weißen Rose"**
Faksimile des letzten Flugblattes vom Februar 1943

Formen des Widerstandes – Einen Begriff definieren

M 10   Eine Darstellung

Der Historiker Wilfried Breyvogel schreibt über den Widerstand im Nationalsozialismus (1994):

Die frühe Geschichtsschreibung zum Widerstand im Nationalsozialismus ging von einem sehr engen Widerstandsbegriff aus, der mit dem Bild des Nationalsozialismus in der Totalitarismustheorie korrespondierte: ein monolithischer
5 Herrschaftsapparat, der die gesamte Gesellschaft von oben durchdrang und im Kegelbild der Parteiorganisation seinen deutlichsten Ausdruck fand. Daraus folgte eine Totalerfassung, welche die Möglichkeit des Widerstands minimalisierte und die Heroisierung Einzelner als Märtyrer
10 und Helden zur Folge hatte. Es entstand der Widerstandsdreiklang: Bischof von Galen, Weiße Rose und 20. Juli 1944.
Dagegen ist das Spektrum der Begriffe, das die Alltagsforschung entwickelt hat, weiter gefasst und differenzierter:
15 Resistenz, Dissidenz, Nonkonformität, Protest, Widerstand und Konspiration.
Resistenz meint die aus sozialen Lebensbedingungen, Milieus, Glaubenshaltungen entstehende Reserve, Zurückhaltung, Nichtbegeisterung Einzelner und Gruppen.

Dissidenz und Nonkonformität steht für die Behauptung 20 und Verwirklichung eines eigenen sozialen Raumes, für Handlungen, die über die mentale Reserve hinausgehen und sich z. B. in der Pflege von Kontakten und der Aufrechterhaltung alter Beziehungsnetze ausdrücken können.
Protest meint mit den früheren Definitionen übereinstim- 25 mend den verbal geäußerten Widerspruch, das im Zwischenfeld von privat und öffentlich geäußerte Wort, den Zwischenruf, die Verständigung suchende Seitabbemerkung, das Gespräch als Versicherung einer gemeinsamen Option. 30
Widerstand kennzeichnet die Widerstandshandlung im engen Sinne als geplante Aktion gegen Einrichtungen und persönliche Repräsentanten des Regimes mit dem Ziel seiner/ihrer Beseitigung unter der Bedingung des Risikos für das eigene Leben. 35
Dieser Begriff von Widerstand verbindet sich notwendig mit dem Begriff der Konspiration als einer verdeckten Maßnahme.

Wilfried Breyvogel, Jugendwiderstand im Nationalsozialismus. Ein Überblick, in: Gerhard Ringshausen (Hg.), Perspektiven des Widerstands. Der Widerstand im „Dritten Reich" und seine didaktische Erschließung, Obererlenbach 1994, S. 52 f.

Aufgaben

1. **Widerstand – Ein Flugblatt analysieren**
   a) Informiere dich über die Mitglieder der Gruppe „Weiße Rose" und deren Schicksale.
   b) Erarbeite mithilfe des Flugblattes die Ziele der „Weißen Rose".
   c) Erschließe anhand der Quelle die Schwierigkeiten, vor denen die Verfasser des Flugblattes standen.
   ⌒ Text, M9

2. **Einen Begriff definieren**
   a) Erstelle eine Tabelle mit den Spalten „aktiver Widerstand" und „passiver Widerstand". Finde mindestens fünf Beispiele für beide Widerstandsformen.
   b) Nimm zu der Auffassung des Autors Stellung. Beziehe die Begriffe „aktiver Widerstand" und „passiver Widerstand" in deine Überlegungen ein.
   c) Formuliere eine eigene Definition des Begriffs „Widerstand".
   ⌒ Text, M10

Fragebogen zum Thema: Nationalsozialismus – eine diktatorische Ordnung

Hinweis: Die folgende Tabelle dient der Selbsteinschätzung deiner erworbenen Kenntnisse und Fähigkeiten. Die Auflistung erhebt nicht den Anspruch, vollstän-

Ich kann ...	Ich bin sicher. ☺	Ich bin ziemlich sicher. 😐	Ich bin noch unsicher. 😕	Ich habe große Lücken. ☹
... den Prozess der Machtübergabe an Hitler darlegen.				
... die wichtigsten Schritte Hitlers und seiner NSDAP zur Machtsicherung erläutern.				
... erläutern, dass die „Volksgemeinschaft" der Nationalsozialisten eine Ausgrenzungsgesellschaft war.				
... die Mittel beschreiben, die der Nationalsozialismus nutzte, um die Jugend zu beeinflussen.				
... die einzelnen Etappen der Entrechtung der deutschen Juden bis 1939 benennen und erläutern.				
... Hitlers Verschleierungstaktik in seiner Außenpolitik erläutern.				
... zentrale Aspekte der NS-Wirtschaftspolitik bis 1939 erklären.				
... Beispiele für Widerstand gegen das NS-Regime benennen.				
... den Begriff „Antisemitismus" erklären.				
... mit Begriffen der NS-Sprache kritisch umgehen.				
... eine politische Rede interpretieren.				
...				
...				

dig zu sein. Es handelt sich um eine Auswahl, die ggf. erweitert werden kann. In der rechten Spalte findest du Hinweise, wie du eventuell vorhandene Lücken oder auch Unsicherheiten beseitigen kannst.

→ **Bitte kopiere die Seiten, bevor du mit ihnen arbeitest.**

Auf diesen Seiten kannst du in HORIZONTE nachlesen	Empfehlungen zur Übung, Wiederholung und Festigung
128 – 133	Formuliere einen Lexikonartikel zum Thema: „Die Machtübergabe an Hitler"
128 – 133, 134 – 137	Erarbeite einen Kurzvortrag zum Thema: „Die Reichstagsbrandverordnung – Ein wesentlicher Schritt auf dem Weg der Abschaffung der Weimarer Demokratie".
138 – 143	Erkläre die Begriffe Exklusion und Inklusion im Zusammenhang mit dem NS-Begriff „Volksgemeinschaft".
144 – 147	Erkläre die Funktionen der „HJ" und des „BDM" im System des Nationalsozialismus.
148 – 151	„Die Reichspogromnacht 1938 war der vorläufige Höhepunkt der antijüdischen Politik seit 1933." Nimm Stellung zu dieser Aussage.
152 – 155	Erstelle einen Zeitstrahl zur Außenpolitik Hitlers bis 1939 und erkläre die einzelnen Ereignisse.
156 – 159	Beweise, dass folgende Aussage den Sachverhalt falsch und vereinfacht darstellt: „Hitler beseitigte die Arbeitslosigkeit."
160 – 165	Liste in einer Tabelle mindestens vier Beispiele für den Widerstand gegen die NS-Herrschaft auf.
206 – 207	Suche über das Register sämtliche Stellen in diesem Schulbuch, an denen der Antisemitismus thematisiert wird. Liste das Ergebnis der Suche in Form einer Tabelle auf und berichte darüber in der Klasse.
128 – 167	Suche mindestens drei Begriffe der NS-Sprache im Kapitel und erläutere, warum diese im Schulbuch mit An- und Abführungszeichen geschrieben sind.
132 – 133, 146	Interpretieren die Rede Hitlers auf Seite 146 (M5). Orientiere dich dabei an den Hinweisen im Trainings-Kasten „Umgang mit politischen Reden" auf Seite 133 in diesem Schulbuch.

Der Beginn des Zweiten Weltkrieges

Einmarsch in die Tschechoslowakei

Nach Österreichs „Anschluss" ans Reich und der Annexion des Sudetenlandes im Jahr 1938 richtete sich Hitlers begehrlicher Blick auf die Tschechoslowakei. Schon am 15. März 1939 marschierte die deutsche Wehrmacht in die sogenannte „Resttschechei" ein. Um diesen Schritt vor der Öffentlichkeit zu rechtfertigen, zwang Hitler den tschechoslowakischen Präsidenten Hacha unter Androhung einer Bombardierung Prags zur Abgabe einer Erklärung. Darin legte Hacha „das Schicksal des tschechischen Volkes vertrauensvoll in die Hände des Führers".

Der tschechische Landesteil wurde als „Protektorat Böhmen und Mähren" Deutschland einverleibt, die Slowakei ein „Schutzstaat" des „Großdeutschen Reiches". Da die Appeasement-Politik der Westmächte offensichtlich gescheitert war, gaben England und Frankreich Garantieerklärungen für Polen und Belgien ab.

Wende in der Außenpolitik

Die Einverleibung tschechischer Gebiete bildete einen Wendepunkt in der deutschen Außenpolitik, da nun erstmals ein Gebiet annektiert wurde, das eine nichtdeutsche Bevölkerungsmehrheit bewohnte. Damit wurde sichtbar, dass das Selbstbestimmungsrecht der Deutschen, mit dem Hitler territoriale Veränderungen begründet hatte, nur der Verschleierung seiner Absichten diente. Die Bezeichnung „Protektorat", d.h. „Schutzgebiet", werteten westliche Politiker als bewusste Irreführung.

M 1 **Das „Dritte Reich" und Europa 1935 – 1939**

Die „Achse Berlin – Rom"

Nachdem Deutschland und das faschistische Italien 1936 eine „Achse Berlin–Rom" vereinbart hatten, schlossen sie am 22. Mai 1939 den „Stahlpakt". Er sah die gegenseitige Unterstützung im Angriffs- und Verteidigungsfall vor. Das sollte England und Frankreich davon abhalten, einer künftigen deutschen Aggression militärisch zu begegnen.

Der deutsch-sowjetische Nichtangriffspakt

Um ein Bündnis zwischen der Sowjetunion und den Westmächten zu verhindern, schloss Deutschland mit der UdSSR am 23. August 1939 den deutsch-sowjetischen Nichtangriffspakt. Darin sicherten sich beide Staaten gegenseitige Neutralität im Falle eines kriegerischen Konflikts zu. Wichtiger war das geheime Zusatzprotokoll. In ihm verständigten sich die Bündnispartner darauf, ihre Interessengebiete in Osteuropa voneinander abzugrenzen. Deutschland erhielt freie Hand in Westpolen und Litauen, die Sowjetunion in Ostpolen und dem restlichen Baltikum. Damit hatte das Nazi-Regime die Gefahr eines Zweifrontenkrieges gebannt. Das Auswärtige Amt rechtfertigte den Pakt mit dem ideologischen Todfeind damit, dass Stalin vom Ziel der Weltrevolution abgelassen habe. Stalin hingegen wollte Zeit für die Aufrüstung gewinnen, da er mit einem vernichtenden Krieg zwischen Deutschland und den Westmächten rechnete.

Angriff auf Polen – Der Zweite Weltkrieg beginnt

„Polen hat nun heute Nacht zum ersten Mal auf unserem eigenen Territorium auch durch reguläre Soldaten geschossen. Seit 5.45 Uhr wird jetzt zurückgeschossen." Mit diesen Worten begründete Hitler am 1. September 1939 den Angriff auf Polen. Anlass war der angebliche Überfall polnischer Soldaten auf den Rundfunksender Gleiwitz. Dabei handelte es sich um ein Täuschungsmanöver, da SS-Angehörige – als polnische Kämpfer getarnt – den „Überfall" durchgeführt hatten. Die Aktion sollte der deutschen Führung dazu dienen, den Angriff auf Polen vor der Weltöffentlichkeit als „Verteidigungskrieg" darzustellen.

M 2   Ribbentrop in Moskau

Der deutsche Außenminister unterzeichnet am 23. August 1939 den deutsch-sowjetischen Nichtangriffspakt. Hinten rechts Stalin, links davon (mit Bart) der sowjetische Außenminister Molotow.

M 3   „Rendezvous"

Hitler und Stalin zollen sich gegenseitig Respekt, während zwischen ihnen das gemeuchelte Polen liegt, britische Karikatur von David Low, erschienen am 20.09.1939.

Das Vorgehen gegen die Tschechoslowakei im Urteil von Botschaftern

M 4 „Absolut unmoralisch"

Der britische Botschafter in Berlin, Nevile Henderson, schrieb am 16. März 1939 an seinen Außenminister:

Ein Kommentar gegen das Vorgehen Deutschlands in der Tschechoslowakei erscheint überflüssig. Der äußerste Zynismus und die Immoralität des ganzen Vorgehens spottet jeglicher Beschreibung. [...]
5 Es ist schwer zu glauben, dass das Schicksal der Tschechen die übrigen slawischen Stämme nicht bewegen wird, sich untereinander zu verständigen. Wenn auch verwerflich in der Form und unwillkommen als Tatsache, so war die Eingliederung Österreichs und der Sudetendeutschen in das
10 Reich im Prinzip keine unnatürliche Entwicklung, kein unedles Streben für die Deutschen und nicht einmal in einem ethischen Sinne unmoralisch. Beide, die Ostmark und das Sudetengebiet, sind von einer Bevölkerung bewohnt, die völlig deutsch ist und die an die Grenzen Deutschlands
15 anstößt. Ihre Eingliederung in das Reich geschah daher in Übereinstimmung mit dem Recht der Selbstbestimmung.

Die Annexion von Böhmen und Mähren liegt auf einer ganz anderen Ebene und kann nicht durch irgendeinen der Gründe gerechtfertigt werden, die einst die Opposition gegen die Eingliederung Österreichs und des Sudetenlandes 20 schwächer machten. Sie widerspricht völlig dem Recht der Selbstbestimmung und ist absolut unmoralisch.

Zit. nach: K. Zentner, Illustrierte Geschichte des Dritten Reiches, München 1965, S. 441f.

M 6 „Gangstermoral"

Der französischen Botschafter in Berlin, Robert Coulondre, schreibt in einem Bericht am 16. März 1939 über das deutsche Vorgehen gegen die Tschechoslowakei:

Die Tschechoslowakei, die in München zur Aufrechterhaltung des Friedens so schwere Opfer gebracht hat, besteht nicht mehr [...] Die Ereignisse, die mit blitzartiger Geschwindigkeit zu dieser Lösung geführt haben, sind charakteristisch für die Geistesverfassung und die Methoden 5 der nationalsozialistischen Führung. Alle Staaten, die Wert auf ihre Unabhängigkeit und Sicherheit legen, müssen unverzüglich die sich aus denselben ergebenden Schlussfolgerungen gegenüber dem durch seine Erfolge berauschten Deutschland ziehen, das seine auf rassischen Grundsät- 10 zen aufgebauten Forderungen mit einem Imperialismus reinsten Wassers vertauscht hat. [...] In München haben die Naziführer und der Führer selbst geltend gemacht, es sei unmöglich, dass Tschechen und Sudetendeutsche in ein und demselben Staat nebeneinander lebten [...] Heute ist 15 nicht mehr von der angeblich für die Befriedung des Donaubeckens und Europas unerlässlichen Trennung zwischen Deutschen und Tschechen die Rede. [...]
Deutschland hat also wieder einmal bewiesen, dass es jegliche schriftliche Vereinbarung missachtet und densel- 20 ben die Methode der brutalen Gewalt und der vollendeten Tatsachen vorzieht. Es hat mit einer Handbewegung die Münchener Abkommen und den Wiener Schiedsspruch zerrissen und so aufs Neue bestätigt, dass seine Politik nur einen Leitsatz kennt, nämlich die günstige Gelegenheit ab- 25 zupassen und sich jeglicher, in seiner Reichweite befindlichen Beute zu bemächtigen. Dies entspricht mit geringen Unterschieden der den Gangstern und Dschungelbewohnern gemeinsamen Moral [...]

Geschichte in Quellen, Band V, Weltkriege und Revolutionen 1914–1945, hrsg. von W. Lautemann/M. Schlenke, München 1970, S. 418.

M 5 **Einmarsch in Prag**
Deutsche Truppen ziehen in Prag ein, Foto, 15. März 1939.

Der „Hitler-Stalin-Pakt" – Eine Quelle analysieren

M 7　Deutsch-sowjetischer Nichtangriffspakt

a) Vertrag zwischen Deutschland und der UdSSR (auch Hitler-Stalin-Pakt genannt) über die wechselseitigen Beziehungen vom 23.8.1939:

Artikel 1

Die beiden vertragschließenden Teile verpflichten sich, sich jeden Gewaltaktes, jeder aggressiven Handlung und jeden Angriffs gegeneinander, und zwar sowohl einzeln als
5 auch gemeinsam mit anderen Mächten, zu enthalten.
Artikel 2

Falls einer der vertragschließenden Teile Gegenstand kriegerischer Handlungen seitens einer Macht werden sollte, wird der andere vertragschließende Teil in keiner Form die-
10 se dritte Macht unterstützen.
[...]
Artikel 4

Keiner der beiden vertragschließenden Teile wird sich an irgendeiner Mächtegruppierung beteiligen, die sich mittel-
15 bar oder unmittelbar gegen den anderen Teil richtet.
Artikel 5

Falls Streitigkeiten oder Konflikte zwischen den vertragschließenden Teilen über Fragen dieser oder jener Art entstehen sollten, würden beide Teile diese Streitigkeiten
20 oder Konflikte ausschließlich auf dem Wege freundschaftlichen Meinungsaustausches oder nötigenfalls durch Schlichtungskommissionen bereinigen.

b) Geheimprotokoll zur Abgrenzung der Interessensphären in Osteuropa vom 23.8.1939:

1. Für den Fall einer territorial-politischen Umgestaltung in den zu den baltischen Staaten (Finnland, Estland, Lettland, Litauen) gehörenden Gebieten bildet die nördliche Grenze Litauens zugleich die Grenze der Interessensphä-
5 ren Deutschlands und der UdSSR. Hierbei wird das Interesse Litauens am Wilnaer Gebiet beiderseits anerkannt.
2. Für den Fall einer territorial-politischen Umgestaltung der zum polnischen Staate gehörenden Gebiete werden die Interessensphären Deutschlands und der UdSSR unge-
10 fähr durch die Linie der Flüsse Narew, Weichsel und San abgegrenzt.
Die Frage, ob die beiderseitigen Interessen die Erhaltung eines unabhängigen polnischen Staates erwünscht erscheinen lassen und wie dieser Staat abzugrenzen wäre,
15 kann endgültig erst im Laufe der weiteren politischen Entwicklung geklärt werden. In jedem Falle werden beide Regierungen diese Frage im Wege einer freundschaftlichen Verständigung lösen.
3. Hinsichtlich des Südostens Europas wird von sowjetischer Seite das Interesse an Bessarabien betont. Von deut-
20 scher Seite wird das völlige politische Desinteressement an diesen Gebieten erklärt.
4. Dieses Protokoll wird von beiden Seiten streng geheim behandelt werden.

Geschichte in Quellen. Band 4, München 1975, S. 437 ff.

Aufgaben

1. **Das Vorgehen gegen die Tschechoslowakei und der Beginn des Zweiten Weltkrieges**
   a) Gib die Positionen der beiden Botschafter wieder.
   b) Trotz des Scheiterns der Appeasement-Politik griffen die Westmächte beim Einmarsch Deutschlands in die Tschechoslowakei nicht ein. Lege die Gründe dafür dar.
   c) Nimm Stellung zu folgender Auffassung: „Der Einmarsch in die Tschechoslowakei bedeutete eine neue Etappe der deutschen Außenpolitik." Beziehe dabei die Überlegungen des britischen Botschafters mit ein.
   d) Informiere dich über den Ablauf der Aggression gegenüber Polen.
   ↷ Text, M4 – M6

2. **Der deutsch-sowjetische Nichtangriffspakt**
   a) Fasse den Inhalt der beiden Teile des deutsch-sowjetischen Nichtangriffspaktes von 1939 zusammen.
   b) Arbeite die Grundaussage der Karikatur von David Low heraus. Achte dabei auf den Kontrast zwischen Körperhaltungen und Text.
   c) Die Existenz des „Geheimprotokolls" des Hitler-Stalin-Paktes wurde bis in die 1980er-Jahre von der Sowjetunion geleugnet. Ermittle die Gründe dafür.
   ↷ Text, M3, M7

Die „Blitzkriege" 1939 – 1941

Deutsche Anfangserfolge

Die erste Phase des Zweiten Weltkrieges verlief für das nationalsozialistische Deutschland außerordentlich erfolgreich. Zwischen 1939 und 1941 stießen deutsche Truppen rasch nach Osten und Westen vor, ohne größere Verluste zu erleiden. Ermöglicht wurden diese „Blitzkriege" durch das neuartige Zusammenspiel einer modernen Luftwaffe mit schnellen Panzereinheiten. Hitlers Ansehen in Deutschland erreichte in dieser Phase seinen Höhepunkt.

Die Eroberung Polens

In einer Reihe von Feldzügen gelang es den Nationalsozialisten, große Teile Europas zu erobern. Am Anfang stand im September 1939 der deutsche Überfall auf Polen, dessen schlecht ausgerüstete Armee rasch kapitulierte. Nach der Niederlage besetzte Stalin Ostpolen und ließ die polnische Führungsschicht – Offiziere, Geistliche, Politiker und Adlige – teilweise ermorden, damit sie keinen Widerstand organisieren konnte. Da Großbritannien und Frankreich Polens Souveränität garantiert hatten, erklärten sie Deutschland den Krieg. Es erfolgte jedoch kein Angriff, da beide Staaten noch nicht kriegsbereit waren.

Feldzüge im Norden und Westen

Im April 1940 besetzte die deutsche Wehrmacht Dänemark und Norwegen. Mit der Besetzung Norwegens wollte Hitler die schwedischen Erzlieferungen über Norwegen vor englischem Zugriff schützen. Die Besetzung ermöglichte zudem die Einrichtung von Militärstützpunkten für den Kampf gegen England.

Wenig später, im Mai 1940, begann der Feldzug gegen Frankreich. Der Sieg über die Franzosen sollte England zum Frieden zwingen, um Bewegungsfreiheit für den längst geplanten Krieg gegen die Sowjet-union zu erhalten. Bei ihrem Vorstoß besetzte die Wehrmacht auch die neutralen Benelux-Staaten.

Die Auslöschung des „Schanddiktats von Versailles" erfolgte durch eine symbolische Handlung: Der Waffenstillstand wurde wie im Ersten Weltkrieg in Compiègne unterzeichnet, und zwar im selben Eisenbahnwaggon. 1940 begannen auch monatelange Luftangriffe auf England. Sie trafen die Rüstungsindustrie, später auch Wohnquartiere. In London und in Coventry starben 65 000 Menschen.

Expansion in Südosteuropa

Der italienische Diktator Benito Mussolini, der am 10. Juni 1940 Frankreich und Großbritannien den Krieg erklärt hatte, wollte das Imperium Romanum erneuern und den Mittelmeerraum unter seine Kontrolle bringen. Da Italiens Überfall auf Griechenland am hartnäckigen Widerstand der griechischen Armee scheiterte, bat er Hitler um Hilfe. Der entschloss sich im April 1941 zum Balkanfeldzug, was zur Kapitulation Jugoslawiens und Griechenlands führte.

Da die Engländer in Nordafrika die italienische Armee angriffen, entsandte Hitler das Afrika-Korps unter Erwin Rommel nach Libyen, wo sich deutsche und britische Truppen heftige Kämpfe lieferten.

Der Überfall auf die Sowjetunion

Nach diesen Erfolgen begann Hitler am 22. Juni 1941 den Krieg gegen die Sowjetunion. Damit wollte er nicht nur Deutschlands Versorgung mit kriegswichtigen

M 1   Einmarsch in Polen
Deutsche Soldaten, September 1939

M 2   Hitler in Compiègne
Vor dem Eisenbahnwaggon, in dem am Ende des Ersten Weltkrieges der Waffenstillstand unterzeichnet worden war, 23. Juni 1940

Rohstoffen sichern, sondern auch die Eroberung von „Lebensraum im Osten" in die Tat umsetzen. Der Russlandfeld-zug – in der Militärplanung „Fall Barbarossa" genannt – bedeutete einen grundlegenden Einschnitt und führte schließlich zur Kriegswende.

Kollaboration und Résistance in Frankreich

Wie verhielt sich die deutsche Wehrmacht in den besetzten Ländern? Das hing unter anderem vom Verhalten des unterworfenen Landes und der „rassischen" Zuordnung der Bevölkerung ab.

Der französische Marschall Pétain erklärte sich bereit, mit den Deutschen zusammenzuarbeiten und bot einen Waffenstillstand an. So besetzten deutsche Truppen 1940 nur Nordfrankreich und die Atlantikküste, während der Süden mit der Hauptstadt Vichy formell selbstständig blieb – freilich nur bis 1942. Elsass-Lothringen musste sich einer „Germanisierung" unterziehen; so durfte etwa die Baskenmütze nicht mehr getragen werden. Der Wille zur politischen Zusammen-arbeit – zur „collaboration" – seitens des Vichy-Regimes führte zur Entlassung jüdischer Beamter, zur Verhaftung von Juden und zur französischen Mitwirkung bei ihrer Deportation.

Die Deportation der Juden, vor allem aber die Einführung des Pflichtarbeits-dienstes für alle jungen Männer (1942) minderten die Bereitschaft zur Zusam-menarbeit, die Teile der französischen Bevölkerung anfangs gezeigt hatten. Im-mer stärker wuchs daher der Widerstand im Untergrund: die Résistance. Die Widerstandsbewegung trug bei Kriegsende zum Sturz des deutschen Besatzungs-regimes bei und bot den Franzosen die moralische Basis für einen Neuanfang nach dem Krieg.

M 3 „Russia"
Britische Karikatur, 1941

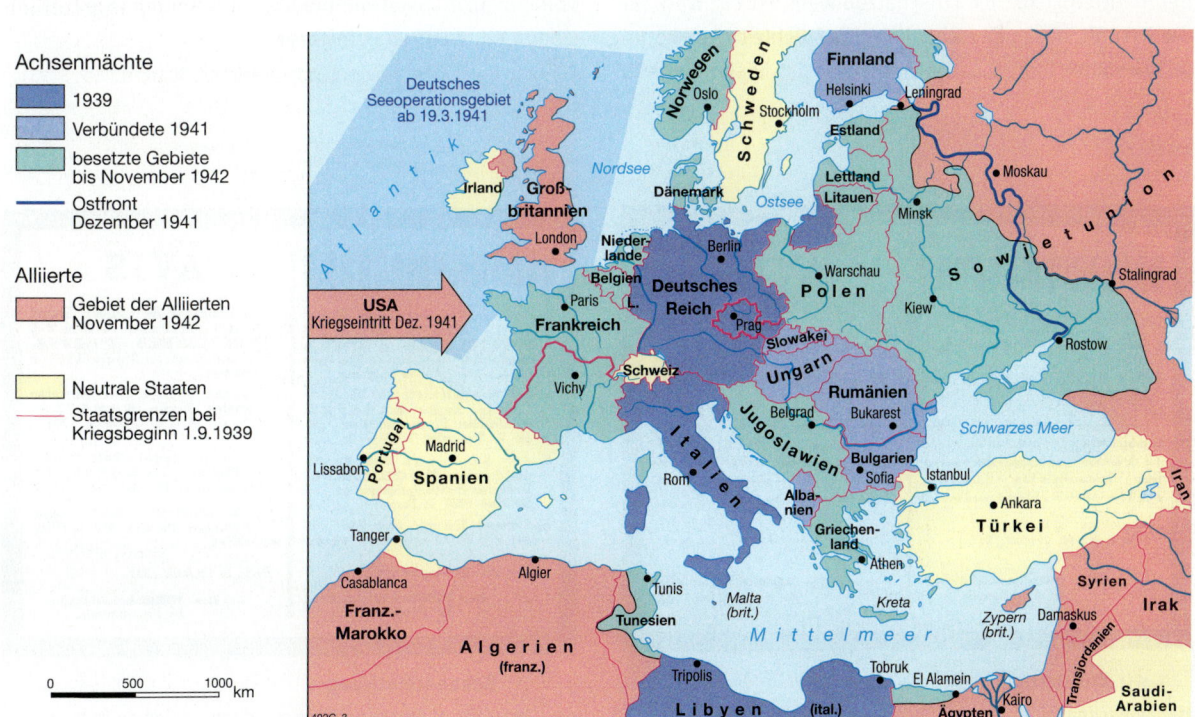

Achsenmächte
- 1939
- Verbündete 1941
- besetzte Gebiete bis November 1942
- Ostfront Dezember 1941

Alliierte
- Gebiet der Alliierten November 1942
- Neutrale Staaten
- Staatsgrenzen bei Kriegsbeginn 1.9.1939

M 4 Der Zweite Weltkrieg in Europa 1939 – 1942

Besatzungsherrschaft in Frankreich – Zeitgenössische Quellen erschließen

M 5 „Der widrige Wind"

Aus einer Rede Marschall Pétains (12.8.1941):

Franzosen, ich habe Euch schlimme Dinge zu erzählen. In mehreren Regionen Frankreichs fühle ich, wie seit einigen Wochen ein widriger Wind aufkommt. Beunruhigung schleicht sich in die Gemüter: Der Zweifel ergreift Besitz
5 von den Seelen. Die Autorität meiner Regierung wird in Frage gestellt: Die Anordnungen werden oft schlecht ausgeführt. In einer Atmosphäre falscher Gerüchte und Intrigen verlieren die Kräfte der Erneuerung den Mut. [...]
Die Gründe für dieses Unbehagen sind leicht zu verstehen.
10 Auf bittere Stunden folgen immer schwierige Zeiten. Während außerhalb der Grenzen einer Nation, die durch die Niederlage aus dem Kampf ausgeschieden ist – deren Kolonialreich es aber verwundbar macht –, der Krieg weitergeht und jeden Tag neue Kontinente verwüstet, stellt sich
15 jedermann ängstliche Fragen über die Zukunft des Landes. Die einen fühlen sich verraten; andere glauben sich verlassen. Einige fragen sich, was jetzt ihre Pflicht ist; andere verfolgen zunächst ihre eigenen Interessen. [...]
Die Kollaboration, die im Oktober 1940 vom Kanzler des
20 Deutschen Reiches angeboten wurde, unter Bedingungen, deren Ritterlichkeit ich zu schätzen weiß, ist ein Werk für die Zukunft, das noch nicht alle seine Früchte tragen konnte. Wir sollten lernen, das schwere Erbe des Misstrauens zu überwinden, das uns von Jahrhunderten der Zwistigkeiten und der Streitereien hinterlassen wurde, um uns auf die
25 weiten Perspektiven einzulassen, die ein wiederversöhnter Kontinent unseren Aktivitäten eröffnen kann. Das ist das Ziel, das wir anstreben. [...]
Die Verwirrung der Gemüter hat ihren alleinigen Grund nicht im Auf und Ab unserer Außenpolitik. Sie resultiert vor
30 allem aus der Langsamkeit, mit der wir eine neue Ordnung aufbauen – oder besser gesagt: durchzusetzen suchen. Die Nationale Revolution [...] ist noch nicht erreicht [...], weil sich zwischen uns, dem Volk und mir, die wir uns so gut verstehen, die doppelte Trennwand der Anhänger des
35 alten Regimes und der Trusts aufgerichtet hat. Die Agenten des alten Regimes sind zahlreich. Zu ihnen rechne ich ohne Ausnahme auch diejenigen, die ihre persönlichen Interessen über die langfristigen Interessen des Staates gestellt haben – Freimaurer, politische Parteien ohne Anhänger-
40 schaft, aber auf Rache sinnend, Beamte, die noch immer einer Ordnung anhängen, in der sie gleichzeitig die Nutznießer und die Herren waren –, aber auch diejenigen, die die Interessen des Vaterlandes denen des Auslandes untergeordnet haben. Viel Zeit wird nötig sein, bis der Wider-
45 stand aller Gegner der neuen Ordnung gebrochen ist, aber von nun an müssen wir ihre Machenschaften vereiteln, indem wir ihre Führer vernichten.

Zit. nach: Marc Olivier Baruch, Das Vichy-Regime, Stuttgart 1999, S. 93 ff.

M 6 Bekanntmachung
der deutschen Militärverwaltung aus dem von den deutschen Truppen besetzten Frankreich, 19. August 1941

M 7 Bekanntmachung
der deutschen Militärverwaltung aus dem von den deutschen Truppen besetzten Frankreich, 29. August 1941

Besatzungsherrschaft in Polen – Mit einem Diensttagebuch arbeiten

M 8 Grundsätze der Besatzungspolitik

Aus dem Diensttagebuch des Generalgouverneurs in Polen, Hans Frank (31. Oktober 1939 und 19. Januar 1940):

[31. Oktober 1939]

Ganz klar müsse der Unterschied zwischen dem deutschen Herrenvolk und den Polen herausgestellt werden. [...]
Den Polen dürfen nur solche Bildungsmöglichkeiten zur
5 Verfügung gestellt werden, die ihnen die Aussichtslosigkeit ihres völkischen Schicksals zeigten. Es könnten daher höchstens schlechte Filme oder solche, die die Größe und Stärke des Deutschen Reiches vor Augen führen, in Frage kommen. Es werde notwendig sein, dass große Lautspre-
10 cheranlagen einen gewissen Nachrichtendienst für die Polen vermitteln.
Reichsminister Dr. Goebbels führt aus, dass das gesamte Nachrichtenvermittlungswesen der Polen zerschlagen werden müsse. Die Polen dürften keine Rundfunkapparate
15 und nur reine Nachrichtenzeitungen, keinesfalls eine Meinungspresse behalten. Grundsätzlich dürfen sie auch keine Theater, Kinos und Kabaretts bekommen, damit ihnen nicht immer wieder vor Augen geführt werden würde, was ihnen verloren gegangen sei. [...]
20 [19. Januar 1940]
Am 15. September 1939 erhielt ich den Antrag, die Verwaltung der eroberten Ostgebiete aufzunehmen, mit dem Sonderbefehl, diesen Bereich als Kriegsgebiet und Beuteland rücksichtslos auszupowern, es in seiner wirtschaftlichen,
25 sozialen, kulturellen, politischen Struktur sozusagen zu einem Trümmerhaufen zu machen.

[...] Entscheidend wichtig ist nunmehr auch der Neuaufbau der Produktion im Generalgouvernement. [...] Den Polen, die in die Betriebe eingestellt werden, muss Hören und Sehen vergehen, sodass sie vor lauter Arbeit – diszipliniertender 30 ter Arbeit! – zu Sabotageakten gar nicht mehr kommen. [...] Mein Verhältnis zu den Polen ist dabei das Verhältnis zwischen Ameise und Blattlaus. Wenn ich den Polen förderlich behandle, ihn sozusagen freundlich kitzele, so tue ich das in der Erwartung, dass mir seine Arbeitsleistung zugute 35 te kommt. Hier handelt es sich nicht um ein politisches, sondern um ein rein taktisch-technisches Problem.

Zit. nach: I. Geiss, Die deutsche Politik im Generalgouvernement Polen 1939 – 1945, in: Aus Politik und Zeitgeschichte, Nr. 34/1978, S. 16 ff.

M 9 Krieg in Polen
Erschießung von polnischen Zivilisten durch deutsche Soldaten, September 1939

Aufgaben

1. „Blitzkriege" in Europa
a) Erkläre den Begriff „Blitzkrieg".
b) Erläutere die Gründe für die schnelle Eroberung Polens, Frankreichs und weiter Teile Europas durch die Wehrmacht zwischen 1939 und 1941.
⌒ Text, M4

2. Besatzungsherrschaft in Frankreich
a) Fasse die Argumente zusammen, mit denen Marschall Pétain 1941 zur Zusammenarbeit mit den Deutschen aufrief.
b) Nimm Stellung zu der Frage, ob angesichts der

Situation in Frankreich nach 1940 Widerstand oder Kollaboration angeraten war.
⌒ Text, M5 – M7

3. Besatzungsherrschaft in Polen
a) Fasse die Ausführungen Hans Franks in eigenen Worten zusammen.
b) Lege den Zusammenhang zwischen nationalsozialistischer Weltanschauung und Besatzungspolitik in Polen dar.
⌒ M8, M9

Gesellschaft im Krieg – Kriegsalltag in Deutschland

Schein der Normalität

Als 1914 der Erste Weltkrieg ausbrach, gab es in der Bevölkerung begeisterte Zustimmung. Das war zu Beginn des Zweiten Weltkrieges anders, denn viele sahen dem Krieg mit gemischten Gefühlen entgegen. Während der ersten Kriegsjahre änderte sich das Alltagsleben kaum, da militärische Erfolge manches überdeckten. Auch verzichteten die Nationalsozialisten auf große Belastungen, da sie eine Revolution wie im November 1918 fürchteten. Daher waren die Lebensmittelrationen auf Bezugsschein anfangs recht hoch und auch ein Lohnstopp wurde wieder rückgängig gemacht. Das Regime erhöhte sogar die Renten.

Ermöglicht wurde diese Politik durch die brutale Ausbeutung der besetzten Länder sowie den Arbeitseinsatz von Kriegsgefangenen und Zwangsarbeitern aus den eroberten Gebieten im Osten. Kriegswichtige Maßnahmen wie die Einschränkung des Arbeitsplatzwechsels hatte man bereits vor Kriegsbeginn getroffen. Mit der Kriegswende änderte sich das grundlegend.

Flächenbombardements

1942 begannen Flächenbombardements amerikanischer und britischer Bomberflotten, die Industrieanlagen und Verkehrswege zerstörten. Ferner wurden Wohngebiete gezielt vernichtet, um die Kampfmoral der Zivilbevölkerung zu untergraben. Nach dem Verlust der Lufthoheit konnte die Flugabwehr die deutschen Städte nicht mehr vor anglo-amerikanischen Angriffen schützen. So verloren etwa 600 000 Menschen im Bombenhagel ihr Leben, fast 4 Millionen Häuser wurden zerstört. Die Hoffnung der Alliierten, das deutsche Volk würde Hitler stürzen, erfüllte sich jedoch nicht.

Die Lebensverhältnisse in den Städten verschlechterten sich drastisch. Bei Fliegeralarm flohen die Menschen mit gepackten Koffern in die Luftschutzbunker und mussten dort die Nächte verbringen. Oft wurden diese Schutzbauten zur tödlichen Falle. Die Ausgebombten verloren ihren Besitz und wurden obdachlos.

„Kinderlandverschickung"

Kinder wurden im Rahmen der „Kinderlandverschickung" (KLV) aus den gefährdeten Städten evakuiert. Weil das auf Widerstand bei manchen Eltern stieß, die

M 1 Bombardierung der Städte
Familie nach einem Bombenangriff auf Mannheim, 1943

M 2 Zerstörungen durch Luftangriffe
Eine Straße im zerstörten Mainz, Foto, Juli 1945

ihre Kinder nicht fortgeben wollten, war die KLV stets freiwillig. Wegen der zunehmenden Bombardierung übte die Regierung bald indirekten Druck aus. So wurden Schulen bei gleichzeitiger Aufrechterhaltung der Schulpflicht geschlossen und in KLV-Lager verlegt, sodass die Eltern zustimmen mussten. Insgesamt waren 2,5 Millionen Kinder betroffen.

Untergebracht wurden sie überwiegend in Lagern der HJ und des BDM, kleine Kinder auch in Pflegefamilien. Sie erhielten vormittags Schulunterricht, nachmittags gab es Sport und Schulung bei der HJ. So konnte man alle im Sinn der NS-Ideologie erziehen.

Reaktionen des NS-Regimes

Die immer aussichtslosere militärische Lage führte zu einschneidenden Maßnahmen. So verpflichtete das Regime etwa 900 000 Jugendliche im Alter von 15 – 16 Jahren als Flakhelfer. Ferner bestand Arbeitspflicht für Männer und Frauen in der Rüstungsindustrie. Da sich Kritik an diesen unpopulären Maßnahmen entzündete, verzichtete das Regime auf eine konsequente Umsetzung der Dienstpflicht und setzte stattdessen verstärkt Zwangsarbeiter ein.

Die hoffnungslose Situation verschärfte den Druck. Unter dem Vorwurf der „Wehrkraftzersetzung" wurden Taten rücksichtslos verfolgt, die den propagierten „Endsieg" zu gefährden schienen. Oft verhängten Sondergerichte für harmlose Delikte die Todesstrafe.

Auflösung des sozialen Zusammenhalts

Der Krieg führte dazu, dass die Familien auseinandergerissen und soziale Beziehungen zerstört wurden. So war der Vater als Soldat abwesend, während die Mutter arbeiten musste und sich die Kinder in KLV-Lagern aufhielten. Ausgebombte Familien suchten nach einer Unterkunft bei Verwandten oder auf dem Land, Alte und Kranke drängte der Überlebenskampf an den Rand. Auf diese Weise wurde der bisherige gesellschaftliche Zusammenhalt grundlegend erschüttert.

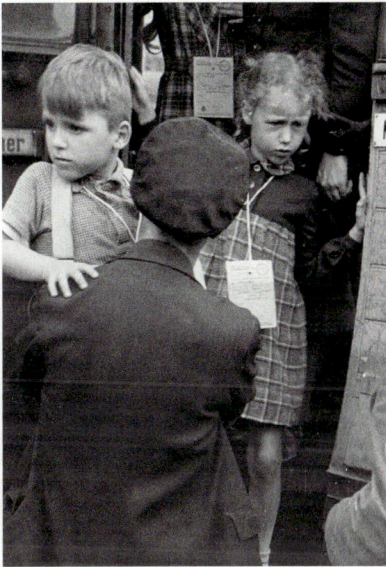

M 3　**Kinderland-verschickung**

Kinder werden 1943 aus dem durch Bombenangriffe gefährdeten Berlin aufs Land gebracht. Um den Hals tragen sie ihre „Versandkarten".

M 4　**Zwangsarbeiterin**

Herstellung von Tellerminen im VW-Werk Wolfsburg, 1943

„Feuersturm" – Arbeiten mit Quelle und Darstellung

M 5 **Flugblatt über Luftschutzmaßnahmen**

M 6 **„Operation Gomorrha" (1943)**

Aus einer Publikation des Museums für Hamburgische Geschichte (1993):

Die folgenschweren Angriffe auf Hamburg vom 25. Juli bis zum 3. August 1943 zählen zu den massivsten Bombardements aus der Luft während des Zweiten Weltkrieges. 2500 Flugzeuge warfen während der vier nächtlichen Großan-griffe der RAF [Royal Air Force, die briti- [5] sche Luftwaffe] und der zwei schwäche-ren Tagesangriffe der 8. USAAF [United States Army Air Forces, die amerikani-schen Luftstreitkräfte] sowie einem Stör-angriff 8500 Tonnen Spreng- und Brand- [10] bomben ab. Die durch den erstmaligen Abwurf von Stanniolstreifen erfolgreich gestörte deutsche Flugabwehr vermoch-te den angreifenden Bombern lediglich ein unkoordiniertes Sperrfeuer entge- [15] genzusetzen. Der schwerste Schlag in der Nacht vom 27. auf den 28. Juli führte zu einem Feuersturm mit Windgeschwin-digkeiten bis zu 270 km/h. Der alles mit sich reißende Sog der aufwärts strömen- [20] den heißen Brandgase erzeugte so in den engen Straßenschluchten eine in-tensive, zum Zentrum des Brandes hin gerichtete Windströmung, ähnlich wie bei einem Kamin. In den Stadtteilen [25] Hamm, Hammerbrook und Rothen-burgsort verursachte der wirbelsturmar-tige Feuersturm die größten Schäden. Die baulichen Verhältnisse der Arbeiter-siedlungen mit vielen Terrassen und [30] engen Gassen sowie die klimatischen Bedingungen im Juli 1943 mit Tages-temperaturen von 30 Grad Celsius be-günstigten den Feuersturm. Am 28. Juli war über Hamburg eine 7000 m hohe [35] Qualmwolke zu sehen, die die Tageshel-ligkcit verbarg.

Die schreckliche Bilanz waren mindes-tens 31 647 ums Leben gekommene und ca. 125 000 verletzte Menschen und an- [40] nähernd 1 Million Obdachlose. 80 % der Bombenopfer Hamburgs starben in der Zeit vom 25. Juli bis zum 3. August 1943; nur die Hälfte der im Feuersturm Ge-töteten konnte identifiziert werden. Die Menschen ver- [45] brannten auf der Straße, erstickten im Luftschutzraum oder wurden Opfer der hohen Temperaturen, die zu einer Überhitzung (Hyperthermie) des Körpers führten.

Zit. nach: Memo. Herausgegeben vom Museum für Hamburgische Geschichte. Heft Nr. 1, „Hamburgs Weg in den Feuersturm", Hamburg, Oktober 1993, S. 124, 128.

Der Bombenkrieg – Standpunkte vergleichen

M 7 **Terror aus der Luft**

Der Historiker Wolfgang Benz schreibt (2000):

Seit Mai 1940 warfen die Maschinen der britischen Air Force Bomben aus großer Höhe auf deutsche Industriegebiete und Städte. Im Februar 1942 wurde Luftmarschall Arthur Harris Chef des Bomber Command. Er intensivierte
5 den Schrecken durch Flächenbombardements auf Großstädte [...]
Die deutsche Luftabwehr hatte den Angriffen nur wenig entgegenzusetzen, spätestens ab Anfang 1944 war Görings Luftwaffe am Himmel über Deutschland kaum mehr
10 zu sehen. Das deutsche Reich war dem Unheil schutzlos ausgeliefert. Das Wüten der Goebbels-Propaganda blieb die einzig noch mögliche Reaktion. Dabei wurde freilich nicht erwähnt, dass Terror aus der Luft erstmals von den Deutschen angewandt worden war, im September 1939 ge-
15 gen Warschau, im Mai 1940 gegen Rotterdam, im März 1941 gegen Belgrad, monatelang 1940/41 gegen London.

Wolfgang Benz, Geschichte des Dritten Reiches, München 2000, S. 204 f.

M 8 **„Vergleichen darf man"**

Aus einem Gespräch der Zeitschrift Geo mit dem Soziologen Wolfgang Sofsky (2003):

GEO: Sie sagen, vor allem in den letzten Monaten des Krieges seien die Bombenangriffe auf deutsche Städte umso mehr purer Terror gewesen, als sie spätestens dann, wenn nicht schon zuvor, militärisch sinnlos waren. Aber ging es
5 nicht letztlich darum, ein verbrecherisches Regime mit allen Mitteln zu bekämpfen, egal um welchen Preis und mit welchen Mitteln?

Sofsky: Natürlich ging es darum, den Krieg zu gewinnen. Mit möglichst geringen eigenen Verlusten, aus der Perspektive der Alliierten. Und die deutsche Zivilbevölkerung, 10 so war ja der Kalkül, sollte gegen das Nazi-Regime aufbegehren. Dass aber Dauerterror nicht zur Rebellion, sondern nur zur Apathie führen konnte – diese sozial-psychologische Binsenweisheit wollte oder konnte man offenbar nicht wahrnehmen. Außerdem gab es eine Art Autodyna- 15 mik des Krieges auf Seiten der West-Alliierten: Das Bomber Command war eine Einrichtung, die ihre Unersetzbarkeit durch permanente Erfolge beweisen musste. Ich zögere zu sagen, dass ein Krieg gegen ein verbrecherisches Regime notwendigerweise mit Verbrechen geführt werden muss. 20 [...]
GEO: Und trotzdem noch einmal: Inwieweit ist der Bombenkrieg mit anderen Untaten des Krieges zu vergleichen? Sollte man überhaupt vergleichen?
Sofsky: Ja, das darf man, und das sollte man. Stellen Sie 25 sich eine Kriegshandlung am Boden vor: Eine Stadt wird umzingelt, die Stadt ist offen, sie wird nicht verteidigt, es gibt keinen Widerstand. Die Angreifer erschießen die Zivilisten und verbrennen die Stadt. Das ist der klassische Fall von Einzelterror in einem Terrorkrieg. Massaker des Typs 30 Oradur oder Lidische, von den Deutschen in Russland in unzähligen Fällen angewandt. Aber fragen muss man schon, was Bombenangriffe auf Zivilisten aus der Luft nun so viel anders macht – außer der größeren Distanz, die die Angreifer, die Bomberbesatzungen, zu ihren Opfern ha- 35 ben.

http://www.geo.de/GEO/heftreihen/geo_epoche/bombenkrieg-die-dinge-beim-namen-nennen-14.html?p=1 [Zugriff: 3.4.2014].

Aufgaben

1. **Kriegsalltag in Deutschland**
   a) Beschreibe mit eigenen Worten den Kriegsalltag der Menschen in Deutschland.
   b) Stelle die Maßnahmen zusammen, die als Schutz gegen den Bombenkrieg empfohlen wurden, und beurteile deren Wirksamkeit.
   ⌒ Text, M5

2. **„Feuersturm" und Bombenkrieg**
   a) Fasse die Darstellung der Bombardierung Hamburgs in eigenen Worten zusammen und vergleiche mit den Aussagen des Flugblattes.

   b) Vergleiche die Auffassungen der beiden Wissenschaftler.
   c) Beurteile: Handlungen kriegführender Mächte können miteinander verglichen werden.
   d) Bewerte die Aussage: „Die Bombardierung deutscher Städte war ein Kriegsverbrechen."
   ⌒ Text, M6, M7, M8

Kriegswende und Kriegsende

Die Ausweitung zum Weltkrieg

Der Zweite Weltkrieg war zunächst kein globaler Konflikt, sondern ein europäischer Krieg. Erst durch Japans Überfall auf die amerikanische Pazifikflotte in Pearl Harbor und den Kriegseintritt der USA erreichten die militärischen Aktionen globales Ausmaß.

Japans Ziel war die Gründung eines Kolonialreiches, das seine Rohstoffarmut beseitigen und einen Absatzmarkt für seine Waren sichern sollte. Begründet wurde die Expansion jedoch mit der Erklärung, Japan wolle Ostasien vor weißen Kolonialherren schützen und seinen Wohlstand sichern. Die USA und Großbritannien verhängten wegen dieser aggressiven Politik eine Wirtschaftsblockade gegen Japan.

Deutschland und Japan waren bereits seit 1936 durch den Antikominternpakt verbunden. Der Konflikt zwischen Japan und den USA ließ sie nun noch enger zusammenrücken, weil Japan vor allem Militärpotenzial der USA im Pazifik band. So eröffnete Japan mit dem Luftangriff auf den US-Marinestützpunkt Pearl Harbor auf Hawaii am 7. Dezember 1941 den Krieg gegen Amerika. Auch Hitler und Mussolini erklärten den USA den Krieg, der sich nun zum Weltkrieg ausweitete.

Die Kriegswende

Die neue Militärkonstellation führte zu einer Wende im Zweiten Weltkrieg. Da die deutsche Luftwaffe 1941 die Luftschlacht über England verlor, befand sich Deutschland nach seinem Angriff auf die Sowjetunion in einem Zweifrontenkrieg. Der Vormarsch in der UdSSR blieb schon Ende 1941 auch infolge des einbrechenden Winters stecken. Die Hoffnung auf einen schnellen Sieg erfüllte sich nicht. So mussten die Soldaten den harten russischen Winter mit mangelhafter Ausrüstung überstehen. Zudem hatte sich die Rote Armee mit frischen Truppen verstärkt und Partisanen bekämpften die deutschen Eroberer.

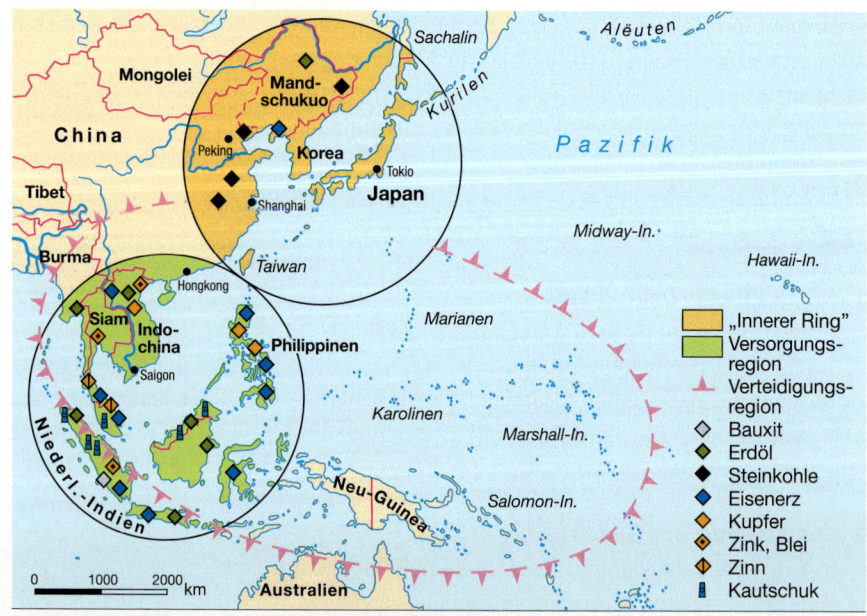

M 2 Japans „großasiatische Wohlstandssphäre"

Die Schlacht um Stalingrad

Ab 1943 war Deutschlands Niederlage absehbar, da die Alliierten die Initiative übernahmen. Sichtbares Zeichen der Wende war die Kapitulation der 6. Armee Ende Januar 1943 in Stalingrad. Etwa 150000 eingekesselte deutsche Soldaten fielen den Kämpfen und der Kälte zum Opfer. 91000 gerieten in sowjetische Kriegsgefangenschaft, aus der nur 6000 Überlebende zurückkehrten. Auf sowjetischer Seite kamen in Stalingrad eine Million Soldaten und Zivilisten ums Leben. Nun eröffnete sich für die Rote Armee die Möglichkeit, nach Westen vorzudringen.

Der „totale Krieg"

Der gescheiterte Krieg gegen die Sowjetunion und der Kriegseintritt der USA veranlassten die deutsche Führung, den „totalen Krieg" zu propagieren. Massenfertigung, „Fremdarbeiter" und eine stärkere Einbindung von Großkonzernen in die Kriegswirtschaft steigerten die Rüstungsproduktion um ein Vielfaches.

Angesichts der Überlegenheit der Alliierten bewirkte dieser Erfolg jedoch nur eine Verlängerung des Krieges und eine steigende Zahl von Opfern. Die Bevölkerung verhielt sich gegenüber den neuen Forderungen des nationalsozialistischen Regimes reserviert – hatte man ihr doch stets vorgegaukelt, der Krieg sei rasch zu gewinnen.

Der Rassenvernichtungskrieg

Ziel der Nationalsozialisten war ein „Großgermanisches Reich" mit neuem „Lebensraum im Osten". Die angestammte Bevölkerung wollte man nach Sibirien vertreiben und dafür Deutsche ansiedeln. Zurückbleiben sollten lediglich slawische Arbeitssklaven, die der deutschen „Herrenrasse" zu dienen hatten.

M 3　Häuserkampf
Sowjetischer Infanterist beim Kampf in den Ruinen von Stalingrad, Herbst 1942

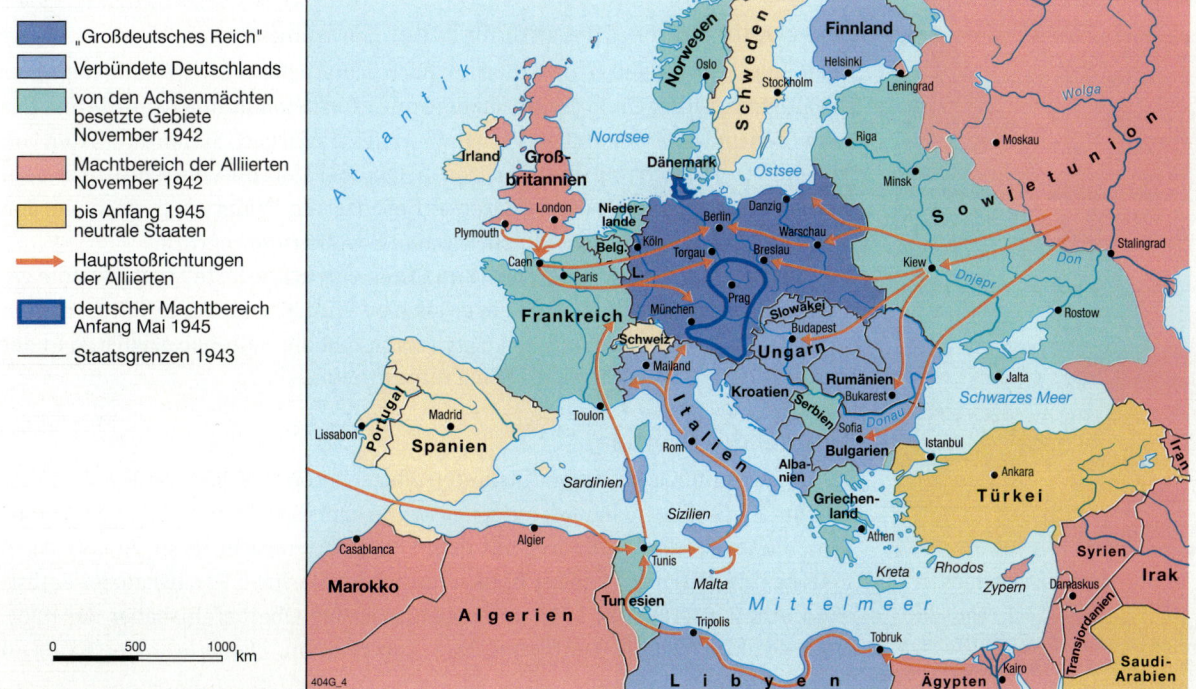

M 4　Der Zweite Weltkrieg in Europa 1942–1945

Den Auftakt dieser Pläne bildete bereits der Polenfeldzug: Tausende Polen wurden erschossen oder vertrieben, um Platz für Deutsche aus dem Baltikum zu machen. Viele Polen wurden enteignet und ihr Besitz unter den Deutschen verteilt.

Vor allem der Krieg gegen die Sowjetunion war ein ideologischer Vernichtungskrieg, dem etwa 20 Millionen Sowjetbürger zum Opfer fielen. Zwangsarbeiter wurden ins Reich verschleppt, Kriegsgefangenen die völkerrechtlich gebotene Behandlung verweigert. Von etwa 5,7 Millionen gefangenen Rotarmisten starben 3,3 Millionen.

Während diese Maßnahmen vor allem Einsatzgruppen der SS und spezielle Polizeieinheiten durchführten, wirkte im Russlandfeldzug auch die Wehrmacht mit. Reguläre Armeeeinheiten waren an der organisatorischen Durchführung der Judenvernichtung sowie teilweise an der Erschießung und Deportation von Juden beteiligt.

Kriegsziele der Alliierten und eine neue Weltordnung

Angesichts der Kriegswende verständigten sich die Alliierten in mehreren Konferenzen über ihre Kriegsziele und die Zeit danach. Hauptziel war Deutschlands bedingungslose Kapitulation. US-Präsident Roosevelt und der britische Premierminister Churchill forderten, dass Demokratie, nationale Selbstbestimmung und freier Handel die Grundlagen einer friedlichen Nachkriegsordnung sein sollten. Trotz unterschiedlicher Auffassung stimmte Stalin diesen Zielen zu.

Auf der Konferenz von Jalta im Februar 1945 einigten sich die USA, Großbritannien und die Sowjetunion über ihre Interessensphären in Europa, eine Teilung Deutschlands in Besatzungszonen und die Gründung der Vereinten Nationen (UNO). Ergebnis dieser Konferenz war die Teilung der Welt zwischen den Supermächten USA und UdSSR.

Eine zweite Front – Die Landung in der Normandie

Am 6. Juni 1944 landeten die Alliierten nach gründlicher Vorbereitung mit einer gewaltigen Streitmacht in der Normandie und eröffneten so eine zweite Front. Die britischen und amerikanischen Verbände stießen rasch nach Süden und Osten vor, befreiten Frankreich und überschritten im Oktober 1944 die deutsche Grenze. Bei ihrem Vormarsch trafen die Soldaten auf erbitterten Widerstand, doch wurden sie vielfach von der kriegsmüden deutschen Bevölkerung begrüßt.

Die Rote Armee, die gleichzeitig im Osten vorrückte, löste hingegen eine gewaltige Fluchtwelle aus. Dabei kam es auch zu Plünderung, Vergewaltigung und Mord durch sowjetische Soldaten. Der Terror, den die Nationalsozialisten in der Sowjetunion entfesselt hatten, schlug nun zurück.

Kriegsende in Europa

Führende Nationalsozialisten flüchteten oder suchten ihre Position gewaltsam zu behaupten. Gerade in den letzten Kriegstagen kam es zu Hinrichtungen von Bürgern, die im Verdacht standen, mit dem Feind zu sympathisieren. Am 30. April 1945 beging Hitler in seinem Bunker unter der Berliner Reichskanzlei Selbstmord. Am 7. und 9. Mai 1945 unterzeichneten die Oberbefehlshaber der deutschen Wehrmacht die bedingungslose Kapitulation. Damit war der Krieg in Europa beendet.

„Totaler Krieg" – Eine Rede analysieren

M 7　„Totaler Krieg" – Zuhörer beim Hitlergruß
während der Rede von Joseph Goebbels im Berliner Sportpalast
am 18. Februar 1943

M 9　Der vollbesetzte Berliner Sportpalast
während der Rede von Joseph Goebbels, 18. Februar 1943

M 8　„Wollt ihr den totalen Krieg?"

Rede von Propagandaminister Goebbels im Berliner Sportpalast am 18. Februar 1943. Sie wurde am nächsten Tag im NS-Parteiblatt „Völkischer Beobachter" veröffentlicht:

Ihr also, meine Zuhörer, repräsentiert in diesem Augenblick die Nation. Und an euch möchte ich zehn Fragen richten, die ihr mir mit dem deutschen Volke vor der ganzen Welt, insbesondere vor unseren Feinden, die uns auch an
5　ihrem Rundfunk hören, beantworten sollt: (nur mit Mühe kann sich der Minister für die nun folgenden Fragen Gehör verschaffen ... Mit letzter Anteilnahme und Begeisterung gibt die Masse auf jede einzelne Frage die Antwort. Der Sportpalast hallt wider von einem einzigen Schrei der Zu-
10　stimmung.)
Die Engländer behaupten, das deutsche Volk habe den Glauben an den Sieg verloren.
Ich frage euch: Glaubt ihr mit dem Führer und mit uns an den endgültigen totalen Sieg des deutschen Volkes?
15　Ich frage euch: Seid ihr entschlossen, dem Führer in der Erkämpfung des Sieges durch dick und dünn und unter Aufnahme auch der schwersten persönlichen Belastungen zu folgen?
Zweitens: Die Engländer behaupten, das deutsche Volk ist
20　des Kampfes müde.
Ich frage euch: Seid ihr bereit, mit dem Führer als Phalanx der Heimat hinter der kämpfenden Wehrmacht stehend,

diesen Kampf mit wilder Entschlossenheit und unbeirrt durch alle Schicksalsfügungen fortzusetzen, bis der Sieg in unseren Händen ist?　25
[...]
Viertens. Die Engländer behaupten, das deutsche Volk wehrt sich gegen die totalen Kriegsmaßnahmen der Regierung. Es will nicht den totalen Krieg, sondern die Kapitulation (Zurufe: Niemals, niemals, niemals!).　30
Ich frage euch: Wollt ihr den totalen Krieg? Wollt ihr ihn, wenn nötig, totaler und radikaler, als wir ihn uns heute überhaupt noch vorstellen können?
Fünftens: Die Engländer behaupten, das deutsche Volk hat sein Vertrauen zum Führer verloren.　35
Ich frage euch: Ist euer Vertrauen zum Führer heute größer, gläubiger und unerschütterlicher denn je? Ist eure Bereitschaft, ihm auf allen seinen Wegen zu folgen und alles zu tun, was nötig ist, um den Krieg zum siegreichen Ende zu führen, eine absolute und uneingeschränkte? (Die Menge　40
erhebt sich wie ein Mann. Die Begeisterung der Masse entlädt sich in eine Kundgebung nicht dagewesenen Ausmaßes. Vieltausendstimmige Sprechchöre brausen durch die Halle: „Führer befiehl, wir folgen", eine nicht abebbende Woge von Heilrufen auf den Führer braust auf ...)　45
Ich habe euch gefragt; ihr habt mir eure Antwort gegeben. Ihr seid ein Stück Volk, durch euren Mund hat sich damit die Stellungnahme des deutschen Volkes manifestiert [...].

Zit. nach: Lothar Gruchmann, Totaler Krieg, München 1991,
S. 247 ff.

Verbrechen der Wehrmacht – Dokumente analysieren

M 10   Verbrechen der Wehrmacht

Im Katalog zur „Wehrmachtsausstellung" wird das Bild oben wie folgt kommentiert:

Tarnopol – südöstlich von Lemberg gelegen – wurde im September 1939 zunächst von der Roten Armee besetzt. Die Stadt hatte zu diesem Zeitpunkt etwa 40 000 Einwohner, 18 000 Personen galten als Juden. Am 2. Juli 1941 mar-
5 schierte die Panzergruppe l mit der ihr unterstellten SS-Division „Wiking" in Tarnopol ein. Zudem erreichte das Sonderkommando 4b die Stadt.
Unmittelbar nach der deutschen Besetzung fand man die Leichen einiger hundert Ukrainer, die der NKWD [Staatssi-
10 cherheitsdienst der Sowjetunion] kurz vor dem Abzug der Roten Armee ermordet hatte. Unter den Opfern befanden sich auch zehn deutsche Soldaten. Am 4. Juli 1941 setzte ein mehrere Tage andauerndes Pogrom ein. Die für die Morde verantwortlich gemachten Juden der Stadt wurden ge-
15 zwungen, die NKWD-Opfer zu bergen, wobei die Juden misshandelt, erschlagen und erschossen wurden. Neben einheimischen Zivilisten beteiligten sich auch Angehörige der SS-Division „Wiking" an den Gewalttaten. Zudem bescheinigte die SS der Wehrmacht eine „erfreulich gute Ein-
20 stellung gegen die Juden". Das Sonderkommando 4b fahndete gezielt nach jüdischen Intellektuellen und erschoss 127 Personen außerhalb der Stadt. Das Pogrom in Tarnopol kostete mindestens 600 Menschen das Leben.

Aus: Verbrechen der Wehrmacht, herausgegeben vom Hamburger Institut für Sozialforschung, Hamburg 2002, S. 100.

M 11   „Vernichtungsaktionen"

Bericht des Oberwachtmeisters Soennecken, Dolmetscher bei der Heeresgruppe Mitte, vom 24. Oktober 1941 über ein Massaker in Borissow (Weißrussland):

Ich hörte bei meiner Ankunft am Freitag, den 7. Oktober 1941, vom dortigen Leiter der russischen Sicherheitspolizei, Ehof […], dass in der Nacht von Sonntag auf Montag alle Borissower Juden erschossen werden sollten.
[…] 5
Am kommenden Morgen ergab sich folgendes Bild: Man hatte schon um 3 Uhr morgens mit den Erschießungen begonnen. Man hatte zuerst die Männer fortgeholt. Sie wurden in russischen Autos zur Richtstätte gefahren, begleitet von den hierzu abgestellten Männern der Borissower rus- 10
sischen Sicherheitspolizei.
[…]
Außerdem wurden, da die Autos nicht ausreichten und die Zeit drängte, fortwährend Züge von Frauen und Kindern die Straße heruntergetrieben, zum Teil mit Eisenstangen. Es 15
standen auch an der Peripherie des Gettos, also an derselben Straße, Gruppen von Judenweibern und Kindern, auch Säuglinge in den Armen der Mütter, zum Abholen bereit! In der Ebene knatterten den ganzen Tag über die Gewehre, die Frauen und Kinder weinten und schrien, die Autos ras- 20
ten durch die Straßen um das Getto und holten immer neue Opfer heran, und das alles vor den Augen der Zivilbevölkerung und der deutschen Militärpersonen, die des Weges kamen.
[…] 25
Es waren einige Tage vorher von russischen Kriegsgefangenen im Walde einige Riesen-Massengräber in einer Länge von ca. 100 Metern, einer Breite von 5 Metern und einer Tiefe von 3 Metern ausgehoben worden. Die Erschießungen sollen sich nach den Berichten dieser Augenzeugen 30
folgendermaßen zugetragen haben:
Man habe die ersten Delinquenten, so ungefähr 20 Mann, in die Grube springen lassen, nachdem sie ihre Kleidung bis auf die Unterwäsche abgelegt hatten. Dann habe man sie von oben zusammengeschossen! Die Toten bzw. die 35
Halbtoten, die natürlich vollkommen durcheinander gelegen hätten, habe man dann durch die nächsten Opfer in Reihe und Glied legen lassen, um möglichst viel Raum zu gewinnen, und habe sodann wie oben fortgefahren.

Aus: Helmut Krausnick/Hans-Heinrich Wilhelm, Die Truppe des Weltanschauungskrieges, Stuttgart 1981, S. 576–577.

M 12   Behandlung von Kriegsgefangenen

Aus dem Genfer Abkommen über die Behandlung der Kriegsgefangenen vom 27.6.1929:

Artikel 2
Die Kriegsgefangenen unterstehen der Gewalt der feindlichen Macht, aber nicht der Gewalt der Personen oder Truppenteile, die sie gefangen genommen haben. Sie müssen
5 jederzeit mit Menschlichkeit behandelt und insbesondere gegen Gewalttätigkeiten, Beleidigungen und öffentliche Neugier geschützt werden. Vergeltungsmaßnahmen an ihnen auszuüben ist verboten. [...]
Artikel 4
10 Der Staat, in dessen Gewalt sich die Kriegsgefangenen befinden (Gewahrsamsstaat), ist verpflichtet, für ihren Unterhalt zu sorgen.

Reichsgesetzblatt von 1934, II, S. 227 – 262, Zitat S. 232 – 236.

M 13   „Kommissarbefehl"

Befehl des Oberkommandos der Wehrmacht vom 6. Juni 1941. Der Befehl durfte nur bis zu den Oberbefehlshabern der Armeen bzw. Luftflottenchefs verteilt werden und musste den Befehls-habern mündlich bekannt gegeben werden:

Im Kampf gegen den Bolschewismus ist mit einem Verhalten des Feindes nach den Grundsätzen der Menschlichkeit oder des Völkerrechts nicht zu rechnen. Insbesondere ist von den politischen Kommissaren aller Art als den eigentlichen Trägern des Widerstandes eine hasserfüllte, grausa- 5 me und unmenschliche Behandlung unserer Gefangenen zu erwarten.

Die Truppe hat sich bewusst zu sein:
1. In diesem Kampfe ist Schonung und völkerrechtliche 10 Rücksichtnahme diesen Elementen gegenüber falsch. Sie sind eine Gefahr für die eigene Sicherheit und die schnelle Befriedung der eroberten Gebiete.
2. Die Urheber barbarisch asiatischer Kampfmethoden sind die politischen Kommissare. Gegen diese muss daher 15 sofort und ohne weiteres mit aller Schärfe vorgegangen werden.

Sie sind daher, wenn im Kampf oder bei Widerstand ergriffen, grundsätzlich sofort mit der Waffe zu erledigen [...]. 20 Politische Kommissare als Organe der feindlichen Truppe [...] sind aus den Kriegsgefangenen sofort, d.h. noch auf dem Gefechtsfelde, abzusondern. Dies ist notwendig, um ihnen jede Einflussnahme auf die gefangenen Soldaten zu nehmen. Diese Kommissare werden nicht als Soldaten an- 25 erkannt; der für Kriegsgefangene völkerrechtlich geltende Schutz findet auf sie keine Anwendung. Sie sind nach durchgeführter Absonderung zu erledigen.

Zit. nach: Hans-Adolf Jacobsen, Der Zweite Weltkrieg in Chronik und Dokumenten, Darmstadt 1961, S. 571ff.

Aufgaben

1. Der Kriegsverlauf 1941 – 1945
a) Notiere die wichtigsten Stationen des Kriegsverlaufes zwischen 1941 und 1945 in einer Tabelle.
b) Nenne die Ursachen für den Kriegseintritt der USA.
c) Erläutere die Ereignisse, die zur Kriegswende führten.
Text, M1, M2, M4

2. „Totaler Krieg" – Eine Rede analysieren
a) Gliedere die Rede von Goebbels in Abschnitte. Formuliere für diese Abschnitte jeweils eine Überschrift.
b) Erläutere die Zielstellung, die Goebbels mit dieser Rede verfolgte, und arbeite wichtige rhetorische Mittel heraus, die er einsetzt.
c) Beurteile Goebbels' Aussage: „Ihr also, meine Zuhörer, repräsentiert [...] die Nation."
Text, M7 – M9

3. Verbrechen der Wehrmacht – Dokumente analysieren
a) Der Vernichtungskrieg gegen die Sowjetunion ist in zahlreichen Dokumenten belegt. Vergleiche die beiden Massaker in Tarnopol und Borissow. Arbeite Gemeinsamkeiten und Unterschiede heraus.
b) Vergleiche das Genfer Abkommen und den Kommissarbefehl. Beurteile den Kommissarbefehl.
c) Nimm Stellung zu folgender Auffassung: „Nicht jeder Wehrmachtssoldat beteiligte sich an Kriegsverbrechen. Aber die Wehrmacht als Ganzes war Teil des verbrecherischen Systems, und insofern ist die Wehrmacht mitschuldig an den Kriegsverbrechen."
Text, M10 – M13

Verfolgung und Massenmord

Ein Denkmal mitten in Berlin

Im Zentrum Berlins findet der Besucher ein großes Feld mit Betonpfeilern, die in Anspielung an antike Grabsteine als „Stelen" bezeichnet werden. Da sie von ganz unterschiedlicher Höhe sind, erwecken sie den Eindruck eines wogenden Feldes. Dieses Denkmal wird auch als Holocaust-Mahnmal bezeichnet und erinnert an die Ermordung der Juden während der Zeit des Nationalsozialismus. Daneben gibt es andere Gedenkstätten, die an andere Opfer erinnern, an die Roma und Sinti, die als „Zigeuner" bezeichnet wurden, an Homosexuelle, an Kranke und Behinderte, an die Zeugen Jehovas und viele andere.

Für den Völkermord an den Juden hat sich der Name **Holocaust** eingebürgert. Dieses griechische Wort für „Brandopfer" erinnert an die Verbrennung der Toten in den Vernichtungslagern der Nationalsozialisten. In Israel und den USA wird oft der hebräische Begriff **Shoah** verwendet, was Unheil oder Katastrophe bedeutet. Die Schwierigkeit, das Ereignis korrekt zu benennen, zeigt zugleich seine Ungeheuerlichkeit. Der Mord an den europäischen Juden war zwar nicht das einzige Verbrechen der Nationalsozialisten, aber er war aufgrund seiner systematischen fabrikmäßigen Durchführung einzigartig.

Das Ausmaß des Verbrechens führte immer wieder zu der Frage: Wie war das möglich? – Doch die Unmenschlichkeit der Taten lässt es nahezu unmöglich erscheinen, eine nachvollziehbare rationale Erklärung zu finden.

Gab es einen Plan für den Massenmord?

Bei der Suche nach Gründen spielt die nationalsozialistische Ideologie eine entscheidende Rolle, denn von Beginn an war die NSDAP eine antisemitische Partei. Diese Judenfeindschaft propagierten Hitler und seine Anhänger schon in der Weimarer Republik und erst recht nach der Machtübernahme. Nach 1933 kam es dann zu Diskriminierung, Entrechtung und Verfolgung. Die rassische Verfolgung traf aber auch andere Gruppen, die die Nationalsozialisten als „minderwertig", ja als „lebensunwert" einstuften. Bereits vor Ausbruch des Zweiten Weltkrieges war es zu Morden an Behinderten und Kranken gekommen, wogegen mutige Christen schon damals protestierten. Die Nationalsozialisten bezeichneten dies als Tötung „unwerten Lebens" oder als „Euthanasie", d. h. Sterbehilfe

Mit der Frage, wie die Judenverfolgung in einen Völkermord munden konnte, beschäftigen sich die Historiker noch immer. Umstritten ist besonders die Frage, ob dem Massenmord schon früh ein bewusster Plan zugrunde lag. Für diese Annahme sprechen verschiedene öffentliche Bekundungen Hitlers sowie manche Einträge in den Tagebüchern von Propagandaminister Goebbels. Dagegen vertreten die meisten Forscher die Auffassung, dass erst die Ausnahmesituation des Zweiten Weltkrieges zu einer schrittweisen Radikalisierung der nationalsozialistischen Politik führte.

Der Beginn des Massenmords

Zu ersten Massentötungen kam es bereits während der Feldzüge gegen Polen, Frankreich und die UdSSR zwischen 1939 und 1941. Den militärischen Verbänden folgten sogenannte „Einsatzgruppen" der Sicherheitspolizei und des Sicherheitsdienstes, die über eine Million Juden durch Exekutionen ermordeten, darunter auch Frauen und Kinder. Parallel dazu wurden die antijüdischen Maßnahmen in

M 1 **Berliner Denkmal für die während der NS-Zeit ermordeten Juden Europas**
Foto, 2010

M 2 **Plakat zum Film „Jud Süß"**
Einziges Ziel des NS-Propagandafilms, der 1940 nach einer Novelle von Wilhelm Hauff gedreht wurde, war die Denunziation der Juden.

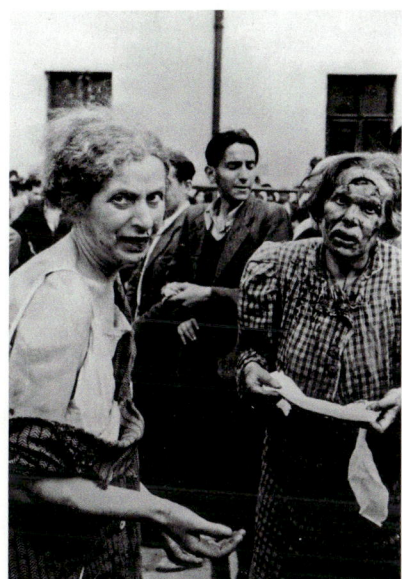

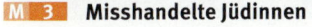 **M 3   Misshandelte Jüdinnen**
in einem Dorf in Südrussland zu Beginn der
deutschen Besatzung, 1941

M 4   Massaker an russischen Juden
Massenerschießung jüdischer Bürger unmittelbar nach Einnahme der Stadt Lemberg durch
die Wehrmacht am 7. Juli 1941

den besetzten Gebieten verschärft. Diese Radikalisierung entsprang nicht nur
Hitlers Rassenwahn, sondern auch einer Hochstimmung nach den militärischen
Erfolgen der „Blitzkriege". Der Völkermord an den Juden begann somit schon
1939 nach dem Einmarsch in Polen und weitete sich nach dem Überfall auf die
Sowjetunion 1941 schlagartig aus.

Der Übergang zur planmäßigen Ermordung

Auch wenn kein ausdrücklicher Befehl Hitlers belegt ist, zeigen die Quellen, dass
im Spätherbst 1941 im Zusammenspiel verschiedener Personen und Dienststellen
die entscheidenden Weichen gestellt wurden. Einerseits drängten Hitler und führende Nationalsozialisten auf eine Beschleunigung der Mordkampagne. Andererseits verstärkten sich Forderungen der Basis, radikale Maßnahmen zu ergreifen.
Aber auch ohne ausdrücklichen Befehl kam es immer wieder zu Mordtaten.

    Am 20. Januar 1942 trafen sich Spitzenvertreter der Reichsministerien, der
NSDAP und der SS zu einer Konferenz im Gästehaus der SS am Berliner Wannsee.
Zweck war die Koordinierung aller Maßnahmen zur Vernichtung des europäischen Judentums unter Federführung der SS. Das Protokoll zeigt, dass die grundsätzliche Entscheidung zur planmäßigen Vernichtung der Juden zu diesem Zeitpunkt bereits gefallen war. Es enthält noch keinen Hinweis auf die geplante
Tötung durch Giftgas, zeigt aber unmissverständlich, dass die beschlossenen Maßnahmen millionenfachen Tod zur Folge haben würden. Keines der beteiligten
Ministerien und keine Behörde erhob Einspruch gegen diese Mordpläne.

Der Völkermord

Ab 1942 wurden Juden aus ganz Europa in die Vernichtungslager verschleppt.
Man hatte sie fernab in Polen errichtet, um die Untaten geheim zu halten. Bereits
auf den Fahrten in den Güterzügen starben Menschen an Unterkühlung oder Erschöpfung.

M 5 **Juden in Würzburg auf dem Weg zur Deportation**

Die Deportation der deutschen Juden in die Vernichtungsstätten im besetzten Osteuropa fand oft am Tage statt, sodass die Bevölkerung dabei zusehen konnte, Foto vom 25. April 1942.

Nach ihrer Ankunft wurden die Menschen „selektiert": Wer nicht arbeitsfähig schien, kam in Gaskammern, die man als Duschräume tarnte. Dort wurden die Opfer mit Giftgas getötet und ihre Leichen in eigens erbauten Krematorien verbrannt. Zuvor mussten die Menschen jeden persönlichen Besitz abgeben. Den Toten wurde sogar Zahngold herausgebrochen, Frauenhaar wurde abgeschnitten und gesammelt. Die arbeitsfähigen Häftlinge mussten unter unmenschlichen Bedingungen arbeiten. Sie starben an Erschöpfung, Unterernährung, Krankheiten und Seuchen, viele auch an sadistischer Quälerei oder medizinischen Experimenten. Historiker schätzen, dass 5,7 bis 6,1 Millionen Juden umkamen.

Andere Opfer

Hinzu kamen weitere Gruppen, die verfolgt und ermordet wurden: Politische und weltanschauliche Gegner in Deutschland und Österreich; die als „Zigeuner" bezeichneten Sinti und Roma; Kranke und Behinderte; soziale Randgruppen wie Obdachlose. Weiterhin wurden in den besetzten Ländern viele Menschen umgebracht oder zu Zwangsarbeit verpflichtet. Auch sind die vielfachen Kriegsverbrechen zu nennen, vor allem die Tötung von sowjetischen Kriegsgefangenen sowie die brutale Ermordung von Partisanen und Mitgliedern von Widerstandsgruppen. Schließlich kam es in der Endphase noch einmal zu exzessiven Gewalttaten wie Massakern an Häftlingen beim Rückzug, Todesmärsche und Tötung von Menschen, die dem aussichtslosen Krieg ein Ende bereiten wollten.

Grenzen des Verstehens

Zwar wissen wir heute, wie es zum millionenfachen Mord an den Juden kam. Die Ungeheuerlichkeit des Geschehens macht ein Verstehen jedoch unmöglich. Es waren ja nicht nur fanatische Nationalsozialisten an diesem Verbrechen beteiligt, sondern eine Vielzahl von Personen: vom Dienststellenleiter und seinem Verwaltungsangestellten über den Lokomotivführer bis hin zum KZ-Wächter. Gedenkstätten und Denkmäler wie das Denkmal für die ermordeten Juden Europas sollen die Erinnerung wachhalten und die Opfer ehren.

M 6 **„Der letzte Schrei – Am Ende"**

Gemälde des Auschwitz-Häftlings Adolf Frankl

Die „Endlösung" aus Sicht der Täter – Schriftliche Quellen analysieren

M 7   Joseph Goebbels

Eintragung im Tagebuch von Joseph Goebbels, des Reichsministers für Volksaufklärung und Propaganda, vom 27. März 1942:

Aus dem Generalgouvernement werden jetzt, bei Lublin beginnend, die Juden nach dem Osten abgeschoben. Es wird hier ein ziemlich barbarisches und nicht näher zu beschreibendes Verfahren angewandt, und von den Juden
5 selbst bleibt nicht mehr viel übrig. Im Großen kann man wohl feststellen, dass 60 Prozent davon liquidiert werden müssen, während nur noch 40 Prozent in der Arbeit eingesetzt werden können. Der ehemalige Gauleiter in Wien [Odilo Globocnik], der diese Aktion durchführt, tut das mit
10 ziemlicher Umsicht und auch mit einem Verfahren, das nicht allzu auffällig wirkt.
An den Juden wird ein Strafgericht vollzogen, das zwar barbarisch ist, das sie aber vollauf verdient haben. Die Prophezeiung, die der Führer ihnen für die Herbeiführung ei-
15 nes neuen Weltkriegs mit auf den Weg gegeben hat, beginnt sich in der furchtbarsten Weise zu verwirklichen. Man darf in diesen Dingen keine Sentimentalität obwalten lassen. Die Juden würden, wenn wir uns ihrer nicht erwehren würden, uns vernichten. Es ist ein Kampf um Leben und
20 Tod zwischen der arischen Rasse und dem jüdischen Bazillus.
Keine andere Regierung und kein anderes Regime konnte die Kraft aufbringen, diese Frage generell zu lösen. Auch hier ist der Führer der unentwegte Vorkämpfer und Wort-
25 führer einer radikalen Lösung, die nach Lage der Dinge geboten ist und deshalb unausweichlich erscheint. Gottseidank haben wir jetzt während des Krieges eine ganze Reihe von Möglichkeiten, die uns im Frieden verwehrt wären. Die müssen wir ausnützen.
30 Die in den Städten des Generalgouvernements freiwerdenden Gettos werden jetzt mit den aus dem Reich abgeschobenen Juden gefüllt, und hier soll sich dann nach einer gewissen Zeit der Prozess erneuern. Das Judentum hat nichts zu lachen, und dass seine Vertreter heute in England
35 und in Amerika den Krieg gegen Deutschland organisieren und propagieren, das müssen seine Vertreter in Europa sehr teuer bezahlen, was wohl auch als berechtigt angesehen werden muss.

Aus: Herbert Michaelis/Ernst Schraepler (Hg.), Ursachen und Folgen, Bd. 19, Berlin o.J., S. 470f.

M 8   Heinrich Himmler

Der „Reichsführer SS" Heinrich Himmler zur „Endlösung" in einer Rede auf der SS-Gruppenführertagung in Posen am 4. Oktober 1943:

Ich will hier vor Ihnen in aller Offenheit auch ein ganz schweres Kapitel erwähnen. Unter uns soll es einmal ganz offen ausgesprochen sein, und trotzdem werden wir in der Öffentlichkeit nie darüber reden. Genauso wenig, wie wir
5 am 30. Juni 1934 gezögert haben, die befohlene Pflicht zu tun und Kameraden, die sich verfehlt hatten, an die Wand zu stellen und zu erschießen, genauso wenig haben wir darüber jemals gesprochen und werden je darüber sprechen. Es war eine, Gottseidank in uns wohnende Selbstver-
10 ständlichkeit des Taktes, dass wir uns untereinander nie darüber unterhalten haben, nie darüber sprachen. Es hat jeden geschaudert und doch war sich jeder klar darüber, dass er es das nächste Mal wieder tun würde, wenn es befohlen wird und wenn es notwendig ist.

15 Ich meine jetzt die Judenevakuierung, die Ausrottung des jüdischen Volkes. Es gehört zu den Dingen, die man leicht ausspricht. – „Das jüdische Volk wird ausgerottet", sagt ein jeder Parteigenosse, „ganz klar, steht in unserem Programm, Ausschaltung der Juden, Ausrottung, machen wir."
20 Und dann kommen sie alle an, die braven 80 Millionen Deutschen, und jeder hat seinen anständigen Juden. Es ist ja klar, die anderen sind Schweine, aber dieser eine ist ein prima Jude. Von allen, die so reden, hat keiner zugesehen, keiner hat es durchgestanden. Von Euch werden die meis-
25 ten wissen, was es heißt, wenn 100 Leichen beisammen liegen, wenn 500 daliegen oder wenn 1000 daliegen. Dies durchgehalten zu haben, und dabei – abgesehen von Ausnahmen menschlicher Schwächen – anständig geblieben zu sein, das hat uns hart gemacht. Dies ist ein niemals
30 geschriebenes und niemals zu schreibendes Ruhmesblatt unserer Geschichte, denn wir wissen, wie schwer wir uns täten, wenn wir heute noch in jeder Stadt – bei den Bombenangriffen, bei den Lasten und bei den Entbehrungen des Krieges – noch die Juden als Geheimsaboteure, Agita-
35 toren und Hetzer hätten. Wir würden wahrscheinlich jetzt in das Stadium des Jahres 1916/17 gekommen sein, wenn die Juden noch im deutschen Volkskörper säßen.

Zit. nach: Hermann Graml, Reichskristallnacht, München 1988, S. 262f.

Der Holocaust im Spiegel unterschiedlicher Quellen

M 9   Berichte aus Auschwitz

a) Der Auschwitz-Häftling Max Mannheimer berichtet über seine Ankunft im Konzentrationslager Auschwitz 1943:

Osten – Arbeitseinsatz, sagt man. Wir sind alle zusammen: Meine Eltern, meine Frau, zwei Brüder, meine Schwester, Schwägerin. In acht Tagen werde ich dreiundzwanzig. Seit vier Jahren an Straßenbau und Steinbruch gewöhnt. Die
5 letzten Wochen ans Sägewerk. Der Gedanke beruhigt mich. Es wird schon nicht so schlimm sein. Vater meint es auch. Er zahlte pünktlich Steuern. Für König und Kaiser im Ersten Weltkrieg drei Jahre an der Front. Hat sich nie etwas zuschulden kommen lassen.
10 Transportnummern werden verteilt. Um den Hals gehängt. CU 210, 211, 212, 213, 214, 215, 216, 217. Tausend Frauen, Männer, Kinder. Schleppen sich. Nach Bauschowitz. Personenzug wartet. Werden einzeln aufgerufen. Steigen ein. Zehn im Abteil. Etwas gedrängt. Kann doch nicht so
15 schlimm sein: Personenzug.
Osten – Arbeitseinsatz. Einsatz? Warum nicht einfach Arbeit? Abfahrt. Es ist neun Uhr morgens. Sehen Trümmer. Hören sächsisch. Entdecken Notizen an der Wand des Wagens. Abfahrt Theresienstadt 9.00 Uhr, dann Dresden,
20 Bautzen, Görlitz, Breslau, Brieg. Oppeln Hindenburg. Dann nichts. Tag und Nacht. Auf der Strecke entdecken wir Juden. In Zivilkleidung. Mit Stern. Mit Schaufeln. Werfen Brot aus dem Fenster. Sie stürzen sich da-rauf. Stoßen sich. Arbeitseinsatz? Werden wir auch so aussehen? Handeln? Stoßen?
25 Nochmals Tag. Und halbe Nacht. Der Zug hält kreischend an. Eintausend Männer, Frauen, Kinder. Die Begleitmannschaft umstellt den Zug. Wir haben im Zug zu bleiben. Nicht mehr lange. Eine Kolonne LKW's kommt. Starke Scheinwerfer erhellen plötzlich die Rampe. SS-Offiziere und Wachtposten stehen da. Wir sind an der Todesrampe von Ausch- 30 witz-Birkenau.
Auschwitz-Birkenau, Todesrampe, Mitternacht vom 1. zum 2. Februar 1943. Alles aussteigen! Alles liegenlassen! Eine Panik. Jeder versucht, so viel wie möglich in die Taschen zu stopfen. Die SS-Leute brüllen: Bewegung! Ein bisschen 35 dalli! Noch ein Hemd wird angezogen. Noch ein Pullover. Zigaretten. Vielleicht als Tauschobjekt. Männer auf diese Seite, Frauen auf die andere Seite, Frauen mit Kindern auf die LKW's. Männer und Frauen, die schlecht zu Fuß sind, können mit den LKW's mitfahren. Viele melden sich. 40
Der Rest wird in Fünferreihen aufgestellt. Eine Frau versucht, zu uns herüberzukommen. Sie will vermutlich ihren Mann oder Sohn sprechen. Ein SS-Mann reißt sie mit einem Spazierstock zu Boden. Am Hals. Sie bleibt liegen. Wird weggezerrt. Arbeitseinsatz? 45
Ein SS-Offizier steht vor uns. Obersturmführer. Wird von einem Posten so angesprochen. Vermutlich Arzt. Ohne weißen Kittel. Ohne Stethoskop. In grüner Uniform. Mit Totenkopf. Einzeln treten wir vor. Seine Stimme ist ruhig. Fast zu ruhig. Fragt nach Alter, Beruf, ob gesund. Lässt sich Hände 50 vorzeigen. Einige Antworten höre ich. Schlosser – links. Verwalter – rechts. Arzt – links. [...] Arbeiter – links. Schreiner – links. Dann ist mein Vater an der Reihe. Hilfsarbeiter. Er geht den Weg des Verwalters und Magazineurs. Er ist fünfundfünfzig. Dürfte der Grund sein. 55
Dann komme ich. Dreiundzwanzig Jahre, gesund, Straßenbauarbeiter. Die Schwielen an den Händen. Wie gut sind

M 10   Ankunft von ungarischen Juden an der Rampe von Auschwitz im Juni 1944

die Schwielen. Links. Mein Bruder Ernst: zwanzig, Installateur – links.

60 Mein Bruder Edgar: siebzehn. Schuhmacher – links. Versuche meine Mutter, Frau, Schwester, Schwägerin zu entdecken. Es ist unmöglich. Viele Autos sind abgefahren. Aufstellung in Dreierreihen. Ein SS-Posten fragt nach tschechischen Zigaretten. Ich gebe ihm welche. Er beant-

65 wortet meine Fragen. Die Kinder kommen in den Kindergarten. Männer können ihre Frauen sonntags besuchen. Nur sonntags? Das reicht doch! Es muss wohl reichen. Wir marschieren. Auf einer schmäleren Straße. Wir sehen ein hell erleuchtetes Quadrat. Mitten im Krieg. Keine Ver-

70 dunkelung. Wachtürme mit MGs. Doppelter Stacheldraht, Scheinwerfer, Baracken. SS-Wachen öffnen ein Tor. Wir marschieren durch. Wir sind in Birkenau. Vor einer Baracke bleiben wir zehn Minuten stehen. Dann werden wir eingelassen. Aus dem Transport von eintau-

75 send Männern, Frauen, Kindern sind es jetzt 155 Männer. Mehrere Häftlinge sitzen an Tischen. Geld und Wertgegenstände sollen abgegeben werden. Auch Verstecktes. Sonst gibt es harte Strafen. Aus meinem Hemdkragen trenne ich ein Stück auf. Zehn-Dollar-Note. Von meinem Schwiegerva-

80 ter. Als Reserve für Notzeiten. Die Namen werden registriert. Ich frage, ob ich die Kennkarte behalten soll. Nein, heißt es. Wir bekämen neue. Wir kommen ins Freie. Dann eine andere Baracke. In einem Raum legen wir unsere Kleider ab. Nur Schuhe und Gürtel behalten wir. Sämtliche

85 Haare werden abgeschnitten. Und abrasiert. Wegen der Läuse. Wir werden mit Cuprex eingesprüht. Kommen in einen sehr warmen Raum. Stufenartig angelegt. Wie eine Sauna. Wir sind nackt und freuen uns über die Wärme. Eigenartig sehen wir aus. Komisch. Glatzen, um den nackten

90 Bauch einen Gürtel und wir haben Schuhe an. Ein Häftling in gestreifter Kleidung kommt herein. Stellt sich vor uns. Wir fragen nach den Frauen, Kindern. „Gehen durch den Kamin!" Wir verstehen ihn nicht. Wir halten ihn für einen Sadisten. Wir fragen nicht mehr.

Max Mannheimer, in: Dachauer Hefte 1, München 1985.

b) Der Sinto Walter Winter überlebte den Holocaust und berichtet über das „Zigeunerfamilienlager" in Auschwitz-Birkenau, einem Bereich mit insgesamt 32 Baracken:

Jeden Morgen wurde der „Bestand" festgestellt, bevor diejenigen, die außerhalb arbeiten mussten, von der SS angetrieben, aus dem Bereich des „Ziegeunerlagers" geführt wurden. Blockweise mussten alle auf den Appellplatz marschieren. Wir hatten uns in Fünferreihen aufzustellen. Der 5 Stubendienst war dafür verantwortlich, dass die Leute in Reih und Glied standen. Die Männer, die Frauen, die Kinder, selbst die Kranken mussten zum Appell. Und die Toten. Auch sie mussten als Leichen dabei sein. Dann warteten wir auf die SS-Leute. Im Winter war es am schlimmsten. 10 Und wenn es regnete. Vor Kälte zitternd oder vollkommen durchnässt stand man im Morgengrauen auf dem Appellplatz. [...] Eine Stunde, oft länger, mussten Frauen, Kinder, Alte und Junge regungslos stehen. Manche Frauen und Kinder, aber 15 auch Männer wurden ohnmächtig, sie fielen um. Man durfte ihnen nicht zu Hilfe kommen, sondern musste sie einfach im Dreck liegen lassen, bis der Appell beendet war [...]. Wenn der Appell beendet war, mussten wir die Toten auf einer Trage in den Holzschuppen bringen, wo alle Leichen 20 aus dem „Zigeunerlager" gesammelt wurden. Jeden Abend holten Häftlinge mit Lastwagen die leblosen Körper von dort ab und fuhren mit ihrer Ladung zum Krematorium. Sie mussten oft mehrmals fahren, weil im Lager Hunderte in einer Nacht gestorben waren. Wenn es auch nur irgend 25 möglich war, versuchten alle Männer um die Arbeit herumzukommen, die Leichen auf den Wagen zu werfen. Einmal hat es meinen Cousin und mich erwischt. [...] Was wir machen mussten, werde ich nie vergessen. Weil die zwei Lastwagen mit Hängern schon voll waren, musste man die Lei- 30 chen mit zwei Mann anfassen und nach oben schleudern.

Zit. nach: Karin Guth, Z 3105. Der Sinto Walter Winter überlebt den Holocaust, Hamburg 2009, S. 66 – 80.

Aufgaben

1. **Die planmäßige Ermordung der Juden**
   a) Erkläre den Begriff „Holocaust".
   b) Erstelle ein Schaubild zum Thema „Die judenfeindliche Politik des NS-Regimes von 1933 – 1945".
   ⌒ Text, Internet
2. **Der Holocaust**
   a) Erörtere Goebbels' Rechtfertigung.
   b) Beurteile das Menschenbild Himmlers.

   c) Recherchiert zur Bedeutung des Vernichtungslagers Auschwitz im Rahmen des Völkermords an den Juden und anderer Opfergruppen.
   d) Arbeitet Gemeinsamkeiten und Unterschiede in der Verfolgung und Vernichtung der „Zigeuner" und anderer Opfergruppen heraus.
   ⌒ Text, M1 – M10

M 1 Atompilz über Hiroshima

Der US-Bomber „Enola Gay" wirft um 8:15 Uhr Ortszeit die Atombombe ab. Sie explodiert in 570 m Höhe und kostet 240 000 Menschen das Leben, 6. August 1945.

Das Ende des Zweiten Weltkrieges

Kriegsende in Europa und Asien

Am 8. und 9. Mai 1945 endete mit der Unterzeichnung der „bedingungslosen Kapitulation" durch die Oberbefehlshaber der deutschen Wehrmacht der Zweite Weltkrieg in Europa. In Ostasien setzten die USA erstmals die Atombombe ein und bewirkten ein abruptes Kriegsende. Diese Waffe von unvorstellbarer Zerstörungskraft vernichtete am 6. August 1945 die japanische Stadt Hiroshima und tötete etwa 70 000 Menschen sofort. Bis heute hat sich diese Zahl durch Spätfolgen der atomaren Verstrahlung auf 240 000 erhöht. Wenig später erlitt die Stadt Nagasaki das gleiche Schicksal. Am 2. September 1945 unterzeichnete Japan auf dem amerikanischen Schlachtschiff „Missouri" die bedingungslose Kapitulation.

Das Kriegsende als epochale Wende

Das Ende des Zweiten Weltkriegs bedeutete in mehrfacher Hinsicht einen tiefen Einschnitt. So stiegen die USA und die Sowjetunion zu Supermächten auf. Wegen ihrer gegensätzlichen politischen Systeme – liberale Demokratie einerseits und sozialistische Diktatur andererseits – entwickelte sich in der Folgezeit ein weltumspannender Konflikt, der „Kalte Krieg", der immer wieder regionale Krisen und die Gefahr neuer Kriege heraufbeschwor.

Mit der Atombombe begann eine neue Epoche in der Waffenentwicklung und in den Beziehungen zwischen den großen Mächten. Nachdem auch die Sowjetunion und andere Staaten über diese Bombe verfügten, bestand die Gefahr einer kriegerischen Auseinandersetzung, die die gesamte Erde zerstören würde.

Demgegenüber verlor Europa an weltpolitischer Bedeutung. Einstige Großmächte wie Frankreich, Großbritannien oder Deutschland konnten mit den neuen Supermächten nicht mehr konkurrieren. Der Machtzerfall beschleunigte sich dadurch, dass die Kolonien in Afrika und Asien ihre Unabhängigkeit erklärten.

Die Alliierten in Deutschland – Potsdamer Konferenz

Schon während des Krieges hatten die Alliierten die Aufteilung Deutschlands in Besatzungszonen vereinbart. Ein Alliierter Kontrollrat in Berlin, der sich aus den Oberbefehlshabern der Besatzungsmächte zusammensetzte, hatte die Macht über das besetzte Deutschland. Er sollte insbesondere ein einheitliches Vorgehen bei allen Fragen gewährleisten, die Deutschland als Ganzes betrafen. Politische Gegensätze ließen die Entwicklung in den westlichen Zonen und der sowjetischen Besatzungszone bald auseinanderlaufen. So zeichnete sich schon früh die deutsche Teilung ab.

Zunächst betrieben die Sieger des Krieges noch einen gemeinsame Politik. Auf Schloss Cecilienhof in Potsdam trafen sich im Juli 1945 die drei Hauptalliierten, um ihr Vorgehen zu beraten: Truman (USA), Stalin (UdSSR) und Churchill (Großbritannien). Die Mächte einigten sich auf folgende gemeinsame Ziele, die oft als „5 Ds" bezeichnet werden: Demilitarisierung, Demokratisierung, Demontage, Denazifizierung, Dezentralisierung.

Die deutschen Ostgebiete jenseits der Oder-Neiße-Linie kamen unter polnische bzw. sowjetische Verwaltung, wo sie bis zur endgültigen Regelung durch einen Friedensvertrag verbleiben sollten. Die deutsche Bevölkerung im Osten sollte „in ordnungsgemäßer und humaner Weise" in den Westen überführt werden. Diese Regelung wurde vielfach nicht eingehalten.

Besatzungszonen
- amerikanisch
- französisch
- britisch
- sowjetisch

- Sektorenstadt
- alliierter Kontrollrat
- Hauptquartier
- Ländergrenze 1946   418G_11

M 2 Besatzungszonen 1945–1949

Die Potsdamer Konferenz – Eine Deutung hinterfragen

M 3 „Potsdamer Handel"

Der Historiker Hermann Graml (geb. 1928) über den „Potsdamer Handel" (1985):

Der Potsdamer Handel war nicht schon deshalb übel, weil er auf Kosten der Besiegten ging. Vielmehr muss er übel genannt werden, weil er den Besiegten so enorme Kosten abverlangte, dass Begriffe wie „vertretbar" oder gar „ge-
5 rechtfertigt" in die Bewertung keinen Eingang mehr finden können. Die deutschlandpolitischen Beschlüsse der Konferenz opferten der Eintracht der Alliierten nicht einfach deutsche Interessen, sondern beraubten, jedenfalls nach dem damaligen Urteilsvermögen, einen beträchtlichen Teil
10 der geschlagenen Nation seiner Existenzgrundlage. Bei der Entscheidung in der Grenzfrage und über die auf engste mit ihr verbundene Vertreibung ist das evident. Gewiss büßten die unglücklichen Deutschen der Ostprovinzen, der Tschechoslowakei und Ungarns für verbrecherische Me-
15 thoden, die kurz zuvor von den nationalsozialistischen Herren Deutschlands in die europäische Politik eingeführt und gerade in Polen in großem Maßstab praktiziert worden waren. Auch kann nicht bestritten werden, dass der Gedanke, Deutsche hätten nach der deutschen Schreckensherr-
20 schaft in Osteuropa wieder friedlich mit Polen und Tschechen in gemeinsamen Staaten zusammenleben sollen, 1945 nicht leicht zu denken war. Doch abgesehen davon, dass die hypothetische Koexistenz von Deutschen und Polen in Schlesien oder Brandenburg ohnehin nur die Folge
25 eines mit unvertretbaren Mitteln durchgesetzten unvertret-

baren Besitzanspruchs gewesen wäre, hoben und heben jene Einsichten die Tatsache nicht auf, dass hier Verbrechen mit Verbrechen vergolten wurden, NS-Methoden mit NS-Methoden. […]
30 Wie erwartet werden musste und wie sich jetzt rasch herausstellte, war zu allem Überfluss auch noch das Abkommen über die humane Abwicklung der Vertreibung, mit dem die Führer der Westmächte ihr zweifellos verstörtes Gewissen zu salvieren [= retten] suchten, das Papier nicht
35 wert, auf dem es geschrieben stand.
Indes verfuhren die Alliierten in der Reparationsfrage mit kaum geringerer Härte. Zwar durften sich Amerikaner und Briten sagen, dass sie mit der Teilung des Reparationsgebietes die Basis für eine rationale Reparationspolitik in
40 den westlichen Besatzungszonen geschaffen hatten, doch konnten sie nicht verhehlen, dass die wirtschaftliche Befreiung der Westzonen – darum handelte es sich im Prinzip – zu Lasten der Bewohner der sowjetischen Zone ging, die nun nahezu allein die sowjetischen Reparationsansprüche
45 zu befriedigen hatten und so nach menschlicher Voraussicht einer weitaus brutaleren Ausplünderungs- und Ausbeutungspolitik überantwortet wurden, als sie sonst gewärtigen mussten. […]
Haben also die Alliierten zur Rettung ihrer Einigkeit in Pots-
50 dam stillschweigend die Einheit Deutschlands geopfert? Faktisch war das geschehen.

Hermann Graml, Die Alliierten und die Teilung Deutschlands, Frankfurt/M. 1985, S. 99 ff.

Aufgaben

1. Das Ende des Krieges und die Potsdamer Konferenz

a) Erläutere die Gründe für die Schwierigkeiten, ein genaues Datum für das Ende des Zweiten Weltkrieges anzugeben.

b) Arbeite heraus, wie der Historiker Hermann Graml das Potsdamer Abkommen bewertet. Nimm Stellung zu dieser Bewertung. Gehe dabei besonders auf die Behauptung ein, dass hier „NS-Methoden mit NS-Methoden vergolten" wurden.

c) Recherchiere die zentralen Bestimmungen des Potsdamer Abkommens.

d) Erstelle eine Tabelle, in der du diese Bestimmungen mit den Vereinbarungen des Versailler Vertrags gegenüberstellst.

e) Bewerte die Bedeutung des Potsdamer Abkommens für „Deutschland".

f) Erläutere die Frage, inwieweit das Potsdamer Abkommen auch Lehren aus dem Versailler Vertrag gezogen hat.

⌒ Text, M1 – M3

Fragebogen zum Thema: Der Zweite Weltkrieg

Hinweis: Die folgende Tabelle dient der Selbsteinschätzung deiner erworbenen Kenntnisse und Fähigkeiten. Die Auflistung erhebt nicht den Anspruch, vollständig zu sein. Es handelt sich um eine Auswahl, die ggf. erweitert werden kann. In

Ich kann …	Ich bin sicher. ☺	Ich bin ziemlich sicher. 😐	Ich bin noch unsicher. 🙁	Ich habe große Lücken. ☹
… die wichtigsten Bestimmungen des deutsch-sowjetischen Nichtangriffspakts nennen.				
Ursachen und Anlässe der beiden Weltkriege nennen.				
… die Phasen des Zweiten Weltkrieges benennen und erläutern.				
… die Gründe dafür erläutern, dass die Sowjetunion die Hauptlast des Krieges trug.				
… die Bedeutung des Jahres 1941 erläutern.				
… die Rolle der Wehrmacht im Zweiten Weltkrieg bewerten.				
… die Auswirkungen des Krieges auf die Zivilbevölkerung in Deutschland beschreiben.				
… die Bedeutung des Begriffs „Holocaust" erläutern.				
… erläutern, welche weiteren Gruppen Opfer des NS-Völkermordes wurden.				
… den 8. Mai 1945 in seiner Bedeutung erklären.				
… die wichtigsten Bestimmungen der Potsdamer Konferenz nennen und erläutern.				
…				
…				

Bitte beachte: Kopiere die Seiten, bevor du mit ihnen arbeitest.

der rechten Spalte findest du Hinweise, wie du eventuell vorhandene Lücken oder auch Unsicherheiten beseitigen kannst.

→ **Bitte kopiere die Seiten, bevor du mit ihnen arbeitest.**

Auf diesen Seiten kannst du in HORIZONTE nachlesen	Empfehlungen zur Übung, Wiederholung und Festigung
168 – 169, 171	Erläutere die Auswirkungen des deutsch-sowjetischen Nichtangriffspaktes auf Polen.
60 – 63, 168 – 171	Stelle in einer Tabelle jeweils die Ursachen und Anlasse der beiden Weltkriege gegenüber.
172 – 173, 180 – 182	Fertige einen Zeitstrahl mit den wichtigsten Daten zum Zweiten Weltkrieg an.
180 – 185	Erläutere die Auswirkungen des Krieges auf die Sowjetunion.
180 – 182	Nenne drei wichtige und letztendlich kriegsentscheidende Ereignisse des Jahres 1941.
172 – 175, 180 – 185	Vergleiche die Besatzungspolitik Deutschlands in West- und Osteuropa.
176 – 179	Informiere dich in deinem Ort oder in der nächstgelegenen Stadt über die sozialen Auswirkungen des Zweiten Weltkriegs.
186 – 191	Suche im Register den Begriff „Holocaust" und trage sämtliche im Schulbuch enthaltenen Informationen zusammen.
186 – 191	Nenne zwei weitere Opfergruppen des NS-Völkermordes und recherchiere, wie an die Verfolgung dieser Gruppe erinnert wird.
192 – 193	Nimm Stellung zur folgenden Frage: „Der 8. Mai 1945 – Sieg oder Niederlage?".
192 – 193	Erkläre die sogenannten „5 Ds" der Potsdamer Konferenz.

Frankreich und Deutschland: „Erbfeindschaft" und Krieg: 1871–1945

Eine lange Beziehungsgeschichte

Die Geschichte Frankreichs und Deutschlands reicht bis ins frühe Mittelalter und besonders bis in die Zeit Karls des Großen zurück. Die geografische Nähe ermöglichte engen Austausch, gab aber auch immer wieder Anlass zu Konflikten. Heute ist das Verhältnis zwischen Frankreich und Deutschland nachbarschaftlich. Doch dies war nicht immer so. Insbesondere seit der zweiten Hälfte des 19. Jahrhunderts war das Verhältnis durch eine vermeintliche „Erbfeindschaft" geprägt.

1871: Niederlage Frankreichs – Sieg Deutschlands

Der Krieg Preußens und der verbündeten süddeutschen Staaten gegen das französische Kaiserreich hinterließ auf beiden Seiten tiefe Spuren. Auf der deutschen Seite gelang mit der Proklamation des Deutschen Kaiserreichs die Bildung eines deutschen Nationalstaates, die 1848/49 noch missglückt war. Das Hochgefühl der Sieger zeigte sich bei den jährlich in der Öffentlichkeit und in Höheren Schulen abgehaltenen Sedan-Feiern. Am 2. September 1870 hatte Kaiser Napoleon III. mit einem Teil seiner Armee bei Sedan in Ostfrankreich kapitulieren müssen und war in Gefangenschaft geraten. Für die Franzosen bedeutete die militärische Niederlage bei Sedan das Ende des Kaiserreichs. Die Proklamation des Deutschen Reiches am 18. Januar 1871 im großen Spiegelsaal des Schlosses von Versailles, dem „Wohnzimmer" der französischen Nation, empfanden sie als ebenso demütigend wie die Bedingungen, denen sie sich beim Friedensschluss unterwerfen mussten.

Der Friedensvertrag von Frankfurt

Frankreich musste auf das Elsass und das industriell hoch entwickelte und rohstoffreiche nördliche Lothringen verzichten; die Bevölkerung dieser Gebiete war zwar teilweise deutschsprachig, fühlte sich aber politisch überwiegend Frankreich zugehörig. Die Annexion französischen Gebiets vertiefte das gegenseitige Misstrauen und blieb bis 1918 ein ständiger Stein des Anstoßes zwischen den beiden Staaten. Immer wieder gab es politische Proteste und Konflikte in dem vom deutschen Kaiser direkt verwalteten „Reichsland Elsass-Lothringen".

Mit der Verpflichtung, fünf Milliarden Goldfrancs an das Deutsche Reich als Kriegsentschädigung zu zahlen, belasteten die deutschen Sieger die französische Regierung schwer und sicherten zusätzlich Startkapital für einen kurzfristigen Aufschwung der deutschen Industrie.

Isolation und Revanchegedanken

Die französischen Regierungen waren nach 1871 bestrebt, die von Deutschland erzwungene außenpolitische Isolation zu überwinden. Eine aktive Kolonialpolitik Frankreichs – von Bismarck begünstigt – lenkte die Interessen der französischen Öffentlichkeit seit 1880 zeitweise vom deutsch-französischen Konflikt ab und stärker nach Übersee. Die Überzeugung jedoch, Deutsche und Franzosen seien unversöhnliche „Erbfeinde" („ennemis héréditaires"), und der Wunsch vieler Franzosen, die Verluste von 1871 rückgängig zu machen und Revanche zu nehmen, prägten das Denken in Frankreich vor 1914.

M 1 Frankreich denkt an Revanche

aus der Sicht der französischen Zeitschrift „Charivari" (31.3.1871). Im Vordergrund der französische Kaiser Napoleon III. Untertitel: – „Adieu!" – „Nein, auf Wiedersehen. Besuche pflegt man zu erwidern."

Franzosen und Deutsche im Ersten Weltkrieg (1914–1918)

Die unerbittlichsten Kämpfe im Ersten Weltkrieg lieferten sich die französischen und die deutschen Heere. Die Kämpfe um Verdun in den Jahren 1916 und 1917 wurden zum Symbol menschenverachtender Kriegführung. Auf beiden Seiten griff die Propaganda zu den schlimmsten Übertreibungen, um den Hass auf die Gegner zu schüren. Dennoch kam es an der Front immer wieder zur Auflehnung gegen unsinnige Befehle, ja sogar zu Verbrüderungen zwischen deutschen, französischen und englischen Soldaten, die allerdings strengstens bestraft wurden. Im Gedächtnis der Franzosen blieb dieser Krieg bis heute als der „Große Krieg" („la Grande Guerre") lebendig. Die Kriegerdenkmäler in jeder französischen Gemeinde werden nach wie vor sorgfältig gepflegt.

Vom Versailler Vertrag zur Verständigung

Mit dem Ende des Ersten Weltkriegs wurde Elsass-Lothringen wieder französisch. Am 28. Juni 1919 mussten die Vertreter der deutschen Regierung im Schloss von Versailles den Friedensvertrag unterzeichnen, eben dort, wo 48 Jahre zuvor das Deutsche Kaiserreich ausgerufen worden war. Vor allem die französische Regierung hatte harte Bedingungen durchgesetzt und ließ 1923 sogar zeitweilig das Ruhrgebiet besetzen, um sie durchzusetzen. Dennoch kam es kurz danach zu einer Annäherung zwischen den Regierungen beider Länder, die vor allem den Außenministern Gustav Stresemann und Aristide Briand zu verdanken war. Deutschland erkannte in den Verträgen von Locarno (1925) die im Versailler Vertrag festgelegten Grenzen zu Frankreich und Belgien an und wurde mit der Aufnahme in den Völkerbund wieder ein geachtetes Mitglied der Völkergemeinschaft. Stresemann und Briand erhielten dafür den Friedensnobelpreis.

Krieg und Besatzung (1940–1944)

Eine neue Belastung für das deutsch-französische Verhältnis brachte der Zweite Weltkrieg. Die deutsche Besetzung Frankreichs 1940 stürzte unzählige Deutsche und Franzosen in große Konflikte: So mussten 130 000 junge Elsässer und Lothringer gegen ihren Willen für die Wehrmacht oder die Waffen-SS an der Ostfront kämpfen. Viele Deutsche führten sich als Besatzungssoldaten oder Gestapo-Beamte wie Herrenmenschen auf, beteiligten sich an der wirtschaftlichen Ausbeutung Frankreichs, der Deportation von Juden und der blutigen Unterdrückung der wachsenden Widerstandsbewegung. Willkürliche Geiselerschießungen und vor allem die Vernichtung des kleinen Städtchens Oradour in Südfrankreich und fast aller seiner Einwohner durch SS-Truppen zählen zu den unvergessenen Kriegsverbrechen. Andererseits kämpften auch Deutsche zusammen mit französischen Widerstandskämpfern. Aus Beziehungen zwischen Besatzungssoldaten und jungen Französinnen gingen schätzungsweise 200 000 Kinder hervor. Diese mussten nach der Befreiung des Landes als „verfluchte Kinder" („enfants maudits") oft versteckt werden. Ihre Mütter und andere Frauen, die der Kollaboration mit den Deutschen verdächtig waren, wurden in vielen Fällen z. B. durch das Abschneiden der Haare öffentlich geächtet und misshandelt.

M 2 „L' Empereur de la Mort"

Französische Postkarte, um 1915

M 3 „Germania am Marterpfahl"

Deutsche Postkarte, 1923

Eine literarische Quelle als politische Kritik untersuchen

M 4 „Stahlstadt" und „France-Ville"

Der Franzose Jules Verne, Autor zahlreicher Zukunfts-
romane, veröffentlichte 1879 einen Roman mit dem Titel
„Die fünfhundert Millionen der Begum". Er handelt von
zwei Professoren, dem Franzosen Sarrasin und dem
Deutschen Schultze, die als entfernte Verwandte das
gewaltige Vermögen der kinderlos verstorbenen Be-
gum, einer indischen Fürstin, zu gleichen Teilen erben.
Jeder der beiden investiert das Vermögen in den Bau
einer Musterstadt im Süden des amerikanischen Staa-
tes Oregon, nicht weit von der Pazifikküste. Aus der
1881 erschienenen deutschen Übersetzung des Ro-
mans ist folgende Beschreibung der beiden Städte ent-
nommen:

a) Wenn der in diese Einöden verirrte Wanderer die Stimmen der Natur belauscht, so hört er nicht wie im Oberlande
das harmonische Murmeln des Lebens neben dem tiefen
Schweigen der Bergwelt. Von fern her vernimmt er die
5 schweren Schläge des Stampfhammers und unter seinen
Füßen erstickte Detonationen von Pulver. [...]
Längs der Seiten der Berge laufen hier mit Asche und Koh-
lenstückchen befestigte Straßen hin. Unter gelblichem
Buschwerk schillern kleine Schlackenhaufen [...].
10 Da und dort gähnt der von Regengüssen zerrissene, von
Brombeersträuchern halbverdeckte Mund eines verlasse-
nen Schachtes, wie der Krater eines erloschenen Vulkans.
Die Luft ist mit Rauch geschwängert und lastet wie ein
schwerer Mantel auf der Erde. Keine Vögel flattern lustig
15 dahin, kein Insekt schwärmt im Sonnenschein [...].
Auf der nackten steinigen Ebene sind binnen fünf Jahren
achtzehn Arbeiterdörfer mit kleinen, gleichmäßig grauen,
aus Chicago fix und fertig hierher geschafften Häusern emporgewachsen, die eine Schar kräftiger Arbeiter bergen.
20 Im Mittelpunkt dieser Ansiedlungen, am Fuße [...] jener
unerschöpflichen Steinkohlen-Gebirge, erhebt sich eine
Anhäufung regelmäßiger Gebäude mit symmetrisch ange-
ordneten Fenstern, bedeckt mit roten Dächern und über-
ragt von einem Wald zylindrischer Schornsteine, welche
25 aus tausend Schlünden rußige Wolken aushauchen. Der
Himmel erscheint nur wie hinter einem schwarzen Vor-
hang, den manchmal rötliche Blitze durchzucken. Der Wind
trägt von hier ein rollendes Geräusch weiter, das etwa mit
entferntem Donner oder dem Rauschen der hohen See ver-
30 gleichbar ist.

Alles dieses zusammen ist „Stahlstadt", die deutsche
Stadt, das persönliche Besitztum des Herrn Schultze, des
Ex-Professors der Chemie von Jena, der durch die Millionen
der Begum zum größten Eisen-Industriellen und speziell
zum berühmtesten Kanonengießer der ganzen Erde gewor- 35
den ist.
Er fertigt solche von jeder Form und jedem Kaliber, [...] für
Russland und die Türkei, für Rumänien und Japan, vor allem aber für Deutschland. Dank der Macht eines enormen
Kapitals erwuchs hier ein Riesen-Etablissement, eine wirk- 40
liche Stadt und gleichzeitig Musterwerkstatt wie durch Zau-
berschlag aus der Erde. Dreißigtausend Arbeiter, meist
geborene Deutsche, siedelten sich rings um dieselbe an
und bildeten dadurch deren Vorstädte. Binnen wenigen
Monaten schon eroberten sich die Erzeugnisse dieser An- 45
stalt durch ihre allseitigen Vorzüge die ausgedehnteste
Anerkennung.
Professor Schultze gräbt das Eisenerz und die Steinkohle
aus seinen eigenen Bergwerken. An Ort und Stelle wandelt
er das erstere in Gussstahl um. An Ort und Stelle macht er 50
daraus Kanonen.
Man weiß nur, dass in Stahlstadt das Fabrikations-Verfah-
ren mit eifersüchtiger Strenge geheim gehalten wird.
In diesem von Wüsten umgebenen [...] Winkel Nordameri-
kas würde man freilich vergeblich eine Spur jener Freiheit 55
suchen, welche die Macht der Vereinigten Staaten begründet hat.
Wer etwa bis unter die Mauern von Stahlstadt kommt, der
versuche ja nicht, eines der massiven Tore zu passieren,
die [...] die Linie von Gräben und Festungswerken unterbre- 60
chen. Der Wachposten würde jeden ohne Widerrede zu-
rückweisen.

b) Diese wunderbare Stadt [France-Ville] ist wie durch Zau-
berkünste an der Küste des Pazifischen Ozeans emporgewachsen. Wir wollen hier nicht prüfen, ob der Plan und die
erste Idee zu derselben, wie man allgemein behauptet, von
einem Franzosen, einem Doktor Sarrasin, ausgegangen ist 5
oder nicht. [...]
Ausschlaggebend für die endliche Entscheidung war ihre
Lage in der gemäßigten Zone der nördlichen Halbkugel, [...]
wie in der Mitte [...] eines noch neuen Staates, der ihr vor-
läufig eine gewisse Unabhängigkeit gewährleistete [...]; 10
■ die Nähe des Ozeans, der doch mehr und mehr zur
Landstraße der Welt wird;

- die bergige fruchtbare und ungemein gesunde Natur des Erdbodens;
15 - die Nachbarschaft einer Bergkette, welche vor den Nord-, Süd- und Ostwinden schützte und es der vom Meere hereinwehenden Brise überließ, die Atmosphäre der Stadt zu erneuern;
- das Vorhandensein eines kleinen Flusses, dessen
20 frisches, süßes, weiches [...] Wasser sich noch vollkommen klar ins Meer ergießt;
- endlich ein natürlicher Hafen [...].

Das Komitee sah davon ab, den Bauenden einen gewissen
25 Typus der Häuser vorzuschreiben; es bekannte sich vielmehr als Gegner einer ermüdenden, geschmacklosen Gleichförmigkeit und begnügte sich, nur folgende Grundregeln aufzustellen, nach welchen die Architekten sich zu richten hätten:
30 1. Jedes Haus soll für sich isoliert mitten auf einem mit Bäumen, Rasenplätzen und Blumen ausgestatteten Platze stehen und für je eine einzige Familie eingerichtet werden.
2. Kein Haus darf mehr als zwei Stockwerke enthalten; Licht und Luft sollen von Niemand zum Nachteile eines
35 Anderen abgesperrt werden. [...]
8. Die Anordnung der Zimmereinrichtung bleibt dem Gutdünken jedes Einzelnen überlassen.
Streng verpönt sind nur zwei gefährliche Krankheits-Erzeuger: [...] Teppiche und Tapeten! [...]
40 Der Plan der ganzen Stadt zeichnet sich zunächst durch seine Einfachheit und Regelmäßigkeit aus, welche eine unbegrenzte Weiterentwickelung gestatten. Die sich rechtwinkelig kreuzenden Straßen folgen einander in gleichen

Abständen und sind alle gleich breit, mit Bäumen be-
45 pflanzt und durch Nummern bezeichnet.
[...] zu einem halben Kilometer unterbricht diese Ordnung eine breitere, alleeartige Straße mit einer nicht bepflanzten Strecke an jeder Seite, welche für die städtischen Pferde- und Dampfeisenbahnen bestimmt ist.
Alle Beschäftigungsarten und jede Handelstätigkeit sind 50 frei.
Zur Erlangung des Aufenthaltsrechtes in France-Ville genügt es, aber ist es auch unbedingt nötig, gute Empfehlungen beizubringen, sowie den Nachweis der Befähigung zu nützlicher Tätigkeit in einem Gewerbe, einer Wissenschaft 55 oder einer Kunst, und sich endlich zur Einhaltung der städtischen Gesetze zu verpflichten. Eigentliche Müßiggänger bleiben von dem Gemeinwesen ausgeschlossen.
Öffentliche Gebäude wuchsen schon in großer Zahl empor. Die hervorragendsten derselben sind die Hauptkirche, 60 eine Anzahl Kapellen, die Museen, Bibliotheken und die Volks- und Gelehrtenschulen [...].
Selbstverständlich unterliegen die Kinder einem weisen Schulzwange, der sie nötigt, an allen geistigen und körperlichen Übungen teilzunehmen, welche die gleichmäßige 65 Gehirn- und Muskelausbildung derselben verbürgen. [...]
Die vollständige Zollfreiheit, die politische Unabhängigkeit des kleinen, isolierten Gebietes, der Reiz der Neuheit und die Milde des Klimas lenkten die Auswanderung hierher. Zur Zeit zählt France-Ville schon hunderttausend Ein- 70 wohner.

Jules Verne, Die fünfhundert Millionen der Begum, Wien, Pest, Leipzig 1881, S. 51 ff. und 115 ff.

---

1. **„Erbfeindschaft" und Krieg: 1871–1945**
   a) Fertige einen Zeitstrahl an und trage dort die wichtigsten Etappen der deutsch-französischen Beziehungen zwischen 1870 und 1945 ein.
   b) Stelle die Merkmale der beiden von Jules Verne beschriebenen Städte in einer Tabelle gegenüber.
   c) Stelle eine oder beide Städte zeichnerisch dar.

   d) Stelle Vermutungen darüber an, warum Jules Verne 1879 in seinem Roman diese Form der Darstellung wählt, und formuliere dazu eine schriftliche Stellungnahme.
   e) Informiere dich im Internet über den Fortgang des Romans von Jules Vernes.
   → Text, M1 – M4

Frankreich und Deutschland: Aussöhnung und Kooperation nach 1945

Hinweis

Auf die Beziehung zwischen Frankreich und der DDR wird hier nicht näher eingegangen.

Schwieriger Neubeginn

Nach dem Tiefpunkt der Beziehungen zwischen Deutschen und Franzosen im Zweiten Weltkrieg war ein Neubeginn mit großen Schwierigkeiten verbunden. Die französische Regierung erreichte es, als eine der vier Siegermächte anerkannt zu werden und bekam im Südwesten Deutschlands eine Besatzungszone zugewiesen. Außerdem wurde das industriell entwickelte Saarland wirtschaftlich an Frankreich angeschlossen. Weitsichtige Politiker wie Jean Monnet und Robert Schuman erkannten jedoch früh, dass die alten Rezepte französischer Sicherheitspolitik nicht mehr taugten, und 1948 stimmte schließlich auch die französische Regierung der Bildung eines westdeutschen Staates aus den drei westlichen Besatzungszonen zu.

Erste Schritte der Zusammenarbeit

Zunehmende Spannungen zwischen Ost und West verstärkten den Willen zur Zusammenarbeit der westeuropäischen Staaten. Der französische Außenminister Robert Schuman schlug 1950 eine Behörde zur Kontrolle der deutschen und der französischen Kohle- und Stahlproduktion vor, um die kriegswichtige Produktion einer internationalen Aufsicht zu unterstellen. Sie wurde 1952 unter Beteiligung Italiens und der Benelux-Staaten verwirklicht und kann als Vorläufer der Europäischen Wirtschaftsgemeinschaft dieser sechs Länder gelten, die 1957 geschaffen wurde. Dagegen scheiterte 1954 der Versuch, eine Europäische Verteidigungsgemeinschaft (EVG) zu schaffen, an der Ablehnung des französischen Parlaments. Das Saargebiet, um das es zwischen Deutschland und Frankreich lange Zeit tiefe Meinungsverschiedenheiten gab, konnte schließlich nach einer Volksabstimmung 1957 als zehntes Bundesland der Bundesrepublik beitreten.

Der Elysée-Vertrag von 1963 und seine Auswirkungen

Mit der Rückkehr General de Gaulles an die Macht im Mai 1958 bestimmten in beiden Länder Männer die Politik, die zwei deutsch-französische Kriege erlebt hatten. Schon wenige Monate später lud de Gaulle Bundeskanzler Adenauer zu Gesprächen in sein Privathaus ein. Ihre durch Vertrauen und Respekt gekennzeichnete Beziehung und die gemeinsamen Interessen ermöglichten, nach Aufsehen erregenden gegenseitigen Staatsbesuchen im Jahre 1962, am 22. Januar 1963 die feierliche Unterzeichnung eines Vertrages über die deutsch-französische Zusammenarbeit im Elysée-Palast, dem Amtssitz des französischen Präsidenten in Paris.

Der Elysée-Vertrag verpflichtete die beiden Regierungen zu regelmäßigen politischen Beratungen. Symbolisch bedeutsame Begegnungen unterstrichen die enge Beziehung: Bundeskanzler Kohl und Präsident Mitterrand gedachten 1994 gemeinsam der Kämpfe um Verdun; deutsche Soldaten wurden am 14. Juli des gleichen Jahres zur Militärparade anlässlich des französischen Nationalfeiertags eingeladen; am 40. Jahrestag des Elysée-Vertrags fand 2003 eine gemeinsame Tagung von Bundestag und französischer Nationalversammlung in Versailles statt.

M 1 Geste der Freundschaft

Konrad Adenauer und Charles de Gaulle am 22. Januar 1963

M 2
Bekräftigung der Freundschaft
François Mitterrand und Helmut Kohl an den Gräbern von Verdun im September 1984

Das Deutsch-Französische Jugendwerk kümmert sich bis heute sehr erfolgreich um die Förderung des gegenseitigen Verständnisses durch verstärkten Fremdsprachenunterricht und Jugendaustausch. Es organisiert und fördert Begegnungen zwischen jungen Deutschen und Franzosen. Über 2000 deutsch-französische Städtepartnerschaften erfüllen darüber hinaus den Vertrag mit Leben.

Auch im wirtschaftlichen Bereich kam es zu intensiver deutsch-französischer Kooperation, zum Beispiel bei der Entwicklung und Produktion des Airbus und gemeinsamen europäischen Weltraumprojekten (Ariane). Im Bereich der Verteidigung näherten sich die Planungen einander an, und eine deutsch-französische Initiative führte 1993 zur Gründung des Eurokorps, einer der NATO unterstellten multinationalen Truppeneinheit mit Offizieren und Soldaten aus mehreren europäischen Ländern.

M 3
Logo des Deutsch-Französischen Jugendwerkes
1963 gegründet, soll das Jugendwerk Austauschprogramme zwischen jungen Franzosen und Deutschen fördern.

Frankreich und die deutsche Einheit

Auf den Prüfstand kam die deutsch-französische Freundschaft, als sich gegen Ende des Jahres 1989 der Zusammenbruch der Ostblockstaaten und damit die Möglichkeit einer Vereinigung der beiden deutschen Staaten abzeichnete. In Teilen der französischen Bevölkerung wurden Ängste vor einem politisch und wirtschaftlich übermächtigen deutschen Nachbarn wach. Eine große Mehrheit akzeptierte jedoch das Recht der Deutschen, sich staatlich zu vereinigen. François Mitterrand hoffte auf den Einspruch der UdSSR gegen eine Vereinigung und war verärgert über die Weigerung des Bundeskanzlers Helmut Kohl, vor einer Vereinigung feste Zusagen über die deutsch-polnische Grenze zu machen. Er versuchte offenbar, den Prozess der Vereinigung zunächst zeitweise zu verzögern, gab aber schließlich doch seine Zustimmung. Die vereinbarte enge Einbindung des vergrößerten deutschen Staates in die Europäische Union und sein Verzicht auf die D-Mark zugunsten der europäischen Währung ließen die Befürchtungen gegenstandslos werden. Heute gehört die jahrzehntelange „Erbfeindschaft" zwischen Frankreich und Deutschland der Vergangenheit an.

Deutsche und Franzosen – Die Sicht des anderen

M 4   **„Worauf wartet man eigentlich noch?"**

Alfred Grosser, ein bekannter französischer Politikwissenschaftler, blickt 1989/90 auf die Jahre kurz nach dem Zweiten Weltkrieg zurück:

Als ich von einer ersten längeren Besuchsreise im besiegten und zerstörten Deutschland zurückkehrte, veröffentlichte ich im Oktober 1947 im Combat eine Artikelserie mit dem Titel Jeunesse d'Allemagne [Deutsche Jugend]. Zum
5 Schluss hieß es:

„Der junge Deutsche betrachtet sich als nicht verantwortlich für die wahnsinnigen Verbrechen des Hitlerregimes. Damit hat er recht. Für die Kinder und die Jugendlichen gibt es keine kollektive Verantwortung. Die Politik gegenüber
10 der deutschen Jugend sollte deshalb klar und eindeutig sein. Sobald erst einmal öffentlich verlautbart ist, dass sie nicht für verantwortlich gehalten wird, sollten ihr Türen geöffnet, sollte sie informiert und mit der Jugend anderer Länder zusammengebracht werden. […]
15 Es sei angeblich noch zu früh, junge Deutsche nach Frankreich kommen zu lassen. Worauf wartet man eigentlich noch? Darauf, dass die Franzosen die Besatzung, die Er-

schießungen, die Lager vergessen? Nein, im Gegenteil, es ist zu hoffen, dass sie das alles niemals vergessen! Sie sind es sich sogar schuldig, diese jungen Leute eingedenk 20 dessen zu empfangen, eben um die Wiederkehr ähnlicher Schrecknisse zu vermeiden.

Die deutsche Jugend ist verunsichert, sie sucht ihren Weg. Es besteht durchaus die Gefahr, dass, wenn sie sich isoliert und ausgeschlossen fühlen muss, sie sich vollkom- 25 men entmutigt fühlt und sich dann auf die erste beste Ideologie stürzt, die ihr eine glänzende Zukunft verspricht – und sei es auf Kosten anderer Länder. […]"

Diese Schlussbetrachtung veranlasste ein paar junge Deutsche […] zu der „Aktion Oradour": Deutsche Jugendliche 30 sollten zum Zeichen kollektiver Reue über das in deutschem Namen verübte Verbrechen am Wiederaufbau des Dorfes teilnehmen, das einem besonders grausamen Kriegsverbrechen zum Opfer gefallen war. Dass die Gemeinde von Oradour das ablehnte, verstand ich nur zu gut: 35 Zu schwer lastete noch das Leiden auf den wenigen Überlebenden.

Alfred Grosser, Ermordung der Menschheit. Der Genozid im Gedächtnis der Völker. Aus dem Französischen von Ulrike Bokelmann. München, Wien 1990, S. 14 f.

M 5   **„Sie haben nichts zur Oder-Neiße-Grenze gesagt …" „Und zu Elsass-Lothringen auch nichts …"**
Karikatur von Pancho, aus: „Le Monde" vom 11./12. Dezember 1989.

Eine Meinungsumfrage auswerten

Umfrage in der Bundesrepublik Deutschland 1983	Umfrage in Frankreich 1983	Französische Meinungen zur Frage der deutschen Einheit 13.11.1989
Quelle: FIGARO MAGAZINE 9.7.1983		Quelle: FIGARO 13.11.1989
Welche unter den folgenden Ländern sind nach Ihrer Meinung die zwei besten Freunde der Bundesrepublik?	*Welche unter den folgenden Ländern sind nach Ihrer Meinung die zwei besten Freunde Frankreichs?*	*Glauben Sie, dass sich die beiden deutschen Staaten jetzt vereinigen werden?*
USA 77 %	Bundesrep. Deutschland 48 %	Ja, ganz sicher 23 %
Frankreich 53 %	Belgien 38 %	Ja, wahrscheinlich 39 %
Großbritannien 24 %	USA 33 %	Nein, wahrsch. nicht 19 %
Italien 9 %	Italien 16 %	Nein, sicher nicht 9 %
Belgien 8 %	Großbritannien 16 %	ohne Meinung 10 %
Sowjetunion 2 %	Sowjetunion 2 %	
keine Meinung 6 %	keine Meinung 16 %	*Finden Sie, die deutsche Wiedervereinigung sei eine gute oder eine schlechte Sache für Frankreich?*
(mehr als 100 %, da zwei genannt werden konnten)	(mehr als 100 %, da zwei genannt werden konnten)	Eine gute Sache 60 %
		Eine schlechte Sache 19 %
		ohne Meinung 21 %

M 6 Meinungsumfragen
Zitiert nach: „Franzosen und Deutsche", Aachen 2003, S. 20.

Aufgaben

1. Aussöhnung und Kooperation nach 1945
a) Ergänze deinen Zeitstrahl und trage dort die wichtigsten Etappen der deutsch-französischen Beziehungen zwischen 1945 und 2015 ein.
b) Informiere dich über den Lebenslauf von Alfred Grosser.
c) Fasse die Forderungen Grossers aus dem Jahr 1947 zusammen.
d) Erläutere die Sorgen, die Grosser zu seiner Stellungnahme von 1947 veranlassten. Nimm Stellung zu der Frage, ob seine Vorschläge realistisch waren.
↰ Text, M1–M4

2. Eine Karikatur interpretieren
a) Beschreibe die Karikatur. Erkläre die Hinweise auf die Oder-Neiße-Grenze und auf Elsass-Lothringen.
b) Stelle eine Verbindung zur politischen Entwicklung im Herbst 1989 her. Welche Aussage kannst du der Karikatur entnehmen?
↰ Text, M5

3. Eine Meinungsumfrage auswerten
a) Formuliere die wichtigsten Ergebnisse der Meinungsumfragen in wenigen Sätzen.
b) Erkläre die Haltung der Franzosen gegenüber den Deutschen vor dem Hintergrund der deutsch-französischen Geschichte der vergangenen zwei Jahrhunderte.
c) Führe in deinem Umfeld eine kleine Meinungsumfrage mit der ersten Interviewfrage durch.
d) Vergleiche deine Ergebnisse mit denen in der Tabelle. Nimm Stellung zum Ergebnis.
↰ M6

Antisemitismus:

Abneigung oder Feindseligkeit gegenüber Juden. Bezeichnung für völkisch-rassistische Anschauungen, die sich auf soziale, religiöse und ethnische Vorurteile stützen. Derartige Vorstellungen spielten eine zentrale Rolle in der Ideologie der Nationalsozialisten und wurden mit ihrem Machtantritt 1933 in Deutschland politisch wirksam. Sie führten zur Ausgrenzung der jüdischen Bevölkerung aus dem politischen, wirtschaftlichen und gesellschaftlichen Leben (Nürnberger Gesetze, 1935), steigerten sich mit dem Pogrom vom 9./10. November 1938 („Reichskristallnacht") und mündeten schließlich in eine systematische Massenvernichtung. Mit dem Angriff auf die Sowjetunion im Juni 1941 begann der systematische Massenmord, der ab 1942 auch in Vernichtungslagern verübt wurde. Fast sechs Millionen Menschen wurden ermordet.

Bündnissysteme:

auf gemeinsamen Interessen beruhende vertragliche Zusammenschlüsse von Staaten oder politischen Gruppen zur Erlangung gemeinsamer Ziele oder zur Abwendung von Nachteilen und Gefahren. Im deutschen Kaiserreich errichtete Bismarck ein komplexes System von Bündnissen, das einen Interessenausgleich der europäischen Großmächte garantieren sollte. Hauptziel war die Verhinderung von Kriegen.

Demokratie:

Staatsform, in der die Staatsgewalt vom Volke ausgeht. Man unterscheidet allgemein die repräsentative und die plebiszitäre Form der Demokratie. Am Ende des 20. Jh. hat sich die Demokratie als globales Legitimationsprinzip durchgesetzt. Auch Diktaturen verzichten nur selten auf eine demokratische Fassade. Kommunistische Parteidiktaturen nannten sich „volksdemokratisch".

Diktatur:

Der Begriff entstammt dem römischen Staatsleben und bezeichnete dort die (zeitlich begrenzte) unbeschränkte Gewalt im Zeichen eines Staatsnotstands. Daraus wurde im Laufe der Geschichte eine Herrschaftsform, die in sehr unterschiedlichen Zusammenhängen stehen kann (z. B. faschistische Diktatur, nationalsozialistische Diktatur, kommunistische Diktatur, Militärdiktatur, Diktatur des Proletariats).

Diskriminierung:

Benachteiligung oder Herabwürdigung von Menschengruppen oder einzelnen Personen. Betroffen sind zumeist (aber nicht ausschließlich) Minderheiten. Diskriminierung tritt sowohl individuell (z. B. durch eine mit Vorurteilen behaftete Person) als auch strukturell bzw. institutionalisiert auf. Sie bezieht sich oft auf Religion, Behinderung, Hautfarbe, soziale oder geografische Herkunft, Geschlecht, sexuelle Orientierung oder politische Überzeugung (vgl. auch Rassismus).

Holocaust:

Angelsächsische Bezeichnung für den Genozid an den Juden (griech. „Ganzopfer", „Brandopfer"). In Deutschland ist die Leugnung des Holocausts eine Straftat (vgl. auch Shoa).

Inflation:

Entwicklung der Geldentwertung und Preissteigerung, die zumeist durch eine Steigerung der Geldmenge ausgelöst wird. Von Hyperinflation (oder gallopierender) spricht man bei einer unkontrollierten Inflation mit extrem hohen monatlichen Steigerungsraten, in der Regel von über 50 %. Dies war 1922/23 der Fall.

Kolonien:

Abhängige Gebiete in Übersee. Mit den Entdeckugnen und Eroberungen der Portugiesen und Spanier begann das Kolonooialzeitalter. Europäische Staaten besetzten dank ihrer überlegenen Waffen überseeische Gebiete, unterwarfen die dortige Bevölkerung, besiedelten das Gebiet und beuteten es wirtschaftlich aus. Je nach Schwerpunkt unterscheidet man Wirtschaftskolonien, Siedlungskolonien, Militärkolonien und Strafkolonien.

Kommunismus:

Von Marx und Engels begründete Theorie, welche die Vorstellung einer klassenlosen Gesellschaft enthält, in der das Privateigentum an Produktionsmitteln (Fabriken, Maschinen) in Gemeineigentum überführt worden ist. Eingeleitet wird der Kommunismus durch die Proletarische Revolution. Die Arbeiterklasse errichtet die „Diktatur des Proletariats" und nach der Übergangsphase des Sozialismus entsteht allmählich die kommunistische Gesellschaft. Im 20. Jh. bezeichnete man als K. die Gesellschaftsform, die nach der Oktoberrevolution 1917 in der Sowjetunion errichtet wurde und durch die Diktatur der Kommunistischen Partei (KPdSU) gekennzeichnet war. Die Begriffe Kommunismus und Sozialismus werden häufig synonym gebraucht.

Militarisierung:

die Ausstattung eines Landes mit Militär und Waffen sowie die gesellschaftliche Durchsetzung militärischer Prinzipien (Befehlsstrukturen, Hierarchien). Die Militarisierung eines Landes kann zum Militarismus führen, der durch eine Dominanz militärischer Wertvorstellungen und Ziele in Politik und gesellschaftlichem Leben gekennzeichnet ist.

Nationalsozialismus:

Damit bezeichnet man gleichermaßen die Ideologie und das Herrschaftssystem des 3. Reiches. Der Nationalsozialismus deckt sich bedeutungsmäßig wesentlich mit dem Faschismus und ist wie dieser eine totalitäre Diktatur mit einem Führer an der Spitze. Im Unterschied zu anderen faschistischen Staaten akzentuierte der Nationalsozialismus den Rassismus und Antisemitismus. Der Genozid an den Juden war ein speziell nationalsozialistisches Programm.

Obrigkeitsstaat:

autoritäres Staatswesen, in dem ein Herrscher mithilfe einer kleinen (aristokratischen, bürokratischen oder militärischen) Führungsgruppe über ein Volk von „Untertanen" herrscht, die keine oder nur geringe politische Beteiligungsmöglichkeiten und Mitbestimmungsrechte besitzen. Ein Obrigkeitsstaat weist starre Hierarchien auf, seine Institutionen fordern von den als apolitisch gesehenen Untertanen Gehorsam und Respekt. Beispiele für Obrigkeitsstaaten stellen der Absolutismus und das Deutsche Kaiserreich unter Bismarck dar.

„Rassenlehre":

Von den Nationalsozialisten verbreitete Rassentheorie, die wissenschaftlich unhaltbar und längst widerlegt ist. Im Zentrum stand die Behauptung, dass es eine hoch stehende „nordische Rasse" gäbe, welche zur Herrschaft über die „minderwertigen Rassen" berufen sei. Die zur nordisch-germanischen Rasse zählenden Menschen bezeichnete die Rassenlehre auch als Arier, ein aus dem indischen Sanskritwort arya = Edler abgeleiteter Begriff. Hierzu zählten besonders die Deutschen sowie alle Völker „arischer Abstammung". Den größten Gegensatz zum Arier stellten nach dieser zweifelhaften „Lehre" die Juden dar. Die Nationalsozialisten schreiben ihnen alle nur erdenklichen schlechten Eigenschaften zu, machten sie zum Symbol des Bösen und unterstellten ihnen die Unterwanderung der nordischen „Eliterasse". Damit wurde die Rassenlehre zum Instrument der Entrechtung, Verfolgung und Ermordung jüdischer Menschen. Als minderwertig wurden neben den Juden auch Schwarze, Sinti und Roma, Polen, Russen und alle anderen slawischen Völker angesehen.

Rassismus:

Ist eine biologistische Ideologie, die die Qualität eines Menschen nach seiner rassischen Zugehörigkeit bewertet. Der Rassismus leugnet das Gleichheitspostulat und legitimiert Diskriminierung und aggressive Handlungen gegenüber fremden du andersartigen Menschen. Die Rassenideologie, auch in Form des Antisemitismus, wurde im 3. Reich durch den Nationalsozialismus zum Rassenkampf gesteigert und zum Ausgangspunkt für den Völkermord (vgl. auch Diskriminierung).

Sendungsbewusstsein:

Überzeugung einer Person oder einer Menschengruppe (z. B. Religionsgemeinschaft, politische Gemeinschaft, Staat), dass die eigenen Wertvorstellungen und Regeln die besten seien und folglich auch auf andere Menschengruppen oder sogar allumfassend ausgedehnt werden müssen. Sendungsbewusstsein ist ein Kennzeichen jeder missionierenden Religion (Christentum, Islam) sowie konstitutiver Bestandteil vieler Ideologien. Im politischen Bereich dient die Behauptung eines Sendungsauftrages vielfach zur Rechtfertigung von Expansionsbestrebungen. Beispiele von Sendungsbewusstsein sind die mit den Namen Cecil Rhodes und Benjamin Disraeli verbundene ideologische Begründung des britischen Imperialismus sowie das Manifest-Destiny-Konzept der USA im 19. Jahrhundert.

Shoa:

hebräisch für „Untergang", „Verderben, „Katastrophe". Der Begriff Shoa steht für den von den Deutschen verübten systematischen Völkermord an den Juden in der Zeit des Nationalsozialismus. Dem auch als Holocaust bezeichneten, singulären Menschheitsverbrechen fielen über sechs Millionen Juden zum Opfer. Ein Großteil der Menschen wurde in Gaskammern riesiger Vernichtungslager (Auschwitz) ermordet (vgl. auch Holocaust).

Sozialismus:

Im 19. Jh. entstandene politische Bewegung, die bestehende gesellschaftliche Verhältnisse mit dem Ziel sozialer Gleichheit und Gerechtigkeit verändern will. Als Mittel hierzu dient die Überführung der Produktionsmittel in Gemeineigentum, die Einführung einer Planwirtschaft und die Beseitigung der Klassenunterschiede. Seit Ende des 19. Jh. bildeten sich gemäßigte und radikale sozialistische Richtungen, deren Ziele von einer Reform der kapitalistischen Wirtschaftsweise bis zum Umsturz der auf ihr beruhenden Gesellschaftsordnung reichten. Nach 1945 unterschied man den realen Sozialismus, wie ihn die Ostblockstaaten praktizierten, und den demokratischen Sozialismus, wie ihn die sozialdemokratischen und sozialistischen Parteien der westlichen Welt vertreten. In der marxistischen Theorie bildet der Sozialismus das Übergangsstadium vom Kapitalismus zum Kommunismus.

Totalitärer Staat:

Ist ein Staat, der die lückenlose Erfassung des Individuums anstrebt. Der Begriff des totalitären Staates stammt aus den vierziger Jahren des 20. Jh. und diente der Politikwissenschaft zur Erfassung der Gemeinsamkeiten zwischen stalinistischen und faschistischen Diktaturen. Der totalitäre Staat macht systematischen Gebrauch von den technisch-operativen Herrschaftsinstrumenten des 20. Jh.

Weltkrieg:

globaler militärischer Konflikt zwischen vielen Staaten, der sich über mehrere Kontinente bzw. Weltmeere erstreckt. Als erster Krieg dieser Art gilt der Siebenjährige Krieg (1756 – 63), allerdings werden erst die beiden großen Kriege des 20. Jahrhunderts explizit als Weltkriege bezeichnet (Erster Weltkrieg 1914 – 18, Zweiter Weltkrieg 1939 – 45). Beide Weltkriege waren durch Millionenheere, riesige Militärmaschinerien sowie die vollständige Kriegsausrichtung der beteiligten Volkswirtschaften gekennzeichnet. Sie führten zu Millionen von Todesopfern, immensen materiellen und kulturellen Zerstörungen sowie nachfolgenden grundlegenden Veränderungen im Staatensystem der Welt.

Widerstand:

Sehr allgemeiner Begriff für alle Maßnahmen und Handlungen, die gegen die Regierung oder die Staatsgewalt gerichtet sind. W. muss auf seine Legitimität hin im Einzelnen geprüft werden. Als Folge der nationalsozialistischen Diktatur sieht das Grundgesetz ein Widerstandsrecht für den Fall vor, dass die freiheitlich demokratische Grundordnung beseitigt werden soll.

Wirtschaftsliberalismus:

Wirtschaftsordnung, die von den Grundsätzen des Liberalismus geprägt ist. Er beruht auf den Vorstellungen des Philosophen Adam Smith (1723 – 1790), der seine liberale Wirtschaftslehre 1776 in einem fundamentalen Werk veröffentlichte. Smith war der Überzeugung, dass dem Gemeinwohl am besten gedient sei, wenn der Einzelne ohne staatliche Beschränkungen seine wirtschaftlichen Interessen verfolgen könne. Eine „unsichtbare Hand" lasse jeden das tun, was dem Wohl des Ganzen diene. Wesentliche Elemente dieser Lehre finden sich auch in der modernen Marktwirtschaft.

Wirtschaftslenkung:

Gesamtheit politischer Maßnahmen, mit denen der Staat bestimmte Zustände oder Abläufe des Wirtschaftslebens herbeizuführen sucht, z. B. Import-/ Exportzölle, Subventionen, Kredite, Steuern oder Preisfestsetzungen. Die Wirtschaftslenkung steht in Opposition zum radikalen Liberalismus, der jegliche staatliche Einmischung in das Marktgeschehen ablehnt („laissez faire"). Eine Wirtschaftslenkung kann in unterschiedlichen Graden erfolgen, Beispiele sind sowohl der Merkantilismus unter Ludwig XIV. als auch die Brüning'schen Notverordnungen der Weimarer Republik oder die New Deal-Politik der USA in den 1930er-Jahren. Die sozialistische Planwirtschaft stellt eine zentralisierte und umfassende Form der Wirtschaftslenkung dar.

Akademie der Künste, Berlin: Kunstsammlung/VG Bild-Kunst, Bonn 2019/ The Heartfield Community of Heirs 136.1. |akg-images GmbH, Berlin: 4.1, 4.2, 5.1, 6.2, 10.1, 10.2, 22.2, 26.1, 28.1, 31.1, 32.3, 44.1, 45.1, 60.1, 62.1, 65.2, 68.1, 74.2, 75.1, 81.1, 82.2, 87.1, 87.2, 98.1, 102.1, 111.1, 112.1, 128.1, 129.1, 129.2, 140.2, 147.1, 147.2, 151.1, 152.2, 161.2, 169.1, 175.1, 182.1, 183.2, 187.1, 187.2, 188.1, 190.1, 192.1; AKG Pressebild 118.1; Andreas Paul Weber/VG Bild-Kunst, Bonn 2019 100.2; Asemissen, Hans 149.1, 149.2; Becker, Elizaveta 80.2; Heinrich Hoffmann 110.1; Voller Ernst/ Jewgeni Chaldej 182.2; Wittenstein, J. G. 161.3; © VG Bild-Kunst, Bonn 2020/ Gerasimov, Aleksander Michailowitsch 7.1, 78.1; © VG Bild-Kunst, Bonn 20xx/ Gerasimov, Alexander Michailowitsch 80.1; © VG Bild-Kunst, Bonn 20XX/The Heartfiled Community of Heirs 159.1; © Viola Roehr von Alvensleben, München (Rudolf Schlichter) Titel.Vordergr.. |Archiv der Max-Planck-Gesellschaft, Berlin-Dahlem: 46.1. |Baaske Cartoons, Müllheim: F. Behrendt 13.2. |Baumgärtner, Ulrich Dr., Puchheim: 66.1. |Bildarchiv Foto Marburg, Marburg: Aufnahme-Nr. BC 21.546/22 41.2. |bpk-Bildagentur, Berlin: 23.1, 24.1, 25.1, 32.1, 32.2, 40.1, 61.1, 77.1, 86.2, 87.3, 95.1, 97.1, 104.1, 104.2, 131.1, 148.1, 156.2, 162.1, 164.1; H. Buresch/Eduard Thöny Nachlass München 18.1; H. Noack 88.1; Hoffmann, Heinrich 140.1; Hoffmann, Heinrich/Bayerische Staatsbibliothek 114.1; Hoffmann, Herbert 6.5, 107.1; Katz, Dietmar 17.1, 22.1, 96.1; Lala Aufsberg 144.1; SBB/Katz, Dietmar 41.1; SMB/Kunstbibliothek 35.2, 117.1; SMB/

Kunstbibliothek/Knud Petersen 118.2; SMB/Kunstbibliothek/Petersen, K. 9.1; SMB/Kunstbibliothek/Photothek willy Römer 46.2; Staatsbibliothek von Berlin/Tatz, Dietmar 24.2; © VG Bild-Kunst, Bonn 2019/Arnold, Karl 100.1. |Bridgeman Images, Berlin: 197.1. |Broder, C., Hamburg: 35.1. |Bundesarchiv Berlin, Berlin: SAPMO/Bild Y1 - 163/71 141.1. |Cham (Amédée Charles Henri de Noé): 196.1. |Das Bundesarchiv, Koblenz: Bild 152-21-05 7.4; Plak 003-018-034 143.1; Plak 003-023-027 156.1. |Deutsches Historisches Museum, Berlin: 141.2; L. Orgel-Köhne 115.1. |DFJW - Deutsch-Französisches Jugendwerk, Berlin: 201.2. |Dokumentationsarchiv des österreichischen Widerstandes, Wien: 184.1. |Interfoto, München: imagebroker/ Frohn, Simon 186.1; Mary Evans Picture Library 56.1; Sammlung Rauch + VG Bild-Kunst, Bonn 2020/Olaf Gulbransson 29.1. |Keystone Pressedienst, Hamburg: 148.2. |Landesarchiv Baden-Württemberg, Stuttgart: Archivverbund Main-Tauber, Signatur StAWt K-N 2 Nr. 6. 178.1. |Landesarchiv Berlin, Berlin: II, 5925 3.1, 27.1; Landesarchiv Berlin, F Rep. 290 Nr. 0058719 91.1. |mauritius images GmbH, Mittenwald: TopFoto/War 12.1. |Münchner Stadtmuseum, München: 138.1. |Nikitiu, W., St. Petersburg: 74.1. |Pancho: Le Monde 11-12/112/1989 202.1. |Picture-Alliance GmbH, Frankfurt/M.: akg-images 45.2; AP 148.3; dpa/bifab 161.1; dpa/Laub, Maria 7.3; ZB/Grubitzsch, Waltraud 44.2. |Sammlung R. Sterz: Süpple 7.2. |Simplicissimus (Online-Edition), Weimar: 12. Jahrgang No. 25, 16. September 1907, © VG Bild-Kunst, Bonn XXXX 36.1. |Staatsarchiv Windhuk,

Windhoek: 57.1. |Stadtarchiv Nürnberg, Nürnberg: A 47 Nr. KS-41-12 42.1; A 47 Nr. KS-42-01 42.2. |Stadtarchiv Soest, Soest: 150.1. |Süddeutsche Zeitung - Photo, München: 135.1, 154.1; Rue des Archives 200.1; Scherl 99.1, 107.2, 134.1, 145.1, 153.1, 153.2, 177.1; Sven Simon 5.2, 201.1. |Tonn, Dieter, Bovenden-Lenglern: 8.1, 8.2, 9.2, 9.3, 9.4. |ullstein bild, Berlin: 26.2, 38.1, 64.1, 68.2, 98.2, 99.2, 106.1, 122.1, 138.2, 170.1, 172.1, 176.1, 181.1, 183.1; Archiv Gerstenberg 48.1, 76.1, 152.1, 160.1, 169.2; Borgas 160.2; Brill 162.2; Granger Collection 6.1, 180.1; Granger, NYC 72.1, 186.2; Haeckel Archiv 6.3; Klar 54.2; Photo 12 3.2, 65.1; Reuters 177.2; Stone, Sasha 119.1; Süddeutsche Zeitung Photo 6.6, 11.1; SV-Bilderdienst 172.2; The Granger Collection 52.1; ullstein bild 6.4, 86.1, 139.1; Voller Ernst/Chaldej, J. 13.1; Wolff & Tritschler 176.2. |vario images, Bonn: imageBROKER/J. Woodhouse Titel.Hintergr.. |VG BILD-KUNST, Bonn: Pimenov, Yurij (Georgij) Ivanovich, Wir bauen den Sozialismus, Plakat 1927 © VG Bild-Kunst, Bonn 2021 82.1; © VG Bild-Kunst, Bonn 2019/Frankl, Adolf 188.2. |Visum Foto GmbH, München: Steinmetz, Marc 54.1. |Walter Ballhause-Archiv, Plauen: 108.1.

Wir arbeiten sehr sorgfältig daran, für alle verwendeten Abbildungen die Rechteinhaberinnen und Rechteinhaber zu ermitteln. Sollte uns dies im Einzelfall nicht vollständig gelungen sein, werden berechtigte Ansprüche selbstverständlich im Rahmen der üblichen Vereinbarungen abgegolten.